New York

Werner Skrentny

Reise-Taschenbuch

Schnellüberblick 6

Heimliche Hauptstadt der Welt 8

Lieblingsorte 10

Reiseinfos, Adressen, Websites

Informationsquellen 14
Wann verreisen? 16
Tipps für Kurztrips und längere Aufenthalte 18
Anreise und Verkehrsmittel 20
Übernachten 25
Essen und Trinken 30
Einkaufen 39
Ausgehen, Abends und Nachts 47
Feste und Festivals 54
Aktiv sein, Sport, Wellness 57
Museen und kulturelle Einrichtungen 60
Reiseinfos von A bis Z 65

Panorama – Daten, Essays, Hintergründe

Steckbrief New York 74
Geschichte im Überblick 76

New York und die Sicherheit 81
Wolkenkratzer 84
Harlem-Renaissance 87
Sightseeing in der Bronx? 89
New York als Filmkulisse 93
Das jüdische Erbe 96
Ellis Island – das ›Tor zur Neuen Welt‹ 98
11. September 2001 101
Brooklyn, viertgrößte Stadt der USA 104

Unterwegs in New York

Midtown 108
Das Herz der Stadt 110
Rund um den Times Square 110
Rockefeller Center 118
Fifth Avenue 121
Seventh und Eighth Avenues 124

Madison Square Garden bis Union Square 130
Rund um den Madison Square Garden 132
Empire State Building 133
Von Murray Hill bis Union Square 133
Rund um den Madison Square Park 137
Zwischen Broadway und Second Avenue 140
Union Square 141

Upper East Side mit Museum Mile 146
Ford Foundation Building und Tudor City 148
Rund um das Areal der Vereinten Nationen 148
East-Side-Wolkenkratzer 151
Zwischen 55th und 65th Streets 152
Museum Mile 154

Central Park 162

Upper West Side 172
Rund um den Columbus Circle 174
›Avenue of the Stars‹ 175
West Side Museum Mile 176
Nördliche Upper West Side 181
Hudson Waterfront 181
Architekturdenkmäler 182
Lincoln Center 182

Harlem 188
Am Martin Luther King Boulevard 190
Am Malcolm X Boulevard 192
Nach Norden: Zwischen 130th und 140th Streets 194

Lower Manhattan und Greenwich Village 198
Das ›Village‹ 200
Rund um den Washington Square 200
Flaniermeile Bleecker Street 202
South Village 203
Sheridan Square 207

Lower East Side, Chinatown und Little Italy 212
»Jüdisches Kalkutta« 214
Die Bowery 214
Zwischen Suffolk und Orchard Streets 215
East Broadway 221
Chinatown 222
Little Italy 224

Financial District 230
Stadt der Türme und Masten 232
Ground Zero 232
World Financial Center 233
Zwischen North Cove und Pier A 238
Battery Park 239
Liberty Island und die Statue of Liberty 239
Ellis Island 240
Von der Südspitze nach Norden 241
Der Broadway Richtung Wall Street 241
Wall Street 244
South Street Seaport 247
Vom East River Richtung Broadway 249

Brooklyn 254
Eher eine europäische Stadt 256
Am East River 256
Brooklyn Heights 260
Brooklyns Park Slope 263
Brooklyn Bridge 264
Ausflüge 273

Sprachführer 280
Kulinarisches Lexikon 282
Register 284
Abbildungsnachweis/Impressum 288

Auf Entdeckungstour

Mit der Circle Line einmal rund um Manhattan 116
Chelsea – Mekka der Galerien 144
Ruheoasen und mehr im Metropolitan Museum of Art 156
Unterwegs mit den ›Urban Park Rangers‹ 166
Meatpacking District: Schweinehälften und Designer-Mode 204
East Village – auf den Spuren von Klein-Deutschland 226
Im ›Reich‹ von Robert De Niro 236
Die ehemals ›Verbotene Stadt‹ 242
›Little Odessa‹ und Coney Island 274
Fort Wadsworth: Katakomben und großartige Aussichten 278

Karten und Pläne

Midtown 112
Vom Garden zum Union Square 138
Chelsea 145
Upper East Side 150
Central Park 165
Upper West Side 177
Harlem 193
Lower Manhattan und Greenwich Village 203
Meatpacking District 206
Lower East Side, Chinatown und Little Italy 217
East Village 227
Financial District 234
Brooklyn 258

► Dieses Symbol im Buch verweist auf die Extra-Reisekarte New York

Schnellüberblick

Upper West Side
Schick und trendy, mit dem American Museum of Natural History als Hauptattraktion. Nicht versäumen: den Riverside Park am großen Strom Hudson River und das Lincoln Center. S. 172

Madison Square Garden bis Union Square
Das Empire State Building als höchster Wolkenkratzer der Stadt; der Madison Square Garden als New Yorks ›Sportpalast‹. Macy's, das größte Kaufhaus der Welt. Beschauliche großbürgerliche Wohnviertel und schöne Parks. S. 130

Lower Manhattan und Greenwich Village
Nonkonformistisch wie das unregelmäßige Straßensystem ist »the Village«, das Dorf, geblieben. Junges Publikum, bunte Läden, viele Restaurants und die Bleecker Street als Bummelmeile. S. 198

Lower East Side, Chinatown und Little Italy
Ehemals das »jüdische Kalkutta«, das Einwanderer-Viertel schlechthin, von dem noch viele Bauten zeugen. Die Orchard Street als Schnäppchen-Paradies. Und Chinatown, das immer größer wird (und Little Italy immer kleiner). S. 212

Financial District
Das Finanzzentrum der Welt: Wall Street, Börse und Ground Zero. South Street Seaport als Shopping- und Vergnügungszentrum. Der Battery Park als Ausgangspunkt für die Fähren zur Freiheitsstatue, zum Einwanderungsmuseum Ellis Island und nach Staten Island. S. 230

Harlem
Der Stadtteil, der in den 1920er- und 1930er-Jahren weltweit ein Begriff und später ein Problemviertel war, lebt wieder auf, geprägt von afroamerikanischer Kultur. Jazz, Blues und Gospel werden in Clubs und Kirchen geboten. S. 188

Central Park
Die ›grüne Lunge‹ der Stadt, so groß wie das Fürstentum Monaco. Bei schönem Wetter Spaß, Musik und Action ohne Ende – ein Schauplatz der Eitelkeiten. S. 162

Upper East Side mit Museum Mile
Wo das ›alte Geld‹ wohnt: Luxus- und Antiquitätengeschäfte und natürlich die Museum Mile mit Museen der Weltklasse wie Metropolitan Museum of Art und Guggenheim Museum. S. 146

Midtown
Das Herz der Stadt mit dem Times Square als »Crossroads of the World«. Der weltberühmte Broadway mit den Musicals, die Fifth Avenue mit ihren Markengeschäften, das Museum of Modern Art, das Rockefeller Center und die ›New‹ 42nd Street, eine Meile des Vergnügens. S. 108

Brooklyn
›Drüben‹ in Brooklyn geht es etwas langsamer zu. Es gilt als europäischstes Viertel New Yorks und wird heute als aufstrebender Stadtteil gehandelt. S. 254

Der Autor

Mit Werner Skrentny unterwegs
Reiseführer fallen nicht vom Himmel. Sie werden bei DUMONT von Menschen geschrieben, die eine ganz besondere Beziehung zu ihrem Thema haben. Werner Skrentny, geb. 1949, der als Journalist und Autor in Hamburg lebt, kennt New York seit Ende der 1970er-Jahre, als es noch etliche *no go-areas* gab und man den Times Square am Abend besser meiden sollte. Somit hat er auch den nachdrücklichen Wandel des ›Schmuddelkinds‹ zu einem der attraktivsten Reiseziele der Welt miterlebt, allerdings auch die schwerwiegenden Folgen des Anschlags vom 11. September, unter dem New York City lange litt.

Heimliche Hauptstadt der Welt

Im Buch »The Wonder City« entwarf William Parker Chase 1932 ein Szenario von New York, wie es später einmal aussehen würde: Wolkenkratzer mit 200 bis 250 Stockwerken ragen auf und über deren Spitzen verkehrt lautlos eine Expressbahn. Hudson River und East River sind längst zugeschüttet worden, um den fast 50 Mio. Einwohnern in neuen, riesigen Wohnhäusern noch mehr Raum zu bieten.

Soweit ist es nie gekommen, doch den Ruf als Stadt der Wunder und der Superlative genießt New York weltweit auch heute noch. Es hat sich den Beinamen »The Big Apple« gegeben – eine Bezeichnung, die Jazz-Musiker während der 1920er- und 1930er-Jahren erfanden: »Es hängen viele Äpfel am Baum, aber wenn du ein Engagement in New York bekommst, hast du den größten Apfel!«

Die Stadt der Dörfer

New York hat es vielen möglich gemacht, ihre Träume zu erfüllen. Und deshalb ist es nicht nur Ziel vieler Künstler, sondern auch unzähliger Einwanderer – knapp 3 Mio. New Yorker sind im Ausland geboren. Der sogenannte *melting pot,* der Schmelztiegel, in dem aus Italienern, Chinesen und Russen ›Amerikaner‹ werden sollten, erwies sich dabei als Wunschbild: Meist bleiben die Einwanderer unter sich. So wurde aus der heimlichen Hauptstadt der Welt eine »Stadt der Dörfer«: siehe die drei Chinatowns, die beiden Little Italys, mehrere Little Indias. Und weil alle Zuwanderer die kulinarischen Traditionen ihrer Heimat mitgebracht haben, ermöglicht die Stadt auch einen *food trip around the world,* eine kulinarische Weltreise – es gibt nichts, was es hier nicht gibt.

Der Trendsetter

New York ist Trendsetter auf zahlreichen Gebieten – bei der Mode auf den Laufstegen im Bryant Park, mit der Kunst in den Weltklasse-Museen, in der Musik, für den Lebensstil. Das hat

Blick auf Manhattan, im Vordergrund die Triborough Bridge

nicht immer positive Folgen: kriselt die Börse an der Wall Street, ist das – wie jüngst erfahren – weltweit zu spüren.

Irgendwo ist immer etwas los

Eine solche Stadt muss Tempo haben: das fällt einem spätestens an den Fußgänger-Überwegen auf, an denen in der Regel – außer Touristen – bei Rot niemand stehen bleibt. Oder an den ungeduldigen Taxifahrern, die ein permanentes Hupkonzert veranstalten. Und dass die Stadt nie schläft, hat bereits Frank Sinatra besungen. Wohl wahr: Irgendwo ist immer etwas los, ob zur Tages- oder zur Nachtzeit (für Letztere sehe man sich nur einmal die Öffnungszeiten der Clubs an).

Die Zeit läuft davon

Bei dem Riesen-Angebot heißt es, sich zeitlich zu sortieren: heute Financial District, morgen Central Park, übermorgen Harlem? Aber meist nützt das nichts: Man geht doch irgendwie „verloren", weil es an der Promenade am Hudson doch zu schön ist oder das exotische Chinatown einen in den Bann zieht oder einem das Café (und die Leute) in Greenwich Village gefallen. Und dann noch die Weltklasse-Museen: Mir nichts dir nichts ist auf der Museum Mile ein halber Tag vergangen, lässt man sich erst einmal z. B. aufs Metropolitan Museum of Art ein. Es heißt sogar, manche Besucher würden über Midtown, wo sich um den Times Square und die ›New‹ 42nd Street Vergnügungsstätten und Sehenswürdigkeiten konzentrieren, gar nicht hinauskommen ... Oder das Shopping auf der Fifth Avenue so exzessiv betreiben, das sie am Ende noch nicht einmal auf der Aussichtsplattform des Empire State Building waren. Es gab sogar Fälle, da haben Leute auf dem Flughafen JFK gleich wieder kehrtgemacht, weil ihnen das ganze Gewusel zu viel wurde.

Diese Stadt ist gigantisch, laut, grell und faszinierend – und sie besteht wohlgemerkt nicht nur aus Manhattan. »Drüben«, in Brooklyn z.B., lebt man etwas langsamer, erst gar nicht zu sprechen von Staten Island.

Aber erst einmal laufen Sie sich zu Hause warm. Und nehmen Sie bitte unbedingt bequemes Schuhwerk mit.

Museum of Natural History: Begegnung Urzeitwesen und Exoten, S. 178

Grand Central Oyster Bar: das schönste Bahnhofsrestaurant der Welt, S. 126

Lieblingsorte!

Madison Square Garden: Bis zu 20 000 Zuschauer machen hier Stimmung, S. 134

Bryant Park: eine Oase mitten in der Stadt, S. 122

Barnes & Noble: 220 000 Bücher – ein Paradies für Leseratten, S. 186

Kossar's Bialys: Ein Hochgenuss ist der Cinnemon Raisin Bagel, S. 218

New York, das bedeutet immer das volle Programm. Und darin gibt es bestimmte Dinge, die man einfach tun möchte, bevor man wieder abreist. Über die Brooklyn Bridge nach Manhattan gehen, wenn es bereits dunkelt, oder die frische Brise am Atlantik genießen (und bei Nathan's in Coney Island einen Hot Dog). Bei Kossar's auf der Lower East Side den Bagel probieren und im Grand Central Terminal die Austern. Und abends hat man sowieso die Qual der Wahl: Filme im Bryant Park gucken oder im Madison Square Garden mit einstimmen in: »Let's go Rangers, let's go!« Bleibt dann noch Zeit: Bei Barnes & Noble kann man bis Mitternacht schmökern.

Brooklyn Bridge: unvergesslich – der Gang von Brooklyn nach Manhattan, S. 266

Nathan's: Die Hot Dogs auf Coney Island sind einfach unübertroffen, S. 270

Reiseinfos, Adressen, Websites

Eines von vielen spannenden Museen: das Guggenheim Museum

Informationsquellen

Infos im Internet

www.nyc.gov
Die offizielle Website der Stadt. Unter dem Stichwort *Visitors* findet man Angaben zu den fünf *boroughs*, zu Sehenswürdigkeiten und auch zu *New York for Kids*. Die Photo Gallery verrät, was Bürgermeister Bloomberg so alles unternimmt.

www.nycgo.com/german
Offizielle Tourismus-Website der Stadt. Die Informationen beziehen auch die Boroughs außerhalb von Manhattan mit ein. Rubrik: Was man gesehen haben muss. Detaillierte Infos zu Restaurants (auch Neueröffnungen!), Läden und Ermäßigungen. Ausgezeichnete *neighborhood guides*. Kein Prospektversand, u. a. kann man sich den Official Visitor Guide online herunterladen.

www.newyork.de
Deutschsprachige Website. Die Rubriken »Kleiner New York-Knigge« und »Gut zu wissen« sind beide sehr hilfreich. Die Tipps könnten manchmal etwas konkreter sein, z. B. zur Musikszene.

www.nytimes.com
Die führende Tageszeitung hat ihr komplettes Archiv von 1851 bis heute ins Netz gestellt. Viele Empfehlungen in der Rubrik NYC Guide, auch von Lesern, dazu der Vorschlag »36 hours in NYC«. Die Zeitung bietet auch ein iPhone App »The Scoop« mit vielen Tipps an.

http://newyork.timeout.com
Stadtmagazin mit integrierter Suchmaschine. Musik-Clubs sind nach Genres und Viertel sortiert. Hinweise auf Ereignisse, die man nicht versäumen soll (sog. *Don't miss parties*).

http://nymag.com
Ein weiteres Stadtmagazin. Visitor Guide mit Karten für die einzelnen Viertel, sogar für Williamsburg und Greenpoint in Brooklyn. Best-of-Liste z. B. für Restaurants.

www.villagevoice.com
Gratis-Stadtmagazin, ebenfalls mit NYC Guide und Kalender. Auch hier eine Best-of-NY-Auswahl: der beste Platz auf der Brooklyn Promenade und der beste Sandwich-Shop usw.

http://newyork.citysearch.com
Suchmaschine, stets auf dem aktuellen Stand, was bei der großen Fluktuation an Restaurants und Musik-Clubs auch notwendig ist.

Tourismusvertretungen

In Deutschland
Ein zentrales US-Fremdenverkehrsamt gibt es nicht mehr. Nützliche Informationen über New York erhält man in Deutschland in den **Amerika-Häusern** in München und Köln, im Carl-Schurz-Haus Freiburg, im Amerika-Zentrum Hamburg sowie in den Deutsch-Amerikanischen Instituten in Heidelberg, Nürnberg, Tübingen, Saarbrücken, Kiel und Stuttgart.

In New York
Wer sich in New York vor Ort näher informieren möchte:

Official NYC Information Center: 810 Seventh Ave./W. 52nd– 53rd Sts., New York, NY 10019, Tel. 1-212-484-1222, www.nycgo.com/german, Mo–Fr 8.30–18, Sa–So 9–17, 1.1., Thanksgiving, 25.12. 9–15 Uhr. Dies ist die offizielle Touristeninformation der Stadt. Modernisiert, interaktive Infos, viele Prospekte. Gleich am ersten Tag besuchen!

Times Square Visitors Center: Seventh Ave./W. 46th–47th Sts., Tel. 1-212-768-1560, www.timessquarenyc.org, Mo–Fr 9–19, Sa–So 8–20 Uhr, geschl. 25.12., 1.1. Auch Kartenvorverkauf.

Brooklyn Tourism and Visitors Center: 209 Joralemon St./Court-Adams Sts., Rückseite Borough Hall, Tel. 1-718-802-3846, www.visitbrooklyn.org, Mo–Fr 10–18, Juli–Aug. auch Sa 10–17 Uhr.

Travel Service-Telefon: New York Transit Authority für nicht englisch sprechende Personen: Tel. 1-718-330-4847.

Lesetipps

Belletristik

Auster, Paul: Die New York-Trilogie, Reinbek, 1989. Die kunstvoll verwobenen Kriminalromane – Stadt aus Glas, Schlagschatten, Hinter verschlossenen Türen – haben den aus Newark gebürtigen Autor weltberühmt gemacht.
Baker, Kevin: Die Straße zum Paradies, München, 2005. Wie schon im Roman Dreamland taucht Baker tief in die Geschichte der Stadt ein und befasst sich mit ihren dunklen Seiten. Hintergrund sind die *draft riots* von 1863, die blutigen Aufstände gegen die Rekrutierung von Soldaten für den US-Bürgerkrieg.
Doctorow, E. L.: Ragtime, Köln, 2000. Das Schicksal dreier Familien von der Jahrhundertwende bis zum Kriegseintritt 1917 der USA und Jazzmusiker Coalhouse Walker als Michael Kohlhaas.
DosPassos, John: Manhattan Transfer, Reinbek, 2005. Das sozialkritische Werk von 1925 gilt als Prototyp des Großstadtromans im 20.Jh., wobei mehr als 100 Einzelschicksale eine Rolle spielen.
Graf, Oskar Maria: Die Flucht ins Mittelmäßige, München, 1994. Auseinandersetzung des Schriftstellers, der 1938 nach New York emigrierte, mit seiner neuen Heimat und deren Menschen.
Morrison, Toni: Jazz, Reinbek, 2004. Die 1920er-Jahre in Harlem: Alltag und Träume der Schwarzen.
Price, Richard: Cash, Frankfurt/M., 2010. Spielt auf der ›veredelten‹ Lower East Side, US-Bestseller, als »genialer New York-Roman« (ZDF, aspekte) und »amerikanischer Klassiker« (Süddeutsche Zeitung) gefeiert.
Wolfe, Tom: Fegefeuer der Eitelkeiten, Reinbek, 2005. Der New-York-Roman zu den 1980er-Jahren: ein Investmentbanker, der »Master of the Universe«, und sein gesellschaftlicher Absturz. Verfilmt mit Tom Hanks und Bruce Willis.

Sachbücher

White, Normal/Willensky, Elliot: AIA (American Institute of Architects) Guide to New York City, New York, 2000. Ein tausend Seiten starkes Standardwerk, das jeder New-York-Fan lieben muss, ist doch jedes bedeutende Gebäude verzeichnet. Auch geeignet für den *armchair traveller.*
Wolf, Reinhart: New York, Köln, 1985. Ein faszinierender Bildband des deutschen Fotografen (1930–1988) mit Texten von Edward Albee und Sabina Lietzmann. »Jedes dieser Bilder ist eine Überraschung, ein Gedicht, eine Hymne an unsere Stadt«, meint etwa die Bildhauerin Louise Nevelson.
Aust, Stefan/Schnibben, Cordt (Hg.): 11. September 2001. Geschichte eines Terrorangriffs, München, 2005. Fundierte Rekonstruktion der Terroranschläge.

Wann verreisen?

New York im Frühling

Die Monate April bis Juni sind neben dem Herbst die ideale Reisezeit für New York, bestens geeignet für ausführliche Rundgänge und Besichtigungen. Unbedingt ins Reisegepäck gehören daher bequeme Schuhe. In vornehmen Restaurants und Bars sind Sportschuhe, Shorts, Jeans und T-Shirts allerdings verpönt. Wer derlei Besuche plant, sollte entsprechend gekleidet sein – zu jeder Jahreszeit.

Was ist los?

Ostern: Am Ostersonntag machen sich an der Ecke Fifth Ave./49th St. viele Menschen in fantasievoller Kleidung auf den Weg zur **Easter Parade.**
1. Juni: Die Salute to Israel-Parade ist die weltweit größte Veranstaltung zu Ehren des Staates Israel; sie verläuft entlang der Fifth Ave. und dem Central Park.

Klimadiagramm New York

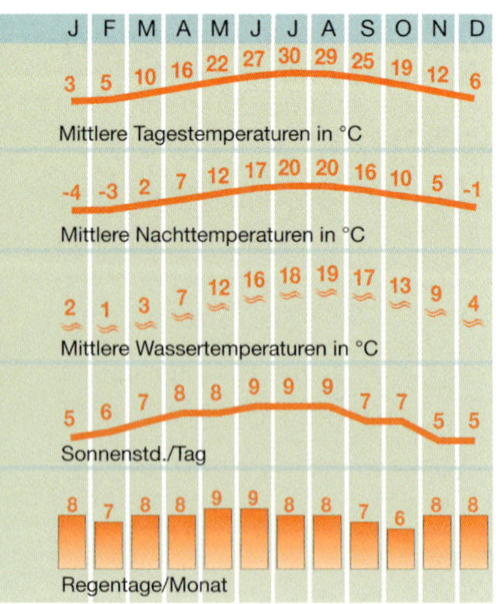

... im Sommer

Juli und August können sehr heiß und schwül sein, weshalb sehr viele Einheimische die Stadt verlassen. Die Temperaturen erreichen bis 40 °C, die Luft in den Straßenschluchten ›steht‹ und man ist dankbar für jede gekühlte Flasche Wasser. Die durchschnittliche Höchsttemperatur beträgt von Juni bis August etwa 28 °C. Doch es gibt auch Vorteile für Urlauber: Im Juli und bis in die erste August-Hälfte hinein sind Hotelzimmer wesentlich preiswerter als sonst. Zudem gibt's zahlreiche kostenlose Open-Air-Konzerte.

Fast alle Hotels in New York besitzen Klimaanlagen, sodass man dort wie auch in Restaurants und anderswo meist fröstelt – daher sollte man stets einen Pullover oder eine Jacke dabei haben.

Was ist los?

4. Juli: Der Nationalfeiertag wird u. a. mit einem Riesenfeuerwerk begangen.
Juli und August: www.cityparksfoundation.org informiert über die zahlreichen Gratis-Konzerte in den Parks.

... im Herbst

Der Herbst ist die Jahreszeit, in der die Hotelpreise wieder ansteigen, denn der Zeitraum von September bis November eignet sich besonders gut für einen Urlaub in der großen Stadt. Die Kultur hat nun bis zum Frühjahr Hochsaison.

Was ist los?

September: 9/11-Gedenkfeiern
Oktober: Hispanic Day Parade, meist am 2. Sonntag, s. S. 56.

Ein seltenes Bild: der Times Square fast ohne Autos

… im Winter

Insbesondere im Januar und Februar kann es sehr kalt werden. Mit Schneefällen ist zu rechnen – 2005 gehörte der Times Square nach einem Schneesturm allein den Fußgängern! Der bittere Great White Hurricane anno 1888 veranlasste die Stadt, den U-Bahn-Bau in Angriff zu nehmen. Die Straßen-Schluchten fungieren nun als ›Wind-Tunnel‹, auf all das sollte man sich kleidungsmäßig einstellen.

Preiswert sind die Hotels (außerhalb der Route von Macy's Thanksgiving Parade) in der Zeit vor Thanksgiving, weil viele heim zu ihren Familien fahren. Danach, ab Anfang Dezember bis Neujahr, erfolgt der Ansturm der Shopper. Hotels sind teuer, Musical-Karten knapp, Kaufhäuser oft überfüllt. Als ›Großkampftage‹ gelten die zwei Tage nach Thanksgiving und der Samstag vor Weihnachten. Aber auch wer nicht einkauft, hat an der farbenfrohen Holiday Season seine Freude.

Im Januar und Februar sinkt die Nachfrage für Hotels ebenso wie für Broadway-Karten, vieles ist noch bis Anfang April preiswerter.

Was ist los?

November: NYC Marathon, s. S. 54, 56.
Dezember: Holiday Season
Januar: Chinese New Year, s. S. 54.

New-York-Wetter im Internet

www.wetter.com: Sieben-Tage-Vorschau, Links zu Webcams auf dem Empire State Building und am Times Square.
http://forecast.weather.gov: detailliert, Temperaturen auch in Celsius (so auch bei **www.nytimes.com/weather**).
http://de.weather.yahoo.com: Zehn-Tage-Vorschau.
www. earthcam.com: Bilder zu New York, so vom Times Square, Columbus Circle, Ground Zero und der Statue of Liberty.

Tipps für Kurztrips und längere Aufenthalte

New York auf die Schnelle

Es heißt, manche Besucherinnen und Besucher würden über den Times Square und die ›New‹ 42nd Street nicht hinauskommen, konzentrieren sich doch dort viele Familienattraktionen.

Zum Kurztrip gehört, dass man zumindest einmal hoch hinaus will – entweder aufs Empire State Building oder aufs General Electric Building im Rockefeller Center (Top of the Rock). Ein Fifth-Avenue-Bummel sollte ebenso dazugehören wie die Gratis-Fahrt mit der Staten Island Ferry an der Statue of Liberty vorbei. Ausgangspunkt wäre hier der Financial District mit Wall Street und Ground Zero. Nicht versäumen sollte man das Metropolitan Museum of Art (der Central Park liegt gleich nebenan!) und das Museum of Modern Art. Und wer noch nie in Asien war, darf natürlich Chinatown nicht auslassen.

New York mit Muße

Wer mehr Zeit hat, sollte in der ›Stadt der Dörfer‹ die sehr unterschiedlichen Viertel wie Upper East und Upper West Side, Greenwich Village, Lower East Side, East Village, SoHo und Tribeca erkunden – und nach Brooklyn, Brooklyn Heights und Coney Island fahren.

Wer noch mehr Zeit mitbringt, kann sich auch ›exotischen‹ Zielen widmen: City Island (»New England in der Bronx«) oder Greenpoint, wo fast ausschließlich polnisch gesprochen wird. Im Übrigen ist New York idealer Ausgangspunkt für Tagesausflüge mit Bahn oder Bus nach Washington D. C. oder Philadelphia.

New Yorks Detektive

New Yorker lieben ihre Stadt. Das beweisen die viel frequentierten Führungen durch diverse Viertel und vor allem jene Leute, die mit geradezu detektivischer Sorgfalt die Metropole durchstreifen, um ihr ihre Geheimnisse zu entlocken.

Auf der Website www.forgottenny.com z. B. sind erhalten gebliebenes Kopfsteinpflaster, Ruinen, Friedhöfe und alte Straßenlaternen ein Thema.

Hervorragend informiert zeigt sich mit seinen virtuellen Stadtrundgängen www.nysonglines.com. Man erfährt etwa, wo Julius und Ethel Rosenberg nach ihrer Hinrichtung als angebliche sowjetische Spione in Sing Sing 1953 aufgebahrt waren, in welchem Schwulenclub der deutsche Regisseur Rainer Werner Fassbinder verkehrte und wo sich Luchows, das legendäre deutsche Restaurant, befand.

Über »the coolest street in Chinatown« berichtet www.newyorkcitywalk.com, das sich auch der Villa des Zirkuskönigs P. T. Barnum in Harlem widmet und der Frage, wo das Cover der LP »The Kids Are Alright« der Rockband The Who aufgenommen wurde.

Aufgegebenen Eisenbahnlinien spürt www.oldnyc.com nach, und bei www.14to42.net sind historische Straßenreklamen dokumentiert, die z. T. leider verschwunden sind.

Unterwegs mit New Yorkern

Eine vorzügliche Einrichtung ist das Big Apple Greeter Program: Ehrenamtliche Guides führen kostenlos zwei bis vier Stunden durch die Stadt – die Gegend kann man sich ebenso aussuchen wie die Sprache. Schriftliche Anmeldung etwa drei bis vier Wochen vor dem gewünschten Termin; dabei ist es notwendig, Adresse in New York und Telefonnummer anzugeben. Die Führungen finden zwischen 9 und 15 Uhr statt, dauern zwei bis vier Stunden und sind begrenzt auf sechs Teilnehmer. Trinkgeld ist unerwünscht, aber über ein Foto mit Ihnen freuen sich die New Yorker!

Information und Anmeldung: Big Apple Greeter Program, 1 Centre St., New York, NY 10007, Tel. 1-212-669-8159, www.bigapplegreeter.org (Anmeldeformular), E-Mail information@bigapplegreeter.org.

Kostenlose Führungen

Lower Manhattan: ab Info-Kiosk City Hall Park, Di, 12 Uhr.
Grand Central Neighborhood: 120 Park Ave./E. 42nd St. (Sculpture Court), 1,5 Std. auf der E. 42nd St.
Times Square Exposé: ab Visitors Center, 1560 Broadway/46th–47th Sts., Fr 12 Uhr.
Die **Urban Park Rangers,** Visitors Center The Dairy im Central Park, tgl. 10–17 Uhr, Tel. 1-212-794-6564, www.centralparknyc.org, bieten ganzjährig Spaziergänge wie Amble Through the Ramble und The Castle and its Kingdom an.
Wall Street Walking Tour: Do, Sa 12 Uhr ab Eingang National Museum of the American Indian, 1 Bowling Green.
Lower East Side Tour: April–Dez. So, 11 Uhr, ab Katz's, East Houston/Ludlow Sts.
Union Square: Sa 14 Uhr, ab Lincoln Statue, Union Sq.
Flatiron District: So 11 Uhr, ab Seward Statue, SW-Ecke Madison Square Park.

Rundgänge

Harlem, your way!: ab 129 W. 130th St., Tel. 1-212-690-1687, 1-800-382-9363, www.harlemyourwaytours.com, Mo–Fr 10, Sa 12 Uhr: Harlem-Rundgang (25 $); Fr, Sa 21 Uhr: **Champagne Jazz Safari** mit Nightclubs (75 $); So 10.15 Uhr: **Gospel Tour** (25 $).
Grand Central Terminal: ab Info-Kiosk in der Haupthalle, Mi, 12.30 Uhr, 10 $.
Municipal Art Society: 111 W. 57th St., Tel. 1-212-935-3960, http://mas.org/tours, New Yorks beste Architekturtouren, 12–15 $.
92 Y: Ausgezeichnete Exkursionen bietet auch diese jüdische Bildungseinrichtung von der Upper East Side an, 1395 Lexington Ave./E. 91st–92nd St., www.92y.org. Die Rundgänge kosten pro Pers. etwa 25 $, Anmeldung erforderlich, Tel. 1-212-415-5500.
Harlem Spirituals Tours: 690 Eighth Ave./43rd–44th St. (2. Stock), Tel. 1-212-391-0900, 1-800-660-2166, www.harlemspirituals.com, Reservierung für alle Touren Pflicht, So 8.45 (dt.), 9.15 (engl.), Mi 8.30 (dt.), 8.45 Uhr (engl.): vierstündige Harlem-Gospel-Tour, 55 $, 5–11 J. 39 $, mit Brunch 99/75 $. Angemessene Kleidung erbeten, Mo, Do, Sa 18.45 Uhr (engl., dt.): Soul Food & Jazz von 19 Uhr bis Mitternacht, 135 $, auch für Kinder (5–11 J.), April–Dez. Di 8.45 Uhr (dt.): vierstündige Brooklyn Tour, u. a. Brooklyn Heights, Borough Park (Wohngegend orthodoxer Juden), Sheepshead Bay (Italo-Amerikaner), ›Little Odessa‹ Brighton Beach, Coney Island, 69/45 $. Bitte erkundigen Sie sich nach der Bronx-Tour.

Anreise und Verkehrsmittel

Einreisebestimmungen

Deutsche, Österreicher und Schweizer benötigen für einen Aufenthalt bis zu 90 Tagen und bei Vorlage des Rückflugtickets kein Visum; der Reisepass (bordeauxfarben) muss noch mindestens für die Dauer der Reise gültig sein. Deutsche benutzen vor dem 1.11.2005 ausgestellte Pässe oder den E-Pass mit Chip (seit 1.11.2005), Schweizer den Pass 03 (ausgestellt bis 25.10.2006) oder den biometrischen Pass (seit 4.9.2006), Österreicher den EU-Reisepass (ausgestellt vor 26.10.2005) oder den neuen Reisepass mit Chip (seit 16.6.2006).

Deutsche grüne Reisepässe sind ungültig, ebenso vorläufige Reisepässe! Kinderausweise mit Lichtbild müssen vor dem 26.10.2006 ausgestellt und dürfen danach nicht mehr verlängert worden sein. Einträge für Kinder in elterlichen Reisepässen werden nicht akzeptiert. Es gilt der bordeauxfarbene Reisepass für Kinder. Ab 12.1.2009 muss man Reisen ohne Visum entsprechend dem Electronic System for Travel Authorization (ESTA) mindestens 72 Std. vor Reiseantritt elektronisch anmelden, und zwar unter https://esta.cbp.dhs.gov. Die Reiseerlaubnis hat eine Gültigkeit von zwei Jahren und muss ausgedruckt werden. Geplant ist eine Einreisegebühr von 10 $.

Koffer darf man nicht abschließen. Falls die Behörden das Gepäck öffnen, müssen sie einen Kontrollzettel hinterlegen. Geschenke darf man nicht verpacken, Bücher sollten im Koffer nebeneinander liegen. Pro Person ist ein Koffer in der Economy-Klasse erlaubt (23 kg).

Wichtig: Die US-Behörden dürfen bei der Einreise Computer, Disketten und andere Datenträger kontrollieren, Informationen herunterladen und Geräte sogar zeitweise beschlagnahmen. Senden Sie deshalb vertrauliche Informationen vorab per E-Mail in die USA.

Bei der Einreise werden inzwischen *alle* Fingerabdrücke digital erfasst und es wird ein biometrisches Foto gefertigt. Die US-Behörden sind bemüht, dass die Einreise rasch vonstatten geht, doch gelegentlich muss man sich auf Wartezeiten gefasst machen.

Bei der Ausreise müssen Sie vor der Kontrolle die Schuhe ausziehen. Handgepäck wird oft durchsucht, in Großbritannien intensiver als anderswo. Getränke erst nach der Kontrolle kaufen.

Zollbestimmungen

Einreise aus USA ab 15 Jahre: Waren für 430 € pro Pers. steuerfrei (unter 15 J. 175 €). Ein Warenwert kann nicht aufgeteilt werden. Erlaubt ist nach USA die Einfuhr von 200 Zigaretten oder 50 Zigarren sowie 1 l hochprozentigem Alkohol. Fliegen Sie allerdings in den USA noch weiter, werden z. B. Alkohol oder Parfüm aus dem Duty-Free-Shop im Handgepäck beschlagnahmt (es sei denn, man packt die Einkäufe aus dem Handgepäck zuvor in den Koffer). Dies gilt auch für die Rückreise: Steigen Sie z. B. in Frankfurt um, werden die Einkäufe im Handgepäck beschlagnahmt. Lebensmittel dürfen nicht mitgenommen werden. Mit an Bord bringen dürfen sie kleine Mengen Flüssigkeit, Medikamente, Babynahrung und feste Kosmetika, auch wieder Feuerzeuge.

Anreise

... mit dem Flugzeug

Von vielen Flughäfen Deutschlands, Österreichs und der Schweiz gibt es direkte Verbindungen nach New York, wobei die internationalen Flüge auf dem John F. Kennedy Airport in Queens und in Newark auf dem Newark Liberty International Airport im Nachbarstaat New Jersey landen. Viele Inlandflüge kommen auf dem La Guardia Airport in Queens in New York an.

Neben den regulären Preisen für Linienflüge gibt es zahlreiche günstige Angebote. Da die Preise sehr stark variieren, lohnt es sich, rechtzeitig zu buchen und Vergleiche anzustellen. Auch inneramerikanische Flüge können meist stark ermäßigt in Europa gebucht werden (Visit-USA-Tarife).

Unbedingt beachten: Ankommende sollten keinem nicht uniformierten Gepäckträger ihr Gepäck anvertrauen und Angebote von Taxifahrern ohne Lizenz nicht akzeptieren.

... mit dem Schiff

Das größte Passagierschiff der Welt, die Queen Mary 2, fährt von Hamburg nach New York (8 Nächte an Bord, mit Rückflug ab 1490 €), www.cunard.de.

Von den Flughäfen nach Manhattan

Vom JFK International Airport

NY Airport Service Express Bus: Verkehrt 6.05–23 Uhr alle 15–30 Min., hält in Manhattan am Port Authority Bus Terminal (W. 42nd St./Eighth Ave.), auf der East Side des Grand Central Terminal (125 Park Ave./41st–42nd Sts.), am Bryant Park (Sixth Ave./W. 42nd St.) und an der Pennsylvania Station (W. 34th St./Seventh Ave.). Von dort fahren von 7.15 bis 22.15 Uhr *vans* (Kleinbusse) zu den Hotels zwischen der 31st und 60th Street (Info: www.nyairportservice.com). Der Bus (15 $, pro Erw. ein Kind bis 12 J. frei) benötigt bis Manhattan 45 bis 65 Min., hin und zurück 27 $. Transport zu/ ab Hotels 31st–60th Sts.: *Roundtrip* 33 $.

Super Shuttle Manhattan: www.supershuttle.com, Tel. 1-800-258-3826. Im Ground Transportation Center oder über Courtesy Phone anmelden, wohin man möchte. Tür-zu-Tür-Service für Manhattan zwischen Battery Park und 227th St., 24-Std.-Service, 18 $, weitere Person je 12 $. Wer mit einem Shuttle-Bus zurückfahren möchten, fragt nach dem *round trip fare*, der günstiger ist; dies gilt auch für die anderen beiden Flughäfen.

Air Train/U-Bahn: Der Air Train (www.panynj.gov/airtrain) verbindet alle JFK-Terminals mit den Parkplätzen und Schaltern von Autovermietern, vor allem aber mit den U-Bahnlinien Sutphin Blvd., Archer Ave., JFK Airport (7,25 $). Es empfiehlt sich der Kauf einer Metro Card (mind. 5 $). Fahrtzeit bis Midtown 60–70 Min.

Taxis: Ein Mitarbeiter der Taxi-Unternehmen, *dispatcher* genannt, teilt einen Wagen zu. Es gilt ein Festpreis von 45 $ plus Brücken- bzw. Tunnelzoll (ca. 4 $) und Trinkgeld (ca. 7–9 $) für die Tour nach Manhattan (nicht aber für die Rückfahrt!). Fahrtzeit etwa 1 Std. Sammeltaxi (*share and save*) beim *dispatcher* anmelden und den Preis vereinbaren. Im Taxi dürfen vier Personen mitfahren, im *mini van* fünf.

Informationsschalter: Für Touristen, Geldwechsel, Post und Telegrammaufnahme gibt es in der Internationalen Ankunftshalle.

Vom La Guardia Airport

NY Airport Service Express Bus: Ab 7.20 bis 23 Uhr alle 20–30 Min., Haltepunkte in Manhattan wie oben, aber Transfer zur Penn Station; ab Grand Central Hotel-Transfer im Shuttlebus (2 $). Preis 12 $, Hin- und Rückfahrt 21 $, Fahrzeit ca. 60 Min. Ab Hotel 27 $.

Super Shuttle Manhattan: Tel. 1-800-

258-3826, s. Shuttle-Busse JFK Airport; Tür-zu-Tür vom Battery Park bis zur 125th St., 13 $, weiterer Fahrgast 12 $, bis Manhattan 30–45 Min.
Bus/U-Bahn: Der M 60 Bus fährt halbstündlich zur 125th St., dort von unterschiedlichen Haltestellen Anschluss an die U-Bahnlinien 1, 2, 3, 4, 5, 6 sowie A, B, C, D. Bus: 2,25 $ in Münzen oder Metro Card; U-Bahn: 2,25 $-Ticket oder Metro Card.
Taxis: 24–28 $ plus Tunnelgebühren (ca. 4 $) und Trinkgeld, Mo–Fr 16–20 Uhr plus 1 $ Zuschlag und 0,50 $ state tax, Fahrzeit 30–45 Min. Sammeltaxi s. JFK.

Vom Newark Liberty Airport

Newark Liberty Airport Express: Der Bus fährt von 4 bis 23.40 Uhr tgl. alle 15–30 Min. von New Jersey nach Manhattan: Zur Penn Station (W. 34th St./Seventh–Eighth Aves.), zum Port Authority Bus Terminal (W. 42nd St./Eighth Ave.), zum Bryant Park (Sixth Ave./W. 42nd St.) und zur Grand Central Station (120 E. 41th St./Park Ave.). Von dort Transfer zu den Hotels (5 $). Fahrtzeit 45–60 Minuten, Preis 15 $, hin und zurück 25 $, drei Kinder unter 12 J. in Begleitung eines Erwachsenen frei. 12–16 J. und Sen. ab 62 J. 7 $ für die einfache Fahrt.
Super Shuttle Manhattan: Fährt rund um die Uhr für 17 $ (weitere Person 12 $) Battery Park bis 227th St. an und kann vor Ort gebucht werden.
Bahn: Der Air Train (www.panynj.gov/airtrainnewark) verbindet die Terminals A, B und C gratis mit der Airport Train Station. Dort Fahrkarte am Automat lösen (15 $). 30 Min. mit NJ Transit oder Amtrak bis Penn Station, PATH verkehrt ab Newark zur 33rd St. und dem World Trade Center (9,25 $).
Taxis: Taxis mit Ziel zwischen Battery Park und 96th St. kosten 50–75 $ zzgl. Brückenzoll (ca. 4–6 $) und Trinkgeld. Fahrzeit 30–45 Min., 5 $ Zuschlag Mo–Fr 6–9, 16–19, Sa 12–20 Uhr; ab 62 J. 10 % Discount. Sammeltaxi s. JFK. Taxis und Minibus können an der Hotelrezeption bestellt werden.

Öffentliche Verkehrsmittel

Am besten erkundet man die Stadt zu Fuß. Also empfehlen sich leichtes Schuhwerk, wachsame Augen (wegen der vielen Schadstellen auf den Bürgersteigen und der offenen Kellerschächte etwa in Chinatown oder auf der Lower East Side) und eine flotte Gangart, um nicht gleich aufzufallen, denn Manhattanites haben Tempo.

U-Bahn- und Bus-Pläne (für alle *boroughs*) erhält man in den Visitor Bureaus, an U-Bahn-Stationen und in den Bussen. Info: www.mta.info.

Bus

Die Fahrt mit dem Bus ist neben der Staten Island Ferry (von und zur Insel kostenlos) die preiswerteste Sightseeing Tour (M 1 von der South Ferry bis nach Harlem, W. 146th St./Malcolm X Blvd.; M 4 Penn Station/W. 32th St.–Seventh Ave. bis zu den Cloisters im Norden). Allerdings kommen Busse wegen permanenter Staus nur langsam voran.

Für eine Busfahrt steckt man 2,25 $ (Express-Bus 5,50 $), abgezählt in Münzen, in die Plexiglaskasse im Bus oder benutzt die Metro Card (s. u.). Will man umsteigen, verlangt man einen *transfer,* der zwei Stunden, allerdings nicht für die U-Bahn, gilt.

Auf der Anzeige an der Front der weiß-blauen Busse sind Nummer und Fahrziel angegeben. Die Linien verlaufen in Manhattan (= M) in Nord-Süd- und Ost-West-Richtung *(crosstown).* Man muss an der Haltestelle signalisieren, dass man mitfahren möchte.

Man reiht sich an der Haltestelle in die Schlange der Wartenden ein. Will man aussteigen, drückt man auf das gelbe Band *(tape strip)*. Die Limited (Ltd.)-Busse halten nicht alle zwei bis drei Blocks. Von 22 bis 5 Uhr kann man in allen Bussen den Halt bestimmen *(request-a-stop)*.

U-Bahn

Die U-Bahn ist wesentlich schneller als die Busse. Wer abends und nachts fährt, sollte auf den Bahnhöfen innerhalb der gelb umrandeten und videoüberwachten *off hour waiting areas* bleiben und in den ersten Wagen hinter dem Fahrer einsteigen. An sich gelten U-Bahn-Fahrten auch nachts nicht mehr als gefährlich. Tagsüber kann man die Hauptstrecken ohne Bedenken benutzen.

Vor der Fahrt sollte man sich den U-Bahn-Plan genau ansehen und auf die Anzeige am Bahnsteig achten. Express-Züge halten im Gegensatz zu den *locals* nicht an allen Stationen. Von Midtown fahren Uptown-Züge nach Upper Manhattan, Harlem, Queens und in die Bronx, Richtung Downtown nach Lower Manhattan und Brooklyn. In den Waggons der neueren U-Bahnzüge werden die Fahrtrichtung und die jeweils nächste Station angezeigt.

Zur Erklärung des Plans (Karte 4): weißer Punkt – Express und Local Stop, farbiger Punkt – Express Stop, kleines farbiges Viereck – Local Stop, weißes Viereck – Umsteigebahnhof und Local Stop, weiße Punkte und weiße Vierecke verbunden – Umsteigebahnhof.

Taxi

Man wartet am Straßenrand und gibt ein Handzeichen. Das Gros der Taxifahrer spricht sehr schlecht Englisch, da der Beruf eine Domäne neuer Einwanderer ist. Deshalb das Fahrziel deutlich nennen und, wenn es sein muss, wiederholen. Beim Bezahlen möglichst keine großen Scheine verwenden.

Ist das Taxi-Schild auf dem Dach ausgeschaltet, leuchtet *off duty* oder *on radio call* auf, ist der Wagen nicht verfügbar. Taxifahrten sind im Vergleich zu Deutschland preiswert. Die Anfangsgebühr liegt bei 2,50 $, 1 $ Zuschlag Mo–Fr zwischen 16 und 20

An der Pennsylvania Station ist fast immer Rushhour

Uhr und 0,50 $ zwischen 20 und 6 Uhr. Die Gebühr für Brücken und Tunnel zahlt der Fahrgast. Für Fundsachen und Beschwerden: Tel. 1-212-692-8294.

Werktags zwischen 16 und 18 Uhr und nach Ende der Theatervorstellungen ist es schwer, ein Taxi zu bekommen.

Water-Taxi

Die Boote fahren von Mai bis Mitte Oktober Sa–So 11–18 Uhr folgende Stationen an: W. 44th St., Pier 66 Chelsea, Pier 45 Christopher St., World Financial Center, Battery Park, South St. Seaport, Fulton Ferry Landing, E. 35th St., Water Taxi Beach/Hunters Point Queens, www.watertaxibeach.com). Tagespass 20/Kinder 15 $, www.nywatertaxi.com.

Fahrrad-Rikschas

In Midtown verkehren ca. 400 *cycle cabs*. Die Fahrer fungieren oft auch als ›Fremdenführer‹. Preis vereinbaren (15–30 $), www.manhattanrickshaw.com, www.ponycab.com.

Freie Fahrt mit der Metro Card

Die Einzelfahrt in U-Bahn und Bus kostet 2,25 $, doch zahlt sich in jedem Fall der Erwerb der Metro Card aus. Gelöst wird sie am Schalter oder Automat. Eine Tageskarte *(1-Day Fun Pass)* kostet 8,25 $. Lohnend ist selbst bei einem kürzeren Aufenthalt die Sieben-Tage-Karte für 27 $. Der *14-Day Pass* kostet 51,50 $, der *30-Day Pass* 89 $. Die Metro Card gilt für U-Bahn und Busse; führen Sie diese in den Entwerter ein (auch im Bus). Zwischen verschiedenen Fahrtantritten mit der U-Bahn muss eine Zeitdifferenz von 20 Min. liegen. Die Metro Card erhält man in den Tourist-Infos, in Hotels und an den U-Bahn-Stationen. An Schaltern werden nur Geldscheine bis 20 $ akzeptiert.

Mit dem Auto in der Stadt

7–9.30 und 16.30–18.30 Uhr galten einmal als Rushhour, doch in Manhattan gibt es permanent Staus. Ein Auto ist also allenfalls für einen Ausflug oder die Weiterfahrt zu empfehlen.

Autovermietungen

Avis: 515 W. 43rd St./Tenth–Eleventh Aves., Tel. 1-646-473-0088, Mo–Fr 6.30–22, Sa 7–15, So 7–22 Uhr, geschl.: 30.5., 4.7., 25./26.11., 24.12.-2.1., www.avis.de.

Budget Rent-a-car: 225 E. 43rd St./Second-Third Aves, Tel. 1-212-661-5906, So–Fr 7–23, Sa 7–15 Uhr, www.budget.com.

Weitere Firmen s. *automobile rentals* (Gelbe Seiten des Telefonbuchs). Es ist günstiger, den Wagen schon in Europa zu buchen. Vom Entleiher (Mindestalter 21) werden Kreditkarte und Reisepass verlangt.

Mit dem Fahrrad

Für Radtouren eignen sich der Central Park und die Promenaden am Hudson und East River. Gute Strecken kennen Veranstalter wie www.bikethebigapple.com, Tel. 1-877-865-0078 (7 Std. Ethnic Tour 90 $). S. auch www.ridethecity.com, www.nycbikemaps.com.

Fahrrad-Vermietungen

Jeweils Kreditkarte, Ausweis oder Kaution hinterlegen.

Bikes in the Park: Beim Restaurant The Boathouse im Central Park, April–Nov. Mo–Fr 10–18, Sa–So 9–18 Uhr, 9–15 $ pro Std., Park Drive North/Höhe E. 72nd St., Tel. 1-212-517-2233, www.thecentralparkboathouse.com.

Midtown Bicycles: 360 W. 47th St., Tel. 1-212-581-4500, tgl. Verleih, www.metrobicycles.com.

Übernachten

Hotels

Die Hotels in New York sind die teuersten in den USA, doch gibt es auch preiswerte gute Häuser. Viele Gäste buchen Pauschalangebote. Wer individuell bucht, sollte das beizeiten tun, denn die Nachfrage nach nicht so teuren Unterkünften ist groß. Wer sich erst in der Stadt auf die Zimmersuche begibt, sollte es bei einem der beim städtischen Fremdenverkehrsamt NYC & Company registrierten Häuser versuchen.

Teure Hotels, in denen während der Woche überwiegend Geschäftsleute logieren, bieten oft günstige Wochenendarrangements *(weekend packages)* an. Bei längerem Aufenthalt lohnt es sich, nach *weekly, monthly* oder *special rates* zu fragen. In preiswerten Hotels sind die Zimmer oft sehr klein. Noch spartanischer sind die YMCA-Häuser. Bei den meisten Hotels ist das Frühstück nicht im Preis inbegriffen.

Viele Häuser sind inzwischen Nichtraucher-Hotels, in anderen gibt es zumindest Nichtraucher-Zimmer/-Etagen. Erkundigen Sie sich bei der Buchung.

Bei den folgenden Adressangaben wird nach der Telefonnummer der gebührenfreie Anschluss genannt, der nur innerhalb der USA gewählt werden kann. Wer von Deutschland, Österreich oder der Schweiz reservieren möchte, muss 001 für die USA und, sofern nicht anders angegeben, 212 der Telefonnummer des Hotels voranstellen.

Wichtig für Individualreisende: Zum Preis für ein Doppelzimmer müssen pro Nacht und Zimmer 13,625 % Steuer *(sales tax)* und generell für alle Unterkünfte 3,50 $ Übernachtungssteuer pro Person *(occupancy tax)* addiert werden.

In der Regel gilt: *check in* ab 14–15 Uhr, *check out* 12 Uhr, selten früher.

Edel und Teuer

Der Fashion-Szene Treff – **Bryant Park Hotel 1**: ▶ Karte 2, D 14, 40 W. 40th St./Fifth–Sixth Aves, NY 10018, Tel. 1-877-640-9300, http://bryantparkhotel.com, U-Bahn: 42nd St., DZ 350–725 $. Ein Luxushotel, ›Hauptquartier‹ der Fashion Week, im historischen 26-stöckigen American Radiator Building mit herrlicher Aussicht. 107 geräumige Zimmer mit Hightech-Ausstattung, 21 Suiten. Der Bryant Park liegt vor der Haustür.

Das Promi-Domizil – **The Waldorf-Astoria 2**: ▶ Karte 2, E 13, 301 Park Ave./49th St., NY 10022, Tel. 1-212-355-3000, 1-800-WALDORF, www.waldorf. com, U-Bahn: Lexington Ave. und 51st St., DZ ab 290 $. Der Hotel-Klassiker, in dem immer auch viel Prominenz logiert, die Art-déco-Lobby ist eine der schönsten der Stadt. 1245 Zimmer, davon 225 Suiten, vier Restaurants, vier Lounges, Fitness-Center und Spa. *Afternoon tea* gratis.

Komfortabel und stilvoll

Schöne Aussichten – **Crowne Plaza Times Square Manhattan 3**: ▶ Karte 2, D 13, 1605 Broadway/48th–49th Sts., NY 10019, Tel. 1-212-977-4000, www. manhattan.crowneplaza.com, U-Bahn: Times Square–42nd St., DZ ab 240 $. Modern, zentral, bei 46 Stockwerken sind schöne Aussichten garantiert. Hallenbad, Sauna, Whirlpool, Business- und Fitness-Center, Dataport in den Zimmern und Video-Checkout. 770 Zimmer, davon 19 Suiten. Nichtraucher-Hotel.

Das 6000 $-Penthouse – **The Time 4**: ▶ Karte 2, D 13, 224 W. 49th St./Broadway–Eighth Ave. NY 10019, Tel. 1-212-246-5252, 1-877-846-3692, www.thetimeny.com, U-Bahn: 49th St. und 50th St., DZ ab 350 $. Das ehemalige Hampshire Broadway Hotel wurde gründlich saniert und neu gestaltet. Gutes Preis-Leistungs-Verhältnis. 193 Zimmer, davon 28 Suiten. Das Triplex Penthouse mit der 360°-Grad-Aussicht zum Times Square kostet pro Nacht 6000 $!

Mittelklassehotels

Upper East Side Hotel – **The Bentley 5:** ▶ G 13, 500 E. 62nd St./York Ave., NY 10021, Tel. 1-407-740-6442, www.hotelbentleynewyork.com, U-Bahn: 59th St., DZ ab 180 $. Das ehemalige Bürogebäude (21 Etagen, 196 Zimmer) auf der Upper East Side wurde zu einem Boutiquehotel umgestaltet. In einer verkehrsumtosten Gegend, daher gründlich schallisoliert. Geräumige, gut eingerichtete Zimmer. Das Frühstücks-Büffet im 24. Stock ist bescheiden, dafür der Ausblick auf Queensboro Bridge, Seilbahn und den East River umso großartiger. 15 Minuten Fußweg zur U-Bahn – und zu Bloomingdales.

Zentral im Art-déco-Wolkenkratzer – **The New Yorker Hotel 6:** ▶ C 14, 481 Eighth Ave./34th St., NY 10001, Tel. 1-212-971-0101, http://newyorkerhotel.com, U-Bahn: 34th St./Penn Station, DZ ab 200 $, kleine renovierte Zimmer (ca. 15 m^2) plus 40 Suiten im Art-déco-Wolkenkratzer (43 Stockwerke), 1930 als Hotel eröffnet und lange Zeit größtes in New York, hinter dem Madison Square Garden und der Penn Station. 24-Stunden-Restaurant, Business- und Fitness-Center. Frühstück für Bewohner der Tower Suites gratis.

Beste Aussichten – **New York Helmsley Hotel 7:** ▶ E 14, 212 E. 42nd St./Second-Third Aves., Tel. 1-212-405-4300, 1-800-221-4982, www.newyorkhelmsley.com, U-Bahn: 42nd St Grand Central, City Rooms ab 200 $, 20 m^2, geräumiger sind die teureren *city double double rooms*. Ein sehr komfortables Hotel, guter Service, beste Lage nahe dem Grand Central Terminal. 775 Zimmer auf 41 Etagen, was beste Aussichten in den oberen Stockwerken garantiert. *In-room-safes*, Zeitung Mo–Fr gratis. Preiswertes Café fürs Frühstück nebenan.

Der Familien-Favorit – **Wellington Hotel 8:** ▶ Karte 2, E 12, 871 Seventh Ave./55th St., NY 10019, Tel. 1-212-247-3900, 1-800-652-1212, www.wellingtonhotel. com, U-Bahn: 59th St.–Columbus Circle. DZ 200 $. Ein Veteran der Hotellerie in Midtown, 515 kleine Zimmer, einige mit Küche, davon 100 EZ, 85 Suiten mit Kitchenette, verteilt auf drei Gebäude und 27 Etagen. Kabelfernsehen, Haarfön, Internetzugang, Anrufbeantworter, Nichtraucheretagen. Beliebt bei Gruppen, Familien und kostenbewussten Reisenden. Restaurant und Café.

Die letzte Nacht? – **New York's Hotel Pennsylvania 9:** ▶ D 14, 401 Seventh Ave./32nd–33rd Sts., NY 10001-2062, Tel. 1-212-736-5000, 1-800-223-8585, www.hotelpenn.com, U-Bahn: 34th St.–Penn Station, DZ ab 200 $. Gegenüber von Pennsylvania Station, Madison Square Garden und Macys, U-Bahn vor der Haustür! Eines der größten Hotels der Stadt, 1705 einfache, geräumige Zimmer und 20 Suiten, aber nur zum Teil schöner Ausblick. Jüngst renoviert, obwohl Neubaupläne den Abriss von »The Worlds Most Popular Hotel« (Eigenwerbung) aus dem Jahre 1919 vorsehen. Bedauern würde dies auch das Personal der zahlreichen Fluggesellschaften, das hier nächtigt.

Schönstes Art déco – New Yorks berühmtestes Hotel, das Waldorf-Astoria in Midtown

Für die iPod-Generation – **The Pod Hotel** **10**: ▶ F 14, 230 E. 51st St./Second–Third Aves., NY 10022, Tel. 1-212-355-0300, 1-800-742-5945, www. thepodhotel.com, DZ ab 140 $ (99 $ mit Gemeinschaftsbad), U-Bahn: Lexington Ave. und 51st St. Ein komplett renoviertes Budget-Hotel (ehemals Pickwick Arms) für Nichtraucher in East Midtown. Beliebt, 347 sehr kleine, saubere Zimmer, 195 davon mit Bad, z. T. Hochbetten *(bunk beds)*, auf dem wenigen Raum sehr zweckmäßig eingerichtet. Pod-Docking-Station im Zimmer; Restaurant, Café, Dachgarten.

Geräumig und renoviert – **The Hilton Garden Inn Times Square** **11**: ▶ Karte 2, D13, 790 Eighth Ave./49th St., NY 10019 Tel. 1-212-581-7000, http://hiltongarden inn.hilton.com, U-Bahn: 50th St., DZ ab 170 $. Zentral, mit Restaurant. 368 gut ausgestattete geräumige Zimmer (mehr als 29 m^2), fragen Sie nach renovierten Räumen. Flachbildschirme, Mikrowelle, Kühlschrank, Kaffeemaschine. Nichtraucher-Hotel.

Kontinentaler Charme – **Washington Square** **12**: ▶ C 17, 101–105 Waverly Pl., NY 10011-9194, Tel. 1-212-777-9515, 1-800-222-0418, www.washing tonsquarehotel.com, U-Bahn: W. 4th St., DZ ab 215 $. Im Szene-Viertel Greenwich Village mit dem Park vor der Tür. Hotel im kontinentalen Stil. 170 einfache Zimmer (einige ohne Fenster), enge Flure – dennoch sehr beliebt, daher am besten mehrere Monate im Voraus buchen. Frühstück inklusive, Ermäßigung in nahen Jazz Clubs wie etwa dem Blue Note. Sonntag Jazz-Brunch.

Theater District-Tradition – **Edison** **13**: ▶ Karte 2, D 13, 228 W. 47th St./Broadway–Eighth Ave., NY 10036, Tel. 1-212-840-5000, www.edisonhotelnyc.com, U-Bahn: 49th St. und 50th St. DZ ab 195 $. Renoviert, rauchfrei, 770 Zimmer und 30 Suiten, ein Fixpunkt im Theater District, der Coffeeshop gilt als Schauspielertreff. New Yorks Art-déco-Hotel (1931, Lobby!) hat dunkle Korridore, aber helle, geräumige Zimmer.

Einfach und günstig

Empfehlung der NY Times – **Hotel Wolcott 14:** ► D 15, 4 W. 31st St./Fifth Ave.–Broadway, NY 10001, Tel. 1-212-268-2900, www.wolcott.com, U-Bahn: 34th St./Herald Sq., DZ 140 $. Mittelklasse-Haus mit 165 eher winzigen Zimmern und veraltetem Mobiliar, von der New York Times als Budget-Hotel empfohlen. Schöne Lobby, Fitness-Center. 2 Kinder bis 3 J. frei bei 2 Vollzahlern.

›Little Korea‹-Herberge – **Hotel Stanford 15:** ► D 15, 43 W. 32nd St./Broadway–Fifth Ave., NY 10001, Tel. 1-212-563-1500, 1-800-365-1114, www.hotelstanford.com, U-Bahn: 34th St.–Herald Square, DZ ab 140 $. 125 relativ kleine Zimmer, Bäckerei-Café (*Continental breakfast* inkl.). In der Nähe des Herald Square in ›Little Korea‹ mit koreanischem 24-Stunden-Restaurant – und vielen koreanischen Gästen.

Pool in der Lobby – **Room Mate Grace Hotel 16:** ► Karte 2, D 13, 125 W. 45th St./Sixth Ave.– Broadway, NY 10036, Tel. 1-212-354-2323, www.room-matehotels.com, U-Bahn: 42nd St., ab 199 $ (mit Frühstück). Ob des Designs und der ultramodernen Einrichtung in den 140 kleinen Zimmern viel gelobtes Haus im Theater District (Hochbetten). Pool in der Lobby (!), Fitnessraum, Internet-Zugang, Flachbildschirme. Lounge mit DJ.

Art-déco-Lobby und Rooftop-Bar – **La Quinta Manhattan 17:** ► D 15, 17 W. 32nd St./Broadway–Madison Ave., NY 10001, Tel. 1-212-736-1600, 1-800-551-2303, www.applecorehotels.com, U-Bahn: 34th St.-Herald Square, DZ ab 120 $. In denkmalgeschütztem Gebäude. 182 Zimmer in 14 Stockwerken, Business- und Fitness-Center, Internet-Zugang, Kaffeemaschine, Frühstück inklusive. Meist Ausblick auf Bürofassaden.

Gemütlich und zentral – **Comfort Inn Midtown 18:** ► Karte 2, D 13, 129 W. 46th St./Sixth–Seventh Aves., NY 10036, Tel. 1-212-221-2600, 1-800-517-8364, www.applecorehotels.com, U-Bahn: Times Square–42nd St., DZ 119–500 $. Ruhig, gemütlich, günstig. 79 kleine Zimmer auf neun Stockwerken, vor einigen Jahren renoviert, Frühstück inklusive. Nichtraucher-Hotel.

Budget Hotel-Klassiker – **Herald Square 19:** ► D 15, 19 W. 31st St./Fifth Ave. – Broadway, NY 10001, Tel. 1-212-279-4017, 1-800-727-1888, www.heraldsquarehotel.com, U-Bahn: 34th St.–Herald Square, DZ 99–300 $. Das historische Gebäude, ehemals Sitz der Life-Redaktion, gehört zu den Klassikern unter den Budget-Hotels. Abends ist die Gegend eher verlassen. 100 einfache Zimmer (EZ meist ohne Bad). Kinder bis 12 J. in Begleitung Erwachsener frei. Nichtraucher-Hotel.

Beste Gegend – **Larchmont Hotel 20 20:** ► C 17, 27 W. 11th St./Fifth-Sixth Aves., Tel. 1-212-989-9333, www.larchmonthotel.com, U-Bahn: 9th St, DZ 119–149 $. Fr–Sa 130–165 $. 66 kleine und saubere Zimmer mit Waschbecken, Gemeinschaftsbäder (Slipper und Bademantel werden gestellt). In einer sehr guten Wohngegend am Rande von Greenwich Village. Frühstück inklusive. Nichtraucher-Hotel.

Ex-Seemannsheim – **The Jane Hotel 21:** ► B 16, 113 Jane St./West St., Tel. 1-212-924-9700, www.thejanenyc.com, U-Bahn: 14th St., 99–225 $ (Minimum 2 Nächte). Ehemals waren die Hotels in Midtown, nun sind sie überall. Im angesagten Meatpacking District wurde das Seemannsheim von 1908, in dem die überlebenden Crew-Mitglieder der Titantic-Katastrophe von 1912 während des Prozesses untergebracht waren, in ein Hotel umgewandelt. Bei der Einrichtung standen Schiffskabinen Pate: bei einem 99$-Preis zu eng für zwei Personen, aber Platz für eine geräumige Ablage, Flat-screen-TV, DVD-player, Ipod dock etc. Besser für Zweisamkeit: die *Bunk bed cabin* (mit Hochbett) zu 125$ die Nacht. *Captain's cabin* mit Bad 275$. **Cafe Gitane** und schicke Bar (Jane Ballroom), die allerdings die Anwohner nervt (Schließung möglich).

Kunst und Kultur – **The Gershwin Hotel 22:** ▶ D 15, 7 E. 27th St./Fifth-Madison Aves., Tel. 1-212-545-8000, www.gershwinhotel.com, U-Bahn: 28th St., Schlafsäle (Gemeinschaftsbad) mit sechs bis zehn Betten, pro Pers. 39–49$, DZ mit Bad 145–275$. Die futuristische Fassade unweit von Midtown verrät einiges: die Betreiber kümmern sich auch um Kunst und Kultur und gehören in die Sparte »junge Hotels der Stadt«.

Apartments

Vermittelt werden zeitweise leerstehende Apartments oder Zimmer mit Badbenutzung und Frühstück in bewohnten Apartments.

Breites Angebot – **New York Habitat 23:** ▶ C 15, 307 Seventh Ave./27th–28th Sts., (Suite 306), NY 10001, Tel. 1-212-255-801, www.nyhabitat.com, Studios für 2 Pers. 115–225$ (Minimum 2 Nächte).

Ausgesuchte Locations – **City Sonnet:** www.citysonnet.com. Die Apartments in Brooklyn sind preiswerter als die in Manhattan. Bei *Hosted Apartments* teilt man sich das Bad mit anderen Gästen. *Private Apartments* 160–295$, *Artists Lofts* 215–375$, vier Personen und mehr können für 265–450$ wohnen. Hinzu kommen jeweils Steuern.

Hotels suchen und finden
Zahlreiche Reiseveranstalter bieten Hotels in New York an. Im Internet sind fast alle Häuser mit einer Website vertreten. Hotelsuche im Internet (wobei oft auch gleich Bewertungen mitgeliefert werden): www.hrs.de, www.holidaycheck.de, www.booking.com, www.expedia.de, www.tripadvisor.de, http://de.hotels.com, www.quikbook.com. S. auch www.nycgo.com/hotels *(official guide)*.

Jugendherbergen

Preiswert in Turtle Bay – **Vanderbilt YMCA 24:** ▶ F 14, 224 E. 47th St./Second–Third Aves., NY 10017, Tel. 1-212-912-2500, www.ymcanyc.org, U-Bahn: 42nd St.–Grand Central, DZ ohne Bad 95$, mit Bad 150$. 370 kleine Einzel- bis Vierbettzimmer (ab DZ Hochbetten), gilt als bester New Yorker YMCA, daher große Nachfrage. In Turtle Bay auf der East Side, schöne Gegend. Klima-Anlage. Fernsehgerät im Zimmer, Gemeinschaftsduschen, Cafeteria und Pool.

Für Jung & Alt geeignet – **YMCA West Side 25:** ▶ E 12, 5 W. 63rd St./Central Park West, NY 10023, Tel. 1-212-875-4100, www. ymcanyc.org, U-Bahn: 59th St.–Columbus Circle, DZ mit Gemeinschaftsbad 110$. Größter YMCA der Stadt. 534 kleine Einzel- bis Dreibettzimmer mit Etagenbetten, 13 Räume mit Bad, kein Zimmertelefon. Bettwäsche und Handtücher stellt das Haus. Zwei Pools, Sauna, Fitnessraum, Klima-Anlage.

Essen und Trinken

Wie Sie das richtige Restaurant finden

Mit diesem Buch
Auf den folgenden Seiten finden Sie eine Auswahl derjenigen Restaurants, die zu den besten der Stadt zählen. Darüber hinaus haben wir die Spezialitäten New Yorks berücksichtigt: die Delis, die Diner, die Steakhäuser und die Themen-Restaurants. Favorisiert wird oft auch die regionale Küche, vor allem aus dem Süden der USA, z. B. die der Cajuns in Louisiana.

New York bedeutet zudem eine kulinarische Weltreise, wobei sich die meisten ethnischen Lokale in Chinatown konzentrieren, wo man inzwischen auch die thailändische und vietnamesische Küche findet. Viel vertreten sind italienische Restaurants und in manchen Gegenden auch solche mit indischen Köchen. Selbstverständlich werden auch deutsche Gerichte serviert, wobei eine Lokalität im Stadtteil Williamsburg von Brooklyn unter dem skurrilen Namen ›Fette Sau‹ firmiert.

Weitere Adressen, darunter auch solche von guten und günstigen Stadtteilrestaurants, finden Sie bei der Beschreibung der einzelnen Stadtviertel (Übersicht s. u.).

Gastronomie in den New Yorker Stadtteilen

Midtown:
- Stadtviertelkarte S. 112
- Restaurantbeschreibung S. 124

Madison Square Garden bis Union Square:
- Stadtviertelkarte S. 138
- Restaurantbeschreibung S. 141

Upper East Side:
- Stadtviertelkarte S. 150
- Restaurantbeschreibung S. 159

Central Park:
- Stadtviertelkarte S. 165
- Restaurantbeschreibung S. 170

Upper West Side:
- Stadtviertelkarte S. 177
- Restaurantbeschreibung S. 182

Harlem:
- Stadtviertelkarte S. 193
- Restaurantbeschreibung S. 195

Lower Manhattan/ Greenwich Village:
- Stadtviertelkarte S. 203
- Restaurantbeschreibung S. 207

Lower East Side:
- Stadtviertelkarte S. 217
- Restaurantbeschreibung S. 225

Financial District:
- Stadtviertelkarte S. 234
- Restaurantbeschreibung S. 251

Brooklyn:
- Stadtviertelkarte S. 258
- Restaurantbeschreibung S. 268

Hier können Sie sich selbst umsehen ...

Die Restaurantszene findet man in Midtown um den Times Square, bessere Lokale eher in den Seitenstraßen des Theater District, auf der Upper West Side um Columbus und Amsterdam Aves., etwas teurer auf der Upper East Side, in Greenwich Village (Bleecker St.), in SoHo, im East Village, natürlich in Chinatown und auf der anderen Seite des East River in Brooklyn in der Montague Street (hier ist es preiswerter als in Manhattan).

Darauf sollte man achten

Sofern eine Reservierung angebracht ist, wird die Telefonnummer vermerkt. In einigen Restaurants muss der *dress code* beachtet werden: Jackett und Krawatte für Männer, elegante Kleidung für Damen.

Sehr gute Restaurants sind nur zum Lunch (etwa 12–15 Uhr) und Dinner (etwa 17.30 Uhr bis 22.30 Uhr) geöffnet. Preiswertere Etablissements, die Lokale in den touristischen Gegenden und solche mit internationaler Küche haben meist durchgehend geöffnet (etwa 11 Uhr bis Mitternacht).

In den Restaurants wird den Gästen ein Tisch zugewiesen *(please wait to be seated)*. In allen Lokalen ist Rauchen verboten. In Restaurants, die keine *liquor license* besitzen, darf man Bier oder Wein mitbringen *(BYOB = bring your own beer)*. Es wird ein Trinkgeld *(tip)* von 15–20 % erwartet. Manchmal ist das Trinkgeld schon in der Rechnung enthalten *(service included, gratuity)*. Ist der Service gut, sollte man sich dennoch erkenntlich zeigen.

Die Gastronomie der Stadt

In keiner Stadt der Welt findet man mehr Restaurants aus so vielen Ländern. Ganz besonders beliebt in New York sind Delis (Delikatessenläden), mal mit Bedienung, mal mit Selbstbedienung. Das Angebot reicht vom Sandwich bis zum warmen Gericht. *Fastfood* gibt es an jeder Ecke, außerdem viele unterschiedliche Gerichte in den *Food Courts* (verschiedene Restaurants unter einem Dach mit gemeinsamen Tischen und Stühlen). *Coffeeshops*, vor allem Starbucks, findet man ebenfalls überall.

Im Internet

Wie viele Restaurants es in New York gibt? Sie könnten natürlich in den gelben Seiten *(yellow pages)* nachzählen, aber www.nymag.com, die Website des New York Magazine, nennt (ohne Anspruch auf Vollständigkeit) 3807. Dessen *restaurant finder* ist sehr detailliert, von Afghanisch bis Vietnamesisch, sortiert nach Lage *(neighborhoods)*, Preisklasse, klassifiziert nach Sternen und mit einer Dokumentation der Speisekarten *(menus)* samt Preisen. Zudem gibt es Kritiken, und sogar geplante Neueröffnungen werden avisiert.

Eine weitere gute Quelle ist www.opentable.com, über die man auch reservieren kann. Die Village Voice befasst sich unter www.villagevoice.com und www.villagevoice/eats mit der New Yorker Restaurant-Szene. Unter www.menupages.com ist diese nach Küche und Lage aufgelistet, auch gibt es Kritiken von Besucherinnen und Besuchern (die im Internet generell mit Vorsicht zu genießen sind!). www.timeout.com/newyork hat eher spärliche Angaben, aber jeweils einen Lageplan. Bei der New York Times, www.nytimes.com, sieht man beim NY Guide unter »Where to eat« nach und bekommt ausgezeichnete Vorschläge für Lunch und Dinner. Allerdings sind die Besprechungen der Restaurants teilweise schon etwas älter.

Delis und koschere Küche

Eine Institution der Stadt sind die Delis, die meist von Italienern oder Juden gegründeten Delikatessenläden. Die New York Times stellt fest: »Für den gebürtigen New Yorker ist der Deli ein Teil seines Lebens. Er hat dort allein gegessen, als seine Eltern noch 18 Stunden am Tag arbeiteten. Er hat dort seine Schularbeiten gemacht und sein erstes Rendezvous gehabt.«

Mitteleuropäischen Reisenden wird koschere Küche wenig vertraut sein. *Blintzes* (dünne Pfannkuchen gefüllt mit Hüttenkäse oder *cream cheese*/ Frischkäse) sind New Yorkern ebenso geläufig wie *knishes* (Ravioli-ähnliche Teigtaschen mit einer Füllung aus Fleisch oder Käse). Etliche Restaurants und Delis – Lokalitäten dieser Art werden allerdings immer weniger – sind unter rabbinaler Überwachung koscher, das heißt fleisch- und milchhaltige Speisen dürfen nicht gemeinsam zubereitet oder serviert werden. Die koschere Küche hat im Übrigen viel vom jiddischen Vokabular in die USA hinübergerettet: das Matzenbrot wurde zum *Matzah,* die Speisekarte verzeichnet *Flankensteak, Gefillte Fish,* die *Forshpeis* (Vorspeise), *Gehaktes* (Hackfleisch), *Eierkichel, Gugelhopf* und *Schmaltzherring*.

Nicht nur Hamburger

Das Vorurteil, US-Amerikaner würden sich vorwiegend von Hamburgern, Hot Dogs und ähnlichem *Fastfood* ernähren, trifft für New York nur z. T. zu. Stadt und Medien haben eine Kampagne begonnen, die zur Förderung gesünderer Ernährung beitragen soll.

Einmal mehr ist New York seiner Zeit voraus und verbot als erste US-amerikanische Stadt ab Juli 2008 die Verwendung von Transfettsäuren in Restaurants. Insbesondere in Manhattan bieten viele Spitzenrestaurants neben innovativer US-Küche internationale Speisen an. Etliche Lokale servieren regionale US-Spezialitäten wie *Cajun food, Southern food, Tex-Mex-food, New Englands Seafood-Extras* oder *Spare ribs*. Zudem kann man in New York einen *food trip* rund um die Welt unternehmen. Schließlich hat jede Einwanderergruppe ihren kulinarischen Beitrag zum Angebot der mehreren Tausend Restaurants geleistet. Auch die fahrbaren Imbissstände, deren beste an der Rockefeller Plaza des Rockefeller Center platziert sein sollen, haben internationale Essgewohnheiten nach Manhattan gebracht: von Tacos und Enchiladas aus Mexiko über Gyros-Sandwiches oder Pita aus Griechenland bis hin zu *pretzels* (Bretzeln).

Spezialitäten

Selbstverständlich besitzt New York auch ureigene Spezialitäten. Etwa den Bagel, ein Sauerteig-Brötchen mit einem Loch in der Mitte. Bagels werden in vielerlei Geschmacksrichtungen angeboten – mit Zwiebeln, Knoblauch oder Zimt – vorzugsweise aber mit *cream cheese* und *lox* (geräuchertem Lachs). Als New Yorker Erfindung gilt auch das kalorienreiche Sandwich *Hot Pastrami on Rye*, anders portioniert als ein Sandwich in Europa und in schier unbezwingbaren Portionen verabreicht. Das Pökelfleisch vom Rind auf Roggenbrot ist oft nach geheim gehaltenen Rezepturen mit Koriander und schwarzem Pfeffer gewürzt. Beliebt ist auch das *Reuben Sandwich*: warmes Corned Beef mit Sauerkraut auf Schmelzkäse mit Senf, serviert auf einem Roggenbrot.

Typisch amerikanisch

Das Frühstücksangebot ist demgegenüber typisch amerikanisch, mit *eggs over-easy* (Spiegelei, von beiden Seiten gebraten) und *hash-browns* (Röstkartoffeln), Würstchen, *pancake* (Pfannkuchen), zu dem der *maple syrup* (Ahornsirup) nicht fehlen darf. Zum Lunch gibt es, auch dies eine Fastfood-Variante, *a slice of pizza*, ein Stück Pizza, das man ohne Messer und Gabel isst (und manchmal geknickt verspeist).

An Desserts und Kuchen wird es niemandem mangeln. Die Käsekuchen gelten als sensationell, ein Attribut, das auch die cookies (Plätzchen) wie die allerdings sehr süße Sorte White Chocolate Macadamia Nut der Kette Mrs. Fields (z. B. nahe Macy's südwärts) für sich beanspruchen dürfen. Populär sind auch die cup cakes, für die in der Serie »Sex and the city« die Magnolia Bakery stand (401 Bleecker St./W. 11th St.).

Kulinarische Spaziergänge

Walking Tours für Feinschmecker sind in New York sehr im Kommen. Die »Food Tasting and Cultural Walking Tour« in Chelsea/Meatpacking District oder Greenwich Village kostet inklusive Kostproben 44 $ (Tel. 1-212-209-3370, www.foodsofny.com).

»Big Onion Tours« ist auf der Lower East Side unterwegs, wo man Kulinarisches aus der Dominikanischen Republik, Osteuropa, China und Italien genießt (20 $, Tel. 1-212-439-1090, www.bigonion.com).

Fünf Chocolatiers in Downtown Manhattan besucht man bei der »New Cuisine Chocolate Tour« (Tel. 1-917-292-0680, www.sweetwalks.com, Do–So 12.30–14.30 Uhr, 70 $). Die britische Tee-Expertin Elizabeth Knight, die den Titel *English Tea Master* besitzt, erläutert die Entstehung der *tea time* im sogenannten Gilded Age; Tel. 1-201-222-1154, www. teawithfriends.com/tours, 99 $.

Alkoholisches

Was alkoholische Getränke betrifft, so ist das (leichtere) Bier nicht so schlecht wie sein Ruf: ein Bud (Budweiser), Miller High Life, Miller Genuine Draft (beide aus Milwaukee) oder Samuel Adams aus Boston sind akzeptabel. An Weinen sind europäische, australische und US-amerikanische erhältlich, allerdings sehr viel teurer als auf dem alten Kontinent. Hochprozentigen Alkohol *(spirits, liquor)* gibt es nur in den *Liquor Stores,* die auch Weine führen.

Spitzengastronomie

Skandinavische Kochkunst – **Aquavit:** ► Karte 2, E 13, 65 E. 55th St./Park–Madison Aves., Tel. 1-212-307-7311, www. aquavit.org, Dining Room: Mo–Fr 12–14.30, 17.30–22.30, Sa 17.30–22.30, So Brunch 12–14.30, 17.30–22.30 Uhr, **Aquavit Café:** wie oben, aber So 17.30–22.30 Uhr, U-Bahn: Lexington Ave./51st St., Prix-fixe-Dinner-Dining-Room 78 $. Verfeinerte und prämierte schwedische Kochkunst in skandinavischem Ambiente. Früh reservieren, Jackett.

Die größte Sushi-Bar – **Hatsuhana:** ► Karte 2, E 13/14, 17 E. 48th St. (floor 1)/ Fifth–Madison Aves., Tel. 1-212-355-33 45, www.hatsuhana.com, Mo–Fr 11.45 –14.45, Mo–Fr 17.30–22, Sa 17–22 Uhr, U-Bahn: Fifth Ave.–53rd St., zehn Sushi kosten 28–38 $, Prix-fixe-Dinner 26–45 $, zum Lunch günstiger. Manhattans größte Sushi-Bar, eine der besten im Land. **Filiale:** Hatsuhana Park, ► E 14, 237 Park Ave./E. 46th St., Tel. 212-661-3400, Öffnungszeiten wie oben, U-Bahn: 50th St.

Der TriBeCa Grill in Manhattan bietet eine innovative amerikanische Küche

Nobu kocht im Nobu – **Nobu:** ▶ B 19, 105 Hudson/Franklin–North Moore Sts., Tel. 1-212-219-0500, www.myriadrestaurantgroup.com, Mo–Fr 11.45–14.15, tgl. 17.45–22.15 Uhr, U-Bahn: Franklin St., Gerichte ab 28 $. Für den Teilhaber Robert De Niro agiert der japanische Koch Nobu Matsuhisa. Etwa einen Monat vorher reservieren. Im **Next Door Nobu** nebenan, das preiswerter ist (ca. 20 $, So–Do 17.45–23, Fr–Sa 17.45–0 Uhr, Tel. 212-334-4445), kann man nur für größere Gesellschaften reservieren. Zu beachten: die Sake-Flaschen-Ausstellung.

Neue Dependance – **Nobu Fifty Seven:** ▶ Karte 2, E 13, 40 W. 57th St./Fifth–Sixth Aves., Tel. 1-212-757-3000, Mo–Fr 11.45–14.15, Mo–Sa 17.45–23.15, So 17.45–22.15, Bar Lounge Mo–Sa 17–0, So 17–22.15 Uhr, U-Bahn: 57th St., Lunchgerichte ab 19 $, Dinner ab 30 $.

Promi-Treff – **Le Cirque:** ▶ F 13, 151 E. 58th St./Lexington–Third Aves., Tel. 1-212-644-0202, www.lecirque.com, Mo–Fr 11.45–14.30, Dinner Mo–Sa 17.30–23 Uhr, U-Bahn: 59th St., 3-Gänge-Lunch 45 $, *pre-theatre-menu* 55 $ (bis 18.30 Uhr bestellen). Vielgepriesenes Feinschmecker-Restaurant mit Café am neuen Standort im Bloomberg Tower, der dem Bürgermeister gehört. Häufig Prominenz, Jackettpflicht.

Innovativ – **TriBeCa Grill:** ▶ B 19, 375 Greenwich St./Franklin St., Tel. 1-212-941-3900, www.myriadrestaurantgroup.com, Mo–Fr 11.30–17, Mo–Do 17.30–22.30, Fr–Sa 17.30–23.30, So 17.30–22, Brunch So 11–15 Uhr, U-Bahn: Franklin St., *prix fixe:* Lunch 24, Dinner 35, Brunch 19 $, innovative US-amerikanische Küche mit italienischen und asiatischen Akzenten, z. B. Grilled Long Island Duck Breast, Sautéed Atlantic

Salmon. Die Weinkarte setzt Schwerpunkte auf kalifornische Weine und französische von der Rhône. Mitbesitzer ist Robert De Niro.

New Yorker Klassiker

Steakhouse No. 1 – **Smith & Wollensky:** ▶ F 14, 201 E. 49th St./797 Third Ave., Tel. 1-212-753-1530, www.smithandwollensky.com, tgl. 11.45–0 Uhr, U-Bahn: Lexington Ave./53rd St. und 51st St. Steak 45–49 $. Steakhouse mit Tradition, 400 Plätze. Laute, trinkfreudige Gäste. Jackettzwang. Günstiger ist es in **Wollensky's Grill** (Eingang 49th St., tgl. 11.30–2 Uhr).

Legende im Bahnhof – **Grand Central Oyster Bar & Restaurant:** ▶ Karte 2, E 14, Lower Concourse Grand Central Station, W. 42nd St./Park Ave., Tel. 1-212-490-6650, www.oysterbarny.com, Mo–Fr 11.30–21.30, Sa 12–21.30 Uhr, U-Bahn: 42nd St.–Grand Central. Hauptgericht ab 23 $, die Muschelsuppe *(clam chowder)* ist preiswerter. Legende im Bahnhofsgewölbe: Restaurant, Saloon und die zum Lunch sehr stark frequentierte Oyster-Bar.

Gigantisch – **The Stage Deli:** ▶ Karte 2, E 13, 834 Seventh Ave./W. 53rd–54th Sts., Tel. 1-212-245-7850, www.stagedeli.com, tgl. 6–2 Uhr, U-Bahn: 50th St. Bevor man bestellt, sollte man sich unbedingt die gigantischen Portionen von *corned beef on rye* oder *cheese cake* ansehen – sie sind so beschaffen, wie es die Kundschaft in einem Deli eben erwartet.

Seafood in SoHo – **Aqua Grill Oyster Bar:** ▶ B 18, 210 Spring St./Sixth Ave., Tel. 1-212-274-0505, www.aquagrill.com, Mo–Fr 12–15, Mo–Do 18–22.45, Fr–Sa 18–23.45, So 18–22.30 Uhr, U-Bahn: Spring St. Beliebtes Restaurant, durch das 2010 eröffnete 46-stöckige Trump SoHo Hotel (246 Spring St.) noch aufgewertet. Tgl. 25–30 Sorten Austern (Stück ab 1,40 $), Sandwiches 10,50–16.50 $, Seafood 18–24 $, Beilagen je 5,50 $. Brunch Sa–So 12–15.45 Uhr, Plätze im Freien.

Restaurants mit Aussicht

Mini-Kreuzfahrt – **World Yacht Dining Cruise:** ▶ B 13, Pier 81, W. 41st St. am Hudson River, Tel. 1-212-630-8100, 1-800-498-4270, Reservierung erforderlich, www. worldyacht.com, Mai–Dez. Mi–Mo 19 (*boarding* ab 18 Uhr), Mai–Okt. So 12.30 Uhr (*boarding* 11.30) Brunch, U-Bahn: 42nd St.–Port Authority, dann Bus M 42 bis Twelfth Ave./W. 42nd St. (Circle Line), Dinner 99–111 $ (ohne Getränke, Trinkgeld), Brunch 61 $. Luxusjacht, Band und Tanz – die Abendfahrt entlang der Skyline ist ein außerordentliches Erlebnis. Angemessene Kleidung Bedingung: keine Jeans, Shorts, Sportschuhe, zum Dinner Jackett.

Speisen im Park – **Bryant Park Grill und The Café at Bryant Park:** ▶ Karte 2, D 14, 25 W. 40th St./Fifth–Sixth Aves., Tel. 1-212-840-6500, www.arkrestaurants.com, So–Do 11.30–23, Fr–Sa 11.30–0 Uhr, Brunch Sa–So 11.30–15.30 Uhr, 17 $, Hauptgerichte 25 $, U-Bahn: 42nd St. und Fifth Ave. Restaurant in einem der schönsten Parks der Stadt. Leichte Speisen, viele Salate, Sommerterrasse. Nebenan das preiswertere **Café at Bryant Park,** von Mai–Sept. fast 1000 Plätze, an der geräumigen Bar dominiert die Single-Szene.

Prometheus im Blick – **Rock Center Café/Rink Bar & Café:** ▶ Karte 2, E 13, 30 Rockefeller Center/20 W. 50th St., Tel. 1-

212-332-7620, www.patinagroup.com, **Rock Center Cafe** tgl., Mo–Fr 7.30–22, Sa 11–22, So 10–21, Brunch Sa 11–15, So 10–15 Uhr, 30 $, Prix-fixe-Dinner 35–39 $, **Rink Bar** Mai–Sept. Mo–Do 11.30–22, Fr 11.30–23, Sa 11–23, So 10–22 Uhr; BBQ-Dinner-Special ab 17 Uhr, 32 $; U-Bahn: 50th St. und 47–50th Sts.–Rockefeller Center. Die Bezeichnung Rock Center Café suggeriert fälschlicherweise einen Ableger des Hard Rock Café. Im Sommer sitzt man auf der stillgelegten Eisfläche in der Rink Bar mit Blick auf den Prometheus, im Winter drinnen und sieht bei italienisch beeinflusster US-Küche den Weihnachtsbaum.

Themenrestaurants

Transvestiten, asiatische Küche – **Lucky Cheng's:** ▶ D 18, 24 First Ave./1st–2nd St., Tel. 1-212-995-5500, www.planet luckychengs.com, tgl. 18–4 Uhr, Dinner So–Do 18–22, Fr 18–0, Sa 17.30–0 Uhr, einstündige Shows So–Do 20.30, Fr 19–23, Sa 18.30–23.30 Uhr, U-Bahn: Lower East Side–Second Ave., Show-Menü: drei Gänge 32 $. Im East Village servieren im Bordelldekor die angeblich schönsten asiatischen Transvestiten von New York. Die asiatischen Gerichte sind wirklich sehr gut.

Nostalgie-Restaurant – **Brooklyn Diner USA:** ▶ Karte 2, D 14, 212 W. 57th St./ Seventh Ave.–Broadway, www.brook lyndiner. com, So–Mo 8–23, Di–Sa 8–0 Uhr, U-Bahn: 57th St., ab 14 $. Nostalgie im *finer diner*, einem Überlebenden der Themen-Restaurants der W. 57th Street. Auch 155 W. 43rd St./Times Square.

Wo Kids Schlange stehen – **Hard Rock Café:** ▶ Karte 2, D 13, W. 43rd St./1501 Broadway, www.hardrock.com, So–Do 11–0.30, Fr–Sa 11–1.30, Frühstück Fr–So 8–10 Uhr, U-Bahn: Times Sq./42nd St. Ab 10 $. Hier stehen die Kids ab 10 Uhr Schlange – aber nicht wegen des Essens. Der Souvenir-Laden öffnet bereits um 9 Uhr.

Aus aller Welt

Wodka und gehackte Leber – **Sammy's Roumanian Steak House:** ▶ C 18, 157 Chrystie St./Delancey–Rivington Sts., Tel. 1-212-673-0330, Mo–Do 16–22, Fr–Sa 16–23, So 15–21.30 Uhr, U-Bahn: Grand St. (Riesen-)Steak 35 $, sonst 31–50 $ p. P. Bei Sammy's gilt nach wie vor: Wodka aus Flaschen, gehackte Leber auf Brot als Vorspeise, Riesensteaks (die über den Tellerrand hinausragen) und jiddische Musik – Nostalgie pur in der Lower East Side für die ältere jüdische Generation.

Neapolitanisch – **Patsy's Italian Restaurant:** ▶ Karte 2, D 12, 236 W. 56th St./Eighth Ave.–Broadway, Tel. 1-212-247-3491, www.patsys.com, So–Do 12–22, Fr–Sa 12–23 Uhr, U-Bahn: 59th St. Neapolitanische Küche seit 1944, viele Promis, *pre-theater-menu* 17–19 Uhr, 50 $.

Kuba in New York – **Victor's Café:** ▶ Karte 2, D 13, 236 W. 52nd St./Broadway–Eighth Ave., Tel. 1-212-586-7714, www. victorscafe.com, So–Do 11.45–23, Fr–Sa 11.45–0 Uhr, U-Bahn: 50th St., 20–40 $, jeweils plus Steuer, Trinkgeld. Lokal von 1957 angekommenen Exil-Kubanern, das sich mit farbenfrohem Dekor seinen Platz in Midtown erobert hat.

Soup Dumplings – **Joe's Shanghai:** ▶ C 19, 9 Pell St./Doyers St./Bowery, www.joeshanghairestaurant.com, tgl. 11–23 Uhr, Hauptgericht 15 $, Seafood teurer, U-Bahn: Canal St. Spezialität in Chinatown: Soup Dumplings (Klöße gefüllt mit Suppe und Schweine- oder Krabbenfleisch). Keine Reservierungen, keine Kreditkarten.

Spare Ribs – **Blue Smoke:** ▶ D 15, 116 E. 27th St./Park–Lexington Aves., Tel. 1-212-447-7733, www.bluesmoke.com, So–Mo 11.30–22, Di–Do 11.30–23, Fr–Sa 11.30–1 Uhr, U-Bahn: 28th St., Ribs *(half rack)* 15 $. Außerordentlich beliebtes Restaurant vor allem für Spare Ribs. Es gibt vier Versionen, unbedingt als Beilage probieren sollten Sie *Sweet Potato Fries with Marbel Dip*. Ländlich schlicht eingerichtet, und übrigens: gute Musik.

Bester Mexikaner – **Rosa Mexicano:** ▶ F/G 13, 1063 First Ave./58th St., Tel. 1-212-753-7407, www.rosamexicano.com, Mo 17–22.30, Di-Do 17–23.30, Fr–Sa 16–23.30, So 16–22.30 Uhr, U-Bahn: Lexington Ave.–59th St. und 59th St., Hauptgericht Lunch 15, Dinner 20 $. Auf der Upper East Side findet man eines der besten mexikanischen Restaurants der Stadt. Besonders zu empfehlen: Guacamole en Molcajete (im Steinmörser zubereiteter Avocado Dip) sowie Michelada (Mix aus Bier sowie Limettensaft, Tabasco, Salz).

Favorit Dim Sum – **Ping's Restaurant:** ▶ C 19, 22 Mott St./Mosco–Pell Sts., Tel. 1-212-602-9988, Mo–Do 10–0, Fr–Sa 9–2, So 9–0 Uhr, U-Bahn: Canal St., ab 15 $. Hongkong-Küche in Chinatown, laut, oft überfüllt. Die Geschäftsführerin spricht Englisch, aber niemand vom Personal. Es hilft die bebilderte Speisekarte. Kleinere Dim-Sum-Gerichte (einige wenige sind für den durchschnittlichen mitteleuropäischen Geschmack zu scharf, erkundigen Sie sich nach: *too hot?*) werden Mo–Fr 10–15.30 und Sa–So 9–15 Uhr angeboten.

Thailand im Theaterviertel – **Pongsri Thai:** ▶ Karte 2, D 13, 244 W. 48th St./Broadway–Eighth Ave., Tel. 1-212-582-3392, www.pongsri.com, tgl. 11.30–23.30 Uhr, U-Bahn: 50th St., Hauptgerichte ab 10,95 $. Gute thailändische Küche, seit 1972 im Theater District. In anderen Ablegern des Restaurants in Manhattan, z. B. W. 23rd St./Sixth–Seventh Aves., Tel. 1-212-645-8808, wird schärfer gewürzt.

›Monster-Sandwiches‹ – **Katz's Delicatessen:** ▶ D 18, 205 E. Houston/Ludlow St., Mo–Di 8–21.45, Mi–Do, So 8–22.45, Fr–Sa 8–2.45 Uhr, www.katzdeli.com, U-Bahn: Lower East Side, Second Ave. Die Gäste dieser 1888 von russischen Einwanderern gegründeten Lower-East-Side-Legende scheinen jegliche Gedanken an fettarmes Essen zu verdrängen. Ob Monster-Sandwich mit Knoblewurst (10,60 $) oder Knockwurst (5,85 $) – es gibt auch keine Alternativen. Ein Hot Pastrami Sandwich kostet 14,95 $.

Original Diner – **Tom's Restaurant:** ▶ Karte 5 D 4, 782 Washington Ave./Sterling Place, Mo–Sa 6–16, So 8–16 Uhr, U-Bahn: Eastern Pkwy Brooklyn Museum. Einer der letzten Diner der Stadt, 70 Jahre alt. Preiswert (4–8 $), beliebt. Keine Kreditkarten, kein Alkohol.

24 Stunden – **Veselka:** ▶ D 17, 144 Second Ave./9th St., www.veselka.com, tgl. rund um die Uhr, U-Bahn: Third Ave. und Astor Pl., ab 12 $. Ukrainische Gerichte im einstigen Ukrainer-Viertel, sehr deftige Speisen. Meist trifft man auf ein junges Publikum. So Brunch.

Für Vegetarier – **Angelica Kitchen:** ▶ D 17, 300 E. 12th St./First–Second Aves., www.angelicakitchen.com, tgl.

Shoppen und dinieren
Ein kleines Geheimnis der großen Stadt: exklusiv einkaufen und vor Ort gleich dinieren! Im BG Restaurant von **Bergdorf Goodman** (S. 43), 7th floor, genießt man grandiose Aussichten auf den Central Park (Reservierung: Tel. 1-212-872-8977, tgl., Salate 25–30 $). Von **Saks** (S. 42) sieht man das Rockefeller Center (tgl., Restaurant Snacks 5th floor, Cafe SFA 8th floor). Das Restaurant Sarabeth's (5th floor) und ein Café (6th floor) bietet **Lord & Taylor** (S. 44) tgl. an; Hauptgericht 15 $. **Takashimaya** (S. 42) öffnet im Lower Level Mo–Sa 11.45– 17.30 Uhr seine Tea Box (ab 7 $).

11.30–22.30 Uhr, U-Bahn: First Ave. und 14th St.–Union Sq., etwa 10 $. Spezialist für *veggie food* im East Village, keine Kreditkarten.

Food Courts

Bahnhof-Fastfood – **Grand Central Dining Concourse:** ▶ Karte 2, E 14, Lower Concourse, Grand Central Terminal, 42nd St./Park Ave., meist 11–21 Uhr, U-Bahn: 42nd St.–Grand Central. Ab 5 $. Food Court mit unzähligen Ständen, internationale Küche (meist Selbstbedienung): Pizza, Tandoori Chicken, Dim Sum, Tacos, Suppen.

Viele Optionen – **South Street Seaport:** ▶ Karte 3, B 21, Fulton St., meist 12–21 oder bis 23 Uhr, U-Bahn: Fulton St. Große Preisspanne von Fastfood bis Restaurantniveau. Das Einkaufs- und Vergnügungszentrum bietet von Restaurants (z. B. **Il Porto** mit italienischer Küche und Plätzen im Freien und **Harbour Lights**) bis zum Fastfood-Court eine große Auswahl. Bei schönem Wetter auch Treffpunkt der Wall-Street-Leute.

Cafés

Europäische Atmosphäre – **Cosmopolitan Café:** ▶ B 19, 95 West Broadway/Chambers St., Tel. 1-212-766-3787, http://cosmopolitancafetribeca.com, tgl. 7–23 Uhr, U-Bahn: Chambers St. Kleines Café in europäischem Stil neben dem Cosmopolitan Hotel. Je nach Greenmarket-Angebot zum Dinner täglich ein anderes Gericht (5–11 $).

Tradition im Village – **Caffe Reggio:** ▶ C 17, 119 Mac Dougal St./3rd St., Tel. 1-212-475-9557, www.caffereggio.com, Mo–Do 8–3, Fr–Sa 8–4, So 9–3 Uhr, U-Bahn: W 4th St.–Washington Square, Cannolí 3,75, Panini 5,25, Pasta 7,50 $, keine Kreditkarten. Ein Relikt aus der Ära der Bohemians, das 1927 eröffnete. Eines der beliebtesten Cafés in Greenwich Village, Plätze im Freien.

›Old Vienna‹ im Museum – **Café Sabarsky in the Neue Galerie:** ▶ G 10, 1048 Fifth Ave./E. 86th St., Tel. 1-212-288-0665, www.neuegalerie.org, www.wallse.com, Mo, Mi 9–18, Do–So 9–21 Uhr, U-Bahn: 86th St, 14 $. Reservierungen nur zum Dinner. ›Old Vienna‹ im früheren Vanderbilt-Herrenhaus, das nun die Neue Galerie beherbergt. Sehr schön ausgestattet. Es gibt Sacher-Torte, Gulasch mit Spätzle – und Weißwürste. Wer nicht in der Schlange warten will, suche das Café Fledermaus im Untergeschoss auf (Do–So 12–18 Uhr).

Einkaufen

Ein Shopping-›Paradies‹

»Shop 'til you drop« – »Einkaufen bis zum Umfallen« – tatsächlich kann das angesichts der zahllosen Möglichkeiten, der vielen *sales* (Schluss- und Ausverkäufe) und der langen Öffnungszeiten Stress bedeuten. Selbst deutschsprachige Gäste vergessen im Einkaufsrausch manchmal die Muttersprache: »Wir müssen aber noch zu Äitsch and Emm« – gemeint war H & M ...

Es gibt zwar den Garment District, der an die einst gigantische Kleiderindustrie erinnert, doch Haute Couture wird in New York nicht mehr produziert. Dennoch ist die Stadt ein Mode-Mekka und *bargaining*, die Schnäppchenjagd, ein ›Sport‹ für manche Einheimische und Touristen sowieso.

Wenn die Mode aus der Mode ist, gibt es *sample sales* der Designer, von Oktober bis März, bei einigen noch im April und Mai. Zu beachten ist: Eine Anprobe ist oft nicht möglich, bei den *loft sales* gibt es keine Umkleidekabinen, bezahlt werden muss bar.

Bitte bedenken Sie: Wo viele Leute einkaufen, wollen auch Taschendiebe ihr ›Schnäppchen‹ machen.

Wo gibt es was?

An der Fifth Avenue südlich der 59th Street reiht sich ein Markenladen an den anderen und auch in SoHo dominieren Edel-Shops. Betuchteres Publikum bedient auch die Madison Avenue auf der Upper East Side. Günstiger ist es um den Herald Square/34th Street mit Macy's.

Immer für Entdeckungen gut sind das Greenwich Village, die Upper West Side etwa auf der Columbus Avenue und das Avantgarde-East Village samt Alphabet City. Die Orchard Street auf der Lower East Side (Geschäfte Fr nur bis 15 Uhr geöffnet, Sa geschlossen) gilt als Paradies der Schnäppchenjäger. Auf der Canal Street in Chinatown gibt es Markenartikel – meist illegal und gefälscht, was Sie in Schwierigkeiten bringen könnte (Polizei, Zoll). ›Großkampftage‹ für Shopping: die zwei Tage nach Thanksgiving und der Samstag vor Weihnachten. Achtung: Zum Preis kommen 8,735 % *sales tax* hinzu (nicht für Kleidung, Schuhe; Einkauf für mehr als 110 $: *tax* 4,375 %).

Wo was verkauft wird, erfährt man im Internet: www.manhattanusersguide.com, www.lazarshopping.com, www.clothingline.com, www.dailycandy.com, www.topbutton.com. Man darf i. d. R. eine Ermäßigung von 50 % erwarten.

Antiquitäten

Viele Antiquitätenläden findet man generell in der E. 11th St./Broadway-University Place ► C 17.

Große Auswahl auf dem Pier – **Americana:** ► C 12, Twelfth Ave./W. 55th St. (Pier 94), U-Bahn: 50th St., Lexington Ave./E. 26th St. (69th Regiment Armory), U-Bahn: 28th St., Termine: www.stellashows.com. Tolle Angebote bei diesen regelmäßig stattfindenden Antiquitätenmärkten.

Zwölf-Etagen-Markt – **Chelsea Antiques Building:** ► C 15, 110 W. 25th St./Sixth–Seventh Ave., tgl. 10–18 Uhr, U-Bahn: 23th St. Auf zwölf Etagen alles für Sammler.

Für Film-Fans – **Jerry Ohlinger's Movie Material Store:** ► C/D 14, 235 W. 35th

Shopping in New York

St./Seventh–Eighth Aves., www.movie materials.com, Mo–Sa 11–19 Uhr. U-Bahn: 34 th St Penn Station. Ein Muss für Film-Fans: Filmplakate, Szenenfotos, Programme, Kuriosa.

Über 100 Händler – **Manhattan Arts & Antiques Center:** ▶ F 13, 1050 Second Ave./E. 55th–56th Sts, www.the-maac.com, Mo–Sa 10.30–18, So 12–18 Uhr, U-Bahn: 53rd St.–Lexington Ave. Über 100 Händler, größtes Zentrum der USA für Antiquitäten.

Auktionen

Namhaftes Haus – **Christie's:** ▶ Karte 2, E 13, 20 Rockefeller Plaza at W. 49th St./ Fifth–Sixth Aves., Tel. 1-212-636-2000, www.christies.com, Mo–Fr 9.30–17.30 Uhr, U-Bahn: 50th St.–Rockefeller Center.

Weltklasse-Kunst – **Sotheby's:** ▶ G 12, 1334 York Ave./E. 72nd St., Tel. 1-212-606-7000, www.sothebys.com, Mo–Sa 10–17, So 13–17 Uhr, Mitte Juli–Anfang Sept. Sa–So geschl., U-Bahn: 68th St.–Hunter College.

Bücher, CDs und Schallplatten

Sechs Stockwerke – **Argosy:** ▶ F 13, 116 E. 59th St./Park–Lexington Aves., www.argosybooks.com, Mo–Fr 10–18, Sept.–Mitte Mai auch Sa 10 bis 17 Uhr, an jüdischen Feiertagen geschl., U-Bahn: 59th St. Antiquarische Bücher auf sechs Stockwerken.

220 000 Bücher – **Barnes & Noble:** ► D 11, Hauptgeschäft, 1972 Broadway/W. 66th St. www.barnesandnoble.com, tgl. 9–0 Uhr, U-Bahn: 66th St.–Lincoln Center, 220 000 Buchtitel, Jazz- und Klassik-CDs, mit Starbucks-Café. Siehe auch S. 186, Filialen S. 125 u. 142.

Exzellent sortiert – **J & R Music World:** ► B 20, 23 Park Row, www.jr.com, Mo–Sa 9–19.30, So 10.30–18.30 Uhr, U-Bahn: Brooklyn Bridge/City Hall. Größter und bestsortierter CD-Laden der Stadt.

Comics-Spezialist – **Jim Hanley's Universe:** ► D 15, 4 W. 33rd St./Fifth Ave., Tel. 1-212-268-7088, http://jhuniverse.blogspot.com, Mo/Di 9–23, Mi 8.30–23, Do–Sa 9–23, So 10–21 Uhr, U-Bahn: 33rd St. Das größte Angebot an Comics und Fantasy-Figuren.

12 Meilen Bücher – **Strand:** ► D 17, 828 Broadway/E. 12th St., www.strandbooks.com, Mo–Sa 9.30–22.30, So 11–22.30 Uhr, U-Bahn: 14th St.–Union Sq. Gigantisches Angebot antiquarischer Bücher, einziges Überbleibsel der sogenannten *book row*.

Computer & Co

Rund um die Uhr – **Apple Store:** ► Karte 2, E 13, 767 Fifth Ave./E. 58th–59th Sts., U-Bahn: 5th Ave, tgl. 24 Std., Juni–Sept. meist Fr 0–2 Uhr DJs. Weitere Filialen: 103 Prince St./Greene St. in SoHo, Mo–Sa 9–21, So 9–19 Uhr; 1981 Broadway/W. 67th St., tgl. 9–21 Uhr.

Konzern-Shop – **Sony Style Store:** ► Karte 2, E 13, 550 Madison Ave./E. 55th–56th Sts., Mo–Sa 10–19, So 11–18 Uhr, U-Bahn: 5th Ave-53rd St. Auch Kameras, MP-3-player etc.

Delikatessen und Lebensmittel

Feinkost in SoHo – **Dean & De Luca:** ► C 18, 560 Broadway/Prince St., www.deandeluca.com, Mo–Fr 7–20, Sa–So 8–20 Uhr, U-Bahn: Spring St. Feinkost, Küchenartikel, Geschenke, beeindruckendes Sortiment.

Ökoladen – **Trader Joe's:** ► D 17, 142 E. 14th St., www.traderjoes.com, tgl. 8–22 Uhr. Beliebte Supermarkt-Kette, deren Weinhandlung sich nebenan befindet (138 E. 14th St., Mo–Sa 9–22, So 12–21 Uhr).

Der Super-Supermarkt – **Whole Foods:** ► Karte 2, D 12, 10 Columbus Circle, Time Warner Center, Untergeschoss,www.wholefoodsmarket.com, tgl. 8– 23 Uhr, Feiertage verkürzte Öffungszeiten, U-Bahn: 59 St./Columbus Circle. New Yorks größter Supermarkt, SB-Restaurant, phantastisches Angebot, ideal für Mitbringsel für Zuhause.

Für den exklusiven Geschmack – **Zabar's:** ► E 10, 2245 Broadway/W. 80th St., www.zabars.com, Mo–Fr 7–19, Sa 7.30–19, So 8–18 Uhr (auch Café), U-Bahn: 79th St. Feinkost und die richtige Adresse für Leute mit exklusivem Geschmack.

Flohmärkte

Um die W. 25th und die W. 26th Street zwischen Sixth und Seventh Avenues gibt es samstags und sonntags viele Einkaufsmöglichkeiten auf Flohmärkten.

In Chelsea – **Annex Outdoor Antiques Fair & Flea Market:** ▶ C 15, W. 25th St./Sixth Ave., Sa–So 9–18 Uhr, im Sommer auch länger, U-Bahn: 23rd St.

Überdachter Markt – **The Garage:** ▶ C 15,112 W. 25th St./Sixth–Seventh Aves., Sa–So. 9–17 Uhr, U-Bahn: 23rd St.

Nur samstags – **Green Flea Market:** ▶ C 16, Greenwich Ave. und Charles St./10th–11th St., www.greenfleamarkets.com, Sa 11–19 Uhr, U-Bahn: 4th St.

Nur sonntags – **Green Flea Market:** ▶ E 10, Columbus Ave./W. 76th–77th Sts., So 10–17.30, April–Okt. 10–18 Uhr, U-Bahn: 81st St.–Museum of American Natural History.

Schnäppchen – **Hell's Kitchen Flea Market:** ▶ C 13, W. 39th St./Ninth–Tenth Aves., www.hellskitchenfleamarket.com, Sa–So 9–18 Uhr, U-Bahn: 42nd St.

Fotoapparate

Nicht nur für Profis – **B & H Camera & Video Discount:** ▶ C 14, 420 Ninth Ave./W. 33rd–34th Sts., www.bhphotovideo.com, Mo–Do 9–19, Fr 9–13, So 10–18 Uhr, an jüdischen Feiertagen geschl., U-Bahn: 34th St.–Penn Station. Hier decken sich auch Profis ein.

Kaufhäuser

›Bei Bloomie's‹ – **Bloomingdale's:** ▶ F 13, 1000 Third Ave./E. 59th St.–60th Sts., www.bloomingdales.com, Mo–Do 10–20.30, Fr 10–22, Sa 10–19, So 11–19 Uhr, U-Bahn: 59th St., ›Bloomie's‹, der gediegene Kaufpalast mit Luxusabteilungen, ist ein Publikumsmagnet an der Upper East Side.

Spielzeugparadies – **F. A. O. Schwarz:** ▶ Karte 2, E 13, 767 Fifth Ave./58th–59th Sts., www.fao.com, Mo–Do 10–19, Fr–Sa 10–20, So 11–18 Uhr, U-Bahn: Fifth Ave. Ein Paradies für Kinder und für Erwachsene, nicht versäumen, große Candy-Bar.

›Kaufhaus-Palast‹ – **Macy's:** ▶ D 14, 151 W. 34th St./Broadway, Mo–Sa 10–21.30, So 11–20.30 Uhr, in der Vorweihnachtszeit wesentlich verlängerte Einkaufszeiten, www.macys.com, U-Bahn: 34th St.–Herald Sq. Eines der größten Kaufhäuser der Welt, viele Bekleidungsartikel, Delikatessen und Selbstbedienungsrestaurant im Untergeschoss. Ausländischen Besuchern (Ausweis) wird 10 % Rabatt gewährt (Visitors Center).

Über 50 Läden – **Manhattan Mall:** ▶ D 14, 899 Sixth Ave./W. 33rd St., www.manhattanmallny.com, Mo–Sa 9–21.30, So 10–20.30 Uhr, U-Bahn: 34th St.– Herald Sq. Das Einkaufszentrum wurde erneut umgebaut.

Exklusive Mode – **Saks Fifth Avenue:** ▶ Karte 2, E 13, 611 Fifth Ave./E. 49th–50th Sts., www.saksfifthavenue.com, Mo–Sa 10–20, So 12–19 Uhr, U-Bahn: 50th St.–Rockefeller Center. Hier findet man u. a. exklusive Mode, Kosmetika und Schuhe.

Japanischer Stil – **Takashimaya:** ▶ Karte 2, E 13, 693 Fifth Ave./E. 54th–55th Sts., www.takashimaya-ny.com, Mo–Sa 10–19, So 12–17 Uhr, U-Bahn: 57th St. Japanisches Nobel-Kaufhaus, Möbel, Accessoires, Kunstgalerie.

Sehenswert – **Trump Tower:** ▶ Karte 2, E 13, Fifth Ave./56th–57th St., tgl. 8–22 Uhr, U-Bahn: 57th St. Luxuriöses Einkaufszentrum, darüber Eigentumswohnungen. Mit *public garden.*

Mode und Accessoires

Italienisches Design – **A/X Armani Exchange:** ▶ Karte 2, E 13, 645 Fifth Ave./E. 50th–51 Sts., www.armaniexchange.com, tgl. 9-21 Uhr, U-Bahn: 50th St.–Rockefeller Center. Preiswerte italienische Designermode.

Die Kultmarke – **Abercrombie & Fitch:** ▶ Karte 2, E 13/B 21, 720 Fifth Ave./W. 56th St., Tel. 1-212-306-0936, www.abercrombie.com, Mo–Sa 10–20, So 12–18 Uhr, U–Bahn: 5th Av. Richten Sie sich auf Wartezeiten ein, vor allem, wenn man mit den Models der Kultmarke A & F fotografiert werden will. Ähnlicher Andrang herrscht im Parfüm-geschwängerten zweiten A & F-Laden, 199 Water St. im South Street Seaport (Mo–Sa 10–19, So 11–19 Uhr).

›Flagship-Store‹ – **Banana Republic:** ▶ Karte 2, E 13, 626 Fifth Ave./W. 50th–51st Sts, www.bananarepublic.com, Mo–Sa 10–20, So 11–19 Uhr, U-Bahn: 50th St.–Rockefeller Center. Der ›Flagship store‹ der Kette.

Für die ganze Familie – **Barneys New York:** ▶ F 12, 660 Madison Ave./E. 61st St., Mo–Fr 11.30–21, Sa 11–20, So 11–18 Uhr, www.barneys.com, U-Bahn: Fifth Ave. Designer-Mode für die ganze Familie, teuer. Die Schaufenster gelten zur Weihnachtszeit als die am schönsten dekorierten in New York.

›Li'l Bloomie's‹ – **Bloomingdale's SoHo:** ▶ B 18, 504 Broadway Broome–Spring Sts., Mo–Fr 10–21, Sa 10–20, So 11–19 Uhr, U-Bahn: Spring St. ›Li'l Bloomie's‹, Ableger des Upper-East-Side-Kaufhauses, setzt auf Mode junger Designer, **Café 504** im 2. Stock (tgl. 10–19 Uhr).

US-Mode-Design – **Tory Burch:** ▶ C 18, 257 Elizabeth St./E. Houston–Prince Sts., Tel. 1-212-334-3000, www.toryburch.com, Mo–Sa 11–19, So 12–18 Uhr. Als die US-Modeschöpferin 2004 ihren ersten Laden in NoLita (North of Little Italy) eröffnete, war jener in einem Tag ausverkauft. Inzwischen ist sie auch im Meatpacking District präsent: 38–40 Little West 12th St. (Öffnungszeiten wie oben).

Christine Celle Kollektion – **Calypso City Outlet:** ▶ C 18, 426 Broome St./Lafayette–Crosby Sts., www.calypso-celle.com, Mo–Sa 11–19, So 12–17 Uhr, U-Bahn: Spring St. Outlet Store der Designerin Christine Celle, etwas teurer. Den Flagship Store von Celle, vor allem mit Damenkleidung, findet man: 935 Madison Ave./E. 68th–69th Sts., Mo, Sa 10–18, Di–Fr 10–19, So 12–18 Uhr, U-Bahn: 68th St.–Hunter College.

Barneys reduziert – **CO-OP Barneys:** ▶ C 16, 236 W. 18th St./Seventh–Eighth Aves., Mo–Fr 11–20, Sa 11–19, So 12–18 Uhr, U-Bahn: 14th St./Eighth Ave. Preiswerter als das Hauptgeschäft.

Herren-Mode – **Bergdorf Goodman:** ▶ Karte 2, E 13, 745 Fifth Ave./E. 57th–58th Sts., www.bergdorfgoodman.com, Mo–Fr 10–20, Sa 10–19, So 12–18 Uhr, U-Bahn: Fifth Ave. Exklusive Mode, für Herren im Geschäft gegenüber, Accessoires, großes Angebot an Kosmetika und Parfüm.

Herrenausstatter von Ruf – **Brooks Brothers:** ▶ E 14, 346 Madison Ave./E. 44th St., www.brooksbrothers.com, Mo–Mi, Fr–Sa 9–19, Do 9–20, So 12–18 Uhr, U-Bahn: Grand Central-42nd St, Herrenausstatter von Ruf, auch Damenmode und ›Boys' Store‹.

Auf vier Stockwerken – **Calvin Klein:** ▶ Karte 2, F 12, 654 Madison Ave./E. 60th St., Mo–Mi, Fr–Sa 10–18, Do 10–

19, So 12–18 Uhr, U-Bahn: Fifth Ave. Manhattan-Flaggschiff des Designers auf vier Stockwerken, auch Schuhe, Haushaltswaren.

Von Donna Karan – **DKNY:** ▶ Karte 2, F 12, 655 Madison Ave./E. 60th St., Mo–Sa 10–20, So 11–18 Uhr, www.dkny.com, U-Bahn: 68th St.– Hunter College. Mini-Kaufhaus mit Kleidung und Accessoires von Donna Karan, vegetarisches Café.

Mode aus Italien – **Dolce & Gabbana:** ▶ F 12, 825–827 Madison Ave./E. 68th – 69th Sts., www.dolcegabbana.com, Mo–Mi, Fr–Sa 10–18, Do 10–19, So 12–17 Uhr, U-Bahn: 68th St.–Hunter College. Italienische Designerkleidung.

Armani-Design – **Emporio Armani:** ▶ B 18, 410 West Broadway/Spring St., www.emporioarmani. com, Mo–Sa 10–19, So 12–18 Uhr, U-Bahn: Spring St. Designermode, Schlussverkauf Juni und Dezember.

Secondhand – **Family Jewels Vintage Clothing:** ▶ D 16, 130 W. 23rd St./Sixth–Seventh Aves., www.familyjewelsnyc.com, Mi–Sa 11–20, So–Di 11–19 Uhr, U-Bahn: 23rd St. Hier werden auch Filmstars mit Secondhand-Kleidung ausstaffiert.

GAP für Kinder – **GAP Kids:** ▶ Karte 2, D 12, 250 W. 57th St./Broadway–Eighth Ave., www.gap.com, Mo–Mi, Sa–So 9–20, Do–Fr 9–21 Uhr, U-Bahn: 59th St.–Columbus Circle. Kinderbekleidung der in Manhattan sehr zahlreich vertretenen Kette.

Klassiker für die Familie – **Lord & Taylor:** ▶ Karte 2, D 14, 424 Fifth Ave./W. 38th–39th Sts., www.lordandtaylor.com, Mo–Fr 10–20.30, Sa 10–19.30, So 11–19 Uhr, U-Bahn: 42nd St./Bryant Park. Klassische Kleidung für die Familie, auch Accessoires.

›Superstore‹ im Mansion – **Polo Ralph Lauren:** ▶ F 11, 867 Madison Ave./E. 72nd St., http://stores.ralphlauren.com, Mo–Mi 10–19, Do 10–20, Fr–Sa 10–18, So 12–18 Uhr, U-Bahn: 68th St.–Hunter College. Für 14 Mio. $ wurde das Rhinelander Mansion aus den 1890er-Jahren umgebaut und ist nun einer der ›Superstores‹ für Markenkleidung.

Jeans-Spezialist – **The Original Levi's Store:** ▶ F 13, 750 Lexington Ave/E. 59th–60th Sts., http://us.levi.com, Mo–Sa 10–20, So 11–19 Uhr, U-Bahn: Lexington Ave./59th St. Neben Jeans Shirts und Accessoires.

Surfin' NYC – **Hollister Co.:** ▶ C 18, 600 Broadway/E. Houston St., Tel. 1-212-966-3542, www.hollisterco.com, Mo–Sa 10–21, So 11–19 Uhr, U-Bahn: Broadway-Lafayette. Auch die Abercrombie & Fitch-Tochter, Mode im sog. kalifornischen Surf-Style, ist in New York mit einem *flagship store* präsent, diesmal in SoHo.

East Village-Design – **Jill Anderson:** ▶ D 17, 331 E. 9th St./First–Second Aves., www.jillanderson.com, tgl. 12–20 Uhr, U-Bahn: Astor Place. Die Designerin aus dem East Village bietet in ihrem kleinen Laden für Damen jeden Alters (und jeder Kleidergröße) eher unauffällige, aber doch sehr moderne, originelle und ausgeklügelte Entwürfe an, die zudem erschwinglich sind.

Jet-Set-Designer – **Michael Kors:** ▶ F 11, 974 Madison Ave./E. 76th-77th Sts., Tel. 1-212-452-4685, www.michaelkors.com, Mo–Sa 10–18 Uhr, U-Bahn: 77th St. Der einflussreiche US-Modemacher ist nicht nur in großen Kaufhäusern, sondern auch mit eigenem Laden in der Stadt vertreten.

Mode vom Rapper – **Sean John:** ▶ Karte 2, E 14, 475 Fifth Ave./41st St., www.seanjohn.com, Mo–Mi 10–19, Do 10–20, Fr–Sa 10–19, So 12–18 Uhr, U-Bahn: 42 St.–Bryant Park. Sean John Combs, bekannter als Harlemer Rapper namens P. Daddy oder P. Diddy oder Puff Daddy (und so weiter), lässt sein Label in bester Gegend verkaufen. In dem edel ausgestatteten Laden gibt's Kleidung Marke *street style.*

Reduzierte Designerware

Bester Discount-Store – **Century 21:** ▶ Karte 3, A 20, 22 Cortlandt St./Church St.–Broadway, www.c21stores.com, Mo–Di 7.45–21, Do–Fr 7.45–21.30, Sa 10–21, So 11–20 Uhr, U-Bahn: Cortlandt St. Einer der besten Discount-Stores für Designerkleidung, Schuhe und Koffer, 20 bis 75 % preiswerter pro Artikel. Hierhin wandern die Kollektionen nach Saisonende. Beste Angebote von Juli bis Januar. Keine Anprobe, aber Umtausch möglich.

Ermäßigte Mode – **Loehmann's:** ▶ C 16, 101 Seventh Ave./W. 16th–17th Sts., www.loehmanns.com, Mo–Sa 9–21, So 11–19 Uhr, U-Bahn: 14th St. Hier gibt es stark ermäßigte Designermode.

Preispolitik: 20–50 % weniger – **Michael's, The Consignment Shop for Women:** ▶ G 11, 1041 Madison Ave./79th St., www.michaelsconsignment.com, Mo–Mi 9.30–18, Do 9.30–20, Fr–Sa 9.30–18 Uhr, , Fei u. Juli–Aug. Sa geschl., U-Bahn: 77 St. Second-Hand-Designer-Mode, die angeblich ursprünglich die Upper-Eastsider besessen haben. Die Preispolitik von Michael's ist, die Ware monatlich um 20 % zu reduzieren.

Schmuck und Uhren

Juwelen – **Cartier:** ▶ Karte 2, E 13, 653 Fifth Ave./E. 52nd St., www.cartier.com, Mo–Sa 10–20, So 11–19 Uhr (im Sommer So geschl.), U-Bahn: 50th St.–Rockefeller Center. Juwelen, Silber, Porzellan.

Weltberühmt – **Tiffany & Co.:** ▶ Karte 2, E 13, 727 Fifth Ave./5 E. 57th St, www.tiffany.com, Mo–Sa 10–19, So 12–18 Uhr, U-Bahn: Fifth Ave. Weltberühmt wie die Lampen, die Louis Comfort Tiffany um 1900 schuf.

Diamond Row – **Jewelers on Fifth:** ▶ Karte 2, E 13, 578 Fifth Ave./W. 47th St., www.jewelersonfifth.com, Mo–Sa 10–17.30 Uhr, U-Bahn: 50th St.– Rockefeller Center. In der Diamond Row, dem Zentrum des Diamantenhandels.

Omas Schmuckstücke – **Doyle & Doyle:** ▶ D 18, 189 Orchard St./Houston–Stanton Sts., www.doyledoyle.com, Di–Mi 13–19, Do 13–20, Fr 13–19, Sa–So 12–19 Uhr, U-Bahn: Lower East Side/Second Ave. Die Schwestern Elizabeth und Irene Doyle sind auf alte Schmuckstücke spezialisiert, die sie auch aus Europa beziehen. Diese gehen zurück bis auf die viktorianische Zeit, doch gibt es auch zeitgenössische Produkte. Ein Medaillon kostet zwischen 80 und 5 000 $. Eher ungewohnt ist der Standort Lower East Side: Hier deutet sich die nächste ›Veredelung‹ eines Stadtteils an.

Mini-Kunstwerke – **Robert Lee Morris Gallery:** ▶ C 18, 400 West Broadway/Spring–Broome Sts., www.robertleemorris.com, Mo–Fr 11–18, Sa 11–19, So 12–18 Uhr, U-Bahn: Spring St. Die Unikate des Schmuckherstellers in SoHo, der mit der berühmten Modedesignerin Donna Karan zusammenarbeitet, gelten als Mini-Kunstwerke und orien-

Sonderangebote
Der Sommerschlussverkauf findet bereits im August statt, Winterschlussverkauf von Dezember bis Januar. Es gibt ständig *sales* und *bargains*, die in der Presse (z. B. New York Magazine) bekanntgegeben werden, u. a. Ausverkauf der Mode-Musterkollektionen im Garment District im April und Oktober.

tieren sich derzeit an der Disco-Ära der 1970er-Jahre.

Größter Uhrenladen der Welt – **Tourneau Time Machine:** ▶ Karte 2, E 13, 12 E. 57th St./Fifth–Madison Aves., www.tourneau.com, Mo–Mi 10–18, Do 10–19, Fr–Sa 10–18, So 11.30–17.30 Uhr, U-Bahn: 59 St. Die überdimensionale Uhr an der Fassade signalisiert, worum es hier geht. Auf drei Stockwerken im größten Uhrenladen der Welt sind ca. 90 Marken in 8000 unterschiedlichen Ausführungen erhältlich.

Schuhe und Lederwaren

Großes Sortiment – **Bally:** ▶ Karte 2, F 13, 628 Madison Ave./E. 59th St., www.bally.com, Mo–Mi, Fr–Sa 10–18.30, Do 10–19, So 12–17 Uhr, U-Bahn: Fifth Ave. Großes Sortiment an Schuhen.

Koffer und Taschen – **Louis Vuitton:** Karte 2, E 13, 1 E. 57th St./Fifth Ave., www.louisvuitton.com, Mo–Mi, Fr–Sa 10–19, Do 10–20, So 10–18 Uhr, U-Bahn: Fifth Ave. Koffer, Taschen, Schuhe, Kleider und Accessoires.

Sex and the City-High Heels – **Manolo Blahnik:** ▶ Karte 2, E 13, 31 W. 54th St./Fifth–Sixth Aves., www.manoloblahnik.com, Mo–Fr 10.30–18, Sa 10.30–17.30, So 12–17 Uhr, U-Bahn: Fifth Ave./53 St. Spätestens seit der TV-Serie »Sex and the City« gelten die Produkte des spanischen Schuh-Designers als Statussymbol. Hohe Absätze *(high heels)* und ausgefallenes Design von Blahnik trug als Erste Bianca Jagger, als sie das ›Studio 54‹ in New York aufsuchte.

Souvenirs

Feuerwehr-Memorabilia – **The Original Firestore:** ▶ C 17, 17 Greenwich Ave./ Christopher St.–W. 10th St., www.nyfirestore.com, Mo–Do 11–19, Fr–Sa 11–20, So 12–18 Uhr, U-Bahn: Christopher St.

Sportbekleidung

Mit drei Streifen – **Adidas:** ▶ C 18, 610 Broadway/E. Houston St., www.shopadidas.com, U-Bahn: Broadway/Lafayette, Mo–Sa 10–20, So 11–19 Uhr. Superstore, außerhalb des Zentrums.

Für Basketball-Fans – **NBA Store:** ▶ Karte 2, E 13, 666 Fifth Ave./W. 52nd–53rd Sts., www.nba.com/nycstore, U-Bahn: 50th St.–Rockefeller Center, Mo–Sa 10–19 (Sommer bis 20), So 11–18 Uhr. Erlebniswelt im einzigen Laden der National Basketball Association.

Sportwaren-Show – **Niketown:** ▶ Karte 2, E 13, 6 E. 57th St./Fifth Ave., www.nike.com, Mo–Sa 10–20, So 11–19 Uhr, U-Bahn: 57th St., Show und ›Museum‹ auf fünf Etagen.

Gut sortiert – **Paragon Sports:** ▶ D 16, 867 Broadway/18th St., www.paragonsports.com, U-Bahn: 14th St./Union Square, Mo–Sa 10–20, So 11–19 Uhr. Ausgezeichnetes Sortiment, freundliche Beratung.

Ausgehen, Abends und Nachts

Auch in New York ist die Clubszene ständig in Bewegung – wo was stattfindet, erfährt man in Time out, Village Voice und New York Magazine. Die hohen Mieten und die strikte Anti-Drogen- und Anti-Waffen-Politik haben dafür gesorgt, dass legendäre Diskos wie Limelight (zuletzt Avalon) und Tunnel schließen mussten und das Clubbing inzwischen auch in Brooklyn oder Queens stattfindet. Für die Heimfahrt zu später Stunde sollte man ein Taxi nehmen. Dance Clubs werden meist erst ab Mitternacht besucht. Kreditkarten werden selten akzeptiert; dies gilt auch für kleinere Musikklubs. Falls Reservierungen angebracht sind oder nach dem Programm gefragt werden kann, sind Telefonnummer und ggf. Website genannt.

Bars und Musikklubs

Mit Tradition – **Apollo Theater:** ▶ G 8, 253 W. 125th St./Seventh–Eighth Aves., Tel. 1-212-531-5305, www.apollotheater.org, Eintritt 16–40 $, U-Bahn: 125th St. Harlems traditionsreiches Theater. Mi 19.30 Uhr Amateur Night, falls nicht auf Tournee, Eintritt 17–27 $.

Blues und mehr – **B. B. King's Blues Club and Grill:** ▶ Karte 2, D 14, 237 W. 42nd St./Seventh–Eighth Aves., Tel. 1-212-997-4144, www.bbkingblues.com, So–Di, Do 11–0, Mi 11–5, Fr–Sa 11–3 Uhr, Eintritt meist 25–30 $, U-Bahn: 42nd St.–Port Authority. Der Blues auf der ›New 42nd Street‹, Sa Beatles Brunch, So Gospel Brunch (40 $, sonst Gerichte ab etwa 22 $). Im Showcase Room traten bereits James Brown, Brian Wilson, Gregg Allman und natürlich B. B. King auf. Live Blues in Lucille's Nightly, 20 Uhr, kein *cover.*

Jazz-Größen – **Birdland:** ▶ Karte 2, D 13, 315 W. 44th St./Eighth–Ninth Aves., Tel. 1-212-581-3080, www.birdlandjazz.com, tgl. 17–1 Uhr, Dinner bis 1 Uhr, Showtimes (Sets) 20.30, 23 Uhr, Eintritt 20–50 $, U-Bahn: 42nd St.–Port Authority u. 43rd St.–Times Square, Supper Club (Restaurant mit Musik), internationale Jazz-Größen. Shows 21, 23, 0 Uhr, Mo, Di, Fr auch 17.30, So 12–16 Uhr Jazz Brunch, teuer.

Folk in der ›Bretterbude‹ – **The Bitter End:** ▶ C 18, 147 Bleecker St./La Guardia Pl./Thompson St., Tel. 1-212-673-7030, www.bitterend.com, tgl. meist ab 19 Uhr, Eintritt 5–10 $, U-Bahn: West 4th St. In der ›Bretterbude‹ in Greenwich Village begannen Bob Dylan und Joan Baez ihre Karrieren. Neben Folk auch Blues, Jazz, Country, Rock.

»Jazz capital of the world« – **The Blue Note:** ▶ C 17, 131 W. 3rd St./ Sixth Ave. Tel. 1-212-475-8592, www.bluenote.net, So–Do 19–2, Fr–Sa 19–4 Uhr, Eintritt 10–16 $, Studenten, falls Platz vorhanden, Mo–Do ab 22.30 Uhr 50 % Ermäßigung, U-Bahn: West 4th St. »Jazz capital of the world«, viele Stars live, überfüllt und teuer. Shows 20, 22.30, Fr–Sa auch 0.30 Uhr Late Night Jam, So 12.30, 14.30 Brunch mit Sets (24,50 $), Dinner 18–1, Fr–Sa bis 2 Uhr.

Letzter Swing-Dance-Club – **The Edison Ballroom:** ▶ Karte 2, D 13, 240 W. 47th St./Broadway-Eighth Ave., Tel. 1-212-201-7650, www.edisonballroom.com, U-Bahn: 49th St. Nach der Schließung des Rainbow Room ist dies New Yorks letzter Swing Dance Club. Eröffnet in den 1930er-Jahren im Art-Deco-Stil als Grand Ballroom des Hotel Edison, wurde daraus ein Theater und ab 1991

The Supper Club, der infolge des 11. September einen Niedergang erlebte. Im März 2008 eröffnete der Edison Ballroom. Regelmäßig *swing series* mit Big Band, Dinner und Dancing 125 $, von 22–1 Uhr 45 $ inklusive Drinks.

Biker-Kneipe – **Hogs & Heifers Saloon:** ▶ B 16, 859 Washington/W 13th Sts., www.hogsandheifers.com, Mo–Fr 11–4, Sa 13–4, So 14–4 Uhr, U-Bahn: 14th St./Eighth Ave. Biker Bar im Meatpacking District. Auf der Theke, wo Julia Roberts einen Auftritt hatte, darf man allerdings nicht mehr tanzen.

Midtown-Jazz – **Iridium:** ▶ Karte 2, D 13, 1650 Broadway/51st St., Tel. 1-212-582-2121, www.iridiumjazzclub.com, Mo ab 18 Uhr Dinner/Cocktails, Di–So ab 19.30 Uhr, Eintritt 25–35 $, Mindestverzehr 10 $, Studenten Di–So 22.30 Uhr halber Preis, U-Bahn: 50th St. Midtown-Jazzclub, Restaurant. Die New York Times lobte sowohl Küche als auch Service und Design. Sets So–Do 20.30, 22.30, Fr–Sa auch 0 Uhr, Hauptgerichte 25 $.

Indie-Bands – **Fillmore New York at Irving Plaza:** ▶ D 16/17, 17 Irving Place/15th St., Tel. 1-212-777-6800, www.livenation.com, Konzerte meist 20 Uhr, Eintritt 10–60 $, U-Bahn: 14th St.–Union Sq. Jüngst renovierter Rock Club mit neuem Namen in Erinnerung an das legendäre Fillmore East, Live-Konzerte vor 1200 Leuten, vor allem Indie-Bands, früh kommen.

Intimer Musik-Klub – **Joe's Pub:** ▶ C 17, Joseph Papp Public Theater, 425 Lafayette St./Astor Place-E. 4th St., Tel. 1-212-539-8770, www.joespub.org, tgl. meist 18–2 Uhr, U-Bahn: Astor Place, 10–30 $. Kleiner Club mit Restaurant im East Village, gute Live-Auftritte aller Genres, z. B. Ute Lemper, Emmylou Harris, Amy Winehouse (US-Debüt).

Älteste Taverne – **McSorley's Old Ale House:** ▶ D 18, 15 E. 7th St./Second–Third Aves., www.mcsorleysnewyork.com, Mo–Sa 11–1, So 13–1 Uhr, U-Bahn: Second Ave./Astor Pl. New Yorks älteste Taverne, bis 1969 nur Männern zugänglich, Saloon-Atmosphäre, viele Touristen.

Greg Osby Quartet im Village Vanguard

Lokale Bands – **Mercury Lounge:** ▶ D 18, 217 East Houston St./Ludlow–Essex Sts., Tel. 1-212-260-4700, www.mercury loungenyc.com, Konzerte tgl. ab 20.30 Uhr, 8–18 $, U-Bahn: Delancey St. Kleiner, gut eingeführter Rock-Club, allabendlich meist drei bis vier lokale Bands. Ab 21 Jahre.

Cocktails auf dem Dachgarten – **Salon de Ning:** ▶ Karte 2, E 13, 700 Fifth Ave./55th St., im Peninsula Hotel, Tel. 1-212-903-3097, tgl. ab 10 Uhr, 16–1 Uhr Cocktails, U-Bahn: 57th St. Im 23. Stock, dekoriert im Stil des Shanghai der 1930er-Jahre, im Sommer gibt es die begehrten Plätze im Dachgarten, Cocktails kosten dort 22 $.

Irische Bar – **P. J. Clarke's:** ▶ F 13, 915 Third Ave./55th St., www.pjclarkes.com, tgl. 11.30–4 Uhr, U-Bahn: Lexington Ave. Die bekannteste irische Bar mit Eröffnungsjahr 1890 – New York, wie es einmal war. Billy Wilder drehte hier für seinen Film »Das verlorene Wochenende«. Das Restaurant ist überteuert.

Höhlenartige Lounge – **Puck Fair:** ▶ C 18, 298 Lafayette St./Houston–Jersey Sts., Tel. 1-212-431-1200, www.puckfair barnyc.com, Mo–Fr 11–4, Sa–So 12–4, Küche tgl. 11.30–3.30, Brunch Sa–So 12–16 Uhr, U-Bahn: Broadway–Lafayette. In der höhlenartigen dreistöckigen Lounge unterhält ein DJ, es gibt 20 unterschiedliche Biere und zahlreiche Single Malts, zum Essen z. B. *toasties* oder in Guinness gebackenen Fisch mit Chips.

Honky-Tonk – **Rodeo Bar:** ▶ E 16, 375 Third Ave./27th St., Tel. 1-212-683-6500, www.rodeobar.com, Mo–Sa 11.30–4, So 11.30–2 Uhr, Live Musik Mo/Di/Do 21, 0, Mi 22, 0, Fr/Sa 22.30, 1.30 Uhr. Happy Hour Mo–Sa 16–20, So 18–21 Uhr, kein *Cover*. U-Bahn: 28th St. New Yorks ältester Honky-Tonk, Country Music, Tex-Mex-Küche bis 2 Uhr, beste Margaritas der Stadt.

Sound of Brazil – **S.O.B.'s:** ▶ B 17, 204 Varick St./Seventh Ave.–Houston St., Tel. 1-212-243-4940, www.sobs.com, Mo–Fr meist 17–4, Sa 18.30–4, So 12–16 Uhr, Eintritt 15–35 $, U-Bahn: Houston St. Sounds of Brazil – Bar-Club-Restaurant, auch Salsa, Mambo, Reggae, Zydeco, Shows Mo–Do 21.30, 22.30, Fr, Sa meist 22.30–1 Uhr.

Rooftop Bar – **Top of the Tower Bar & Lounge:** ▶ F 14, 3 Mitchell Pl./First Ave., Beekman Tower, Tel. 1-212-980-4796, www.thebeekmanhotel.com, So–Do 17–1, Fr–Sa 17–2 Uhr, U-Bahn: Lexington Ave.–53rd St. und 51st St. Romantische Rooftop-Bar im Art-déco-Stil im 26. Stock über dem East River.

Penthouse-Lounge – **230 Fifth Lounge:** ▶ D 15, 230 Fifth Ave./27th St., Tel. 1-212-725-4300, www.230-fifth.com, tgl. 16–0 Uhr, Sa–So 11–17 Uhr Brunch, U-Bahn: 28th St. Penthouse Lounge (600 Plätze) im 1940er-Jahre-Dekor im 20. Stock, Panorama, dazu Rooftop Bar. Cocktails ab 10 $. Keine Reservierungen. Ab 21 Jahre, angemessene Kleidung.

Klassischer Jazzclub – **The Village Vanguard:** ▶ B 16, 178 Seventh Ave. South/11th St., Tel. 1-212-255-4037, www.villa gevanguard.com, Sets tgl. 21, 23 Uhr, Eintritt 20–35 $, Mindestverz. 10 $, U-Bahn: 14th St. Letzter klassischer Jazz Club der Stadt. Keine Speisen, keine Kreditkarten.

Diskotheken

After midnight – **Sullivan Room:** ▶ C 17, 218 Sullivan St./W. 3rd-Bleecker Sts., Tel.

Bloß nichts versäumen!
Es könnte passieren: Sie kommen in New York an und verpassen Ihre Lieblings-Band oder -Oper. Das muss nicht sein: Wir haben bei vielen Veranstaltungsorten Internet-Adressen angegeben, dazu gibt es die einschlägigen Magazine (s. S. 68) und darüber hinaus können Sie bereits vor der Abreise fündig werden: Wenn Sie z. B. www.ticketmaster.com durchforsten, nach dem Veranstaltungsort New York und dem Musik-Genre.
Für die Clubbing-Szene ist www.clubplanet.com ein Muss. Die Website behält sich »das letzte Wort zum Nightlife« vor und ist immer auf dem aktuellsten Stand, was bei 5644 sog. *locations* nicht einfach ist. Der *Bar-o-Meter* hält die Beliebtheit der Etablissements fest, es werden auch andere Beurteilungen zitiert, es gibt Videos zu Veranstaltungsorten und eine Aufteilung nach Kategorien, so zu Hip Hop und Top-40-Lokalen. Und ganz wichtig: Wie muss man die Türsteher einschätzen *(door policy)*. Auch für weitere Musiksparten gibt es Tipps im Internet: www.gothamjazz.com, www.bigapplejazz.com (Jazz-Touren), www.justsalsa.com/newyork.

1-212- 252-2151, www.sullivanroom.com, Mi–So 22–5 Uhr, U-Bahn: W. 4th St., ab 21 Jahre. *Underground electronic dance music* mit DJs. Man kommt erst nach Mitternacht, die Tanzfläche belebt sich ab 1 Uhr.

Mega-Tanz-Club – **Webster Hall:** ▶ D 17, 125 E. 11th St./Third–Fourth Aves., Tel. 1-212-353-1600, www.websterhall.com, Do–Sa 22–5 Uhr, 15–30 $, U-Bahn: 14th St. Mega Club im East Village, fünf Tanzflächen auf vier Stockwerken, sechs Lounges, Musik von Electronica über Hip Hop bis Trance, vor allem studentisches Publikum. Der ›Grand Ballroom‹ von 1886 gilt als ›die Mutter der *dance floors*‹. Ab 19 Jahre.

Schwul und Lesbisch

Informationen

Lesbian, Gay, Bisexual and Transgender Community Center: ▶ C 16, 208 W. 13th St./Seventh Ave., Tel. 1-212-620-7310, www.gaycenter.org, Mo–Fr 9–22, Sa 11–23, So 11–21, Büro tgl. 10–18 Uhr, Fei geschl. U-Bahn: 14th St. Kostenlose Informationen für Besucherinnen und Besucher der Stadt.

Gay, Lesbian, Bisexual & Transgender National Help Center: keine Adresse, Tel. 1-888-843-4564, www.glnh.org, Mo–Fr 16–0 Uhr, Sa 12–17 Uhr.

Neighborhood-Bar – **Barracuda:** ▶ C 15, 275 W. 22nd St./Seventh–Eighth Aves., Tel. 1-212-645-8613, tgl. 16–4 Uhr, U-Bahn: 23rd St. Neighborhood-Bar in Chelsea, einer Hochburg der Schwulen.

›Premier Lesbian Venue‹ – **Henrietta Hudson Bar & Grill:** ▶ B 17, 438 Hudson/Morton Sts., www.henriettahudson.com, Mo–Mi 17–2, Do–Sa 17–4, So 14–4 Uhr, U-Bahn: Christopher St.– Sheridan Sq. Im ›Premier Lesbian Venue‹ sind auch ›Gay Boys‹ willkommen. Mi–So DJs.

Drag Queen Shows – **La Nueva Escuelita:** ▶ Karte 2, D 14, 301 W. 39th St./Eighth Ave., Tel. 1-212-631-0588, www.w3.center-site-net.com, Do–Fr, So 22–4, Sa 22–5 Uhr; Shows Do–Fr 2.30, Sa 2, So 21 und 1 Uhr, U-Bahn: 42nd St.–Port Authority. Gays' Club, Do nur für Männer, Drag Queen Shows Fr 2.30, Sa 2, So 21.30 Uhr, Do–So DJs, Eintritt 8–20 $, viele Hispanics, man sollte sich stets auf Wartezeit einstellen.

Design-Lounge – **Therapy:** ► Karte 2, D 12/13, 348 W. 52nd St./Eighth-Ninth Aves., Tel. 1-212-397-1700, www.therapy-nyc. com, So–Mi 17–2, Do–Sa 17–4 Uhr, U-Bahn: Seventh Ave, Drink 8 $, tgl. 17–20 Uhr Happy Hour. Ab 21 Jahre. Schicker Gay-Club, Shows, DJs, Comedy, außer Sa kleine Gerichte.

Leder-Szene – **The Eagle:** ► B 14, 554 W. 28th St./Tenth–Eleventh Aves., Tel. 1-646-473-1866, www.eaglenyc.com, Di–Sa 22–4, So 17–4 Uhr, U-Bahn: 23rd St. Führende Lederbar der Stadt, sportliche Szene, früher The Lure im Meatpacking District. DJs Mi–So.

Für Gentlemen – **The Townhouse:** ► F 13, 236 E. 58th St./Third Ave., Tel. 1-212-754-4649, www.townhouseny.com, So–Mi 16–3, Do–Sa 16–4 Uhr, U-Bahn: Lexington Ave. und 59th St. Vornehmes Restaurant für Gentlemen in Midtown, *dress code*.

Theater und Musicals

Man unterscheidet zwischen Broadway-Theatern, Off-Broadway-Häusern, anfänglich Alternative zu Kommerz-Theatern, und Off-Off-Broadway-Bühnen, seit Ende der 50er-Jahre des 20. Jh. Spielstätten experimenteller Stücke. Bis auf wenige Repertoire-Theater werden New Yorker Bühnen nicht subventioniert. Stücke oder Musicals werden ›frei‹ von Produzenten finanziert, große Produktionen sind deshalb regelrechte Monopoly-Spiele geworden.

Heute sind Broadway-Theater für viele gleichbedeutend mit Musicals, deren Blütezeit am ›Great White Way‹ zwischen 1943 und 1955 lag. Danach halfen Importe aus dem Londoner Westend (»Evita«‹, »Cats«, »The Phantom of the Opera«), doch seit Anfang der 1990er-Jahre erlebte der Broadway eine erstaunliche Renaissance.

Ausführlich informieren das New York Magazine (Mo), Time out (Mi) und die Village Voice (Mi, gratis). Informativ sind auch die Beilagen Weekend (Fr) und Arts & Leisure (So) der New York Times. In den Hotel-Rezeptionen gibt es kostenlos City Guide und Quick Guide etc.

Kartenvorverkauf

Um 25–50 % ermäßigte Eintrittskarten für Broadway-Musicals, Off-Broadway-Theater, Tanz und Konzerte bei:

TKTS booth: Duffy Square/W. 47th St., Tel. 1-212-768-1818, www.tdf.org, Tickets für Abendvorstellungen Mo, Mi–Sa 15–20, Di 14–20, So ab 15 Uhr bis halbe Stunde vor Beginn, für Matineen Mi, Sa 10–14, So 11–15 Uhr. Eine Tafel informiert über das Angebot. 3 $ Ticketgebühr.

TKTS booth Downtown: John St./Front St. beim South Street Seaport. Mo–Sa 11–18, So Mai–Sept. 11–16 Uhr. Karten für Matineen und Abendvorstellungen werden hier am Vortag verkauft.

Telefonisch kann man Karten bei den Theatern oder über die folgenden Büros (nur mit Kreditkarte, Vorverkaufsgebühr) reservieren:

Ticketmaster: Tel. 1-866-448-7849, www.ticketmaster.com, Tele-Charge, Tel. 1-212-239-6200, www.telecharge.com, pro Karte 5–7 $ Bearbeitungsgebühr. Die Agenturen verkaufen auch Eintrittskarten für Rock- und Popkonzerte sowie Sportveranstaltungen. Schwarzhändler sollte man meiden. Preiswerter als Broadway-Theater, die meist Musicals aufführen, sind Off-Broadway und Off-Off-Broadway.

Blue Man Group – **Astor Place Theater:** ▶ C 17, 434 Lafayette St./Astor Pl.–E. 4th St., Tel. 1-212-254-4370, www.blueman.com. U-Bahn: Astor Pl. Off-Broadway-Spielstätte der Blue Man Group, Karten ab 78 $.

Shakespeare-Festival – **Joseph Papp Public Theater:** ▶ C 17, 425 Lafayette St., beim Astor Pl., Tel. 1-212-967-7555, www.publictheater.org, U-Bahn: Astor Pl. Das Off-Broadway-Theater wurde nach dem Initiator des Shakespeare-Festivals im Central Park benannt.

Jiddisches Theater – **The National Yiddish Theatre Folksbiene:** ▶ D 16, Baruch Performing Arts Center, 55 Lexington Ave./E. 25th St., Tel. 1-646-562-2200, www.folksbiene.org, U-Bahn: 23rd St. Ältestes jiddisches Theater der USA; Karten 45–55 $.

Disney's Theater – **New Amsterdam Theatre:** ▶ Karte 2, D 14, 214 W. 42nd St./Seventh–Eighth Aves., Tel. 1-212-282-2900, www.new-amsterdam-theatre.com, U-Bahn: 42nd St./Times Sq. ›Dauerbrenner‹ ist hier seit 2006 das Musical »Mary Poppins«.

Familien-Theater – **New Victory Theater:** ▶ Karte 2, D 13, 209 W. 42nd St./Seventh–Eighth Aves., Tel. 1-646-562–2200, www.newvictory.org, U-Bahn: 42nd St/Times Square. Das erste Theater der Stadt, das vor allem auf jugendliches Publikum abzielt.

Oper, Ballett und Konzerte

Die ›Met‹ – **Metropolitan Opera im Lincoln Center:** ▶ D 11, Broadway/ W. 64th St., Tel. 1-212-362-6000, www.metoperafamily.org, Ende Sept.–Mitte Mai, U-Bahn: 66th St./Lincoln Center. Die ›Met‹ ist ein Opernhaus von Weltruf und veranstaltet jährlich 240 Aufführungen in dem 3800 Plätze-Haus. Gegründet wurde sie 1880, die Premiere gab es 1883 mit »Faust«, wobei man anfänglich vor allem auf deutsche Sängerinnen und Sänger zurückgriff. 1966 zog das Ensemble vom Broadway/39th–40th Sts. ins Lincoln Center um.

Städtische Oper – **New York City Opera:** ▶ D 11, Broadway/W. 63rd St., Tel. 1-212-870–5570, www.nycopera.com, Sept.–Nov., März–April im David H. Koch Theater im Lincoln Center, U-Bahn: 66th St.–Lincoln Center. 1944 als preisgünstigere ›Volksoper‹ entstanden, legt man vor allem auf US-amerikanische Komponisten wert, von denen ein Drittel des Repertoires stammt. Zudem widmet sich die NYC Opera eher vergessenen Barock-Opern.

Ballett – **American Ballet Theatre:** ▶ D 11, Broadway/W. 64th St. und 131 W. 55th St., Tel. 1-212-477-3030, www.abt.org, U-Bahn: 66th St.–Lincoln Center und U-Bahn 57th St., Mitte Mai–Mitte Juli in der Metropolitan Opera im Lincoln Center (s. o.) und Ende Okt.–Nov. im City Center, 131 W. 55th St., www.nycitycenter.org. Eines der führenden Ensembles der Welt, das 1940 seine Premiere erlebte. Acht Wochen im Frühjahr tanzt man in der Metropolitan Opera, acht weitere Wochen im Herbst dann im City Center.

Tradition ›Nussknacker‹ – **The New York City Ballet:** ▶ D 11, David H. Koch Theater im Lincoln Center, Columbus Square/65th St., Tel. 1-212-870-5570, www.nycballet.com, U-Bahn: 66th St.– Lincoln Center, Nov.–Feb. und April–Juni, zur Weihnachtszeit mit dem »Nussknacker«. Das Ballett, das seit 1948 besteht, verfügt über das größte Repertoire eines US-Ensembles. In New York wird im Winter und

Frühjahr getanzt, im Sommer zieht man nach Saratoga Springs, Upstate New York, um.

Die Philharmoniker – **Avery Fisher Hall im Lincoln Center:** ► D 11, Broadway/ W. 65th St., Tel. 1-212-875-5656, U Bahn: 66th St.–Lincoln Center, Spielstätte der New Yorker Philharmonics, (http://nyphil.org, Sept.–Juni). Geringer Eintritt bei Proben *(Open Rehearsal)* vormittags. Als Philharmonic Hall wurde das Haus 1962 mit 2738 Plätzen eröffnet, ehe es nach einer 10,5 Mio. $-Spende von Avery Fisher einen neuen Namen erhielt. Das Orchester hatte zuvor in der Carnegie Hall gespielt. Die New York Philharmonics genießen einen großen Ruf, doch wird oft die Akustik der Veranstaltungsstätte beklagt. Chefdirigent von 1991 bis 2002 war Kurt Masur, der DDR-Nationalpreisträger von 1982.

Brooklyn Kulturzentrum – **Brooklyn Academy of Music (BAM)**: ► Karte 5, D 3, 30 Lafayette Ave., Brooklyn, Tel. 1-718-636-4100, www.bam.org, U-Bahn: Fulton St., BAMbus nach Manhattan 7 $, (Reservierung: Tel. s. o.). Im Neo-Renaissance-Palast auch Oper, Theater, Tanz und Festivals.

Konzertsaal von Weltruf – **Carnegie Hall:** ► Karte 2, E 12, 887 Seventh Ave./ 57th St., Tel. 1-212-247-7800, www.carnegiehall.org, U-Bahn: 57th St.

Kinos

Programme, Rezensionen und Tipps in der Presse und den Magazinen. Der Eintritt kostet 9–12,50 $.

Ausländische Filme – **Angelika Film Center:** ► C 18, 18 West Houston St./Mercer St., Tel. 1-212-995-2000, www.angelikafilmcenter.com, U-Bahn: Broadway/Lafayette St. Sechs Programm-Kinos, die auf ausländische Filme spezialisiert sind. An den Wochenenden oft ausverkauft.

Riesen-Leinwand – **Clearview's Ziegfeld:** ► Karte 2, E 13, 141 W. 54th St./Sixth–Seventh Aves., Tel. 1-212-307-1862, www.clearviewcinemas.com, U-Bahn: 7 Ave. Eine der größten Leinwände in den USA, viele Filmpremieren. Früher tanzten hier die Ziegfeld Follies.

Reif fürs Festival – **Film Society of Lincoln Center:** ► D 11, Walter Reade Theater im Lincoln Center, 165 W. 65th St./Broadway Amsterdam Ave., Tel. 1-212-875-5601, www.filmline.com, U-Bahn: 66 St–Lincoln Center. Die beste Sicht, die besten Plätze, weshalb das New York Film Festival auch hier stattfindet.

Geld sparen mit City-Pässen

Der New York Pass (www.newyorkpass.com), der für über 70 Museen und Sehenswürdigkeiten gilt, gewährt auch Ermäßigungen in Restaurants und beim Einkaufen (1 Tag 75 $, 2 Tage 110 $, 3 Tage 140 $, 7 Tage 180 $, Kinder 2–12 J. 55/90/120/140 $). Besuchen Sie an einem Tag Mme. Tussauds, NBC Studio Tour, Circle Line, Empire State Bldg., sparen Sie 40 von 105 $. Damit sich der Kauf lohnt, müssen Sie Ihren Tag allerdings präzise planen!

79 $ statt 144 $ zahlt man mit dem New York City Pass (www.citypass.com), der im American Museum of Natural History mit Space Show, im Museum of Modern Art, im Guggenheim Museum, im Metropolitan Museum, für das Empire State Building und die Circle Line (allerdings nur für die zweistündige Tour) gilt.

Feste und Festivals

New York ist Festival City!

Kaum ein Wochenende zwischen Frühjahr und Herbst, an dem in der Stadt nicht irgendwo in einer *neighborhood* gefeiert wird. New York ist groß genug für eine solche ›Event-Schwemme‹ – und die Polizei hat das Ganze verkehrstechnisch stets gut im Griff.

Oft gehen mit den Festen Traditionen einher: Mit Prozessionen gedenken die Italo-Amerikaner an elf September-Tagen **San Gennaros** (dt. Januarius), des Patrons von Neapel. Die Einwanderer aus Polen versammeln sich vor der **Pulaski-Parade** um 9 Uhr zum Gottesdienst in St. Patrick's an der Fifth Avenue. Vor deren Toren nimmt der Erzbischof auch den Aufmarsch der Iren am **St. Patrick's Day** mit 150 000 Teilnehmern in Augenschein. Erstmals hatten irische Soldaten in den Reihen der Britischen Armee 1766 in New York aus diesem Anlass gefeiert.

Jüngeren Ursprungs ist der Umzug **Salute to Israel,** die weltweit größte jüdische Manifestation dieser Art: 100 000 Teilnehmer und über 1 Mio. Zuschauer.

Die **German-American Steuben Parade** gibt es seit 1957, im Jubiläumsjahr 2007 war der Fürther Emigrant und frühere US-Außenminister Henry Kissinger einer der ›Grand Marshalls‹. Alles beginnt mit dem Empfang des Bürgermeisters im City Hall Park am Freitag, abends folgt das Festbankett; am Samstag, nach dem Gottesdienst in St. Patrick's und dem Umzug, wird im Central Park nahe der Summer Stage gefeiert.

Feuerwerk in Chinatown

Eines der farbenprächtigsten Festivals stellt das **Chinese New Year** in Chinatown dar, bei dem ein Feuerwerk die bösen Geister vertreiben soll und die Löwen-, Drachen- und Einhorn-Tanzgruppen durchs Viertel ziehen.

Keine Parade im herkömmlichen Sinn ist die **Easter Parade:** Hier zeigen sich Einzelpersonen in fantasievoller Kleidung auf der Fifth Ave.

Weltweites Publikum

Manche Ereignisse finden inzwischen weltweit ihr Publikum: 315 Mio. Menschen sehen dem **New York Marathon** im Fernsehen zu. **Macy's Thanksgiving Parade** im TV gehört dank NBC landesweit zum Festtagsprogramm. Und fast alle ethnischen Gruppen marschieren einmal im Jahr durch Manhattan. Tun das die Puerto Ricaner, machen 80 000 mit, 2 Mio. Zuschauer stehen am Straßenrand, das Fernsehen überträgt drei Stunden lang. Aus dem Pride March der Lesben und Schwulen ist inzwischen die **Pride Week** geworden, mit Kundgebung im Bryant Park und »Dance on the Pier«. Beim **Triathlon** gehen die Teilnehmer bereits um 5.50 Uhr auf Höhe E. 99th St. ins Wasser des Hudson.

Partytime im Museum

Zu »New York's biggest block party« öffnen neun Museen an der Fifth Ave. beim Museum Mile Festival von 18 bis 21 Uhr ihre Tore. Ein Fall für Frühaufsteher ist auch **J'Ouvert,** das Vorspiel zum **West Indian Carnival.** Einem Brauch aus Trinidad gemäß, sind verkleidete Einheimische ab 2 Uhr von der Brooklyn Library zur Nostrand Ave. unterwegs. Da Farbe und Puder eingesetzt werden: Ziehen Sie nicht die besten Kleider an!

Feste- und Festivalkalender

Januar

Chinese New Year in Chinatown: 1. Vollmond 21.1.–19.2., www.chinatown-online.com
NY National Boat Show: Javits Center, www.nyboatshow.com
Motorcycle Show: Javits Center

Februar

Empire State Building Run-Up: www.esbnyc.com
Fashion Week im Bryant Park, www.mbfashionweek.com

März

Ringling Bros Barnum & Bailey Circus: Madison Square Garden (Ende März bis Anfang April, z. T. tgl. drei Vorstellungen), www.ringling.com
St. Patrick's Day: 17.3. 11 Uhr, irische Parade, Fifth Ave., 44th bis 86th Sts., www.saintpatricksdayparade.com
Macy's Flower Show: Führungen im Kaufhaus ab Eingang Broadway/35th St. 11–16 Uhr halbstdl., Ende März bis Mitte April

April

Easter Parade: Ostersonntag, Fifth Ave., 49th bis 57th Sts., 10–16 Uhr
Greek Parade: Fifth Ave., 60th bis 79th Sts., www.paradeonfifth.org
International Auto Show: Jacob K. Javits Convention Center, www.autoshowny.com
Baseball-Saisonbeginn: für Yankees und Mets (bis Sept./Okt.)
Tribeca Film Festival: www.tribecafilm.com

Mai

Ninth Ave. International Food Festival: 37th bis 57th Sts., Mitte Mai Sa–So
Five Boro Bike Tour: 42 Meilen-Radtour ab Battery Park, 1. So im Mai, www.bikenewyork.org
Memorial-Day: Feiern und Parade, Broadway/Dyckman St., 12–14 Uhr
Salute to Israel-Parade: Fifth Ave., 57th bis 79th Sts., www.salutetoisrael.com
Washington Square Outdoors Art Festival: Memorial Day Weekend sowie im Sept. Labor Day Weekend, www.washingtonsquareoutdoorartexhibit.org
Fleet Week: Höhepunkt der Festwoche ist eine große Militärparade im Hafen

Juni

Downtown River to River Festival: Downtown, Juni–Aug., www.rivertorivernyc.com
Celebrate-Brooklyn-Wochen: bis Aug., kostenlose Aufführungen, www.bricartsmedia.org
Lesbian and Gay Pride Week: zahlreiche Veranstaltungen, u. a. Parade, Fifth Ave. ab 52nd St. zu Christopher/Greenwich Sts., www.hopinc.org
JVC Jazz Festival: www.festivalnetwork.com
National Puerto Rican Day Parade: entlang der Fifth Ave. 44th bis 86th Sts., 2. So im Juni, www.nationalpuertoricandayparade.org
Museum Mile Festival: Fifth Ave., 82nd bis 104th Sts, 2. Di im Juni, www.museummilefestival.org
Shakespeare in the Park: Delacorte Theater, Central Park (bis Aug.), www.publictheater.org
Bryant Park Summer Film Festival: bis Aug., www.bryantpark.org
Mermaid Parade Coney Island: www.coneyislandusa.com

Juli

4. 7. Nationalfeiertag: Feuerwerk am East River

Saisonbeginn New York City Opera: David H. Koch Theater (bis Nov.), www.nycopera.com

NY Philharmonic Concerts in the Parks: kostenlose Konzerte, www.nyphil.org,

Metropolitan Opera in the Parks: kostenlose Konzerte, http://nyphil.org (auch Aug.)

NYC Triathlon: www.nyctri.com

August

Harlem Week: http://harlemweek.com

Lincoln Center Out-of-Doors: einen Monat lang, www.lincolncenter.org

US Open im Tennis: Flushing Meadows, www.usopen.org

September

11.9.: Gedenken an die Opfer der Anschläge auf das World Trade Center

African American Day Parade: Adam Clayton Powell Blvd. (Fifth Ave.) 111th bis 142nd Sts., Mitte Sept., www.africanamericandayparade.org

Steuben Day Parade: Umzug der German-Americans, Fifth Ave. 63rd bis 86th Sts. nach Yorkville, www.germanparadenyc.org

Football-Saisonbeginn: für die Giants und die Jets (bis Dez.)

New York Film Festival: Ende Sept.–Mitte Okt., www.filmlinc.com

Feast of San Gennaro: Little Italy, die beiden letzten Septemberwochen, www.sangennaro.org

West Indian Carnival in Brooklyn: Labor Day Eastern Parkway, 11 Uhr, www.wiadca.com

New Yorker Philharmoniker Spielzeitbeginn: Saison bis Juni, und der Met (Saison bis April)

Oktober

Oktoberfest an der Lexington Ave., 42nd–57th Sts., www.germanyinnyc.org

Halloween Parade: Greenwich Village, 31.10., Sixth Ave., Spring St. bis 21st St., 19–22 Uhr, www.halloween-nyc.com

Hispanic Day Parade: Fifth Ave., 44th bis 72nd Sts.

Italo-amerikanische Columbus Day Parade: Fifth Ave., 47th bis 79th Sts., 2. Mo. im Okt., www.columbuscitizensfd.org

Saisonbeginn: New York Rangers (Eishockey) und Knicks (Basketball)

Pulaski Day Parade: Umzug zu Ehren des im amerikanischen Revolutionskrieg gefallenen Generals Pulaski, Fifth Ave., 31st bis 53rd Sts., 1. So im Okt., www.pulaski parade.com

Big Apple Circus: bis Mitte Jan., Damrosch Park, Lincoln Center, www.bigapplecircus.org

Open House New York: Architektur-Wochenende, www.ohny.org

November

Christmas Show: Radio City Music Hall (bis Jan.), www.radiocity.com

Macy's Thanksgiving Day Parade: ab Central Park West/77th–81st Sts. zum Herald Square, www.macys.com

New York City Marathon: www.nycmarathon.org

Saison: New York City Ballet (bis Feb.), www.nycballet.com

Dezember

Holiday Windows: vor allem die Schaufenster an der Fifth Ave., ab ca. 1.12.

31.12. New Year's Eve: Am Times Square fällt die Waterford-Kristall-Kugel, www.timessquarenyc.org

Aktiv sein, Sport, Wellness

Auf den Chelsea Piers am Hudson in Höhe der W. 23rd Street (Tel. 1-212-336-6666, www.chelseapiers.com, Busse M 14 und M 23) gibt es **das größte Sportzentrum der Welt** mit Golf Club samt Driving Range (am besten wochentags vor 16 Uhr kommen), Bowling-Bahnen, Eisbahnen, Hallenbad, Spa, Kletterwand sowie einem Skate Park.

Laufen

Jogger sind allerorten unterwegs. Wer in einer Gruppe laufen möchte, ruft beim **New York Road Runners Club** an (Tel. 1-212-860-4455, www.nyrrc.org). *Take a walk, New York!* lautet die Devise von www.walkny.org. Die Teilnahme an den zwischen 6 und 10 km langen, dreistündigen Touren ist kostenlos (Tel. 1-212-228-3126). Der **NY Marathon** findet Anfang November statt.

Radfahren und Skating

Auch wenn der erste Eindruck täuscht: Es gibt auch außerhalb des Central Parks etliche Routen für **Radtouren**, über die z. B. www.nycbikemaps.com informiert. Fahrräder verleihen **Central Park Bike Tour** (Tel. 1-212-541-8759, www.centralparkbiketour.com, 1 Std. 20$, 1 Tag 65$) und **Midtown Bicycles** (360 W. 47th St., Tel. 1-212-581-4500, www.metrobicycles.com, Tag 45$). Interessante Touren z. B. durch Brooklyn veranstaltet **Bike the Big Apple** (7 Std., 90$, http://bikethebigapple.com). **Rollschuhe** verleiht **Blades Board and Skate** (156 W. 72nd St./Amsterdam Ave., Tel. 1-212-787-3911, auch So geöffnet). Skater-Treffs: **Empire's Tuesday Night Skate (**ab dem oben erwähnten Laden, www.empireskate.org, ganzjährig, nicht bei Minusgraden, 20 Uhr); mittleres Können verlangt: **NYC Wednesday Night Skate** (Union Square South/14th St., http://weskateny.org, April–Okt. 20 Uhr, nicht bei Regen). **Schlittschuhlaufen** kann man auf der Rockefeller Plaza, dem Wollman Memorial Rink (Central Park) und im Bryant Park.

Reiten

Obwohl die Claremont Riding Academy, älteste Reitschule New Yorks, geschlossen hat, kann man weiterhin vom Frühjahr bis Thanksgiving im englischen Sattel durch den Central Park reiten: Sa–So 10–16 Uhr ab **North Meadow Recreation Center**, Höhe 96th St., geführter **Trail-Ritt** pro Stunde 100$ (Tel. 1-718-548-4848).

Rudern/Paddeln

The Boathouse (Central Park Lake, Park Drive North/E. 72nd St., Tel. 1-212-517-2233, Mitte April–Okt. je nach Wetter 10 Uhr bis Dämmerung, Std. ab 10$, Gondel mit Gondoliere für 6 Personen 30 Min. 30$). Wer auf dem Hudson paddeln will, wende sich an: **The Downtown Boathouse** (72nd St., Mitte Mai–Mitte Okt., www. downtownboathouse.org), das am Wochenende Kajaks kostenlos zur Verfügung stellt (auch Pier 40 und Pier 96; Schloss für den Spind mitbringen). Drei-Stunden-Touren für 150$ zur Statue of Liberty veranstaltet die **New York Kayak Company** (April–Okt. ab Pier 40, Tel. 1-800-KAYAK-9, www.nykayak.com).

Tennis

Im **USTA National Tennis Center** In Flushing Meadows in Queens gibt es 33 Plätze draußen und neun drinnen (Tel. 1-718-760-6200, 2 Tage vorher reservieren). Ganzjährig spielt man von 6 bis 23 Uhr unter der Queensboro Bridge (488 E. 60th St., Tel. 1-212-751-3452, www.suttoneasttennis.com). Das **Tennisturnier US Open** in Flushing Meadows beginnt Ende August.

Schach

Schach spielt man im Chess and Checkers House im Central Park und im Washington Square Park im Village.

Schwimmen

Den besten **Pool** samt Spa besitzt das Mandarin Oriental Hotel. Poolnutzung gegen Gebühr: Hotels NY Marriott at Financial Center 20 $, Crown Plaza Times Square 25 $, Millenium UN Plaza 35 $, Sheraton Manhattan 40 $. Im Sommer sind die **Strände** von Coney Island und Brighton Beach in Brooklyn, von Rockaway in Queens sowie auf Staten Island Wolfe's Pond Park und Franklin D. Roosevelt Boardwalk sehr beliebt (s. Water Taxi Beach, S. 24).

Wellness

Es ist kaum anzunehmen, dass jemand wegen Wellness nach New York fährt, doch wen es danach gelüstet, der wird hier fündig: **Elizabeth Arden's Red Door,** 691 Fifth Ave./54th St., Tel. 1-212-546-0200, www.reddoorspas.com, tgl.

Zuschauersport

American Football

Schwierig ist es, Tickets für den US-Publikumsmagnet No. 1 im Sport zu bekommen. **New York Giants** (Tel. 1-201-935-8222, www.giants.com) und **New York Jets** (1-516-650-8200, www.newyorkjets.com) spielen von September bis Dezember im neuen Meadowlands Stadium (82 500 Plätze) in East Rutherford in New Jersey. Busse ab Port Authority Terminal in New York.

Baseball

Die legendären **New York Yankees** treten von April bis September im Yankee Stadium (2009 eröffnet, 52 325 Plätze) in der South Bronx an, U-Bahn: 161st St. Karten: http://newyork.yankees.mlb.com. Ebenfalls 2009 fertiggestellt wurde das Citi Field Stadium (42 000 Zuschauer)

der **New York Mets** (http://newyorkmets.mlb.com) in Flushing in Queens, U-Bahn: Mets/Willets Point.

Basketball

Die **New York Knicks** (www.nba.com/knicks) sind von Oktober bis April im Madison Square Garden inmitten der Stadt präsent. Das Frauen-Team **New York Liberty** (www.nba.com/liberty) gastiert dort von Ende Mai bis Ende August. Vorverkauf für beide: Mo–Fr 9–18, Sa 10–18, falls So Spieltag, ab 12 Uhr (s. auch www.thegarden.com, www.ticketmaster.com, Tel. 1-212-307-7171. Das NBA-Team **New Jersey Nets** soll ab 2011 in Brooklyn im neu erbauten Barclay Center spielen (www.nba.com/nets).

Eishockey

Die **New York Rangers** (http://rangers.nhl.com) verbuchen ebenso wie die Knicks ein meist ausverkauftes Haus im Madison Square Garden (s. Basketball). Die Konkurrenten **New Jersey Devils** (www.newjerseydevils.com) sieht man im Prudential Center in Newark (NJ Transit ab New York bis Newark Penn Station). Spielzeit Oktober bis April, bei Playoff-Erreichen bis Juni. Den NHL *flagship store* findet man in New York 1185 Sixth Ave./W. 47th St. (Mo–Sa 9–21, So 11–20 Uhr).

Fußball

Der heißt in USA *soccer:* das Profiteam **New York Red Bulls** ist seit 2010 von April bis Oktober in der neuen Red Bull Arena (25 189 Plätze) in Harrison, New Jersey, zu sehen. WTC PATH ab New York bis Harrison oder ab 33rd Street New York die Yellow Line bis Journal Square, ab dort Red Line bis Harrison.

Paradies für Jogger: der Central Park

Museen und kulturelle Einrichtungen

Dinosaurier und Big Bang – **American Museum of Natural History:** ▶ E 10, Central Park West/79th St., Tel. 1-212-769-5100, www.amnh.org, tgl. 10–17.45, 1. Fr. im Monat 10.30–19 Uhr, Space Show alle 30 Min. 10.30–16.30 Uhr, geschl.: Thanksgiving, 25.12., empfohlener Eintritt Museum und Rose Center 16 $, Sen., Stud. 11 $, 2–12 Jahre 9 $; Museum, Rose Center, Imax und Space Show 32 $, Sen. 24,50 $, Stud., 2–12 J. 20 $, U-Bahn: 81st St. Museum of Natural History. Größtes natur- und völkerkundliches Museum der Welt, beliebte Dinosaurier-Abteilungen, viele Dioramen. Zum Museum gehört das **Rose Center for Earth and Space,** das mit dem Space Theater, dem IMAX Theater und der Big-Bang-Darstellung (Entstehung des Universums) als einmalig in der Welt gilt, s. auch S. 178.

Das schönste Heimatmuseum – **Brooklyn Historical Society:** ▶ C 22, 128 Pierrepont St./Clinton St., in Brooklyn Heights, Tel. 1-718-222-4111, www.brooklynhistory.org, Mi–Fr 12–17, Sa 10–17, So 12–17 Uhr, 6 $, U-Bahn: Borough Hall in Brooklyn. Das schönste Heimatmuseum der Stadt, s. S. 260.

Ägyptische Kunst – **Brooklyn Museum:** ▶ Karte 5, D 4, 200 Eastern Parkway, Brooklyn, Tel. 1-718-638-5000, www.brooklynmuseum.org, Mi–Fr 10–17, Sa–So 11–18 Uhr, 1. Sa im Monat 17–23 Uhr frei (Live-Musik, Tanz, Café, Bar), 8 $, Sen. ab 62 J., Schüler, Stud. ab 12 J. 6 $, geschl.: Thanksgiving, 3. Do i. Nov., Weihnachten, 1.1., 10 $, U-Bahn: Eastern Pkwy./Brooklyn Museum. Hervorragende ägyptische Abteilung, eine der eindrucksvollsten Sammlungen afrikanischer Kunst in USA, US-Malerei und -Bildhauerei, s. auch S. 264.

Jüdische Geschichte – **Center for Jewish History:** ▶ C 16, 15 W. 16th St./Fifth–Sixth Aves., Tel. 1-212-294-8301, www.cjh.org, Mo, Mi 9.30–20, Di, Do 9.30–17, Fr 9–15, So 11–17 Uhr, Eintritt frei, U-Bahn: 14th St. Oft sehenswerte Sonderausstellungen.

Mittelalter über dem Hudson – **The Cloisters:** ▶ Karte 5, D 1, Fort Tryon Park/200th-Dyckman Sts. in Washington Heights, Tel. 1-212-923-3700, www.metmuseum.org, März–Okt. Di–So 9.30–17.15, Nov.–Feb. Di–So 9.30–16.45 Uhr, geschl.: Thanksgiving, Christmas, 1.1., empfohlener Eintritt 20 $, gilt am gleichen Tag auch für das Museum of Metropolitan Art, Sen. ab 65 J. 15 $, Stud. 10 $, unter 12 J. mit Erwachsenem frei, U-Bahn: 190th St., Lift, ca. 10 Min. Margaret Corbin Drive zu Fuß nach Norden, oder Bus M 4 bis Cloisters (der Bus verkehrt auch ab Metropolitan Museum of Art). Mittelalterliche Kunst in phantastischer Umgebung über dem Hudson. Gratis-Führungen Di–Fr, So 15 Uhr.

Einwanderer-Insel – **Ellis Island Immigration Museum:** ▶ Karte 5, C 3, Ellis Island, mit der Fähre ab Battery Park (Tel. 1-877-523-9849, www.statuecruises.com, ab 13 J. 12 $, Sen. ab 62 J. 10 $, 4–12 J. 5 $), Tel. 1-212-363-3200, www.ellisisland.com, tgl. außer 25.12. 9.30–17 Uhr, im Sommer länger, Eintritt frei, U-Bahn: South Ferry. Exzellente Dokumentation der Geschichte der Einwandererinsel, sehr schöne Aussicht, mindestens drei bis vier Stunden Aufenthalt einplanen.

10 000 Spielzeugsoldaten – **Forbes Magazine Galleries:** ► C 16, 62 Fifth Ave./12th St., Tel. 1-212-206-5548, www.forbesgalleries.com, Di–Mi, Fr–Sa 10–16 Uhr, Eintritt frei, U-Bahn: 14th St.–Union Square, Sammlung des verstorbenen Verlegers Malcolm Forbes, u. a. über 10 000 Spielzeugsoldaten, 500 Bootsmodelle, alte Monopoly-Spiele, wechselnde Ausstellungen.

Kunst des Millionärs – **Frick Collection:** ► F 11/12 1 E. 70th St./Fifth Ave., Tel. 1-212-288-0700, www.frick.org, Di–Sa 10–18, So 11–17 Uhr, Fei geschl., 18 $, Sen. (ab 62 J.) 12 $, Stud. 5 $, Deutscher Audio Guide inkl., So 11–13 Uhr freiwillige Spende, keine Kinder unter 10 J., bis 16 J. nur in Begleitung Erw., U-Bahn: 68th St.–Hunter College. In der Villa (1914) des Kohle- und Stahlmagnaten Henry Clay Frick; Kunstsammlung, u. a. Werke von Holbein d. J., El Greco, Renoir; schöner Innenhof, s. auch S. 154.

9/11-Fotos – **Ground Zero Museum Workshop:** ► B 16, 420 14th St./Ninth Ave., 2. Stock, Tel. 1-212-209-3370, www.groundzeromuseumworkshop.com (Res. für Führungen), Führungen (1,5 Std.): Mo, So 12, 14, Di, Do–Fr 11, 13, Sa 11, 13, 15 Uhr, 25 $, Sen. ab 65 J., 12 J. u. jünger 19 $, U-Bahn: 14th St./Eighth Ave. Gary Marlon Suson war offizieller Fotograf der Feuerwehr am Unglücksort.

Wrights berühmter Bau – **Guggenheim Museum:** ► G 10, 1071 Fifth Ave./89th St., Tel. 1-212-423-3500, www.guggenheim.org, So–Mi, Fr 10–17.45, Sa 10–19.45 Uhr (einige Abteilungen können wegen Renovierung geschlossen sein), 18 $, Sen. 65 plus, Stud. 15 $, bis 12 J. frei. Audio Tour inklusive. Sa ab 17.45 Uhr freiw. Spende, U-Bahn: 86th St. Der spiralförmige Bau, 1959 von Frank Lloyd Wright entworfen, gilt als noch bedeutender als die Kunstsammlung; u. a. Werke von Kandinsky, Klee, Picasso, s. auch S. 158.

Eintritt

Manchmal gibt es keinen festen Eintrittspreis, erwünscht ist eine *donation* (Spende). Zu bestimmten Zeiten gewähren einige Häuser freien Eintritt. Beträgt der Eintritt mehr als 5 $, wird dies in diesem Buch bei den Öffnungszeiten vermerkt. Die meisten Museen haben an einem Abend in der Woche länger geöffnet. Zu Thanksgiving, am 25.12. und 1.1. sind die Museen in der Regel geschlossen.

Fotografie des 20. und 21. Jh. – **International Center of Photography:** ► Karte 2, D 14, 1133 Sixth Ave./W. 43rd St., Tel. 1-212-857-0000, www.icp.org, Di–Do 10–18, Fr 10–20, Sa–So 10–18 Uhr, Fei geschl., 12 $, Sen., Stud. 8 $, unter 12 J. frei, Fr 17–20 Uhr gegen Spende, U-Bahn: 42nd St.–Times Square. Fotografie des 20. Jh. Weltweit renommierte Sammlung, 1974 gegründet von Cornell Capa in Erinnerung an bei der Arbeit umgekommene Fotografen, darunter sein Bruder Robert (1913–1954).

Militär-Schau – **Intrepid Sea Air & Space Museum:** ► B 12, W. 46th St./ Twelfth Ave., Tel. 1-212-245-0072, www.intrepidmuseum.org, April–Sept. Mo–Fr 10–17, Sa–So, Fei 10–18, Okt.–März Di–So, Fei 10–17 Uhr, 22 $, Sen. 18 $, 3–17 J. 17 $, dt. Audiotour 6 $,U-Bahn: 42nd St, dann Bus M 42 bis Twelfth Ave./W. 42nd St. (Circle Line). Nach der Überholung liegen der Flugzeugträger Intrepid (1943) und das U-Boot Growler (1958) seit September 2008 wieder am Pier 86 im Hudson. Diverse Militaria-

Ausstellungen, Flugzeug-Schau, u. a. eine Concorde.

Jüdische Kultur – **Jewish Museum:** ▶ G 10, 1109 Fifth Ave./92nd St., Tel. 1-212-423-3200, www.jewishmuseum.org. Sa–Di 11–17.45, Do 11–20 Uhr, Nov.–Mitte März auch Fr 11–16 Uhr, 12 $, Sen. ab 65 J. 10 $, Studenten 7,50 $, unter 12 J. frei, Sa freier Eintritt, geschl. auch jüd. Fei, Martin Luther King Jr. Day. U-Bahn: 96th St. Bedeutendste Judaica-Sammlung, s. auch S. 158.

Einwanderer-Schicksale – **Lower East Side Tenement Museum:** ▶ D 19, 103 Orchard St./Broome–Delancey Sts., Tel. 1-212-431-0233, www.tenement.org, Visitors Center/Museumsshop Mo 11–17.30, Di–Fr 11–18, Sa–So 10.45–18 Uhr; Museum nur mit Führung (versch. Themen): Di–Fr 13–16.45 Uhr alle 30 Min., Sa–So 11.15–16.45 Uhr alle 30 Min., Eintritt 17 $, Sen., Stud. 13 $, April–Dez. Lower East Side Walking Tours Sa–So 13, 15 Uhr, 17 $, Sen., Stud. 13 $, U-Bahn: Delancey St. und Essex St. Einwanderergeschichte in einem ehemaligen Mietshaus, s. auch S. 216.

Wachsfiguren – **Madame Tussaud's Wax Museum:** ▶ Karte 2, D 14, 234 W. 42nd St./Seventh–Eighth Aves., Tel. 1-800-246-8872, www.madametussauds.com/newyork, So–Do 10–20, Fr–Sa 10–22 Uhr (Kassenschluss), Memorial Day bis Labor Day tgl. 10–22 Uhr, Eintritt 13–59 J. 35 $, ab 60 J. 32 $, 4–12 J. 28 $, plus NY tax, online 20 % Discount, U-Bahn: 42nd St.–Times Square. Das allseits bekannte Wachsfiguren-Kabinett, hier mit 4-D-Movie.

Weltklasse-Kunst – **Metropolitan Museum of Art:** ▶ F 10/11, 1000 Fifth Ave./82nd St., Tel. 1-212-535-7710, www.metmuseum.org, So, Di–Do, 9.30–17.30, Fr, Sa 9.30–21 Uhr, fallen Feiertage auf einen Montag, ist in der Regel geöffnet (Met Holiday Mondays). Tickets gelten am selben Tag für die Cloisters, empfohlener Eintritt: 20 $, Sen. ab 65 J. 15 $, Stud. 10 $, deutschsprachiger Audio-Guide 7 $, Führungen dt. ab Große Halle: Mi, Do 11.15 Uhr, U-Bahn: 86th St. Bedeutendstes Kunstmuseum der Welt, s. auch S. 154 u. 156.

Sammlung vom Bankier – **Morgan Library & Museum:** ▶ E 15, 225 Madison Ave./E. 36th St. Tel. 1-212-685-0008, www.themorgan.org, Di–Do 10.30–17, Fr 10.30–21, Sa 10–18, So 11–18 Uhr, 12 $, Sen. ab 65, Stud., bis 16 J. je 8 $, frei: Fr 19–21, McKim Rooms Di 15–17, Fr 19–21, So 16–18 Uhr, U-Bahn: 33rd St. Sammlung des Bankiers Pierpont Morgan (1837–1913), wertvolle Manuskripte, viele Rembrandt-Werke, seit 2006 um Neubau von Renzo Piano erweitert.

Museum-Mile-Neubau – **Museum for African Art:** ▶ H 8, 1280 Fifth Ave./109th–110th Sts., www.africanart.org, Eröffnung für Ende 2010 geplant, Details s. Website. Der erste Neubau seit langer Zeit auf der Museum Mile.

Kunst und Design – **Museum of Arts and Design:** ▶ Karte 2, D 12, 2 Columbus Circle, Tel. 1-212-299-7777, www.madmuseum.org, Di–Mi, Fr–So 11–18, Do 11–21 Uhr, Fei geschl., 15 $, Sen./Stud. 12 $, unter 12 J. frei, Do 18–21 Uhr freiwilliger Eintritt, Führungen frei: Di–So 11.30, 15, Do auch 18.30 Uhr, U-Bahn: 59th St./Columbus Circle. Seit Herbst 2008 am neuen Standort, wo die Ausstellungsfläche verdreifacht werden konnte, s. auch S. 174.

Das MoMA – **Museum of Modern Art:** ▶ Karte 2, E, 13, 11 W. 53rd St./Fifth-Sixth Aves, Tel. 1-212-708-9400, www.

moma.org, Sa–Mo, Mi–Do 10.30–17.30, Juli–Aug. Do –20.45, 1. Do im Monat bis 20.45, Fr 10.30–20 Uhr, 20$, Sen. ab 65 J. 16$, Stud. 12$, Audio Guide inkl., Kinder bis 16 J. in Begleitung Erw. frei, Fr 16–20 Uhr freier Eintritt. Kombi-Ticket mit Top of the Rock 30$, U-Bahn: Fifth Ave./53rd St. Die weltweit größte und vollständigste Sammlung moderner Kunst, s. auch S. 120. Großartige Ausblicke auf die Stadt (Fotoapparat nicht vergessen).

Museen – auch für Kids

Museen, die auch Kinder begeistern, sind das **American Museum of Natural History** sowie das angeschlossene **Earth Space Center,** das **New York Transit Museum** in Brooklyn, das **Ellis Island Immigration Museum, Madame Tussaud's Wax Museum,** das **New York City Fire Museum** (278 Spring St.) und natürlich das **Children's Museum of Manhattan** (212 W. 83rd St.).

Sexualleben – **Museum of Sex:** ▶ D 15, 233 Fifth Ave./27th St., Tel. 1-212-689-6337, www.museumofsex.com, So–Fr 11–18.30, Sa 11–20, 14.50$ plus Steuer, Sen., Stud. 13.50$ plus Steuer, ab 18 Jahren, U-Bahn: 28th St. Kulturhistorische Ausstellung über New Yorks Einfluss auf das Sexualleben.

Stadthistorie – **Museum of the City of New York:** ▶ H 9, 1220 Fifth Ave./ 103rd St., Tel. 1-212-534-1672, www.mcny.org, Mo an Feiertagen, Di–So 10–17 Uhr, 10$, Sen., Stud. 6$, Fam. 20$, 12 J. u. jünger frei, U-Bahn: 103rd St., U. a. Silberschmiedearbeiten, ausgezeichnete Sonderausstellungen, s. auch S. 159.

Kunst-Akademie – **National Academy Museum:** ▶ G 10, 1083 Fifth Ave./E. 89th St., Tel. 1-212-369-4880, https://nationalacademy.org, Mi–Do 12–17, Fr 13–21, Sa–So 11–18 Uhr, 10$, Sen. ab 62 J., Stud. 5$, unter 12 J. frei, Führungen Sa–So 14 Uhr frei, U-Bahn: 86th St. Wechselnde Ausstellungen von Kunst des 19. und 20. Jh., s. auch S. 158.

Architektur und Design – **National Design Museum:** ▶ G 10, 2 E. 91st St./Fifth Ave., Tel. 1-212-849-8400, www.cooperhewitt.org, Mo–Fr 10–17, Sa 10–18, So 11–18 Uhr, 15$, Sen., Stud. 10$, unter 12 J. frei, Führungen frei: Mo–Fr 12, 15, Sa–So 12.30, 14 Uhr, U-Bahn: 96th St. Größte Sammlung von Architektur- und Designentwürfen der USA, s. auch S. 158.

Deutsche und Österreichische Kunst – **Neue Galerie:** ▶ G 10, 1048 Fifth Ave./E. 86th St., Tel. 1-212-628-6200, www.neuegalerie.org, Do–Mo 11–18 Uhr, 15$, Sen., Stud. 10$, Audio Guide (engl.) gratis, 12–16 J. nur in Begleitung Erw., Führungen Sa, So 14 Uhr frei, Fotografierverbot, U-Bahn: 86th St. Gemälde deutscher und österreichischer Künstler des 20. Jh., s. auch S. 155; gutes Café: **Sabarsky** (Do–So 9–21, Mo, Mi 9–18 Uhr).

Stadtgeschichte – **New-York Historical Society:** ▶ E 10, 170 Central Park West/ 77th St., Tel. 1-212-873-3400, www.nyhistory.org, Di–Do, Sa 10–18, Fr 10–20, So 11–17.45 Uhr, 12$, Sen. ab 65 J. 9$, Stud. 7$, unter 12 J. frei, Fr 18–20 Uhr freier Eintritt, U-Bahn: 81st St. Stadtgeschichtliche Ausstellungen.

Das Fernseh-Museum – **The Paley Center for Media:** ▶ Karte 2, E 13, 25 W. 52nd St./Fifth-Sixth Aves, Tel. 1-212-621-6600, www.paleycenter.org, Di, Mi, Fr–So 12–18, Do 12–20 Uhr, 10$, Sen., Stud. 8$, unter 14 J. 5$, U-Bahn: Fifth Ave und 53rd St. Im ehemaligen Museum of Television kann man aus über 150 000 Radio- und Fernsehsendungen wählen, was man hören oder sehen möchte.

Jüdisches Leben – **Museum of Jewish Heritage:** ▶ Karte 3, A 21, 36 Battery Place/First Place, Tel. 1-646-437-4200, www.mjhnyc.org, So–Di, Do 10–17.45, Mi 10–20, April–Sept. Fr 10–17, Okt.–März u. vor jüdischen Feiertagen Fr 10–15 Uhr, 12 $, Sen. 10 $, Stud. 7 $, bis 12 J. frei, Mi 16–20 Uhr frei, U-Bahn: Rector St. Jüdisches Leben im 19. und 20. Jh., s. auch S. 238.

Kultur der Indianer – **National Museum of the American Indian:** ▶ Karte 3, A 21, 1 Bowling Green, beim Battery Park, Tel. 1-212-514-3700, www.nmai.si.edu, Mo–Mi, Fr–So 10–17, Do 10–20 Uhr, Eintritt frei, U-Bahn: Bowling Green. Sehenswerte Ausstellung der Smithsonian Institution zu den Indianern in Nordamerika – mit Karl May hat das nichts zu tun, s. auch S. 241.

Schlagstöcke und eine MP – **New York City Police Museum:** ▶ Karte 3, B 21, 100 Old Slip/Water–South Sts., Tel. 1-212-480-3100, www.nycpm.org, Mo–Sa 10–17 Uhr, 7 $, Sen., Stud., Kinder 5 $, U-Bahn: Bowling Green, s. S. 247.

U-Bahnen im Untergrund – **New York Transit Authority Museum:** ▶ Karte 1, D 23, Boerum Pl./Schermerhorn St., Brooklyn, Tel. 1-718-694-1600, www.mta.info/mta/museum, Di–Fr 10–16, Sa, So 12–17 Uhr, 5 $, Sen. ab 62 J. u. 3–17 J. 3 $, Sen. Mi frei, U-Bahn: Hoyt/Schermerhorn Sts. Restaurierte U-Bahnwagen in einer stillgelegten Station von 1936. Zweigstelle im Grand Central Terminal: Mo–Fr 8–20, Sa–So 10–18 Uhr frei.

Wolkenkratzer-Historie – **Skyscraper Museum:** ▶ Karte 3, A 21, Im Ritz Carlton Hotel, Eingang Hotelrückseite 39 Battery Pl., Tel. 1-212-968-1961, www.skyscraper.org, Mi–So 12–18 Uhr, 5 $, Stud. 2,50 $, U-Bahn: Rector St. Wolkenkratzer-Geschichte; im Zentrum Empire State Building und World Trade Center, s. auch S. 238.

Moderne Kommunikation – **Sony Wonder Technology Lab:** ▶ Karte 2, E 13, 550 Madison Ave./56th St. Tel. 1-212-833-8100, http://wondertechlab.sony.com, Di–Sa 10–17, So 12–18 Uhr, Eintritt frei, U-Bahn: Lexington Ave. Hier erlebt man modernste Kommunikationstechniken (Reservierung empfohlen: Tel. s. o., Di–Fr 9–14 Uhr).

Hafen-Geschichte – **South Street Seaport Museum:** ▶ Karte 3, B 21, 12 Fulton/South Sts., Tel. 1-212-748-8600, www.southstreetseaportmuseum.org, April–Okt. Di–So 10–18, Nov.–März Fr–So 10–17; 8 $, Sen., Stud. 6 $, 9–12 J. 4 $, U-Bahn: Fulton St.-Broadway Nassau. Ausstellungen, Museumsschiffe und Children's Center; Führungen, Filme, s. auch S. 248.

11. September-Ausstellung – **Tribute WTC Visitor Center:** ▶ Karte 3, A 20, 120 Liberty St./Greenwich/Church Sts., Tel. 1-866-737-1184, www.tributewtc.org, Mo 10–18, Di 12–18, Mi–Sa 10–18, So 12–17 Uhr, empfohlene Spende 10 $, unter 12 J. frei, U-Bahn: Fulton St. Führungen zum Ground Zero (10 $): So–Fr 11, 12, 13, 15 Uhr, Sa–So 11–16 Uhr stdl.

US-Kunst – **Whitney Museum of American Art:** ▶ F 11, 945 Madison Ave./E. 75th St., Tel. 1-212-570-3600, www.whitney.org, Mi–Do, Sa, So 11–18, Fr 13–21 Uhr, 18 $, Sen. ab 62 J., 19–25 J., Stud. 12 $, Fr 18–21 Uhr Spende erwünscht, Di bis 18 J. frei, U-Bahn: 77th St., Kunst der USA des 20. Jh., s. auch S. 154.

Reiseinfos von A bis Z

Alkohol

Wein und hochprozentige Getränke sind nur in *Liquor Stores* erhältlich (kein Bier; am So verringerte Öffnungszeiten, Mindestalter für Kauf 21 Jahre). Wein-Verkauf in Supermärkten ist geplant. Im Freien Alkohol zu trinken wird bestraft.

Ärzte und Apotheken

Da Arztbesuche von Reisenden meist bar bezahlt werden müssen, empfiehlt sich der Abschluss einer Reisekrankenversicherung. Inhaber von Kreditkarten sind häufig automatisch im Ausland versichert. Wer regelmäßig Medikamente einnimmt, sollte einen ausreichenden Vorrat mitnehmen. Für den Zoll bitte eine ärztliche Verordnung in Englisch mit sich führen.

Notruf für Krankenwagen: Tel. 911, 24-Stunden-Ärzte-Service (mehrsprachig): Doctors House Call Service/ Travelers Medical Center, 952 Fifth Ave./ 76th–77th Sts., Suite 1 D, Tel. 1-212-737-1212, 24-Std.-Notaufnahme: Mount Sinai Hospital, E. 100th St./ Madison–Fifth Aves., Tel. 1-800-637-4624, New York Downtown Hospital, 170 William St./Gold St., Tel. 1-212-312-5000.

Zahnärztlicher Notdienst: NYU College of Dentistry, 345 E. 24th St./First–Second Aves., Tel. 1-212-998-9800, 24-Std.-Notfalldienst, Jan Linhart, 230 Park Ave./E. 46th St., Suite 11 64, Tel. 1-212-682–8304.

Nicht verschreibungspflichtige Medikamente führen *drugstores*, die abends länger oder rund um die Uhr geöffnet haben. Verschreibungspflichtige Medizin *(prescriptions)* ist in Supermärkten und *drugstores* erhältlich (Duane Reade, 250 W. 57th St./Broadway, 24 Std.; Walgreens, NYs größter Drugstore, 1 Times Square/Seventh Ave., 24 Std.).

Aussichtspunkte

Empire State Building: 350 Fifth Ave./W. 33rd–34th Sts., U-Bahn: 34th St., 86. Stock 20 $, 6–12 J. 14 $, Sen. ab 62 J. 18 $, Express-Pass (ohne Wartezeit) 45 $; 102. Stock zusätzl. 15 $, tgl. 8–2 Uhr, letzte Auffahrt 1.15 Uhr; www.esbnyc.com.

Top of the Rock, Rockefeller Center: W. 50th St./Fifth–Sixth Aves., U-Bahn: 50th St./Rockefeller Center, 70. Etage, tgl. 8–0 Uhr (letzter Lift 23 Uhr), Fei geänderte Öffnungszeiten, 21 $, 6–12 J. 14 $, ab 62 J. 19 $, Sonnenaufgang/-untergang 30/15 $, www.topoftherocknyc.com.

Diplomatische Vertretungen

... in Deutschland

Botschaft der USA, Pariser Platz 2, 14191 Berlin, Tel. 030 830 50, http://german.germany.usembassy.gov.

Konsularabteilung der Botschaft der USA, Clayallee 170, 14191 Berlin, Termine: Tel. 030 831 49 26.

US-Generalkonsulate

Willi-Becker-Allee 10, 40227 Düsseldorf, Tel. 0211 788 89 27, Fax 0211 788 89 38.

Gießener Str. 30, 60435 Frankfurt/M., Tel. 069 753 50, Fax 069 75 35 22 77. Alsterufer 27–28, 20354 Hamburg, Tel. 040 41 17 11 00, Fax 040 41 32 79 33. Wilhelm-Seyfferth-Str. 4, 04107 Leipzig, Tel. 0341 21 38 40.

Königinstr. 5, 80539 München, Tel. 089 288 80, Fax 089 28 09 99 8.

... in Österreich

Botschaft der USA, Boltzmanngasse 16, 1090 Wien, Tel. 01 313 390, Fax 01 310 06 82
Konsularabteilung, Parkring 12 a, 1010 Wien, Fax 01 512 58 35, http://vienna.usembassy.gov.

... in der Schweiz

Botschaft der USA, Sulgeneckstr.19, 3007 Bern, Tel. 031 357 70 11, http://bern.usembassy.gov, Visa-Anträge: Tel. 09 00 87 84 72 (Mo–Fr 8.30–17.30 Uhr).

... in den USA

Generalkonsulat der Bundesrepublik Deutschland, 871 United Nations Plaza/First Ave./E. 49th St., Tel. 1-212-610-9700, Mo–Fr 9–12 Uhr.

Generalkonsulat von Österreich, 31 E. 69th St./Madison-Park Aves., Tel. 1-212-933-5140, Mo–Fr 9–17 Uhr.

Generalkonsulat der Schweiz, 633 Third Ave./E. 40th–41st Sts., (30. Stock), Tel. 1-212-599-5700, Mo–Fr 8.30–12 Uhr.

Elektrizität

Da in den USA 110 Volt Wechselspannung besteht, benötigt man für elektrische Geräte einen Adapter. Am Gerät muss die Spannung von 220 auf 110 Volt umgestellt werden.

Feiertage

An den folgenden Feiertagen sind Behörden, Post und Banken geschlossen. Läden haben an manchen Feiertagen wie Thanksgiving kürzer geöffnet.
New Year's Day (1.1.)
Martin Luther King, Jr. Day (3. Mo im Jan.)
President's Day (3.Mo im Feb.)
Memorial Day (letzter Mo im Mai)
Independence Day (4.7.)
Labor Day (1. Mo im Sept.)
Columbus Day (2. Mo im Okt.)
Veteran's Day (11.11.)
Thanksgiving Day (4. Do im Nov.)
Christmas Day (25.12.)

Frau alleine unterwegs

New York ist die sicherste Großstadt der USA. Dennoch sollten Frauen nachts statt U-Bahn oder Bus möglichst ein Taxi benutzen. Die Handtasche sollte man im Restaurant oder sonstwo nicht über dem Stuhl hängen lassen und an belebten Orten und in öffentlichen Verkehrsmitteln auf Taschendiebe achten.

Fundbüros

Bus und U-Bahn: MTA, W. 34th St./Eighth Ave., Penn Station, nahe *A-train platform.* **Taxi:** Anmeldung www.nyc.gv/html/tlc/html/passenger/lost_property.shtml oder Tel. 311, **Polizei:** 17th Precint, 167 E. 51st St., Tel. 1-212-826-3211.

Geld

Zu empfehlen sind eine Kreditkarte (kleinere Restaurants, Läden und Musikclubs akzeptieren sie nicht immer), die ec/Maestro-Karte, mit der man an fast jedem Geldautomaten Dollars erhält (Gebühr) oder Reiseschecks. Mit Kreditkarten und ec-Karte (günstiger) sowie *Pin Code* kann man an ATMs *(automatic teller machines)* Geld abholen. Für erste Ausgaben sollte man genügend Dollar in kleinen Scheinen dabei haben.

Ein Dollar *(buck)* hat 100 Cents. Es gibt Münzen zu 1 Cent *(penny)*, 5 Cents *(nickel)*, 10 Cents *(dime)*, 25 Cents *(quarter)*, seltener 50 Cents sowie Gold Dollar, und Banknoten zu 1, 5, 10, 20, 50, 100 $. Vorsicht: Die grünen Scheine sind in Größe und Farbe identisch. Hunderter-Noten werden ungern gewechselt und meist argwöhnisch beäugt und ebenso wie die 50-Dollar-Note durchleuchtet und abgezeichnet.

Banken/Wechselstuben

Banken, die nicht immer Geld wechseln oder Schecks einlösen, sind meist Mo–Fr 9–15 Uhr geöffnet. Wechselstuben erheben eine Gebühr.

American Express Travel Services, New York Marriott Marquis Hotel, 1535 Broadway/W. 45th-46th Sts, 8. Stock, Tel. 1-212-575-6580, und 822 Lexington Ave/E. 63rd St., Tel. 1-212-758-6510.

Thomas Cook Currency Services, 1590 Broadway/47th-48th Sts., Tel. 1-212-753-0117, und 510 Madison Ave./E. 52nd–53rd St., Tel. 1-212-753-2595.

Chase Manhattan Bank, 3 Times Sq./ Broadway-Seventh Ave.

Internet

Kostenlos surfen kann zwar jeder 30 Minuten lang in allen Zweigstellen der New York Public Library (z. B. 455 Fifth Ave./W. 40th St., 4. Stock), dabei sollte man aber bedenken, dass man dann vielleicht den vielen Schülern die Vorbereitung auf den nächsten Tag erschwert.

Internet-Cafés

Easy Internetcafé, 234 W. 42nd St./Seventh–Eighth Aves., tgl. 7–1 Uhr, U-Bahn: Times Square.

Cybercafe Times Square, 250 W. 49th St./Broadway-Eighth Ave., Mo–Fr 8–23, Sa–So 11–23 Uhr, U-Bahn: Times Square.

Kinder

Kinder wird die gigantische Metropole faszinieren, wenn auch ein Tag zu Fuß recht anstrengend sein kann. Wer 1,12 m groß oder kleiner ist, fährt in Begleitung eines Erwachsenen umsonst in U-Bahn und Bus mit.

Zum ›Pflichtprogramm‹ für Kids gehört der Besuch auf den Aussichtsplattformen des Empire State Building oder des Rockefeller Center.

Stadtrundfahrten macht man mit Kindern am besten im Doppeldecker-Bus oder zu Wasser mit der Circle Line. Kostenlos ist die Fähre nach Staten Island, ein Schiff verkehrt auch zur Statue of Liberty. Ausführliche Infos über die verschiedenen Touren bietet www.newyorksightseeing.com. Deutschsprachige Stadtrundfahrt tgl. 9.30 Uhr, 54 $, 3–11 J. 40 $, 2. Tag *hop on hop off.*

Speedboat-Touren mit »The Beast« starten am Pier 83/W. 42nd Street am Hudson, mit einem Fotostopp an der Freiheitsstatue (Mai–Sept. tgl. 12–19 Uhr Uhr stdl., Okt. Sa–So, Erwachsene 23 $, Kinder bis 12 J. (Mindestgröße 1 m) 17 $, Tel. 1-212-563-3200).

Mit der U-Bahn reist man zum **Vergnügungspark Coney Island** am Atlantik (Palmsonntag bis Mitte Juni Sa–So, Mitte Juni bis zum 1. Mo im Sept. tgl.).

Der größte **Zoo** einer US-Stadt liegt in der Bronx (s. S. 89). Sehr beliebt sind die **›Süßigkeiten-Bastionen‹** am Times Square: m&m (NO-Ecke Broadway/ 48th St.) und Hershey's (NW-Ecke), beide tgl. 10–0 Uhr.

Maße, Temperaturen

1 mile – 1,609 km
1 foot – 30,48 cm
1 pound – 453,59 g
1 ounce – 28,35 g
Grad Fahrenheit minus 30 dividiert durch 2 ergibt die Celsius-Temperatur.

Medien

Radio & Fernsehen

Die privat finanzierten Radiostationen auf FM (UKW) und AM (MW) konzentrieren sich meist auf eine Musikrichtung, z. B. Klassik, Oldies, Salsa, Country Music, Hard Rock etc. Die 24-Std.-Nachrichtenstationen sind reine Wortprogramme.
Die wichtigsten TV-Kanäle sind WABC (Channel 7), WCBS (2) und WNBC (4). *Local news* gibt es um 18, überregionale *news* um 18.30 Uhr.

Zeitungen & Zeitschriften

New York hat elf Tageszeitungen, darunter die New York Times (www.nytimes.com). New York Post (www.nypost.com) und New York Daily News (www.nydailynews.com) sind Boulevard-Blätter.

Wegen der vielen Veranstaltungstipps wichtig: die wöchentlichen Magazine The Village Voice (ab Mi kostenlos z. B. in Straßenständern, www.villagevoice.com), The New York Magazine am Mo (www.nymag.com) und Time out am Mi (www.timeout.com/newyork), mit dem detailliertesten Veranstaltungsteil. Kritiken von Theateraufführungen und Musicals auch im Mo erscheinenden New Yorker (www.newyorker.com).

Deutschsprachige Zeitungen sind in New York meist einen Tag nach Erscheinen erhältlich bei:

Universal News, 977 Eighth Ave./W. 57th St. beim Columbus Circle und Met Life Building, Zugang von Nordseite Grand Central Terminal.

Notruf

Polizei, Krankenwagen, Feuerwehr Tel. 911, Notarzt Tel. 1-800-395-3400.

Öffnungszeiten

Es gibt in den USA keine gesetzlichen Ladenschlusszeiten. In der Regel sind Geschäfte Mo–Sa 10–18 Uhr geöffnet. Etliche Läden, vor allem in Midtown, sind wochentags länger und auch So geöffnet. Auf der West Side und in den Villages sind die Läden auch in späteren Abendstunden geöffnet. Aufgrund des Sabbat haben viele Geschäfte in der Lower East Side ab Freitagnachmittag und Sa geschlossen. Banken sind Mo–Fr 9–15 Uhr geöffnet.

Post

General Post Office (GPO), W. 34th St./421 Eighth Ave., Mo–Fr 7–22, Sa 9–21, So 11–19 Uhr. Ein Brief innerhalb USA kostet 44 Cent, eine Postkarte 28 Cent. Postkarten u. Briefe nach Europa kosten per Air Mail 98 Cent, Laufzeit 5–6 Tage. Pakete: Laufzeit 6–10 Tage ab 16 $, Laufzeit 1–3 Tage ab 28,50 $. Für Philatelisten: Sonderschalter im GPO und im Postamt der United Nations.

Grandiose Aussicht vom General Electric Building

Rauchen

Rauchen darf man noch im Hotelzimmer (sofern es sich nicht um ein reines Nichtraucherhotel handelt!) und auf der Straße (Abstand von Gebäudeeingängen halten) – aber nicht in Parks. Bei Hotelbuchung nach *smoking room* fragen. NY hat die höchsten Zigarettenpreise der USA (Schachtel 9–11 $).

Reisende mit Handicap

Viele öffentliche Einrichtungen sind behindertengerecht. Busse haben Zusteigevorrichtungen für Rollstühle. Information: Mayor's Office for People with Disabilities: 100 Gold St. (2nd floor), NY 10038, Tel. 1-212-788-2830, www.nyc.gov/html/mopd/.

Informationen für öffentliche Verkehrsmittel bietet Access-A-Ride, NYC Transit, Paratransit Div., 130 Livingston St., Brooklyn, NY 11201, Tel. 1-877-337-2017 (gratis), www.mta.info/mta/ada/paratransit.htm.

Rundflüge

Helicopter Tours: tgl. 9–18.30 Uhr, ab Heliport Pier 6, East River, U-Bahn: South Ferry, Tel. 1-212-355-0801, www.heliny.com, 149–299 $ (15–30 Min.).
Liberty Helicopter Tours: Tel. 1-212-967-6464, www.libertyhelicopters. com, Mo–Sa 9–18.30, So 9–16.30 Uhr, ab Heliport, Pier 6, s. o., Flüge: 8 Min. 145 $, 16–20 Min. 230 $.

Sicherheit

New York ist die sicherste Großstadt der USA, aber Vorsicht ist geboten und somit ein Verhalten, das sich auch für etliche europäische Großstädte empfiehlt.

Pass, wichtige Dokumente, Wertsachen und größere Geldbeträge in den Hotel-Safe einschließen. Taschen quer über die Brust tragen und in Menschenmengen (U-Bahn) mit einem Arm festhalten. Darauf achten, dass die Tasche geschlossen ist. Kein Wechselgeld auf der Straße nachzählen. Portemonnaie und Brieftasche so einstecken, dass die Jacke nicht ausbeult. Die Geldbörse im Jackett in die vordere Innentasche einstecken. Bargeld und Reiseschecks immer getrennt aufbewahren.

Bei Dunkelheit keine Parks besuchen, Problemgebiete, z. B. in Teilen von Brooklyn, meiden. Vorab orientieren, mit welchen Verkehrsmitteln man zum Ziel und zurück kommt. Nachts für die Rückfahrt lieber ein Taxi nehmen.

Souvenirs

Große Souvenirläden findet man im Empire State Building, auf Ellis Island und Liberty Island und rund um den Times Square, am Pier 17 des South Street Seaport, auch in den Läden der Museen, im United Nations Gift Center und im Gift Shop der New York Public Library (Hauptgebäude Fifth Ave./42nd St., Mo, Do–Sa 10–18, Di–Mi 10–19, So 13–17 Uhr).

Telefonieren

Ortsgespräche

Ein Ortsgespräch, *local call*, kostet für drei Minuten 25 Cent. Auch bei Ortsgesprächen muss man immer die vollständige, elfstellige Teilnehmernummer wählen. An den ersten drei Ziffern nach der Eins (= *Area Code*) erkennt man den Stadtteil, z. B. 212, 646 und 917 für Manhattan, 718 und

347 für Brooklyn, die Bronx, Queens und Staten Island.

Ferngespräche

Üblich ist der Gebrauch von *telephone cards* bzw. *prepaid phone cards* (für 10 bis 100 $), die man in Zeitungsläden und Tourist Offices erhält. Die Karten nicht in den Apparat stecken – Code-Nummer wählen, deutschsprachige Ansage. Ferngespräche sind werktags nach 17 Uhr sowie Sa/So nach 23 Uhr billiger.

Anrufe nach Europa: Deutschland 1-01149-Ortsnetzvorwahl ohne Null, dann Teilnehmeranschluss; Österreich 1-01143; Schweiz 1-01141; berücksichtigen Sie die Zeitdifferenz!

Von Europa aus anrufen: 001 + Teilnehmeranschluss ohne die Anfangseins.

Auskunft: Im Ortsnetz New York Tel. 411; außerhalb: Tel. 1-Ortsnetzkennzahl-555-1212.

Gratisnummern: Telefonnummern, die mit 1-800, 1-866, 1-877, 1-888 etc. beginnen, sind gebührenfrei.

Telefon im Hotel

Erkundigen Sie sich, bevor Sie telefonieren, nach den Kosten, die zumeist immens hoch sind. Selbst wenn Sie eine Telefonkarte benutzen, können Gespräche nach Europa sehr teuer werden.

Mobil telefonieren

Handys (in den USA *mobile phone* oder *cell phone* genannt) aus Europa funktionieren außer Mehrband-Mobiltelefonen in New York nicht. Man kann ein Leihgerät mieten. Der Gebrauch von Handys in Theatern, Kinos und Museen kostet 50 $ Strafe.

Telegramme

Sie kann man telefonisch 24 Stunden bei International Telegram aufgeben, Tel. 1-800-995-1844, 24,95 $ plus 0,88 $ pro Wort.

Reisekasse & Spartipps

Aufgrund des bei Drucklegung gültigen Wechselkurses ist New York ein nicht mehr ganz so teures Vergnügen. Bei vernünftiger Planung kann man weiter sparen. Das beginnt mit der Buchung des Hotels im Heimatland bzw. der Frage nach Rabatten. Generell ist außerhalb von Midtown vieles billiger.

Es gibt zahlreiche kostenlose Stadtführungen und Veranstaltungen (s. S. 18, 19) und zu bestimmten Zeiten verringerten Eintritt in Museen. Meist günstiger als der Einkauf im Deli sind Supermärkte.

Trinkgeld

Da die Löhne in Dienstleistungsunternehmen sehr niedrig sind, machen die Trinkgelder den größten Teil des Verdienstes aus. Man sollte sich daher möglichst an folgende Regeln halten:

Restaurants: 15–20% (allerdings nicht, wenn die Rechnung *service included* enthält); Luxusrestaurants: Bedienung ebenfalls 15 bis 20 %, Empfangschef 5 %

Hotels: Zimmerreinigung pro Tag mindestens 2 $, bei gutem Service mehr; Hotelrezeption, etwa für eine Taxi-Bestellung, 1 $; Hotel-Boys für ein bis zwei Gepäckstücke 1 $

Taxifahrer: 15 bis 20 %, mindestens 1 $ oder etwas mehr

Gepäckträger: (Bahn und am Flughafen) 50 Cents für ein kleines Gepäckstück, 1 $ für einen Koffer

Garderobe: 1 $

Barkeeper: 1–2 $ pro Drink

Panorama – Daten, Essays, Hintergründe

Der »Sky Mirror« auf der Rockefeller Plaza ist ein Werk des Künstlers Anish Kapoor

Steckbrief New York

Daten und Fakten

Name: New York City. Beinamen: ›The Big Apple‹, ›The City, that never sleeps‹

Fläche: 812 km^2, wovon auf die 20 km lange und bis zu 4 km breite Insel Manhattan 58 km^2 entfallen, auf Queens 313, auf Brooklyn 185, auf die Bronx 106 und auf Staten Island 150 km^2.

Lage: 40° 42′ N, 74° 00′ W; an der Nordostküste der USA und im Südosten des Staates New York (Hauptstadt Albany), an der Mündung von Hudson River und East River in den Atlantischen Ozean.

Einwohnerzahl: Sie stieg von gut 7 Mio. im Jahre 1990 auf ca. 8,363 Mio. im Jahr 2008 (Brooklyn 2,5 Mio., Queens 2,2 Mio., Manhattan 1,6 Mio., Bronx 1,3 Mio., Staten Island 470 000). New York ist damit die größte Stadt der USA. In der Metropolregion leben 18,8 Mio. Menschen.

Währung: US-Dollar. Die Untereinheit heißt Cents.

Zeitzone: Eastern Standard Time. Vom 2. So im März bis 1. So im Nov. wird die Uhr um eine Stunde vorgestellt. Bei Ortszeit New York 12 Uhr ist es in Frankfurt/M. 18 Uhr (plus 6 Stunden).

Landesvorwahl: 001 + Teilnehmer-Anschluss ohne die Anfangs-Eins.

Stadtvorwahl: Erste drei Ziffern nach der Eins (Area Code): 212, 646, 917 für Manhattan, 718, 347 für Brooklyn, Bronx, Queens und Staten Island.

Ortsname: Die Engländer benannten die Stadt 1664 nach dem Herzog von York und späteren König Jakob II.

Stadtwappen: Das Stadtsiegel von 1625, Inschrift: »Sigillum Civitatis Novi Eboraci«, zeigt im Zentrum Windmühlenflügel, Biber und Fässer; es wird von einem Seemann und Indianer flankiert. Darüber thront der amerikanische Adler.

Geschichte

Die Ur-Einwohner waren Indianer. Holländische und wallonische Siedler gründeten 1624 das Fort Nieuw Amsterdam. 40 Jahre später eroberten es die Engländer kampflos, 1783 verließen sie es wieder. 1789 war New York für ein Jahr Hauptstadt der USA und 1825 größter Handelshafen des Landes. Infolge der Einwanderung stieg die Einwohnerzahl stetig an. 1898 wurde Greater New York gebildet, bald darauf mit 3,4 Mio. Einwohnern die größte Stadt der Welt. Die Wolkenkratzer-Bauten Woolworth Building, Chrysler Building, Empire State Building und World Trade Center waren zeitweise die höchsten Gebäude der Welt.

Stadtverwaltung und Politik

Die Stadt ist in fünf *boroughs* (Bezirke) unterteilt. Als Bürgermeister amtiert seit 2001 der Milliardär Michael Bloomberg, der 2007 die Republikaner verließ, um die Stadt mit »unparteiischem Ansatz« zu regieren. Der Stadtverordneten-Versammlung gehören 39 Mitglieder an. In jedem *borough* amtiert ein Borough President. New York gilt als Hochburg der Demokraten.

Wirtschaft und Tourismus

Abgeschrieben wurde New York schon oft, etwa 1975, als die Stadt vor dem Bankrott stand. Mit 1 Mio. Fabrikarbeitern war New York 1949 eines der größten Industriezentren der Welt. In der Folgezeit wanderten viele Fabrikanten ab, weil Mieten und Kosten zu hoch waren. Heute entfallen 85 % der Arbeitsplätze auf den Dienstleistungssektor, vor allem auf den Einzelhandel, auf den Finanz- und Immobiliensektor sowie auf das Gesundheits- und Bildungswesen. New York ist einer der bedeutendsten Finanzplätze der Welt mit der größten Wertpapierbörse.

Ein wesentlicher Wirtschaftsfaktor ist der Tourismus – trotz der hohen Übernachtungspreise (infolge der Krise 2009 im Schnitt ›nur‹ 196 statt 400 $). 2008 wurde die Rekordzahl von 47 Mio. Touristen erreicht, davon 9,5 Mio. Ausländer (590 000 aus Deutschland, Rang 3 nach UK und CAN).

Verkehr

Privatfahrzeuge machen nur 50 % der Verkehrsmittel aus, denn die Bewohner bevorzugen aufgrund der permanenten Staus öffentliche Verkehrsmittel (pro Werktag fahren über 5 Mio. Menschen mit der U-Bahn). In New York gibt es mit Kennedy und La Guardia zwei Flughäfen, ›nebenan‹ in New Jersey noch Newark. Wichtige Bahnhöfe sind Grand Central und Penn Station.

Bevölkerung, Sprache, Religion

Die Anzahl weißer Einwohner nichtspanischer Herkunft hat sich auf 35 % verringert. Die Hispanics übertrafen 2007 mit 27,4 % erstmals die Zahl der Afroamerikaner (23,7 %). 40,6 % aller New Yorker – davon 3,9 % aus Puerto Rico – sind im Ausland geboren. Fast 4,2 Mio. sprechen nur schlecht oder gar kein Englisch. Annähernd 1,5 Mio. beherrschen ausschließlich Spanisch. Mehr als 40 % sind katholisch, 30 % Protestanten, 13 % Atheisten und 8,4 % jüdischen Glaubens.

Architektur

Den Baumeistern in den USA wurde gelegentlich vorgeworfen, sie hätten den europäischen Architektur-Fundus als ›Selbstbedienungsladen‹ betrachtet; als eigenständiger amerikanischer Gebäudetypus könne nur der Wolkenkratzer gelten (s. Essay S. 84).

Entgegen dieser These findet man in New York etliche bauliche Besonderheiten. Für den *Colonial* (Kolonialstil) aus der Zeit vor 1776, der Gebäude aus der alten Heimat der neuen Siedler, den Niederlanden und England, zum Vorbild hatte, stehen die St. Paul's Chapel (1766) und das Dyckman House (1783, 4881 Broadway). Als *Federal* wird die Bauweise der jungen Republik bezeichnet: der erste eigene Architekturstil in den USA – klassizistisch, einfach, elegant, aus Back- und Kalkstein, in New York repräsentiert durch Reihenhäuser in Greenwich Village und Brooklyn Heights sowie die City Hall (1811). Der *Greek-Revival*-Stil eiferte 1820–40 griechisch-römischen Vorbildern der Antike nach, zu besichtigen mit der Federal Hall (1842) und der Colonnade Row (1833) in der Lafayette Street. Die Idealisierung des Mittelalters fand in der Neogotik ihren Ausdruck, mit der Trinity Church (1846) im Financial District und St. Patrick's Cathedral (1879) an der Fifth Avenue. Italienische Formensprache *(Italianate)* wurde Mitte des 19. Jh. für Villen und *brownstones* verwandt.

Geschichte im Überblick

Die Indianer

Als erste Bewohner der Region des heutigen New York gelten die Paleo-Indianer, die vor ca. 7000 Jahren an die Ostküste kamen. Manhattan, von den Ureinwohnern Manhattes, Manhata, Manahatin oder Manhatans, Insel der Hügel, genannt, bewohnten die Algonquin-Indianer.

Von Nieuw Amsterdam zu New York

1524 Giovanni da Verrazano segelt im Auftrag des französischen Königs Franz I. die amerikanische Ostküste entlang und entdeckt den natürlichen Hafen des späteren New York.

1609 Henry Hudson reist im Auftrag der Dutch East India Company bis Albany jenen Fluss hinauf, der heute nach ihm benannt ist.

1624 Als Siedler landen 32 holländische und wallonische Familien in Manhattan und gründen das Fort Nieuw Amsterdam.

1626 Der erste Gouverneur von Neu-Amsterdam, Peter Minuit, als Peter Minnewitt in Wesel geboren, kauft den Reckagawawanc-Indianern die Insel Manhattan ab – gegen Knöpfe und Glasperlen.

1653 Stadtrechte für Nieuw Amsterdam.

1664 Charles II. von England überlässt das Land zwischen Delaware und Connecticut seinem Bruder James, dem Herzog von York. Der Gouverneur Stuyvesant übergibt die Stadt kampflos an die Engländer.

1672 Im englisch-holländischen Krieg ziehen niederländische Schiffe vor New York auf. Die Besatzungen gewinnen die Stadt kampflos zurück.

1674 Im Friedensvertrag von Westminster erhält England New York zurück.

1689 Nach der Entthronung von König James II. übernimmt lokale Miliz unter Führung Jacob Leislers die Herrschaft über New York und Long Island. 1691 werden Leisler und neun weitere Rebellen hingerichtet.

Der Kampf um die Unabhängigkeit

1709 Erster Sklavenmarkt am Ende der heutigen Wall Street.

1741 Pogrom gegen schwarze Sklaven, die angeblich die Stadt zerstören wollen; 32 Schwarze und vier Weiße werden hingerichtet.

1756–1763 Der Krieg der Engländer gegen Franzosen und Indianer beschert New York einen wirtschaftlichen Boom.

1775–1783 Unabhängigkeitskrieg gegen die Engländer. Unabhängigkeitserklärung am 4. 7. 1776. Nach der Schlacht von Long Island muss sich George Washington, der die Stadt zeitweise zum Hauptquartier macht, mit seinen Truppen zurückziehen. 1783 verlassen die Engländer New York.

US-Hauptstadt und Ende der Sklaverei

1789 New York ist ein Jahr lang Hauptstadt der Vereinigten Staaten. George Washington wird vor der Federal Hall als erster Präsident vereidigt.

1799 Der Sklavenmarkt wird geschlossen.

1825 Mit Fertigstellung des Erie Canal, der den Hudson mit den Großen Seen verbindet, wird New York größter Handelshafen der USA.

1827 Der Staat New York verbietet per Gesetz die Sklaverei.

1834 Stadtrechte für Brooklyn. Die Wochenzeitung Der Freischütz, später New York Staats-Zeitung, erscheint.

Die Einwanderer kommen

1840–1860 Erste große Einwanderungswelle von Deutschen und Iren, die Einwohnerzahl von Manhattan steigt zwischen 1840 und 1860 von 312 710 auf 813 669 an. Die Stadt reicht 1840 bis zur 14th Street.

1851 Erste Ausgabe der New York Times.

1858 Frederick Law Olmsted und Calvert Vaux reichen ihren Entwurf Greensward (grüner Rasen) für den Central Park ein.

1861–1865 Im Bürgerkrieg strebt Bürgermeister Wood einen neutralen Status für die Stadt an, doch in den ersten zehn Tagen ziehen 10 000 New Yorker Freiwillige auf Seiten der Union in den Krieg mit den Südstaaten. Insgesamt stammen 116 382 Kriegsteilnehmer aus New York.

1863 Aufstände gegen die Rekrutierung. Schwarze werden gelyncht.

1880 1,1 Mio. Menschen leben in Manhattan, in Brooklyn 599 495, in Queens 56 559, in der Bronx 51 980 und auf Staten Island 38 991.

1881 Einwanderung osteuropäischer Juden, bis 1905 kommen 850 000.

1883 Eröffnung der Brooklyn Bridge.

1886 Einweihung der Freiheitsstatue.

1892 Ellis Island wird zur Einwandererinsel – bis 1954 ist dort für 17 Mio. Immigranten die erste Station in den USA.

Die größte Stadt der Welt

1898 New York, Brooklyn, Queens und Staten Island vereinen sich zu Greater New York.

1900 Mit 3,4 Mio. Einwohnern ist New York die größte Stadt der Welt.

1903 Die Williamsburg Bridge überspannt den East River.

1904 Die erste U-Bahn fährt von der City Hall bis zur Station Broadway/59th Street. Auf dem Dampfer General Slocum finden 1021 deutschstämmige Fahrgäste den Tod, als das Schiff auf dem East River sinkt.

1909 Fertigstellung der Queensboro Bridge und der Manhattan Bridge.

1911 Beim Triangle Fire sterben 146 Frauen – heftige Kritik an den Arbeitsbedingungen in den *sweat shops* der Bekleidungsindustrie.

1913 Das Woolworth Building ist mit 241 m das höchste Gebäude der Welt.

1920–1934 Handel, Ausschank und Konsum von Alkohol werden unter Strafe gestellt.

1924 Ein Quotensystem schränkt die Einwanderung ein.

Weltrekorde

1929 Der Schwarze Freitag an der Börse löst die Weltwirtschaftskrise aus. Mit 319 m ist das Chrysler Building das höchste Gebäude der Welt.

1930 Die Einwohnerzahl ist auf 6,9 Mio. gestiegen. Harlem mit 220 000 Bewohnern ist das größte Schwarzenviertel der USA.

1931 Das Empire State Building ist mit 381 m das höchste Gebäude der Welt, die George Washington Bridge wird eröffnet.

1934 Wahl Fiorello La Guardias zum Bürgermeister (bis 1946).

1940 New York hat 7 454 957 Einwohner.

1953 Robert F. Wagner Jr., Sohn eines in Nastätten/Rheingau geborenen US-Senators, wird Bürgermeister und amtiert zwölf Jahre.

1964 Die Verrazano-Narrows-Bridge wird eröffnet.

1965	»Black out«: Millionenschäden beim Stromausfall durch Plünderungen und Zerstörungen. Malcolm X wird im Audubon Ballroom ermordet.
1972	Das World Trade Center ist mit 411 m das höchste Gebäude der Welt.
1977	Der Demokrat Edward Koch, Sohn jüdisch-polnischer Einwanderer aus der Bronx, regiert bis 1989 als Bürgermeister.
1989	Bürgermeister der Stadt wird erstmals ein Schwarzer, David Dinkins.
1990	Auf Ellis Island wird das Einwanderungsmuseum eröffnet. New York hat 7 Mio. Einwohner. Weiße sind erstmals in der Minderheit.

Terroranschläge und die Ära Giuliani

1993	Bombenanschlag muslimischer Fundamentalisten auf das World Trade Center. Der Republikaner Rudolph Giuliani wird Bürgermeister.
1994	Vier der angeklagten Fundamentalisten werden wegen des Anschlags auf das World Trade Center zu je 60 Jahren Gefängnis verurteilt.
1998	Wiederwahl von Bürgermeister Giuliani, dessen »Politik der harten Hand« das Comeback der Stadt einleitet.
11.9.2001	Terroristischer Anschlag islamischer Fundamentalisten auf das World Trade Center, 2569 Menschen sterben.
6.11.2001	Der Republikaner Michael Bloomberg wird Bürgermeister.
20.3.2003	Beginn des Irak-Krieges: US-amerikanische und britische Truppen marschieren ohne UNO-Mandat in den Irak ein.
4.7.2004	Am US-amerikanischen Nationalfeiertag wird der Grundstein für den 541 m hohen Freedom Tower (jetzt 1 WTC) am Ort des früheren World Trade Center gelegt (Baubeginn 2006, Fertigstellung für 2013 geplant).
15.1.2009	»Das Wunder von Manhattan«: Notlandung eines Passagierflugzeugs auf dem Hudson, alle 155 Insassen werden gerettet.
9.11.2009	Bloomberg, seit 2007 parteilos, wird mit 50,6 % zum dritten Mal als Bürgermeister gewählt.
2010	Pier 1 und 6 werden als erste Teile des Brooklyn Bridge Park eröffnet.
11.9.2011	Eröffnung der Gedenkstätte am Ground Zero.

LOVE GURU

New York und die Sicherheit

New York ist heute die sicherste Großstadt der USA, was vor allem als ein Verdienst Rudolph Giulianis gilt, des früheren Bürgermeisters, der von 1994 bis 2001 amtierte. Aber auch unter seinem Nachfolger, dem Milliardär Michael Bloomberg, ist die Kriminalitätsrate relativ niedrig geblieben.

Früher, da war New York ein sehr unsicheres Terrain und natürlich spielte der Film »Ein Mann sieht rot«, in dem Charles Bronson in der Rolle des Paul Kersey Selbstjustiz übt, 1974 in dieser Stadt. Es gab damals immer wieder Vorfälle, die landesweit Aufsehen erregten und viele Touristen davon abhielten, die Metropole am Hudson zu besuchen. 1990 wurde ein junger Tourist auf dem U-Bahnsteig in Midtown erstochen, weil er seine Familie vor jugendlichen Dieben schützen wollte. 1991 kam der Australier Yankel Rosenbaum während rassistischer Unruhen *(Crown Heights Riot)* ums Leben. 1992 fiel ein unbeteiligter Lehrer in Brooklyn einem Feuergefecht zwischen rivalisierenden Drogen-Gangs zum Opfer.

Dies alles geschah in einer Stadt, die im Jahr 1990 über zweitausend Morde registrierte. Später sagte Rudolph Giuliani, der Ex-Bürgermeister: »Ich erbte Amerikas Hauptstadt der Kriminalität und machte sie zur sichersten Großstadt der USA!«

Die niedrigste Mordrate

Tatsächlich wird die Amtszeit ›Rudy‹ Giulianis, dessen Großeltern italienische Einwanderer aus Brooklyn waren, mit dem Wandel zum Positiven in der Millionenstadt gleichgesetzt. Während es 1990 noch 2262 Tötungsdelikte gab, waren es 2009 bei rund 8,3 Mio. Einwohnern 466 – die niedrigste Mordrate, seit Statistiken geführt werden (1963); überwiegend handelte es sich um Beziehungstaten.

»Null Toleranz«

Im gleichen Atemzug mit Giuliani werden stets die Prinzipien genannt, die er in New York anwandte. Das eine: »Null Toleranz«. Die zeigte sich vielerorts: gegen Bettler, gegen Schwarzfahrer und Schulschwänzer, gegen Straßenhändler und Hütchenspieler. Die Polizei schritt ein gegen ›Ghettoblaster‹ im Auto und gegen unerwünschte Scheibenputzer *(squeegee men)* an den Ampeln. Graffiti wurden sofort entfernt, sodass sich die Urheber nicht mehr an deren Anblick erfreuen konnten. Wer illegal Schuss-

Mit diesen Herren sollte man sich besser nicht anlegen

waffen besaß, kam vor ein Schnellgericht. Kleindealer, die gefasst wurden, verloren ihre Einnahmen und ihren Pkw. Die *Zero-Tolerance*-Politik hatte das Manhattan Institute for Policy Research entwickelt, wobei im Vordergrund stand, maximale Ermittlungsergebnisse zu erzielen. Die Polizei wurde durch ein Kontrollsystem ›an die Kandare‹ genommen, prompt steigerten sich deren Ergebnisse in allen Kategorien.

Keine zerbrochenen Scheiben

Giulianis zweites Prinzip basierte auf der sogenannten Broken Windows Theory: Gibt es in einem leerstehenden Haus ein zerbrochenes Fenster, das nicht repariert wird, schreiten Zerstörung und Verwahrlosung unaufhaltsam voran. Also muss dem sofort entgegengesteuert werden.

Ins Visier nahm Giuliani auch den Fulton Fish Market nahe dem South Street Seaport im Süden Manhattans am East River. Er galt als Hochburg des organisierten Verbrechens und Stützpunkt der Mafia. Der Bürgermeister ließ sechs Großunternehmen schließen und behielt seine Linie trotz Streiks, Brandanschlägen, Morddrohungen sowie Vandalismus bei. 2005 wurde der Fischmarkt geschlossen und in die Bronx nach Hunts Point verlegt, wofür allerdings eher hygienische Gründe ausschlaggebend waren.

Das alles hat, siehe oben, funktioniert. Die Gesamtzahl der Straftaten ging um 75 % zurück, die der Raubüberfälle um 64 %. Die U-Bahn ist wieder sicher, es gibt so gut wie keine *no go areas* mehr, also Viertel, in denen man sich nicht aufhalten sollte.

Rudolph Giuliani (rechts) und sein Nachfolger im Amt Michael Bloomberg

Wundermann Giuliani?

Wundermann ›Rudy‹ Giuliani also? Andere meinen, eine ganz so simple Erfolgsstory sei das nicht. Denn bereits unter seinem Vorgänger David Dinkins, dem ersten schwarzen Bürgermeister, ging die Kriminalität zurück, weil die Polizeikräfte aufgestockt wurden. In der Bürgermeisterwahl 1993 war Rudolph William Louis Giuliani III Dinkins noch unterlagen, vier Jahre später aber gewann er mit großer Mehrheit das Duell.

Weitere Faktoren beschleunigten die Entwicklung weg von der ›Verbrechens-Hauptstadt‹. Es gab geburtenschwache Jahrgänge, die Wirtschaft boomte, die Arbeitslosigkeit nahm ab. Die Droge Crack, die viel Aggressivität und Bandenkriege verursacht hatte, verschwand vom Markt. Bürger nahmen sich ihrer Nachbarschaft an, z. B. in Alphabet City, ehemals größter Drogenumschlagplatz der Ostküste, oder in der South Bronx, wo nun schmucke Reihenhäuschen stehen. Auch in den Business Improvement Districts (BID) kümmert man sich um den städtischen Raum, z. B. in der 34th Street oder um den Times Square. Diese Zusammenschlüsse von Geschäftsleuten sorgen für Sauberkeit, integrieren Obdachlose als Personal und setzen zivile, unbewaffnete Wachleute ein.

Law and Order

Allerdings rief die Law-and-Order-Politik des Ex-Bundesstaatsanwaltes Giuliani auch Kritik hervor. Ende der 1990er-Jahre bezeichneten 81 % der Afroamerikaner das Verhalten der Polizei ihnen gegenüber als »sehr ernstes Problem«. 2006 gingen die Beschwerden von fast 7 700 Bürgern über die New Yorker Polizei ein. Tatsächlich kam es zu Übergriffen. Amadou Diallo, geboren in Liberia, wurde mit einem Vergewaltiger verwechselt und vor seinem Apartment in der Bronx von einer Street Crime Unit der Polizei erschossen (19 der 41 Schüsse trafen ihn). Der Familie Diallos wurden 3 Mio. $ zugesprochen. Festzuhalten bleibt auch, dass Manhattan zwar ›befriedet‹ ist, dafür aber die Verbrechensrate in Newark im Nachbarstaat New Jersey anstieg.

Der neue Bürgermeister Michael Bloomberg hatte bereits im Wahlkampf angekündigt, die »harte Linie« Giulianis fortzusetzen – auch gegen Parksünder und Ladendiebe. Mittlerweile sind in der Stadt fast 38 000 Polizisten im Einsatz, Brennpunkte werden besonders überwacht, weitere Überwachungskameras wurden installiert.

Der ›grüne‹ Bürgermeister

Profiliert hat sich Bloomberg inzwischen als ›grüner‹ Bürgermeister. Dafür stehen z. B. die Rückgewinnung von Governors Island und der neue Brooklyn Bridge Park, die Fußgängerzone Times Square (geplant auch für W. 34th St. und Union Square). Ab 2012 dürfen nur noch Hybrid-Taxis unterwegs sein, derzeit sind fast 1700 Hybrid-Busse im öffentlichen Nahverkehr im Einsatz. Mit dem »greeNYC«-Programm strebt man die größte Verringerung an Treibhausgasen einer US-Stadt an.

Zudem wird gesündere Ernährung propagiert; als Problemzonen gelten die einkommensschwachen Viertel. Vielerorts wird in den Restaurants und Lokalen jetzt der Kaloriengehalt angezeigt, und die Anti-Raucher-Kampagne New Yorks hat die höchsten Zigarettenpreise der USA zur Folge.

Wolkenkratzer

Wolkenkratzer *(skyscraper)* sind *das* architektonische Symbol für die USA, besonders für Manhattan – »das große amerikanische Geschenk an die Baukunst« (Architekt Philip Johnson). Der erste Hochbau mit Stahlgerüst wurde allerdings 1884 in Chicago errichtet.

Voraussetzungen für den Bau waren das Stahlskelett, das mit der Fassade als ›Vorhang‹ ergänzt wurde, und die Erfindung des Aufzugs durch den New Yorker Mechaniker Elisha Otis (Premiere: 1857, 488 Broadway/Broome Street, in SoHo). New Yorks ersten ›Wolkenkratzer‹ mit zwölf Geschossen entwarf 1897 der Chicagoer Baumeister Louis Sullivan: das Bayard Building, 65 Bleecker Street.

Wettkampf

Unverzüglich begann die Rekordjagd der Architekten: 1908 war das Singer Building am Broadway mit 200 m das höchste Gebäude der Welt. Zugunsten des Neubaus 1 Liberty Plaza wurde es 1970 abgerissen – eine Schande für New York.

1913 brachte das neogotische Woolworth Building mit 241 m einen neuen Höhenrekord, und 1929/30 verewigten zwei Architekten ihren legendären Wettkampf in Stein: Als das von H. Craig Severance entworfene Bank of the Manhattan Company Building, 40 Wall Street, heute The Trump Building, mit 283 m Höhe bereits eingeweiht worden war, ließ sein Konkurrent William Van Alen beim Chrysler Building eine zuvor im Innern versteckte Stahlspitze ausfahren. Das ergab 319 m und den Sieg.

Ein Luftschiff kam nie ...

Beim Empire State Building setzte man den nie benutzten Ankermast für Luftschiffe oben drauf und sicherte damit für lange Zeit den Weltrekord – 381 m (heute mit Fernsehmast 448 m). Die am 11. September 2001 zerstörten Zwillingstürme des World Trade Center waren 1972 mit jeweils 411 m nur für kurze Zeit ›Spitze‹, denn bereits zwei Jahre später ragte in Chicago der von Bruce Graham entworfene Sears Tower (443 m) in den Himmel, übertroffen von den Petronas Towers (452 m, Architekt César Antonio Pelli) in Kuala Lumpur und dem Taipei 101 (509 m, Architekturbüro C. Y. Lee & Partners) in Taiwan; den Weltrekord hält demnächst Burj Dubai (ca. 819 m, Büro Skidmore, Owings & Merrill). In der Weltrangliste besitzt das Empire State Building noch Rang neun; acht Wolkenkratzer der ›Top Ten‹ stehen in Asien.

Jene Männer, die die Giganten errichteten, waren als *skyboys* zeitweise

Das Chrysler Building (vorn) und das Empire State Building sind fast gleich alt

die Helden der Stadt: kein Wunder, sieht man sich etwa die atemberaubenden Bilder des Fotografen Lewis W. Hines (1874–1940) an, die er von den »Men At Work« am Empire State Building aufnahm.

Neue Giganten

Heute sind die Meinungen über die Steingebirge von Manhattan geteilt. Die »Inszenierungen und Selbstdarstellungen wirtschaftlicher Potenz«, so beispielsweise der Wolkenkratzer-Experte Johann N. Schmidt, gibt es seit den 1970er- und 1980er-Jahren en masse. Andere feiern Neubauten wie den City Spire (150 W. 56th St.) von Murphy/Jahn (das ist der in Nürnberg geborene Helmut Jahn) oder den 2006 fertiggestellten expressionistischen Hearst Magazine Tower (Eighth Ave./W. 40th–41st Sts.), der 2007 auch aufgrund seiner ökologischen Ausrichtung den Emporis Skyscraper Award bekam.

Und es wurden und werden neue Giganten gebaut: im Jahre 2007 der New York Times Tower mit 319 m Höhe (620 Eighth Ave./W. 40th–41st St.); im Jahr drauf wurde für etwa 1 Mrd. $ an der Sixth Ave./W. 42nd St. gegenüber dem Bryant Park der zweitürmige Bank of America Tower (366 m) fertiggestellt.

Manhattans Wolkenkratzer – die Top Ten

1. One World Trade Center: Financial District, 541 m, geplante Fertigstellung 2013

2. Empire State Building: 350 Fifth Ave./33rd–34th Sts, 381 m (mit Fernsehmast 448 m), 1931

3. Bank of America Tower: Sixth Ave./W. 42nd St., 366 m, 2008

4. a Chrysler Building: 405 Lexington Ave. (1930), und

4. b New York Times Tower: Eighth Ave./W. 40th–41st St. (2007), beide 319 m

5. 155 W. 57th St.: 306 m, 2012

6. Four World Trade Center: 150 Greenwich St., 297 m, 2011

7. American International Building: 70 Pine St./60 Wall St., 290 m (mit Mast), 1932

8. Trump Building: 40 Wall St., 283 m (mit Mast), 1930

9. Citigroup Center: Lexington Ave./ 53rd–54th Sts, 279 m, 1977

zoning laws und *setbacks*

Die Stadtverwaltung versuchte zeitweise, durch sogenannte *zoning laws* den Gigantismus zu steuern. Die im Jahr 1916 verabschiedete Flächenutzungsordnung forderte unter anderem, dass Passanten auf der Straße zumindest 75 % Sichtfeld gen Himmel haben sollten und die Fläche der Stockwerke der zwölffachen Grundstücksfläche entsprechen müsse. Die Folge waren die für New York so typischen *setbacks*: Vom zwölften Stock an wurden die Hochhäuser terrassenförmig zurückgebaut – ein Beispiel hierfür ist das Barclay-Vesey Building, 140 West Street.

Das *zoning law* von 1961 hat zu einer kuriosen Entwicklung geführt: Der nicht genutzte Luftraum über einem Gebäude kann auf ein anderes Grundstück übertragen werden, und es können, um einen noch höheren Wolkenkratzer zu errichten, mehrere Luftrechte auf einem Areal gebündelt werden – reichlich Arbeit für Rechtsanwälte.

Harlem-Renaissance

Harlem, der Stadtteil nördlich des Central Parks, ist wieder da: Lange war der Stadtteil dem Verfall preisgegeben, doch nun hat er sich dank umfangreicher Sanierungsmaßnahmen der Lebensqualität anderer New Yorker Stadtteile angeglichen. Zahlreiche Wohnhäuser wurden renoviert, auch Weiße sind in das zentrumsnahe Viertel umgezogen. Mit schöner Regelmäßigkeit liest man daher von der zweiten Harlem-Renaissance.

Was derzeit in Harlem geschieht, wird ganz unterschiedlich gesehen. Manche meinen, der Stadtteil würde gentrifiziert, also absichtlich veredelt, damit teurer und für viele der jetzigen Bewohner unerschwinglich. Andere sagen, es sei doch schließlich ganz normal, wenn Harlem nun dieselben Ketten-Läden besitze wie andere New Yorker Stadtteile.

Das Viertel, in dem lange Zeit fast ausschließlich Afroamerikaner, Afrikaner, Einwanderer aus der Karibik und Latinos lebten, erlebt nun den Zuzug auch von Weißen (1990–2006: fast plus 17 % Einwohner, beträchtliche Zunahme an Wohnungen).

1930: 98 % Schwarze

Harlems Ruf entstammt der Zeit, als es das größte afroamerikanische Wohnviertel der USA wurde. Weil Spekulanten zu viel gebaut hatten, begann der schwarze Makler Philip A. Payton Jr. zu Anfang des 20. Jh. leerstehende Apartments zu exorbitanten Preisen (Wohnraum war für Afroamerikaner nur schwer zu erlangen) an Schwarze zu vermitteln. Die Italiener, Iren und Deutsche, die zuvor dort gewohnt hatten, zogen allmählich fort, und so waren im Jahre 1930 98 % der Bewohner von Harlem Schwarze. Sie lebten in einem der am dichtesten bevölkerten Stadtviertel der Welt.

»Der Neger war in Mode«

Mitte der 20er-Jahre des 20. Jh. machte dann die sogenannte Harlem-Renaissance den Stadtteil zum *in-place* für Weiße. »Der Neger war in Mode«, meinte lakonisch der schwarze Schriftsteller Langston Hughes (1902–1967). Jazz, Blues und Ragtime sowie Schnaps zur Zeit der Prohibition zogen die Weißen in das Viertel. Geheimtipps waren die *rent parties*, private Feste, mit denen die Gastgeber versuchten, ihr meist bescheidenes Einkommen durch die Eintrittsgelder (10–50 Cent pro Person) aufzubessern und so der Zwangsräumung bei Mietrückstand zu entgehen.

Heroin eroberte Harlem

Die Weltwirtschaftskrise 1929 traf die vielen ungelernten Arbeiter in Harlem besonders schwer. Ganze Straßenzüge versanken im Elend, Hausbesitzer investierten nicht mehr, die Gewalt eskalierte, 1935 und 1943 kam es zu Aufständen. Von diesem Niedergang erholte sich das Viertel lange nicht mehr. Heroin eroberte Harlem. Wer es sich leisten konnte, zog fort.

Noch einmal, in den 1960er-Jahren, erwarb Harlem Symbolkraft mit der Black-Power-Bewegung, die den insbesondere im US-amerikanischen Süden herrschenden Rassismus bekämpfte und sich für politische und wirtschaftliche Unabhängigkeit der Schwarzen einsetzte, um so deren Selbstbewusstsein zu stärken. Als aber auch die Mittelklasse fortzog, blieben fast nur noch Arme zurück.

Eine Million Dollar für eine Wohnung

Noch Ende der 1970er-Jahre bestimmten Armut und Ruinen das Bild (so machte ein Journalist eines großen Senders damals seine Fotos bezeichnenderweise von der U-Bahn aus, ohne einen Schritt nach Harlem setzen zu müssen). Aber so wie sich New York geändert hat, hat sich nun auch Harlem geändert, zumal eine beachtliche Bausubstanz, vor allem die beliebten *brownstones*, verblieb. Die Mittelschicht ist zurückgekehrt, für eine Eigentumswohnung zahlt man z. T. eine Million Dollar.

Sightseeing in der Bronx?

Es ist immer wieder dasselbe: Wird irgendwo ein Problembezirk, ein sozialer Brennpunkt beschrieben, dann heißt es umgehend: Das ist ja wie in der Bronx! Und dann empfehlen wir auch noch, dorthin zu fahren?!

Bronx ist nicht gleich Bronx. Wer ausgebrannte Häuser und marodierende Banden erwartet, wird nicht fündig. Slums, Elend, Gangs und Gewalt – das war die South Bronx in den 1970er-Jahren.

Und heute? Fast 1,4 Mio. Menschen leben im nördlichsten New Yorker *borough*. Das belegt, wie groß dieser Bezirk ist. Und noch eine Zahl, die man beim gängigen Vorurteil nicht erwartet: 40 % der Bronx sind Grünfläche! Man sehe sich einmal den Landsitz Wave Hill in Riverdale an, hoch über dem Hudson River, eine Szenerie mit prächtigen Gärten und Gewächshäusern und ein Ort, an dem es sich die Familie des späteren US-Präsidenten Theodore Roosevelt, der Schriftsteller Mark Twain und der Dirigent Arturo Toscanini wohlergehen ließen. Grün, grüner geht's nicht, auch der New York Botanical Garden mit dem größten viktorianischen Gewächshaus der USA befindet sich hier.

Die reichsten Stadtviertel

Regelrecht nobel ist die Bronx vielerorts, so in Spuyten Duyvil, der Villenkolonie (gleichnamige Metro-Station), und Fieldston, einer bewaldeten Enklave, wo man mit der Stadtverwaltung gar nichts mehr zu tun hat: Die Bewohner finanzieren alle kommunalen Dienste selbst, auch einen aufmerksamen, Tag und Nacht tätigen Wachdienst. Fieldston gehört wie Riverdale zu den reichsten Vierteln New Yorks.

Art-déco-Häuser-Parade

Nun gibt es keine Wolkenkratzer droben in der Bronx, aber sehenswerte Bauten recht viele. Dazu muss man einmal den sechs Kilometer langen Boulevard The Grand Concourse entlangschlendern mit seiner Parade an Art-déco-Wohnhäusern. Dort steht auch der vielbeachtete Neubau des Bronx Museum of the Arts.

Die meisten Besucher: Bronx Zoo

Wer hätte das gedacht? Auch New Yorks meistbesuchte Attraktion ist in der Bronx beheimatet. Es ist der Bronx Zoo, der führende Tiergarten der Stadt, und wenn man Einheimischen erzählt, dass man dort noch nicht war, stößt man auf großes Erstaunen. Magisch angezogen fühlen sich viele vom Stadion des Baseball-Teams der New York Yankees, das 2009 neu erbaut wurde.

Das Stadion der New York Yankees – für viele Baseball-Fans ein magischer Ort

»Jenny from the Block«

Gleich im Umfeld der Sportarena wird auch der ethnische Charakter der Bronx kenntlich: Sie ist Wohnort vieler Zuwanderer aus der Karibik, etwa aus Puerto Rico, Kuba und der Dominikanischen Republik. Entsprechend exotisch ist die Küche und Superstar Jennifer Lopez (»J. Lo«) geht noch immer am Liebsten da preiswert puertoricanisch essen, wo sie als »Jenny from the Block« in der South Bronx als Tochter puertoricanischer Immigranten aufgewachsen ist, ins Brisas Del Caribe (1207 Castle Hill Ave., U-Bahn: Castle Hill Ave., Tel. 1-718-794-9710).

Eine andere ethnische Enklave, »das wahre Little Italy« namens Belmont rund um die Arthur Avenue, scheint im Wandel begriffen; hier, wo New Yorks größte italinische Gemeinde ansässig ist, siedeln gegenwärtig vor allem Mexikaner und Albaner.

Die Fischer-Insel

Schon gar nicht dem Klischee der Bronx entspricht City Island: Ist das hier noch New York?, fragt man sich. Zu Recht wird die kleine Insel mit den schmucken Häuschen und vielen Jachthäfen mit Fischerorten in New England verglichen. Die Hauptstraße von »small town USA« säumen Antiquitätengeschäfte, Galerien und Fischrestaurants, die recht üppige Portionen servieren.

Informationen

The Bronx Tourism Council: 851 Grand Concourse, Suite 123, Bronx, NY 10451, Tel. 1-718-590-3518, www.ilovethebronx.com.
Bronx Council on the Arts: 1738 Home Ave., Bronx, NY 10461, Tel. 1-718-931-9500, www.bronxarts.org. Hier gibt es die Bronx Cultural Card (Ermäßigungen) und Veranstaltungsprogramme. Empfehlenswert sid die Bustouren von Harlem Spirituals (s. S. 19 u. 196).

Attraktionen

Bronx Zoo: www.bronxzoo.com, tgl. 10–16.30 Uhr, Eintritt 15 $ (Sen. 65 J. 13 $, Kinder 11 $, Mi freiw. Beitrag, U-Bahn: E. Tremont Ave./W. Farm Square.
New York Botanical Garden: www.nybg.com, Di–So und Fei 10–18, Eintritt 6 $, Mi sowie Sa 10–12 Uhr frei, Metro-North-Station: Botanical Garden.
Bronx Museum of the Arts: 1040 Grand Concourse, www.bronxmuseum.org, Do, Sa–So 11–18, Fr 11–20 Uhr, Eintritt 5 $, Fr frei, U-Bahn: 167 St./Grand Concourse.
Yankee Stadium: www.yankees.mlb.com, Führungen, tgl. 12 Uhr, nicht an Spieltagen, Eintritt 20 $, U-Bahn: 161 St.
Wave Hill: www.wavehill.org, Di–So, Eintritt 8 $, U-Bahn: 231 St., dann Bus (Bx 7; Bx 10) bis 252nd St./Riverdale Ave.
City Island: www.cityisland.com, U-Bahn: Pelham Bay Park (Endstation), dann Bus Bx 29.
Hall of Fame for Great Americans: www.bcc.cuny.edu/hallofFame/, tgl. 10–17 Uhr, Eintritt frei, U-Bahn: 183rd St.

New York als Filmkulisse

Empire State Building, World Trade Center, Brooklyn Bridge – alles schon gesehen im Kino, denn keine andere Stadt wird so oft in Hollywood-Filmen gezeigt wie die Metropole am Hudson. So begegnet denn jeder New-York-Besucher immer wieder Schauplätzen, die er bereits aus dem Filmtheater, vom Fernsehen oder von DVD und Video kennt. Und alle nachstehend erwähnten Filme eignen sich natürlich bestens zur Einstimmung auf einen New-York-Urlaub.

Dass New York so oft Drehort ist, hat mit seiner weltweiten Faszination zu tun, aber auch mit den Steuervergünstigungen, die die Stadt Filmemachern gewährt. Und wenn es sein muss, sperrt die Polizei kostenlos ganze Straßenzüge für die Dreharbeiten ab. Aber aufgepasst: Manchmal dient das kanadische Toronto als New-York-Ersatz!

New York forever

Woody Allen, 1935 in Brooklyn geboren, ist ein überzeugter Manhattanite und hat die Stadt immer wieder als Schauplatz seiner Filme gewählt. In der berühmtesten Szene von »Manhattan« (1979) sitzt er mit Diane Keaton auf einer Bank auf der Riverview Terrace on Sutton Place am East River und blickt auf die Queensboro Bridge. Leider können Sie diese Szene nicht mehr nachstellen: Die Bank gibt es nicht mehr! Der Nightclub in »Bullets over Broadway« (1994) ist der Ballsaal des Hotels The New Yorker (481 Eight Ave./W. 34th St.) und im Carnegie Deli (854 Seventh Ave./55th St.) gibt es ein Sandwich, das den Namen des dort 1984 gedrehten Films »Broadway Danny Rose« trägt.

King Kong durfte in New York gleich zweimal auf Wolkenkratzer klettern: 1933 auf das Empire State Building, 1976 auf das World Trade Center. Auf dem Empire State Building spielte auch das Happy End von »Schlaflos in Seattle« (1993), doch in Wirklichkeit drehte man in einem Flugzeughangar.

Auch andere Schauplätze der Stadt wurden auf Zelluloid verewigt. Für »Der unsichtbare Dritte« (1959) ließ Alfred Hitchcock Cary Grant in der Lobby des Plaza Hotel kidnappen und für die Flucht mit dem legendären Twentieth-Century-Zug das Ticket im Grand Central Terminal lösen. »Frühstück bei Tiffany's« (1961) machte die Adresse 727 Fifth Avenue weltbekannt. Im Central Park radelten Gene Kelly, Frank Sinatra & Co. 1949 für das Musical »Heut' geh'n wir bummeln«

Robert De Niro und Jodie Foster in Martin Scorseses »Taxi Driver«, 1976

On Location Tours
Der Veranstalter bietet Bustouren zu Drehorten an: tgl. 11 Uhr, ab Broadway/51st St., »Über 40 Drehorte von 60 Spielfilmen bzw. TV-Serien«, 40 $ (reservieren!); tgl. 11 u. 15 Uhr, Fifth Ave./58th St., Schauplätze der TV-Serie »Sex and the City«, 44 $, Dauer jeweils 3.30 Std., Anmeldung unter Tel. 1-212-209-3370 oder im Internet unter www.screentours.com.

American Museum of the Moving Image
35th Ave./36th St. in Queens-Astoria, Tel. 1-718-784-0077, www.movingimage.us, Wiedereröffnung im Laufe des Jahres 2010, voraussichtlich: Mi–Do 11–17, Fr 11–20, Sa, So 11–18.30 Uhr, Eintritt 10 $, Sen., Stud. 7,50 $, 5–18 Jahre 5 $, Fr 16–20 Uhr frei; für Lehrer ist der Eintritt generell frei, Filme gegen Extra-Gebühr, U-Bahn: Steinway St., Queens; Filmmuseum mit einem sehr guter Buchladen.

Internet: www.nyc-architecture.co m/ARCH/Notes Woody.htm, www.easynewyorkcity.com/movielocations.htm, www.movielocationsguide.com, www.movie-locations.com.

und Milos Forman filmte dort 1979 »Hair«. Jack Lemmon übernachtete gezwungenermaßen im Park und beschloss: »Nie wieder New York« (1970). Im Waldorf Astoria kam er nicht unter; das hat mit »Weekend im Waldorf« (1945) seinen eigenen Film, wie auch das Kaufhaus Macy's in »Das Wunder von Manhattan« (1947). »E-mail für Dich« (1998) mit Tom Hanks und Meg Ryan entstand fast ausschließlich auf der Upper West Side. Für »Der Teufel trägt Prada« (2006) wurde die Küche des Steakhouse Smith & Wollensky genutzt und der Calvin Klein Showroom, 654 Madison Ave./E. 60th St.

Sexsymbol und Filmikone

Über die Zeit, die Marilyn Monroe in New York verbrachte, wurde oft geschrieben. Im Apartment 36 Sutton Place South Ecke E. 55th St. auf der Upper East Side sinnierte sie mit Betty Grable und Lauren Bacall 1953 über die Frage: »Wie angelt man sich einen Millionär?« Als 1954 bei den Dreharbeiten zu »Das verflixte siebte Jahr« vor dem heute abgerissenen Trans Lux Theater, Ecke Lexington Avenue/52nd Street, die Luft aus dem (noch vorhandenen) Subway-Schacht ihren weißen Rock hoch wehte, grölte die Menge: »Höher, höher!« Marilyn besaß ein Apartment in New York (444 E. 57th Street), doch nachdem sie im Juni 1962 im Madison Square Garden ihr »Happy birthday, Mr. President« ins Mikrofon gehaucht hatte, soll sie die Nacht woanders verbracht haben – im Carlyle Hotel, 35 E. 76th St./Madison Ave., wo auch John F. Kennedy nächtigte, ohne Gattin Jackie.

Schein und Sein

Oft zeigen Spielfilme ein New York, das es so nicht mehr gibt – z. B. Jules Dassin im halbdokumentarischen Streifen »Die nackte Stadt« (1948), der an 107 Schauplätzen zwischen Lower East Side und Park Avenue spielt und sein Finale auf der Williamsburg Bridge hat. Und Billy Wilder im Oscarprämier-

Marilyn Monroe in New York im Jahr 1955

ten Trinker-Drama »Das verlorene Wochenende« (1945); darin rumpelt noch die ›El‹, die Hochbahn, über die Third Avenue. Robert De Niro ist als »Taxi Driver« (1976) in der Gegend um den Times Square unterwegs, der, verglichen mit seinem heutigen Erscheinungsbild, im Film nicht wiederzuerkennen ist. Natürlich gibt es auch den berüchtigten Slum Five Points in Chinatown nicht mehr, sodass der für Martin Scorseses »Gangs of New York« (2002) in den römischen Cinecittà-Studios nachgebaut werden musste.

Fans von US-TV-Serien werden im NBC-Store (S. 128) und hinsichtlich »Sex and the City«, »Sopranos« und »The Wire« im HBO-Shop fündig (1100 Sixth Ave./W. 42nd St., tgl.).

Wiege der Filmindustrie

Wenig bekannt ist, dass die US-Filmindustrie ihre Anfänge in New York hatte. Motion Picture Patents Company hieß jener Trust, der seit 1909 von dort aus das Filmgeschäft kontrollieren wollte. Dagegen wehrten sich unabhängige Filmemacher wie der aus dem württembergischen Laupheim eingewanderte Karl Lämmle, der spätere Chef von Universal. Schließlich gingen diese selbstständigen Filmproduzenten nach Kalifornien. Trotz des Umzugs wurde in New York weiter produziert, so ab 1920 in den heutigen Kaufman-Astoria Studios, zu deren Anlage seit 1988 das sehenswerte American Museum of the Moving Image gehört.

Das jüdische Erbe

Die 1,75 Mio. Juden der New Yorker Metropolitan Area, etwa 30 % der jüdischen Bevölkerung der USA, bilden die größte jüdische Gemeinde außerhalb Israels. Besucher aus Deutschland und Österreich begegnen einer Kultur, die in ihren Heimatländern fast völlig verschwunden ist.

Synagogen und am Sabbat geschlossene Läden, Delis mit *blintzes* und *knishes,* Zeitungen wie der Forward und koschere Restaurants, die auch mexikanische, indische oder chinesische Gerichte anbieten, was die Bedeutung der jüdischen Kundschaft nur unterstreicht. Manchmal hört man sogar noch die aussterbende Sprache Jiddisch auf der Straße und sieht orthodoxe Juden in ihrer traditionellen Tracht.

Der Wirtschaftsboom der Nachkriegszeit, als Bildungs- und Sozialbarrieren aufgelöst wurden, hatte auch den New Yorker Juden vielerlei berufliche Perspektiven eröffnet. »Im gesellschaftlichen Leben stoßen sie auf keine Schranken mehr«, stellt der Rabbiner Leo Trepp fest: Ihr politischer Einfluss in der Stadt ist, da sie etwa 30 % der Wählerschaft stellen, beträchtlich.

Als Erste waren 1654 zwei Amsterdamer Kaufleute und im selben Jahr 23 sephardische Juden ins damalige

Tägliche Talmud-Studien während der Fahrt zur Arbeit

Nieuw Amsterdam gekommen. In Brasilien, ihrem ersten Zufluchtsort, mussten sie erneut den Spaniern weichen. Zwischen 1820 und 1850 emigrierten 200 000 Juden in die USA, vor allem aus Böhmen und Deutschland und von dort insbesondere aus Bayern, wo reaktionäre Gesetze sie einschränkten. Das war jene Generation, die in der Neuen Welt Traumkarrieren machte: vom Hausierer zum Kaufhauskönig, Fabrikanten oder Finanzier. Allerdings stießen die jüdischen ›Emporkömmlinge‹ bei den alteingesessenen weißen anglo-amerikanischen Protestanten (*white anglo-saxon protestants,* WASPs) lange Zeit auf Vorurteile und Ablehnung.

Exodus

In den 80er-Jahren des 19. Jh. begann der Exodus der osteuropäischen Juden, eine Folge von Unterdrückung und Pogromen. Den mit der Zeit weitgehend assimilierten New Yorker Juden erschienen die Neuankömmlinge fremd: »Die vollkommen akklimatisierten amerikanischen Juden haben keine religiösen, sozialen oder geistigen Sympathien für die Juden aus Osteuropa«, befand der Hebrew Standard 1894. Die orthodoxen Aschkenasim sprachen Jiddisch, waren oft Analphabeten, meist ungelernte Arbeiter und damit auch ein rebellisches Potenzial, das den Ideen der Linken gegenüber sehr aufgeschlossen war. Der Bankier Jacob H. Schiff fürchtete ebenso wie seinesgleichen, die Einwanderer könnten antisemitische Stimmungen wecken. So leisteten die *uptown jews* den Zuwanderern auf vielerlei Weise Hilfe.

Die osteuropäischen Juden nahmen insbesondere die Bildungsangebote begierig an, hatten sie doch alle Brücken zur alten Heimat abgebrochen und sahen Zukunft und Fortkommen ausschließlich »im frei' Land«. Mit der Zeit überwanden die Immigranten die dominierende Stellung der deutschstämmigen Juden und trugen zum Bild New Yorks als einer Metropole ethnischer und religiöser Vielfalt bei.

Nach 1945

Die Überlebenden des Holocaust, darunter viele orthodoxe Juden, erreichten New York nach 1945; die Stadt ist heute ihr Zentrum. In Crown Heights in Brooklyn haben die Lubawitscher Chassidim am Eastern Parkway (Nr. 770) ihr Welthauptquartier, jene Juden, die an Feiertagen den *streimel*, den mit Pelz besetzten Hut, tragen und die Tracht des polnischen Schtetl. Mit missionarischem Eifer schwärmen sie immer wieder in ihren Wohnmobilen, den sogenannten *mitzvah tanks* aus (*mitzvah* – gute Tat, *tanks* – Panzer), um Glaubensbrüder zur Orthodoxie zu bekehren. Williamsburg in Brooklyn ist Zentrum von 70 000 Satumar Chassidim, benannt nach der rumänischen Stadt Satu Mare. Sie wollen erst in Israel siedeln, wenn der Messias erschienen ist. Als Brooklyns Jerusalem gilt Borough Park, wo sich um den Bobover Temple (48th St./15–16th Aves.) 70 000 Bobov Chassidim niedergelassen haben, die ebenfalls die Tracht des 18. Jh. tragen: lange schwarze Gewänder, Hüte, dazu Vollbärte und Schläfenlocken.

Für viele Zuwanderer hat sich New York tatsächlich als das Gelobte Land erwiesen. Leo Trepp resümiert denn auch in seinem Buch »Die amerikanischen Juden«: »Die volle Eingliederung in die amerikanische Gesellschaft hat den Juden ein Leben des Glücks beschert, wie sie es bisher noch nie genießen durften«.

Ellis Island – das ›Tor zur Neuen Welt‹

New York ist die klassische Einwanderungsstadt. Gäbe es die Immigranten nicht, hätte es heute fast drei Millionen Einwohner weniger. Es sind also die Einwanderer, die die Stadt ›am Laufen‹ halten: als Taxifahrer, Bauarbeiter, im Krankenhausdienst und als Zimmermädchen im Hotel. Und durch sie hat sich auch die ethnische Struktur etlicher Viertel erneut verändert: Da leben in Queens Mexikaner neben Chinesen, in Brooklyn am Ozean Neuankömmlinge aus Guatemala und Haiti neben Russen und Ukrainern.

Heute kommen die Zuwanderer mit dem Flugzeug an. So bleibt als das Symbol der Stadt für die Einwanderung neben der Freiheitsstatue die »Insel der Tränen« bzw. »Insel der Hoffnungen«: Ellis Island.

Einem Palast gleich ragt der Hauptbau der einstigen Einwandererstation auf der kleinen Insel in der Upper Bay empor. So muss er auch den meisten der 17 Mio. Einwanderer erschienen sein, die dort zwischen 1892 und 1897 sowie 1900 und 1954 die Prozeduren vor dem Eintritt in das Gelobte Land über sichergehen ließen. Mehr als 100

Mio. US-Amerikaner, über 40 % der Bevölkerung, haben Vorfahren, die auf Ellis Island an Land gingen.

»Push to New York«

Die kleine Insel, die nach ihrem früheren Besitzer Samuel Ellis benannt ist, wurde im Jahre 1892 als Einwanderungsstation eröffnet. Der Ansturm von Zehntausenden aus der Alten Welt ließ sich an der Südspitze von Manhattan nicht mehr bewältigen. Außerdem verlangten neue Gesetze eine eingehendere Überprüfung der potenziellen Neubürger.

Die Behörden unterhielten eine gigantische Abfertigungsmaschinerie auf Ellis Island. Allein im Jahre 1907 wurden fast 1,3 Mio. Neuankömmlinge registriert. Insgesamt durften 98 % der Einwanderer, unter denen Italiener und Russen die größten Gruppen stellten, nach New York oder ins Landesinnere weiterreisen. 2 % mussten zurück nach Europa oder wurden auf andere Kontinente verschifft. In Manhattan angekommen, wurden die Einwanderer zunächst in Gruppen auf-

Medizinische Untersuchung von Einwanderern auf Ellis Island, um 1905

geteilt und mit Fähren nach Ellis Island gebracht. Über eine steile Treppe ging es in den Registrierraum. Ärzte beobachteten, wer dabei Probleme hatte, etwa durch schweren Atem auffiel, was auf Herzprobleme schließen ließ. Andere Mediziner prüften Gesicht, Haare und Hände. Mit einem Stück Kreide wurden die einer Krankheit verdächtigen Fremden markiert: Ein X auf der rechten Schulter bedeutete psychische Probleme, Ct stand für die Augenkrankheit Trachoma, S für Senilität. Wer so gezeichnet war, wurde ausgegliedert und einer gesonderten Untersuchung zugeführt. Ein Inspektor entschied schließlich in einer etwa zweiminütigen Befragung, ob der oder die Betreffende die Tür mit der Aufschrift »Push to New York« passieren durfte – oder eben nicht. Jene 2 % der Einwanderer, denen die Aufnahme verweigert wurde, waren Kranke, Analphabeten, politisch Radikale oder Vorbestrafte.

Lebendige Geschichte

Bald hatte man die historische Bedeutung des Ortes erkannt, der 1954 als *immigrant station* schloss, da täglich nur noch 200–300 Einwanderer eintrafen. Das änderte allerdings nichts daran, dass die überwiegend um 1900 errichteten Gebäude zerfielen und in einem jämmerlichen Zustand waren. Es fehlten die Mittel für die Restaurierung.

Heute präsentiert sich Ellis Island als ein *National Monument* mit umfangreichen Ausstellungen, das täglich viele Tausend Besucher mit der Fähre vom Battery Park erreichen. Das renovierte Hauptgebäude im Nordteil ist eines der schönsten der Stadt. Die weitere Verwendung der vielen anderen Häuser ist nach wie vor ungeklärt. Acht Jahre dauerte die 1990 abgeschlossene Restaurierung, die 156 Mio. $ kostete. Aktuelle Infos zu Ellis Island findet man im Internet unter www.nps.gov/elis.

11. September 2001

Es war ein schöner, spätsommerlicher Tag, dieser 11. September 2001 in New York. Doch dann stürzte eine Boeing 767 um 8.46 Uhr in den 96. Stock des Nordturms des World Trade Center. In ersten Meldungen wurde berichtet, ein Sportflugzeug sei in den Wolkenkratzer geflogen. Dass dem nicht so war, bestätigte sich bald: Um 9.02 Uhr wurde eine zweite Boeing von islamischen Selbstmordattentätern in den Südturm gesteuert.

Für viele Menschen wurden die brennenden Hochhäuser an der Südspitze Manhattans zur Todesfalle, andere wurden unter den Trümmern begraben, als um 10.05 Uhr erst der 411 m hohe Südturm, Minuten später dann der Nordturm einstürzte. Als die Staubwolke durch die engen Straßenschluchten von Lower Manhattan raste, schien die Apokalypse gekommen zu sein. Noch bis in den Dezember 2001 hinein qualmten die Trümmer, selbst hoch im Norden, in der Bronx, war die Luft verpestet. 2569 Menschen kamen bei dem Terrorangriff ums Leben.

»Helden von New York«

Für den Tag des »Angriffs auf Amerika« waren Vorwahlen angesetzt, um einen

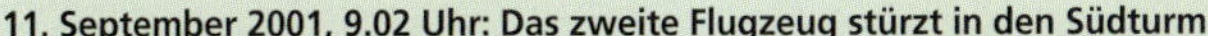

11. September 2001, 9.02 Uhr: Das zweite Flugzeug stürzt in den Südturm

neuen Bürgermeister zu ermitteln. Nun oblag es dem Amtsinhaber Rudolph Giuliani, die Katastrophe zu bewältigen. Er ging mit Energie ans Werk und wurde anschließend zum »Helden von New York« erklärt. Die wahren Helden waren jedoch die Feuerwehrleute, von denen bei den Bergungsarbeiten 343 ums Leben kamen, sowie die Polizisten vom New York City Police Department und der Port Authority Police, aus deren Reihen 60 Beamte im Einsatz starben.

9/11 und die Folgen

Die Stadt stand nach dem Anschlag vor einem Desaster unvorstellbaren Ausmaßes. Die U-Bahn-Trassen der Linien 1 und 9 im Bereich des World Trade Center waren zerstört, die Bahnverbindung von der Südspitze Manhattans nach New Jersey unterbrochen. 10 % der Bürofläche im Weltfinanzzentrum waren vernichtet, 83 000 Arbeitsplätze gingen verloren, der Gesamtschaden wird mit 83 Mrd. Dollar beziffert. 1,8 Mio. t Schutt wurden innerhalb von neun Monaten weggeräumt und nach Staten Island transportiert. Bei einem symbolischen Trauerzug brachte man am 30. Mai 2002 zum Ende der Aufräumarbeiten eine leere Krankenbahre vom Anschlagsort fort.

US-Präsident George W. Bush erklärte den »Krieg gegen den Terror«: Afghanistan (2001) und der Irak (2003) wurden von den USA erobert, Verdächtige auf den US-Stützpunkt Guantanamo auf Kuba verschleppt.

Zum Anschlag und seinen Folgen gibt es inzwischen zahlreiche Veröffentlichungen. Als Standardwerk gilt »11. September 2001« von Stefan Aust und Cordt Schnibben. Mit der al-Quaida und dem Weg zum Anschlag befasst sich Lawrence Wright, Journalist des New Yorker und Pulitzer-Preisträger, in »Der Tod wird euch finden«.

Auch in der Belletristik findet man eine Reihe von Werken zu dem Ereignis. Frédéric Beigbeder geht in »Windows of the World« den Gedanken eines Vaters nach, der den Anschlag mit seinen beiden Söhnen im gleichnamigen Restaurant im Nordturm erlebt. Mittelpunkt von »Extrem laut und unglaublich nah« von Jonathan Safran Foers ist der traumatisierte neunjährige Sohn eines Opfers, der sich auf

eine Odyssee durch die Stadt begibt. Don DeLillo beschäftigt sich in »Falling Man« mit der Familie eines der Überlebenden des Angriffs. »World Trade Center« (2006) heißt der Spielfilm von Oliver Stone, der das Attentat aus der Perspektive zweier New Yorker Polizisten schildert.

Der Neubau 1 WTC

Am 4. Juli 2004, dem US-amerikanischen Nationalfeiertag, wurde der Grundstein für den Freedom Tower (jetzt 1 WTC) gelegt. Dessen Pläne stammen von David Childs vom Architekturbüro Skidmore, Owings and Merrill (vorheriger Entwurf: Daniel Libeskind). Der Wolkenkratzer soll 541 m (1776 feet) hoch aufragen – 1776 war das Gründungsjahr der USA. Die Gedenkstätte »Reflecting Absence« (Spiegel der Abwesenheit), zwei Wasserbassins, welche die Türme des World Trade Center symbolisieren, wird sich am Fuße des Freedom Tower befinden. 2013 sollen die Bauarbeiten abgeschlossen sein.

Blick auf die Baustelle des One World Trade Center vom World Financial Center aus

Brooklyn, viertgrößte Stadt der USA

Außer in Manhattan ist die Bevölkerungsdichte nirgendwo sonst in den USA größer als in Brooklyn. Knapp 2,5 Mio. Menschen leben heute in der 1636 von Jacob van Corlaer gegründeten Siedlung, deren Name auf den der holländischen Gemeinde Breukelen zurückgeht.

Die Meinungen darüber, wann der Abstieg von Brooklyn begann, sind geteilt. Einige sagen, das Übel fing mit der Fertigstellung der Brooklyn Bridge im Jahre 1883 an. Andere sind der Auffassung, dass sich der 1898 vollzogene Anschluss an New York negativ ausgewirkt hätte. Oft wird auch das Jahr 1957 als Datum für Brooklyns Fall in die Bedeutungslosigkeit zitiert: Damals verkaufte der Besitzer das Baseball-Team Brooklyn Dodgers, bekannt als »da Bums« und noch 1955 »Weltmeister« gegen die Erzrivalen New York Yankees, nach Los Angeles.

Die Tageszeitung The Brooklyn Daily Eagle hatte zwei Jahre zuvor ihr Erscheinen eingestellt, die großen Brauereien schlossen nach und nach wie auch 1966 der Navy Yard, im Zweiten Weltkrieg bekannt als »Can do-Yard«, die Riesenwerft der Marine, auf der 70 000 Menschen in drei Schichten gerackert hatten. Brooklyn hatte so ziemlich alles verloren, was seine Identität ausmachte. Es passte nur zu gut ins Bild, dass sich infolge der »weißen Flucht« ganze Wohnbezirke in Slums verwandelten, dass das altehrwürdige Dodgers-Stadion Ebbets Field 1960 abgerissen wurde und auch Coney Island, der Vergnügungspark am Atlantik, an Popularität verlor.

»Der Brooklynite«

In den 1970er-Jahren aber ließ die Stadtverwaltung Schilder aufstellen: Willkommen in Brookyln – viertgrößte Stadt in Amerika! Man entwickelte wieder Selbstbewusstsein, zumal »der Brooklynite« auch landesweit dank zahlreicher Fernsehserien ein Begriff war: ein kerniger Typ, geradeaus, ehrlich, hilfsbereit, meist Arbeiter und stolz auf seine *neighborhood.* Denn er kommt ja nicht aus Brooklyn, sondern z. B. aus Flatbush oder Rockaway. In so ziemlich jedem Hollywood-Film über den Zweiten Weltkrieg taucht ein GI aus Brooklyn auf, der den unverwechselbaren Dialekt der Gegend, das Brooklynese, spricht, in dem »Pardon me« zu »Pahrmee« wird.

Von Slums zu begehrten Wohnquartieren

Brooklyn, ehemals eines der größten Industriezentren der Welt, wurde umstrukturiert, der Dienstleistungssektor ausgebaut, und in die *brownstones* zogen junge Familien ein. Selbst in den einstigen Slums ist der Wohnraum nun begehrt, so in Bushwick und in Bedford-Stuyvesant, dem größten afroamerikanischen Viertel der USA, wohin zunehmend Yuppies und Buppies (Mitglieder der schwarzen Mittelklasse) ziehen. Downtown wurde revitalisiert und ist heute das drittgrößte Geschäftsviertel der Stadt. Brooklyn Heights ist das Vorzeigeobjekt, Park Slope eine der vornehmen Gegenden, DUMBO *(down under manhattan bridge overpass)* eines der neuen In-Quartiere, ebenso hip wie das preiswertere Williamsburg. Die ethnische Vielfalt zeichnet den *borough* aus: Greenpoint ist die polnische Domäne, am Atlantik leben in Brighton Beach russische Zuwanderer und Borough Park ist die Hochburg der orthodoxen Juden.

Die Promis des *borough*

»Das Größte an Brooklyn sind seine Menschen«, hieß es anlässlich der Einrichtung des Celebrity Path im Botanischen Garten beim Prospect Park, eine Hommage an all jene Brooklynites, die sich einen Namen gemacht haben. Schier endlos ist die Liste: Barbra Streisand, George Gershwin, Walt Whitman, Paul Auster, Woody Guthrie, Norman Mailer, Woody Allen, Arthur Miller, Michael Jordan, Mike Tyson, Norah Jones, Spike Lee und viele andere mehr.

Unterwegs in New York

Atemberaubend: der Blick über die Hochhäuser von Manhattan

Das Beste auf einen Blick

Midtown

Highlights!

Times Square: Zwei Hochhausgebirge prägen die Skyline von New York und eines davon wächst in Midtown empor, dem Herz der Stadt, mit dem Tag und Nacht belebten Times Square. 1 S. 110

Das Museum of Modern Art: Es hat Weltklasse-Format und ist das Ziel fast aller New-York-Besucher. Nach seiner Erweiterung ist es noch beliebter als zuvor. 13 S. 120

Auf Entdeckungstour

Mit der Circle Line einmal rund um Manhattan: Manhattan ist eine Insel, und wo könnten Sie dies besser feststellen, als auf der dreistündigen Schifffahrt mit der Circle Line einmal rund um Manhattan. S. 116

Kultur & Sehenswertes

Oase in der Stadt: Der **Bryant Park** ist ideal für eine Kaffeepause, das Genießen eines Films unter freiem Himmel oder – im Winter – Eislaufen. 2 S. 114, 122

Rockefeller Center: Es gleicht einer Stadt in der Stadt und umfasst u. a. das General Electric Building sowie das prächtige Art-déco-Theater Radio City Music Hall. 8 und 10 S. 118

Aktiv & Kreativ

Grand Central Station: Die Geheimnisse dieses Baudenkmals ersten Ranges entdecken Sie bei einer Führung, z. B. die Tennishalle unterm Dach. 4 S. 128

Schlittschuhlaufen: Unter freiem Himmel auf **The Rink** im **Rockefeller Center** ist seit 1936 eine Tradition. Im **Bryant Park** ist es gratis. 8 und 2 S. 128

Genießen & Atmosphäre

Restaurant mit Aussicht: The View im Marriott Marquis Hotel beim Times Square besitzt im 47. Stock das einzige Drehrestaurant der Stadt. 2 S. 124

Abends & Nachts

Letzter Swing Dance-Club: Im **Edison Ballroom** spielen Big Bands zum Tanz. 7 S. 47

Exklusives Nightlife: Das **Campbell Apartment** in der Grand Central Station ist eine exklusive Bar im 1920er-Jahre-Ambiente. 4 S. 129

Das Herz der Stadt

Für den Rundgang durch Midtown sollten Sie etwas mehr Zeit einplanen, Sie können ihn durchaus in zwei Etappen zurücklegen, indem Sie mit Times Square, Bryant Park und Grand Central Station beginnen und sich am nächsten Tag der Fifth Avenue und dem Rockefeller Center samt Fortsetzung widmen. Abhängig ist dies auch von den Schwerpunkten, die Sie setzen möchten: Das Museum of Modern Art benötigt ebenso einige Zeit wie auch die Aussicht vom Top of the Rock oder die Besichtigung der Radio City Music Hall oder der New York Public Library.

Infobox

Reisekarte: ► Karte 2 und C–F 12–14

Ausgangspunkt: U-Bahn 42nd St./Times Square, Linien A, C, E
Endpunkt: U-Bahn 50th St., Linien A, C, E

Infos
NYC's Official Visitor Information Center: Nr. 810 Seventh Ave./W. 52nd–53rd Sts., Mo–Fr 8.30–18, Sa–So 9–17, Feiertage 9–15 Uhr
Times Square Visitors Center: Nr. 1560 Broadway/46th–47th Sts., tgl. 8–20 Uhr
Times Square Alliance: www.timessquarenyc.org
Grand Central Station: http://grandcentralterminal.com
Rockefeller Center: www.rockefellercenter.com
Bryant Park: www.bryantpark.org
St. Patrick's Cathedral: www.saintpatrickscathedral.org
Carnegie Hall: www.carnegiehall.org
New York Public Library: www.nypl.org

Rund um den Times Square!

Am **Times Square** 1, »Heart of the World« und »Crossroad of the World« genannt, kreuzen sich der Broadway und die Seventh Avenue. Seinen Namen verdankt der berühmteste Platz der Metropole der New York Times. Verleger Adolph Ochs war 1904 nach Fertigstellung der ersten U-Bahnlinie mit der Zeitungsredaktion dorthin umgezogen und hatte von der Stadt verlangt, den Longacre Square umzubenennen. Am Ende des Platzes, vor der 42nd Street, steht das ehemalige Times-Gebäude von 1904, von dem traditionell zu Silvester unter dem Jubel Zehntausender der ›Zeitball‹ fällt. Die Times zog 2007 in den **NYT-Tower** (820 Eighth Ave./W. 40th–41st Sts.) von Renzo Piano um; sehenswert der Papier-Birken-Garten dort (Atrium).

Theater District

Die Geschichte des Viertels als Theater- und Geschäfts-Distrikt begann 1883 mit dem Bau der Metropolitan Opera am Broadway. Heute erstreckt sich westlich dieser legendenumwobenen Straße der **Theater District,** sodass der angrenzende Times Square vor und nach den Vorstellungen einer der belebtesten Orte in Manhattan ist.

Erfolgsrezept BID

Bis Mitte der 1980er-Jahre gehörte der Platz samt der W. 42nd Street zwischen Seventh und Eighth Avenues Gaunern, Drogenhändlern, Prostituierten und Zuhältern. Investoren samt Business

Radfahren in New York – nichts für schwache Nerven

Improvement District (BID) vertrieben die kriminelle Szene mit einer Privatstreitmacht von unbewaffneten ›Polizisten‹ und sorgten so dafür, dass der Times Square eine sichere Gegend wurde und auch blieb – ein Konzept, das auch andernorts in Midtown Erfolg hatte. Nur wenige beklagen den Verlust des verruchten Times Square, andere kritisieren das ›Familien-Disneyland‹, doch am Wichtigsten erscheint, dass dieser Platz bei Tag und Nacht nun wieder zugänglich ist.

Neue Hochhäuser

Als Symbol für das Comeback des Times Square gilt das 1985 vollendete **Marriot Marquis Hotel** – mit dem Drehrestaurant **The View** 2, gläsernen Aufzügen und dem Superatrium eine Attraktion. Kritische Stimmen bezeichneten den Neubau Ecke 1535 Broadway/W. 45th Street allerdings als »Grabstein für drei Broadway-Theater«, die dem Projekt zum Opfer fielen. Infolge der Einrichtung einer Fußgängerzone – samt Liegestühlen! – am Broadway zwischen 42nd und 45th Streets ist der Times Square enorm aufgewertet worden. Tatsächlich war es notwendig, den permanenten Stau an Fußgängern zu ›entkrampfen‹. Wie allerdings der Verkehr umgeleitet wurde, ist ein wahres New Yorker Kunststück. Zudem ein genialer Einfall: über dem TKTS-Booth, der verbilligte Karten für Theater und Musicals anbietet, wurde eine Treppe errichtet – ein idealer Punkt, um sich zu treffen, oder von dort aus Fotos vom Times Square zu machen.

›New‹ 42nd Street

Die früher verkommene 42nd Street bezeichnete Ex-Bürgermeister Giuliani als »die aufregendste Straße der Welt«, und das Publikum quittiert das mit entsprechend starkem Besuch. Die einstige no go area wurde für die Öffentlichkeit zurückerobert. Mal bestimmen Glitzer-

0
200
400 m
The Pond
Grand Army Plaza
Fifth Avenue
59th St Columbus Circle
Columbus Circle
Central Park South
5th Av
Madison Av.
West
58th
57th St
West
57th
57th St
St
East
Hearst Magazine Tower
Arlen Bldg
IBM Bldg
56th
55th
Burlington Bldg
54th
1700 B'way Bldg
Avenue
American Folk Art Museum
St. Thomas
Lever House
7th Av
53rd
Park Av Plaza
52nd
Olympic Tower
51st
Rockefeller
ITT Bldg
50th St
50th St
50th
50th St Rockefeller Center
Exxon Bldg
Rockefeller Plaza
49th St
Broadway
48th
Celanese Bldg
MID-
47th
Eighth Ave.
46th
TOWN
THEATER
Duffy Square
45th
DISTRICT
Times Square
44th
Avenue of the Americas
43rd
Bank of America Tower
42nd St
42nd St
42nd St/ Times Square
West
42nd
St
East
42nd St
41st
42nd St/ Times Square
Seventh
Vanderbilt Ave
40th
American Standard Bldg

Midtown

Sehenswert

1 Times Square
2 Bryant Park
3 New York Public Library/Library Shop
4 Grand Central Terminal/Oyster Bar/Dining/Market/NY Transit Museum Gallery Annex and Store/The Campbell Apartment
5 Met Life Building
6 Chrysler Building
7 Waldorf-Astoria Hotel
8 Rockefeller Center/Rock Center Café/Rink Bar & Café/NBC Experience Store
9 McGraw-Hill Building
10 Radio City Music Hall
11 Diamond Row
12 St. Patrick's Cathedral
13 Museum of Modern Art/MoMA Design and Book Stores
14 Sony USA/ Sony Style Store
15 Trump Tower
16 Plaza Hotel/The Palm Court/Oak Bar und Oak Room
17 Carnegie Hall
18 Alwyn Court Apartments
19 AXA Gallery
20 Worldwide Plaza

Essen & Trinken

1 World Yacht Dining Cruise
2 The View
3 Aquavit
4 Le Cirque
5 Bryant Park Grill/Café
6 Victor's Cafe
7 Smith & Wollensky
8 Nobu Fifty Seven
9 Hatsuhana
10 Patsy's Italian Restaurant
11 Rosa Mexicano
12 Pongsri Thai
13 The Stage Deli
14 Brooklyn Diner USA
15 Hard Rock Café

Einkaufen

1 Saks Fifth Avenue
2 Takashimaya
3 Bergdorf Goodman
4 Brooks Brothers
5 A/X Armani Exchange
6 Emporio Armani
7 Banana Republic
8 Lord & Taylor
9 Sean John
10 GAP Kids
11 Louis Vuitton
12 Manolo Blahnik
13 Bally
14 Tiffany & Co
15 Cartier
16 Jewelers on Fifth
17 Tourneau Time Machine
18 Christie's
19 Manhattan Arts & Antiques Center
20 Americana
21 Hell's Kitchen Flea Market
22 Barnes & Noble
23 Abercrombie & Fitch
24 Apple Store
25 NBA Store
26 Niketown
27 Yankees Clubhouse Shop
28 F. A. O. Schwarz
29 Toys 'R' Us

Aktiv & Kreativ

1 Wellness
2 The Pond at Bryant Park
3 Times Square Exposé

Abends & Nachts
1 Hilton Theater
2 New Amsterdam Theater
3 New Victory Theater
4 AMC Empire 25
5 B. B. King's Blues Club
6 Birdland
7 Edison Ballroom
8 Iridium
9 Salon de Ning
10 P. J. Clarke's
11 Therapy
12 La Nueva Escuelita
13 The Townhouse
14 The Delta Grill
15 Clearfeld Ziegfeld

fassaden à la Las Vegas das Bild, dann wieder schöne Bauten der Jahrhundertwende; und die U-Bahn-Station wirkt geradezu futuristisch. Dazwischen befinden sich Fastfood-Restaurants und Spiel-Arkaden, der **Yankees Clubhouse Shop** 27 (s. S. 161) und **Madame Tussaud's** (s. S. 62). Eine letzte Lücke wurde 2010 mit dem Wolkenkratzer **11 Times Square** Ecke W. 42nd St./Eighth Ave. geschlossen.

Comeback der Theater

Dank der Times-Square-Renaissance haben etliche alte Theater überlebt: 213 W. 42nd Street wurden das Lyric (1903) und das Apollo (1920) zum **Hilton Theater** 1, das frühere Republic Theater (1899) trägt nun den Namen **New Victory Theater** 3 (209–211 W. 42nd St.) und das **New Amsterdam Theater** 2 (214 W. 42nd St.) aus dem Jahre 1903 wird auch wieder bespielt. Das ehemalige Empire Theater (234–236 W. 42nd St.), dessen Fassade Piet Mondrian gestaltete, beherbergt nun als **AMC Empire 25** 4 nicht weniger als 25 Kinos sowie das Hilton Hotel Times Square. Der Big Apple präsentiert sich hier als familienfreundlicher Unterhaltungskomplex, zu dem Themen-Restaurants, Fernsehstudios von ABC (7 Times Sq., »Good Morning America« Mo–Fr 7–9 Uhr, Karten: www.abcnews.go.com/gma) sowie riesige Läden wie der von **Toys 'R' Us** 29 (Broadway/44th St.) samt Mini-Riesenrad gehören.

Bryant Park 2

www.bryantpark.org, meist Mo–Fr 7–19, Sa–So 7–20 Uhr, s. auch Lieblingsort S. 122

Die 42nd Street führt Richtung Osten zum **Bryant Park**. Ehemals Terrain von Dealern oder Obdachlosen, wurde die Anlage nach mehrjähriger Schließung 1992 wieder eröffnet. Fast 9 Mio. $ hat es gekostet, bis das angrenzende ›Schloss‹, die New York Public Library, seinen ›Schlossgarten‹ besaß, eine Forderung der Brüder Rockefeller, die die Renovierung der Library mitfinanziert hatten.

Der Bryant Park ist eine Oase für Midtown-Bummler. Weil französische Gärten Vorbild waren, gibt es dort auch ein Karussell beim Goethe-Monument. Von Ende Juni bis Ende August findet das Bryant Park Film Festival statt, im Winter lockt bei freiem Eintritt eine Eisbahn auf dem **Pond** 2.

2009 fertiggestellt, ist der 370 m hohe **Bank of America Tower** an der Westseite der Sixth Avenue gegenüber dem Bryant Park der zweithöchste New Yorker Wolkenkratzer.

New York Public Library 3

www.nypl.org, Fifth Ave./42nd St., Mo, Do–Sa 10–18, Di–Mi 10–21, So 13–17 Uhr). Gratis-Führungen: Di–Sa 11 und 14, So 14 Uhr ab reception desk first floor in der Astor Hall

Die 1911 eröffnete **New York Public Library** ist einer der schönsten Beaux-Arts-Bauten der Stadt, mit korinthischen Säulen, antikisierenden Portalen und einer monumentalen Freitreppe. Stets sitzen dort die Teilnehmer an der beliebten New Yorker Übung *people watching*, dem Beobachten von Passanten. Auch wer nicht nach einem Buch Ausschau hält, sollte die Bibliothek mit prächtigen Sälen und wechselnden Ausstellungen besuchen.

Grand Central Terminal 4

Der zwischen 1903 und 1913 erbaute **Grand Central Terminal** ist heute nur noch als Baudenkmal und für Pendler von Bedeutung. Der letzte Fernzug fuhr 1991 ab – der *kissing room*, die Plateaus der Gleise 39 bis 42, auf denen Abschied genommen wurde, ist Geschichte. Der Abriss des Bahnhofs war schon geplant, als die Stadt den Denkmalschutz durchsetzte. Der Riesenbau, den 500000 Menschen täglich passieren, wurde für 200 Mio. $ renoviert. Wer mehr über die Geschichte und die Architektur des Terminals erfahren will – etwa über den ›Himmel‹ der Haupthalle oder den früheren Ballsaal unter dem Dach –, sollte an der Führung teilnehmen (Mi 12.30 Uhr, ab Info-Kiosk Haupthalle, 10 $ Spende).

Die Whispering Gallery

Einen legendären Ruf genießen **Grand Central Oyster Bar & Restaurant** (So geschl.) im Gewölbe unter der Haupthalle. Zu zweit kann man vor dem Eingang den Effekt der *whispering gallery* prüfen: Man spricht leise in eine der Ecken des Gewölbes, der Partner in der entgegengesetzten Ecke versteht es.

Met Life Building 5

An der Planung des **Met Life Building ,** des ehemaligen PanAm Building, arbeitete der Architekt Walter Gropius mit. Der 59-stöckige Wolkenkratzer lässt den Bahnhof von der Park Avenue leider aus dem Blickfeld verschwinden.

Gratis-Führungen

Gegenüber vom Bahnhof, an der Südwestecke von 120 Park Avenue und E. 42nd Street, beginnen am Freitag, 12.30 Uhr, die Gratis-Führungen durch die **Grand Central Neighborhood.** Ansehen sollte man sich die Lobby des **Grand Hyatt Hotel** neben dem Bahnhof (Wasserfall, 24-Std.-Markt).

Chrysler Building 6

Die Schönheit des **Chrysler Building** (405 Lexington Ave./E. 42nd St.) erschließt sich eher aus der Entfernung, doch sollte man unbedingt die restaurierte Lobby besichtigen, die mit tiefrotem Marmor und Edelhölzern gestaltet und mit einem Deckengemälde zur Verkehrsgeschichte geschmückt ist. Der Art-déco-Wolkenkratzer gilt als Star der *skyscraper* von Manhattan (s. S. 84).

Der Automobilfabrikant Walter Chrysler ließ den 319 m hohen Turm 1930 ausgefallen gestalten, mit Wasserspielen in Form von Kühlerhauben der Chrysler-Automodelle des Jahres 1929 und einem Fries aus Radkappen

Vielseitigkeit ist Trumpf

Der **Grand Central Terminal** 4 ist nicht nur ein Bahnhof. Neben den legendären **Grand Central Oyster Bar & Restaurant** im Lower Level ist Michael Jordan's **The Steak House NYC** des Ex-Basketball-Stars äußerst populär. Im Lower Level findet man auch den **Grand Central Dining Concourses** (tgl. 11–21 Uhr, ab 7 $), mit Fastfood von indisch bis italienisch. Der **Grand Central Market** zwischen Haupthalle und Depew Place ist ein Markt im europäischen Stil.

Auf Entdeckungstour

Mit der Circle Line einmal rund um Manhattan

»Warum drei Stunden vergeuden, wenn Sie die Sehenswürdigkeiten von New York in viel weniger Zeit erleben können?«, fragt die Konkurrenz vom South Street Seaport. Sei's drum: Die 35-Meilen-Reise auf dem Wasser rund um Manhattan mit der Circle Line ist wohl die außergewöhnlichste Stadtrundfahrt in New York.

Reisekarte: ▶ B 13

Planung: Auf der 42nd Street verkehrt der Bus M 42 bis zum Westende der Straße und dem Pier 83 (Beginn der Tour). Tel. 1-212-563-3200, www.circleline42.com. Verkehr ganzjährig, im Winter reduzierter Fahrplan.

Start: Pier 83

Gleich nach dem Ablegen am Hudson-Ufer sieht man die umfunktionierten Piers des Hafens – Frachtschiffe legen nur noch in New Jersey an. Gegenüber liegt ›Neu-New Jersey‹, Hoboken, das früher als »Vorhafen von Hamburg und Bremerhaven« galt, »deutsch bis auf die Knochen« und Ziel der Ozeandampfer des Norddeutschen Lloyd. Heute dominieren am Ufer des Nachbarstaats Apartmentburgen, und zu entdecken ist ein Bau, der zur Einwanderergeschichte gehört: der Bahnhof im Liberty State Park, von dem über 11 Mio. Neuankömmlinge ins Landesinnere weiterreisten.

Hat das Circle-Line-Schiff die Südspitze von Manhattan umfahren, startet die Tour »Unter den Brücken von New York«. 20 sind es, von der **Brooklyn Bridge** über den East River bis zur George Washington Bridge über den Hudson. Vom Fluss eröffnen sich nun Ausblicke in die Wolkenkratzerschluchten, davor liegen der Heli(kopter)port und **South Street Seaport**. Auf der anderen Flussseite erstreckt sich **Brooklyn**.

New Yorker Insel-Welten

Bereits vorher kommen die Inseln von New York ins Blickfeld. **Governors Island**, s. S. 242, gab die US-Regierung 2003 an Staat und Stadt zurück. Dort sollte das Hochhaus für die UN gebaut werden, doch deren Büros erstrecken sich heute von der E. 42nd bis zur E. 47th Street, ihre Insel im East River heißt **U Thant Island**, benannt nach dem früheren Generalsekretär aus Burma.

Backbord kommt **Roosevelt Island** in Sicht: die Ruinen der Hospitäler (1856) der Armen und Siechen sowie die »Stadt in der Stadt« aus den 1970er-Jahren. Wenn Sie einen günstigen Moment erwischt haben, verkehrt gerade die **Seilbahn** dorthin. Gegenüber auf der Manhattan-Seite über der Schnellstraße FDR Drive befindet sich der **Carl Schurz Park**, die schöne Promenade von **Yorkville**, dem früheren deutschen Viertel.

Auf dem Harlem River

Um ihrem Namen gerecht zu werden, muss die Circle Line nun den East River verlassen und den **Harlem River** ansteuern. Links liegt **Harlem**, rechts die **South Bronx** mit dem **Yankee Stadium.** Die Szene an den Ufern ändert sich: Man erkennt den Felsabhang der **Harlem Heights** und das Gewirr der Brückenrampen, in denen vor einiger Zeit noch Menschen in provisorischen Holzverschlägen lebten. Die **High Bridge** ist erreicht, ehemals Aqueduct Bridge und Wasserzufuhr für Manhattan, erbaut zwischen 1839 und 1848 und damit die älteste Brücke der Stadt. Sie soll bald wieder begehbar sein.

»Die schönste Brücke der Welt«

Der Harlem River nähert sich der Mündung in den **Hudson**. Jetzt bietet sich der spektakulärste Moment der: Das Schiff verlässt – sofern nicht gerade ein Zug die Drehbrücke passiert – den engen Harlem River und kehrt auf den Hudson zurück. Der Anblick der bewaldeten **Palisades** von New Jersey verheißt alles andere, nur nicht Manhattan! Sehr malerisch ist auch die Szene am villenbestandenen Hang von **Spuyten Duyvil**. Stromabwärts geht es auf die George Washington Bridge zu, für Le Corbusier »die schönste Brücke der Welt, die einzige Zierde dieser unordentlichen Stadt«. Auf der Manhattan-Seite steht das Little Red Lighthouse, berühmt geworden durch ein Kinderbuch von Hildegard Swift.

Beim Passagierschiff-Terminal erreicht das Schiff den Ausgangspunkt. Vielleicht hat die Reise neugierig gemacht, auch einmal etwas ausgefallenere Ziele in New Jersey, Brooklyn, Harlem oder der Bronx zu besuchen.

und Kotflügeln. Für kein Gebäude der Stadt wurde mehr rostfreier Stahl verwendet als für den Chrysler-Bau.

Waldorf-Astoria Hotel 7

Das **Waldorf-Astoria** wurde 1931 als größtes Hotel der Welt eröffnet, nachdem sein Vorgänger dem Bau des Empire State Building weichen musste. In den Waldorf Towers, dem Teil zwischen 28. und 42. Etage, verfügt das Art-déco-Hotel über 106 Deluxe-Suiten und 85 Luxuszimmer. Der Komponist Cole Porter und der General MacArthur waren Dauergäste. In der Presidential Suite (ab 8000$) schliefen alle US-Präsidenten seit Herbert Hoover. Es gibt zwei Eingänge, 301 Park Avenue und E. 49th Street.

Rockefeller Center

Die 49th Street führt westwärts zurück zum nobelsten Boulevard von Manhattan, der **Fifth Avenue**, zu deren edelsten Geschäften auch das Luxus-Kaufhaus **Saks** 1 (Eingang 12 E. 49th St.) und etliche *flagship stores* bekannter Marken wie Prada, GAP, Fendi, **Louis Vuitton** 11, Hugo Boss etc. gehören. Gegenüber erstreckt sich mit das Rockefeller Center, eine Stadt in der Stadt.

Goldener Prometheus

John D. Rockefeller Jr. hatte das Gelände 1928 von der Columbia University gepachtet, um im Zentrum der Stadt die neue Metropolitan Opera zu bauen. Der fehlten aber infolge der Wirtschaftskrise die Mittel, und so entstand stattdessen zwischen 1932 und 1940 der größte private Geschäfts- und Unterhaltungskomplex der Welt.

Mittelpunkt der Bürostadt, in der ca. 6500 Menschen arbeiten, ist das **Rockefeller Center/General Electric Building** 8, auf das von der Fifth Avenue die **Channel Gardens**, auch »The Promenade« genannt, hinführen. Die goldene Statue des »Prometheus«, ein Werk des Bildhauers Paul Manship (1885–1966), ist ein Blickfang vor dem General Electric Building und eines der beliebtesten Fotomotive der Stadt.

NBC-Studios und Experience Store

Über dem Haupteingang des General Electric Building (auch RCA Building genannt), prangt das Kunstwerk »Wisdom« (Weisheit) von Lee Lawrie. In der Lobby sind die Wandgemälde »American Progress« und »Time« von José Maria Sert zu sehen. Dort gibt es Kurzführer durch das Rockefeller Center.

Eine neue Attraktion sind die Aussichtsdecks **Top of the Rock** im 70. Stock (W. 50th St., tgl. 8.30–0 Uhr, letzter Lift 23 Uhr, 21$, www.topofthe rocknyc.com. Vor dem Kiosk werden *flyer* verteilt, bei deren Vorlage sich der Eintritt um 2$ ermäßigt). NBC sendet aus dem **gläsernen Studio** Ecke 49th St./Rockefeller Plaza Mo–Fr von 7 bis 10 Uhr die Today-Show. Die **NBC-Studios** im Rockefeller Center kann man besichtigen, und im **NBC Experience Store** beginnen die Führungen durch das Rockefeller Center. Für eine Pause eignet sich der kleine Park des **McGraw-Hill Building** 9 (1221 Sixth Ave.), in dem man unter einem Wasserfall hindurchspazieren kann.

Radio City Music Hall 10

Die 1932 eröffnete **Radio City Music Hall** (1260 Sixth Ave.), im Art-déco-Stil gestaltet, gehört ebenfalls zum Rockefeller Center. Falls nicht gerade ein Konzert oder die populären Oster- und Weihnachtsshows mit der Tanzgruppe Rockettes in dem Theater stattfinden, das über 5960 Plätze verfügt, sollte

Vorbildlich restauriert – die Haupthalle des Grand Central Terminal

INFORMATION
INFORMATION
Information

man an einer Führung teilnehmen (tgl. 11–15 Uhr, 18,50 $, Sen. ab 62 J. 15 $, bis 12 J. 10 $, www.radiocity.com).

Diamond Row 11

Ein Abstecher führt zur **Diamond Row** im Abschnitt der W. 47th Street zwischen Fifth und Sixth Avenue. Hier befindet sich das Zentrum des New Yorker Diamantenhandels, den vor allem chassidische Juden betreiben. Die orthodoxen Juden in langen schwarzen Mänteln, mit dunklen Hüten, Vollbärten und Schläfenlocken bestimmen das Bild. Schätzungsweise 80 % aller Diamanten, die heute in den USA im Handel sind, werden hier verkauft.

St. Patrick's Cathedral 12

tgl. 6.30–20.45 Uhr

Die **St. Patrick's Cathedral** ist die Mutterkirche der irischen Einwanderer. Der 101 m lange neogotische Bau wurde 1858 begonnen, aber aufgrund der Bürgerkriegswirren erst 21 Jahre später fertiggestellt. Die 100 m hohen Zwillingstürme kamen 1888 hinzu. Als größte katholische Kathedrale der USA und Sitz der römisch-katholischen Erzdiözese von New York ist die St. Patrick's Cathedral ein Symbol für den Erfolg irischer Einwanderer in New York.

Museum of Modern Art! 13

www.moma.org, 11 W. 53rd St./Fifth –Sixth Aves., Tel. 1-212-708-9400, U-Bahn: Fifth Ave./53rd St., Sa–Mo, Mi–Do 10.30–17.30, Juli–Aug. Do bis 20.45, 1. Do im Monat bis 20.45, Fr 10.30–20 Uhr, 20 $, Fr 16–20 Uhr frei, Kinder bis 16 J. in Begleitung Erw. frei; Kombiticket mit Top of the Rock 30 $

In einer Seitenstraße der Fifth Avenue wurde das 1929 gegründete **Museum of Modern Art**, die bedeutendste Sammlung moderner Kunst in der Welt, Ende 2004 wieder eröffnet. Der Erweiterungsbau von Yoshio Tanguchi verdoppelte die Ausstellungsfläche

Das MoMA ist ein absolutes Muss für Kunstliebhaber

um das fünfgeschossige Atrium, auch der Skulpturengarten wurde erweitert. Das Foyer zwischen 53th und 54th Sts. ist nun ein Stück öffentlicher Raum. Die Baukosten von 848 Mio. $ brachten Mäzene auf. Der neue Museum Tower mit Luxuswohnungen nutzte die Luftrechte und erwirtschaftete so weitere Mittel. Trotz des hohen Eintrittspreises ist das MoMA ein Publikumsrenner.

Fifth Avenue

Sony Wonder Technology Lab 14

550 Madison Ave., Tel. 1-212-833-8100, Di–Sa 10–17, So 12–18 Uhr, Eintritt frei; http://wondertechlab.sony.com

Sony USA präsentiert nahe der Fifth Ave. sein **Sony Wonder Technology Lab,** eine Schau, in der man mit modernsten Kommunikationstechniken spielen kann. Es gibt dort Roboter, Animationen und Playstations.

Trump Tower und Tiffany

1983 setzte sich Donald J. Trump, einer der schillerndsten Immobilienbesitzer der Stadt, zwischen 56th und 57th St. in der Fifth Ave. ein Denkmal aus Gold und Marmor. Der **Trump Tower** 15, ein 68 Stockwerke hohes Apartmenthaus mit Luxusläden, die sich um das sechsstöckige Atrium gruppieren, gilt unter Architekturkritikern als Symbol des *American Dream* (8–22 Uhr).

Das 1837 gegründete Schmuckgeschäft **Tiffany & Co.** 14 (727 Fifth Ave.) wurde durch Truman Capotes Erzählung »Frühstück bei Tiffany« und den gleichnamigen Film berühmt. Für die Läden auf der Fifth Avenue zwischen 49th und 57th Streets müssen die höchsten Geschäftsmieten der Welt gezahlt werden.

F. A. O. Schwarz 28

F. A. O. Schwarz heißt ausgeschrieben Frederick August Otto Schwarz. 1870 kam der Westfale in die Stadt und eröffnete das Spielzeugwarenhaus, ein absolutes Muss, nicht nur für Kinder.

Plaza Hotel 16

768 Fifth Ave., Architekt Henry J. Hardenbergh

In Anlehnung an französische Châteaux wurde 1907 das **Plaza Hotel** errichtet (). Für 675 Mio. $ verkauft, beherbergt es seit 2008 181 Luxus-Apartments: das One-Bedroom-Apartment kommt auf 5,8 Mio. $. Von den 800 Zimmern des Traditionshauses blieben 282 sowie **Ballsaal, Oak Bar** (mit Aussicht auf den Central Park), **Oak Room** (The Men's Bar) und Restaurant-Café **The Palm Court** erhalten (s. S. 124).

In der Nähe können Besucher in die **Pferdekutschen** für die Central-Park-Tour steigen (s. S. 171).

Carnegie Hall 17

www.carnegiehall.org, 154 W. 57th St./Seventh Ave., Tel. 1-212-247-7800, Führungen Sept.–Juni Mo–Fr 11.30, 12.30, 14, 15 Uhr, 10 $

Wer mag, kann den Weg noch über die 57th Street zur **Carnegie Hall** fortsetzen, einem der berühmtesten Konzertsäle der Welt mit geradezu legendärer Akustik. Der Stahlindustrielle Andrew Carnegie stiftete das 1891 eröffnete Haus. Als in den 1960er-Jahren der Abriss des Konzerthauses vorgesehen war, kaufte die Stadt das Gebäude und überließ es der Carnegie Hall Corporation. Das der Geschichte der Carnegie Hall gewidmete **Rose Museum** erinnert an berühmte Künstler, die dort auftraten, wie Tschaikowsky, Bernstein und die Gershwins (tgl. 11–16.30 Uhr, Juli–Mitte Sept. geschl., Eintritt frei).

Lieblingsort

Eine Oase in der Stadt

Und noch »ein *Wunder von Manhattan*«: *den Bryant Park* 2 *inmitten der Hochhäuser lieben alle! Wenn man sich wieder einmal müde gelaufen und geguckt hat in der Stadt, genießt man das time out unter freiem Himmel samt Snack und Latte Macchiato oder beobachtet all die vielen anderen, die ebenfalls diesen Ruheraum im Häusermeer aufsuchen oder sich den vielen angebotenen Aktivitäten widmen, von Schach über Tischtennis bis Tai Chi. Sogar ein reading room mit Zeitungen, Magazinen und Büchern (gratis) steht zur Verfügung. Übrigens: der Bryant Park war 2002 der erste öffentliche Raum in USA, der free wireless access anbot. Inzwischen gibt es das vielerorts in New York* *(s. S. 114).*

60

Seventh und Eighth Avenues

Es lohnt sich, die Seventh und Eighth Avenues entlangzuschlendern. Die **Alwyn Court Apartments** 18 von 1909 sind ein prächtiger Neorenaissance-Bau mit Terrakotta-Dekor (180 W. 57th Seventh Ave.).

Als Hort moderner Kunst präsentiert sich die **AXA Gallery** 19 im AXA Tower mit 54 Stockwerken. Im Atrium mit rosafarbenen Granitwänden und einer marmornen Sitzbank kann man das »Mural with Blue Brushstroke« von Roy Lichtenstein und die Wandmalerei »America Today« von Thomas Hart Benton betrachten, außerdem werden wechselnde Ausstellungen gezeigt (787 Seventh Ave./51st–52nd Sts., Tel. 1-212-554-4818, Mo–Fr 11–18, Sa 12–17 Uhr, Eintritt frei).

Auf der Eighth Avenue befindet sich an der Südwestecke der 57th Street das Hearst Magazine Building des einstigen Medienzars, darüber wuchs 2006 ein weiterer spektakulärer Wolkenkratzer, der expressionistische **Hearst Magazine Tower**, in den Himmel. Der 1989 errichtete Wolkenkratzer **Worldwide Plaza** 20 (50th St./Eighth Ave.) steht an jener Stelle, wo einst der zweite Madison Square Garden war.

Essen & Trinken

Mini-Kreuzfahrt – **World Yacht Dining Cruise** 1: s. S. 35.

Eine Stunde für die Runde – **The View** 2: im Marriott Marquis Hotel, 1535 Broadway/46th St., Tel. 1-212-704-8900, www.theviewny.com, U-Bahn 42nd St./Times Square, Restaurant (47. Stock) tgl. ab 17 Uhr, 50 $ plus, Lounge (48. Stock) Di, Sa ab 17, sonst ab 17.30 Uhr. Das einzige Drehrestaurant, reservieren Sie Plätze am Fenster.

Skandinavische Kochkunst – **Aquavit** 3: s. S. 33.

Promi-Treff – **Le Cirque** 4: s. S. 34.

Speisen im Park – **Bryant Park Grill und The Café at Bryant Park** 5: s. S. 35.

Kuba in New York – **Victor's Café** 6: s. S. 36.

Steakhouse No. 1 – **Smith & Wollensky** 7: s. S. 35

Neue Dependance: **Nobu Fifty Seven** 8: s. S. 34.

Die größte Sushi-Bar – **Hatsuhana** 9: s. S. 33.

Neapolitanisch – **Patsy's Italian Restaurant** 10: s. S. 36.

Prometheus im Blick – **Rock Center Café/ Rink Bar & Café** 8: s. S. 35.

Dinieren im Bahnhof – **Oyster Bar** 4: s. S. 35.

Vornehm in der Hotel-Lobby – **The Palm Court at the Plaza** 16: 768 Fifth Ave./W. 58th–59th Sts., Tel. 1-212-759-3000, www.fairmont.com/thePlaza, Lunch Mo–Fr 11.30–14, Brunch Sa/So 11.30–14, Dinner tgl. 18–22 Uhr, U-Bahn: 5th Ave./ 59th St., 40 $. Klassisches Restaurant im klassischen Hotel im Zentrum der Lobby, 2010 renoviert.

Bester Mexikaner – **Rosa Mexicano** 11: s. S. 37.

Thailand im Theaterviertel – **Pongsri Thai** 12: s. S. 37.

Gigantisch – **The Stage Deli** 13: s. S. 35.

Nostalgie-Restaurant – **Brooklyn Diner USA** 14: s. S. 36.

Wo Kids Schlange stehen – **Hard Rock Café** 15: s. S. 36.

Bahnhof-Fastfood – **Grand Central Dining** 4: s. S. 35.

Einkaufen

Exklusive Mode – **Saks Fifth Avenue** 1: s. S. 42.

Japanisch – **Takashimaya** 2: s. S. 42

Sehenswert – **Trump Tower** 15: s. S. 42
Herren-Mode – **Bergdorf Goodman** 3: s. S. 43.
Herrenausstatter von Ruf – **Brooks Brothers** 4: s. S. 43.
Italienisches Design – **A/X Armani Exchange** 5: s. S. 43.
Armani-Design – **Emporio Armani** 6: s. S. 44.
Flagship-Store – **Banana Republic** 7: s. S. 43.
Klassiker – **Lord & Taylor** 8: s. S. 44.
Mode vom Rapper – **Sean John** 9: s. S. 45.
GAP für Kinder – **GAP Kids** 10: s. S. 44.
Koffer und Taschen – **Louis Vuitton** 11: s. S. 46.
»Sex and the City-High Heels« – **Manolo Blahnik** 12: s. S. 46.
Großes Sortiment – **Bally** 13: s. S. 46
Weltberühmt – **Tiffany & Co.** 14: s. S. 45.
Juwelen – **Cartier** 15: s. S. 45.
Diamond Row – **Jewelers on Fifth** 16: s. S. 45.
Größter Uhrenladen der Welt – **Tourneau Time Machine** 17: s. S. 46.
Namhaftes Haus – **Christie's** 18: s. S. 40.
Über 100 Händler – **Manhattan Arts & Antiques Center** 19: s. S. 40.
Große Auswahl auf dem Pier – **Americana** 20: s. S. 39.
Schnäppchen – **Hell's Kitchen Flea Market** 21: s. S. 42.
MoMAs Design Shop-Mekka – **MoMA Design and Book Stores:** Museum of Modern Art 13, 11 W. 53rd St./Fifth-Sixth Aves., Tel. 1-212-708-9700, www.moma.org, U-Bahn: Fifth Ave./53rd St. Sa–Do 9.30–18.30, Fr 9.30–21 Uhr, 1. Do im Monat 9.30–21.30, Juli–Aug. Do 9.30–21.30 Uhr, Book Store im 1. Stock (2nd floor) über der Lobby während der Öffnungszeiten des Museums. Ausgezeichnet sortierte Läden, entsprechend groß ist der Andrang. Über die beiden Shops im Museum hinaus gibt es gegenüber, 44 W. 53rd St., einen weiteren Design Shop.

Wolkenkratzer-Buchstützen – **The Library Shop:** The New York Public Library 3, Fifth Ave./42nd St., Tel. 1-212-930-0641, www.libraryshop.org, U-Bahn: 42nd St./Grand Central, Mo, Do–Sa 10–18, Di–Mi 10–19, So 13–17 Uhr. Die üblichen Souvenirs sucht man hier vergebens: Alles ist von feinstem Design. Empire State Bldg. und Chrysler Bldg. gibt's als Buchstützen (50 $).
U-Bahn-Memorabilia – **NY Transit Museum Gallery Annex and Store**: Shuttle Passage in der Grand Central Station 4, Tel. 1-212-878-0106, www.transitmuseumstore.com, U-Bahn: 42nd St./Grand Central, Mo–Fr 8–20, Sa–So 10–18 Uhr, Eintritt frei. Allein die ausgezeichneten Ausstellungen des Transit Museum sind den Besuch wert, auch lohnt sich der reichhaltige Souvenir-Shop der New Yorker Verkehrsbetriebe.
Buchkettenfiliale – **Barnes & Noble** 22: s. S. 41.
Die Kultmarke – **Abercrombie & Fitch** 23: s. S. 43.
Konzern-Shop – **Sony Style Store** 14: s. S. 41.
24 Std. geöffnet – **Apple Store** 24: s. S. 41.
Für TV-Fans – **NBC Experience Store:** XY, 30 Rockefeller Plaza/W. 49th St., im General Electric Building 8, Tel. 1-212-664-3700, www.nbcuniversalstore.com, Mo–Sa 8–19, So 9–18 Uhr, U-Bahn: 47–50 Sts./Rockefeller Center. Der Fernsehsender zeichnet für bekannte Serien wie »Emergency Room«, »Friends«, »Seinfeld«, »Law & Order« u. a. m. verantwortlich, die entsprechenden Souvenirs gibt's hier.
Für Basketball-Fans – **NBA Store** 25: s. S. 46.
Sportwaren-Show – **Niketown** 26: s. S. 46.
Für Baseball-Fans – **Yankees Clubhouse Shop** 27: 245 W. 42nd St./Seventh–Eighth Aves.,Tel. 1-212-768-9555, Mo–Sa 9–23, So 10–21 Uhr, U-Bahn: 42 St.

Lieblingsort

Schönstes Bahnhofs-Restaurant der Welt
Allein die Architektur, das von Rafael Guastavino (1842–1908) konzipierte gekachelte Gewölbe, ist den Besuch wert. Das merken wir an, weil man bei all der Geschäftigkeit vor allem zur Lunch-Zeit in der **Grand Central Oyster Bar & Grill** vielleicht kein Auge für derlei Schönheiten hat. Der 1913 eröffnete Restaurant-Klassiker ist bei Geschäftsleuten wie Touristen gleichermaßen beliebt, was das Personal, dennoch stets liebenswert, insbesondere an den U-förmigen Bars herausfordert. Austern *(oysters)* sind natürlich die Spezialität im Lower Level der **Grand Central Station** 4, ob nun aus Maine, Oregon oder Alaska frisch aufgetischt. Üblich sind *half a dozen on the half shell*, der Preis ist pro Stück angegeben (1,75 bis 3,95 $).

Die Baseball-Caps mit den Buchstaben NY – original nur hier erhältlich!
Spielzeugparadies – **F.A.O. Schwarz 28**: s. S. 42.
Riesenrad und T-Rex – **Toys 'R' Us 29**: 1514 Broadway/W. 44th–45th Sts. (Times Square), Tel. 1-800-TOY-SRUS, Mo–Do 10–22, Fr–Sa 11–23, So 10–21 Uhr, U-Bahn: Times Square/42nd St., Attraktionen sind das Riesenrad, der T-Rex (der manchmal brüllt) und das Candy Land. Erstaunlich: das Riesenangebot an militärischem Spielzeug.
Deutscher Schinken u. a. m. – **Grand Central Market 4**: W. 42nd–44th Sts./ Vanderbilt–Lexington Aves., Mo– Fr 7–21, Sa 10–19, So 11–18 Uhr, U-Bahn: Grand Central/42 St. Ein sehr vielfältiges, beeindruckendes Angebot der Marktleute: z. B.German Ham, Schokolade, Murray's Cheese und der ›Brot-Korb‹.

Aktiv & Kreativ

Wellness – **Elizabeth Arden's Red Door 1**: Fifth Ave./54th St., Tel. 1-212-546-0200, www.reddoorspas.com. Vielseitige Wellnessangbote im Haus des renommierten Kosmetikunternehmens.
Schlittschuhlaufen im Bryant Park – **The Pond at Bryant Park 2**: W. 42nd St./ Fifth–Sixth Aves., Tel. 1-866-221-5157, www.thepondatbryantpark.com, U-Bahn: 42 St./Fifth Ave, Nov.–Mitte Jan., So–Do 8–22, Fr–Sa 8–0 Uhr, Eintritt frei. Weil es hier im Gegensatz zur Rockefeller Center Rink gratis ist, reüssierte der neue Eislaufplatz in Midtown rasch. Dazu gehören das Restaurant Celsius, eine Snack Bar und von Mitte November bis 30.12. ein Weihnachtsmarkt.
Erkundungen gratis – **Times Square Exposé 3**: Kostenlose Führungen rund um den Times Square gibt es am Fr, 12 Uhr, ab Times Square Visitors Center, 1560 Broadway/46th– 47th Sts.
Schlittschuhlaufen – **The Rink** im **Rockefeller Center 8**: Seit 1936 eine New Yorker Tradition, Columbus Day bis Anfg. April tgl., ab 10 $, Fr–So und Fei 14 $, s. S. 57.
Vier Touren im Rockefeller Center – **NBC Experience Store 8**: 30 Rockefeller Plaza (General Electric Building), Tel.1-212-664-3700, www.rockefellercenter.com, www.topoftherocknyc.com, www.nbcexperiencestore.com, U-Bahn: 50th St./Rockefeller Center, Mo–Sa 8– 19, So 9–18 Uhr. Auf unterschiedliche Arten kann man das Center erkunden. Einstündige Führungen ab NBC Experience Store finden Mo–Sa 11, 13, 15, 17 Uhr, So 11, 13 und 15 Uhr statt (12 $, Sen. und 6–12 J. 10 $). Die »NBC Studio Tour« beginnt alle 15 Min.: Mo–Do 8.30–17.30, Fr–Sa 8.30–18.30, So 8.30–16.30 Uhr (19,25 $, Sen. und 6–12 J. 16,25 $). Beide Touren kann man kombinieren (Preis 23,45 $ statt 30,50 $). Die »Art & Observation Tour« führt in 90 Min. durchs Center und endet auf der Aussichtsplattform (tgl. 10, 12, 14, 16 Uhr; 20 $).
Bahnhofsführung 1. Klasse – **Grand Central Station 4**: Mittwoch, 12.30 Uhr, ab Kiosk Haupthalle, 10 $ Spende. Gegenüber vom Bahnhof beginnt die »Grand-Central-Neighborhood-Tour«, ab 120 Park Ave.–E. 42nd St (frei).

Abends & Nachts

Musicals – **Hilton Theatre 1**: 213 W. 42nd St./Seventh–Eighth Aves., Tel. 1-212-556-4750, www.hiltontheatre.com, U-Bahn: 42nd St./Times Sq. Das ehemalige Ford Center gehört einem Unterhaltungskonzern und zeigt vor allem Musicals.
Disney's Theater – **New Amsterdam Theatre 2**: s. S. 52
Familien-Theater – **New Victory Theater 3**: s. S. 52

25 Leinwände – **AMC Empire 25** 4: Auf elf Stockwerken bietet das Kino 25 Leinwände – und einen großen Food Court. Vorführungen ab 10.30 Uhr und sogar nach Mitternacht, Eintritt 10 $.
Konzertsaal von Weltruf – **Carnegie Hall** 17: s. S. 53.
Blues und mehr – **B. B. King's Blues Club and Grill** 5: s. S. 47.
Jazz-Größen – **Birdland** 6: s. S. 47.
Letzter Swing Dance-Club – **Edison Ballroom** 7: s. S. 47.
Midtown-Jazz – **Iridium** 8: s. S. 48.
Cocktails auf dem Dachgarten – **Salon de Ning** 9: s. S. 49.
Irische Bar – **P. J. Clarke's** 10: s. S. 49
Design Lounge – **Therapy** 11: s. S. 51.
Drag Queen Shows – **La Nueva Escuelita** 12: s. S. 50.
Für schwule Gentlemen – **The Townhouse** 13: s. S. 51.
Ein Drink beim Millionär – **The Campbell Apartment:** 15 Vanderbilt Ave. im Grand Central Terminal 4, Tel. 1-212-953-0409, www.hospitalityholdings.com, U-Bahn: 42nd St./Grand Central, Mo–Do 12–1, Fr 12–2, Sa 15–2, So 15–23 Uhr, Cocktail ca. 16 $. Wo in den 1920er-Jahren der Tycoon John W. Campbell im noblen Ambiente Büro und Salon besaß, ist eine Bar zuhause, deren Cocktails Namen wie »Prohibition Punch« und »Roaring Twenties« tragen. Man findet eher zu späterer Stunde und an Wochenenden Plätze. Angemessene Kleidung.
Louisiana in Midtown – **The Delta Grill** 14: 700 Ninth Ave./W. 48th St., Tel. 1-212-956-0934, http://thedeltagrill.com, U-Bahn: 50th St., Mo–Fr 12–16, Sa–So Brunch 10.30–15.30 Uhr, So Jazz-Musik, tgl. Dinner, Fr–Sa Live-Musik, Hauptgericht 15 $. Einem Lousiana Roadhouse nachgebildet ist dieses Lokal mit Spezialitäten der Kreolen und Cajuns.
Beste Aussicht ins Grüne – **Oak Bar:** Tel. 1-212-546-5320, tgl. 12–2 Uhr, Getränk 10 $. Die Bar bietet eine schöne Aussicht auf den Central Park; der ebenfalls im Plaza Hotel 16 befindliche **Oak Room** genießt den Ruf als ›The Men's Bar‹ (Tel. 1-212-759-3000, Dinner tgl. 17.30–23 Uhr), s. S. 121.
Riesenleinwand – **Clearfeld Ziegfeld** 15, s. S. 53.

Gratis Schlittschuhlaufen kann man auf dem Pond im Bryant Park

Das Beste auf einen Blick

Madison Square Garden bis Union Square

Highlight!

Empire State Building: Der höchste Wolkenkratzer New Yorks ist (wieder) das Empire State Building, eines der Wahrzeichen der Stadt, und ein Besuch dort ist eigentlich Pflicht, ob nun tagsüber oder nachts (um 1.15 Uhr fährt der Lift letztmals nach oben!). Erkundigen Sie sich vorab über die Sichtverhältnisse. 5 S. 133

Auf Entdeckungstour

Chelsea – Mekka der Galerien: SoHo war einmal. Das *gallery hopping* findet heute in Chelsea statt, wo die Kunstszene seit Mitte der 1990er-Jahre in alten Lagerhäusern heimisch geworden ist. S. 144

Kultur & Sehenswertes

Die größte Veranstaltungsstätte der Stadt: Der weltberühmte **Madison Square Garden** kann tagsüber im Rahmen von halbstündlichen Führungen besichtigt werden. 2 S. 132, 134

Das größte Kaufhaus der Welt: Das legendäre **Macy's** lockt ausländische Besucher zusätzlich mit einem Rabatt. Gegen Vorlage des Reisepasses im Visitors Center (34th St. Balcony Level, 1 ½. Stock) erhalten sie 10 % Rabatt auf alle Waren, ausgenommen Elektronik- und Kosmetik-Artikel. 3 S. 132

Aktiv & Kreativ

Gratisführungen gibt es um den Union Square (jeden Samstag um 14 Uhr) und durch den Flatiron District (jeden Sonntag um 11 Uhr), Dauer jeweils 90 Minuten. 1, 2 S. 142

Genießen & Atmosphäre

Curry Hill – ein indisches Viertel: Die Gegend der hohen 20er-Straßen entlang der Lexington Avenue hat der Volksmund Curry Hill getauft. Denn dort gibt es insbesondere gute und preiswerte indische Gerichte. 4 und 5 S. 142

Farmer Market: Am **Union Square** findet am Montag, Mittwoch, Freitag und Samstag der sehr beliebte **Farmer Market** (Greenmarket) statt. 5 S. 142

Abends & Nachts

Zurück in die 30er- und 40er-Jahre: An der klassischen Mahagony Bar der **Flatiron Lounge** 1 soll schon Frank Sinatra Cocktails gekostet haben. Exklusives Publikum findet man in der **230 Fifth Lounge** 4. S. 143

»Wo ist denn hier der Bahnhof?«, fragt sich so mancher an der Pennsylvania Station, die in den 1960er-Jahren unter der Erde verschwand. Über dem Bahnhof ragen heute der Madison Square Garden, die größte Veranstaltungsstätte der Stadt, sowie das 29-stöckige Bürohochhaus Penn Plaza empor.

Die 1910 von den Architekten McKim, Mead und White überirdisch angelegte Penn Station wurde 1963 abgerissen, trotz zahlreicher Proteste. Eine Denkmalschutzbehörde gab es damals in New York noch nicht. So prophezeite denn auch die New York Times: »Wahrscheinlich werden wir später einmal nicht an den Monumenten gemessen, die wir gebaut, sondern an jenen, die wir zerstört haben.«

Inzwischen hat man den Fehler eingesehen. Nun plant die Eisenbahngesellschaft AMTRAK, das **General Post Office** 1 aus dem Jahre 1913 zur Moynihan Station umzufunktionieren. Dort sollen eines Tages die Hochgeschwindigkeitszüge nach Boston und Washington D.C. halten.

Infobox

Reisekarte: ► C–E 14–16 und Karte 2

Ausgangspunkt: U-Bahn 34 St./Penn Station. Zurück nach Uptown ab 14 St./ Union Square.

Infos

Die **34th Street Partnership** (www.34thstreet.org) unterhält ein Visitor Center in der Penn Station sowie Info-Stände am Greeley Square und vor dem Empire State Building (Letztere Ende März bis Ende November). Dort sind 34th Street Map & Guide erhältlich. Weitere Business Improvement Districts: **Madison Square Park** (www.madisonsquarepark.org), **23rd Street** (www.discoverflatiron.org), **Union Square** (www.unionsquarenyc.org).

Rund um den Madison Square Garden

Madison Square Garden 2

Der **Madison Square Garden,** ein 1968 errichteter Rundbau, bietet Platz für 20 000 Zuschauer in der Hauptarena und für etwa 3000 bis 5000 Besucher im Paramount. In den 1970er-Jahren fanden dort die Boxkämpfe von Muhammad Ali statt, heute spielen hier die Eishockey-Teams der New York Rangers und die New York Knicks aus der National Basketball League sowie die Basketballerinnen von New York Liberty. Auch große Rock-Konzerte und Zirkusvorstellungen füllen den Garden.

Pennsylvania Hotel

McKim, Mead und White entwarfen 1918 auch die Pläne für das **Pennsylvania Hotel** (401 Seventh Ave.) gegenüber. Glenn Miller schrieb das weltbekannte Stück »Pennsylvania 6-5000« – bis heute ist die Zahlenfolge Teil der Telefonnummer des beliebten Traditionshauses mit seinen 1700 Zimmern. Allerdings wird das Hotel im Zuge einer geplanten Umstrukturierung der Gegend möglicherweise abgerissen – es soll Raum geschaffen werden für einen Büroturm von Merrill Lynch, bisher im World Financial Center. Verschwinden soll auch der Madison Square Garden – sein Ersatzbau würde dem neuen Bahnhof (siehe oben) ›aufgepropft‹.

Macy's 3

Macy's, das 1892 am Broadway seine Tore öffnete und das kaum ein New-

York-Besucher auslässt, firmiert als »größtes Kaufhaus der Welt«. Den roten Stern als Markenzeichen verdankt es seinem Gründer R. H. Macy, der sich als Walfänger eine derartige Tätowierung einhandelte.

Herald und Greeley Squares

Der **Herald Square** 4, der Schnittpunkt zwischen Sixth Avenue und Broadway, präsentiert sich wieder als Einkaufszentrum, nachdem die Manhattan Mall neu gestaltet wurde. Davor wurde zwischen Broadway und Sixth Avenue der **Greeley Square** auf Initiative der 34th Street Partnership angelegt (7–19 Uhr). Ähnliche Zusammenschlüsse von Geschäfts- und Privatleuten gibt es allerorten in New York, sie haben wesentlich zum positiven Wandel in der Stadt beigetragen. E. 32nd St. zwischen Fifth Avenue und Broadway liegt Koreatown.

Empire State Building ! 5

www.esbnyc.com, 350 Fifth Ave./ 34th St., tgl. 8–2 Uhr, letzte Auffahrt 1.15 Uhr. Eintritt 86. Stock 20 $, 6–11 Jahre 14 $, 12–17 J. und Sen. ab 62 J. 18 $; 102. Stock plus 15 $; Express-Pass (ohne Wartezeit) 45 $

Im wahrsten Sinne des Wortes überragt das **Empire State Building** alle anderen Gebäude in Midtown. Nach der Zerstörung des World Trade Center im September 2001 ist es wieder das höchste Gebäude der Stadt.

Das Hochhaus wurde zum Tiefpunkt der Weltwirtschaftskrise errichtet. John Jacob Raskob, Vizepräsident von General Motors und einer der Finanziers, griff sich einen Bleistift, stellte ihn senkrecht auf und fragte den Chefarchitekten William Lamb: »Bill, wie hoch kannst du so was bauen, ohne dass es umfällt?«. Dieses Problem war nach dem 16. Versuch – Plan K – gelöst.

Das Charakteristikum des Art-déco-Baus ist die stets wechselnde bunte Beleuchtung der oberen Stockwerke und der Spitze: Anlass sind nationale Feiertage und die der vielen Bevölkerungsgruppen, Baseball-Siege, Valentinstag etc. Näheres erfährt man auf der Website. Die Darstellung der Sieben Weltwunder in der Marmor-Lobby weist darauf hin, wie die Architekten den 1930/31 mit 381 m (jetzt inkl. Fernsehmast über 448 m) als höchstes Gebäude der Welt errichteten Wolkenkratzer eingeordnet wissen wollten: als achtes Weltwunder. Über die Sichtverhältnisse wird an den Kassen Auskunft gegeben.

1860 Treppenstufen bis oben

Wer es tatsächlich versuchen will, die 1860 Treppenstufen bis zum 102. Stockwerk hinaufzusteigen, der hat dazu nur einmal im Jahr Gelegenheit: beim *run-up*, einem alljährlich im Februar ausgetragenen Laufwettbewerb. Der Stuttgarter Thomas Dold, 2010 zum fünften Mal in Folge Sieger, benötigte für die 1576 Stufen zehn Minuten und 16 Sekunden.

Von Murray Hill bis Union Square

Murray Hill war einst ein Zentrum der Hotellerie, bis diese sich Richtung Uptown orientierte. Mit neuem Namen und in neuem Glanz findet man das 1893 erbaute **Herald Square Hotel** 6 (19 W. 31st St.), das während der Krise der Stadt als Hotel Clinton Sozialhilfeempfänger beherbergte. Liebevoll wurden die zahlreichen Details der Fassade restauriert – etwa die Aufschrift über dem Portal, die verschnörkelten ›L‹ und die Schmuckelemente –, die an die Zeit

Lieblingsort

Raue Fans und kleine Kinder
Im Garden, wie die Einheimischen den **Madison Square Garden (MSG)** 2 in Midtown nennen, ist fast immer etwas los, an ungefähr 320 Tagen im Jahr. Mit Leben erfüllen den 1960er-Jahre-Bau mit bis zu 20 000 Plätzen die Heimmannschaften im Sport sowie Konzerte, Zirkus und gelegentlich Partei-Kongresse. Fest gebucht für den MSG sind Rangers (Eishockey), Knicks (Basketball) und Liberty (Frauen-Basketball). Während bei den Rangers im Publikum eher der Typ Bauarbeiter dominiert – allerdings werden gegnerische Fans nicht mehr wie früher üblich verprügelt bzw. deren Trikots verbrannt –, herrscht bei Liberty eher Kindergeburtstagsstimmung, besonders, wenn die *lil' torches,* das sind kleine Kinder, tanzend die Pausen überbrücken. Im Garden, wo einst Muhammad Ali boxte und George Harrisons »Concert for Bangladesh« stattfand, hält den Konzert-Rekord Billy Joel: 2006 waren zwölf Konzerte in Folge ausverkauft!

seit 1936 erinnern, als hier das Magazin Life seine Büros hatte (s. auch S. 28).

Marble Collegiate Church 7

Mo–Fr 8.30–20.30, Sa 9–16, So 8–15 Uhr
Wenn in dieser Geschäftsgegend eine so lebendige Kirchengemeinde wie die der 1854 erbauten **Marble Collegiate Church** bestehen kann, dann nur, weil ihre Mitglieder aus ganz unterschiedlichen Vierteln hierher kommen, angezogen vom Prediger. America's Hometown Church steht in der Nachfolge der 1628 von Peter Minuit gegründeten Reformierten Protestantisch-Niederländischen Gemeinde als »älteste evangelische Kirchengemeinde der USA«. Ein Buch zur Geschichte der Kirche ist gratis beim Pförtner erhältlich.

Little Church Around the Corner 8

Church of the Transfiguration heißt die Kirche jenseits der Fifth Avenue offiziell, doch wird das kleine Gotteshaus mit Kirchhof, das zwischen 1849 und 1861 im Stil einer englischen Landkirche errichtet wurde, nur **Little Church Around the Corner** genannt (E. 29th St., 8–18 Uhr). Den Namen erhielt sie 1870, als sich andere Gemeinden weigerten, einen Schauspieler zu begraben und dessen Freund dann »die kleine Kirche um die Ecke« fand. Seither hat sie den Ruf der ›Actors' Church‹, ein Gotteshaus für Schauspieler. Die Luftrechte überm Pfarrhaus wurden verkauft, so konnte nebenan bis 2010 das 179 m hohe **Sky House** entstehen.

Rund um den Madison Square Park

Nach Plänen des Architekten Cass Gilbert, der auch das Woolworth Building entwarf, wurde 1928 auf der Ostseite des Madison Square Park das **New York Life Insurance Company Building** 9 errichtet. In der Lobby sind vor allem die verzierten Bronzetüren und die Decke sehenswert. Die goldene Pyramide als strahlende Krönung des Baus kann man von der Lexington Avenue gut erkennen.

Blick vom Rockefeller Center auf das Empire State Building

New York State Supreme Court 10

Das zwischen 1896 und 1900 im neoklassizistischen Stil erbaute Berufungsgericht des **New York State Supreme Court** weist zum Madison Square Park und zur Straße hin etliche Skulpturen auf, zu denen auch eine von Mohammed gehörte. Auf Drängen der Muslime von New York musste sie allerdings entfernt werden – bildliche Darstellungen des Propheten sind nicht gestattet. Den **Court Room,** einen von New Yorks schönsten Innenräumen mit Buntglasfenstern, Mahagoni-Mobiliar und Marmorwänden, kann man werktags von 9–17 Uhr besuchen, auch während der Gerichtsverhandlungen. Wie etliche andere Grünanlagen auch wurde der benachbarte **Madison Square Park** 11 neu gestaltet (Kiosk **Shake Shack**, tgl. 11–21 Uhr, Burger 5 $, Plätze im Freien, Kunstprogramm).

Der 213 m hohe **Metropolitan Life Tower** 12 aus dem Jahr 1909 war einmal das höchste der Welt. Der Campanile von San Marco in Venedig diente dem Architekten Le Brun als Vorbild.

Flatiron Building 13

Das 1902 nach Plänen des aus Chicago stammenden Daniel H. Burnham errichtete **Flatiron Building** ist eines der berühmtesten Gebäude der Stadt. Aufgrund seiner charakteristischen Form setzte sich die Bezeichnung *flatiron* (Bügeleisen) durch. In der Lobby gibt es eine kleine Ausstellung.

Gramercy Park 14

Der **Gramercy Park** präsentiert sich als exklusive Wohninsel inmitten des Häusermeers. Ein eiserner Zaun umgibt den einzigen Privatpark in New York, der nur den Anwohnern zugänglich ist. Das in den 30er-Jahren des 19. Jh. angelegte Wohngebiet gilt bei Stadtplanern als vorbildlich, da man zugunsten des Parks auf 42 Bauplätze verzichtete.

Das 1883 errichtete **Hotel The Gramercy** mit einer holzgetäfelten Lobby war eines der ersten Apartmenthäuser

der Stadt (34 Gramercy Park East). Ecke Lexington Avenue ist das **Gramercy Park Hotel** aus dem Jahr 1927 nach der Renovierung durch den Hotelier Ian Schrager 2006 ein wahres Schmuckstück, wie etwa ein Blick in die Lobby zeigt – es bietet als Extra unter anderem den Schlüssel zum Gramercy Park.

Die Fassaden der Gebäude Nr. 3 und Nr. 4 Gramercy Park West von 1847 erinnern ein wenig an das French Quarter von New Orleans. Gemäß New Yorker Tradition stehen am Aufgang zum

Eine Ikone der frühen Hochhaus-Architektur: das Flatiron Building von 1902

Haus Nr. 4 zwei Laternen als Symbol für den Wohnsitz des Bürgermeisters; hier lebte Mitte des 19. Jh. James Harper (1795–1869).

Zwischen Broadway und Second Avenue

Stuyvesant Square Park 15

Der **Stuyvesant Square Park** (11–19 Uhr) wird von den Bewohnern der *brownstones* sowie der Stuyvesant Town und des Peter Cooper Village frequentiert. Kritiker bezeichneten diese Sozialwohnungen der 1940er-Jahre als »Polizeistaat-Architektur«. Der Park entstand 1836 nach britischem Vorbild und wurde 1936 rekonstruiert. Dort steht, mit Holzbein dargestellt, Peter Stuyvesant, ein Werk der Künstlerin und Kunstmäzenin Gertrude Vanderbilt Whitney. Nach einem Brand im Jahre 1865 wurde an der Westseite des Parks der Sandsteinbau der **St. George's Church** wieder errichtet.

Con Edison Building 16

Den 1911 begonnenen Hauptbau der **Consolidated Edison** zwischen Irving Place und Third Avenue entwarf Henry J. Hardenbergh, der auch die Pläne für das Dakota und das Plaza Hotel vorlegte. Der 23-stöckige Turm aus dem Jahre 1926 dürfte das höchste Kriegerdenkmal der Welt sein: Der Tempel auf der Spitze, mit einer Laterne im Stil einer Urne und riesigen steinernen Fackeln als Symbol für Unsterblichkeit dekoriert, ist jenen Beschäftigten von Consolidated Edison gewidmet, die im Ersten Weltkrieg ums Leben kamen.

Theodore Roosevelt Birthplace 18
28 E. 20th St./Broadway–Park Ave., Tel. 1-212-260-1616, Di–Sa 9–17 Uhr, Führungen 10–11, 13–16 Uhr stdl., Eintritt frei
Die Gegend wird nun beschaulicher, in den ruhigen Wohnstraßen lebt gehobenes Bürgertum, zu dem einst auch der spätere US-Präsident Theodore Roosevelt (1858–1919) gehörte. **Roosevelts Geburtshaus** hatte man 1916 abgerissen, doch wurde es als Kopie wieder erbaut und mit dem Nachbarhaus verbunden. Nun beherbergt es das **Theodore Roosevelt Birthplace Museum.**

Ein indisches Viertel – Curry Hill
Auf der Höhe der 20er-Straßen entlang der Lexington Ave., U-Bahn: 28th St., erstreckt sich der sogenannte Curry Hill. Die Gegend heißt natürlich Murray Hill, doch zur Unterscheidung der anderen ›Little Indias‹ im East Village und in Jackson Heights in Queens hat sie der Volksmund Curry Hill getauft. Dort gibt es in diversen Restaurants gute und preiswerte indische Gerichte, s. 4 u. 5.

Union Square 17

Der 1839 eröffnete **Union Square** wurde in den 1980er-Jahren erneuert, nachdem sich dort die Drogenszene etabliert hatte. Seinen Namen erhielt der Platz, weil hier zwei Hauptstraßen zusammentrafen – und nicht, weil dort die Union (Gewerkschaft) oft demonstrierte. Dank Anliegern wie z. B. dem Buchladen **Barnes & Noble** 2, **Babies 'R' Us, Filene's** und dem **Whole Foods Supermarket** 6 ist er sehr aufgewertet worden. Durch die Nähe zu den Villages, der Universität und Apartmenthäusern ist hier eine lebhafte Szene mit vielen Geschäften, Cafés und Snack-Bars entstanden. Montags, mittwochs, freitags und samstags findet der **Farmer Market** 5 , auf dem Union Square statt, im Winter ein Weihnachtsmarkt, samstags sind Künstler vor Ort.

33 Union Square West (jetzt Puma) befand sich seit 1968 die 1962 gegründete **Factory** des legendären Pop-Art-Künstlers Andy Warhol (1928–1987). Dort verübte die Frauenrechtlerin Valerie Solanas 1968 den Anschlag auf Warhol, bei dem er schwer verletzt wurde.

The Metronome
Leider oft übersehen wird diese Installation, halb Kunstwerk, halb Uhr, am Südende des Platzes 1 Union Square South. Dabei hat sie 4,2 Mio. $ gekostet, eine der größten privaten Investitionen für Kunst im öffentlichen Raum in New York. 1999 haben Kristin Jones und Andrew Ginzel diese Sehenswürdigkeit des Union Square geschaffen.

Die Zahlenkolonne mag Rätsel aufgeben und ist wie folgt zu lesen: 0704 369X1235516 bedeutet: die aktuelle Zeit ist 7.04 Uhr 36,9 Sekunden, die verbleibende Zeit bis Mitternacht 16 Stunden 55 Minuten und 23,1 Sekunden.

Essen & Trinken

Beliebt bei Familien – **Cookshop** 1: 156 Tenth Ave./W. 20th St., Tel. 1-212-

924-4400, www.cookshopny.com, Mo–Fr 8–11, 11.30–15, Mo–Sa 17.30–23.30, So 17.30–22, Brunch Sa–So 11–15 Uhr; U-Bahn: 23 St, Lunch ·12–18 $, Dinner 26 $. Ein weiträumiges Lokal in Chelsea, beliebt bei Familien, mit saisonaler amerika-nischer Küche; Grill, Rotisserie, Holzbackofen.
Spare Ribs – **Blue Smoke** **2**: s. S. 37.
Spezialist für Ribs – **Dallas BBQ** **3**: 261 Eigth Ave./W. 23rd St., Tel. 1-212-462-0001, http://dallasbbq.com, So–Do 11–0, Fr–Sa 11–1 Uhr, U-Bahn: 23rd St., Baby Back Ribs 11.99 $, Mo–Fr 11–12, 14–18, Sa–So 11–17 Uhr zwei Gänge 9,99 $. Beliebte Kette mit sieben Lokalen, auch 241 W. 42nd St. und 1265 Third Ave./E. 72nd St. Reichliche Portionen, rustikale Einrichtung.
Koscher und vegetarisch – **Chennai Gardens** **4**: 129 E. 27th St./Lexington Ave., Tel. 1-212-689-1999, Mo–Fr 11.30 –15, 17–22, Sa–So 12–22 Uhr, U-Bahn: 28 St., Hauptgerichte 9–15 $. Die indische Küche in Curry Hill ist hier koscher und vegetarisch. Di–Fr 11.30–15 Uhr Lunch Büffet, pro Person 7 $.
Südindische vegetarische Küche – **Tiffin Wallah** **5**: 127 E. 28th St./Lexington Ave., Tel. 1-212-685-7301, www.tiffinwallah.us, Mo–Fr 11.30–15, 17–22, Sa/So 12–22 Uhr, U-Bahn: 28 St., Hauptgerichte 12 $. Auch dieses südindische vegetarische Restaurant bietet ein Lunch-Büffet (Mo–Fr 11.30–15, 6,95 $). Spezialität sind Gujarati Curries und Punjabi Currys.
24 Stunden-Deli – **Toastie's Café** **6**, 25 Union Square West, Tel. 1-212-924-3331, U-Bahn: 14th St./Union Sq., tgl. 24 Std., ab 6,50 $. Diesen Deli nennt kein Gourmet-Führer, aber das Essen ist gut und erschwinglich. Warum das Toastie's früher Atrium Café hieß, sieht man vom hinteren Raum aus, von wo man in den Innenhof mit Wandmalereien der New York University blickt.

Einkaufen

Comic Spezialist – **Jim Hanley's Universe** **1**: s. S. 41.
Promi-Lesungen – **Barnes & Noble** **2**: 33 E. 17th St./Union Square, Tel. 1-212-253-0810, tgl. 10–22 Uhr, U-Bahn: 14 St. Union Square. In der Filiale der Buchhandelskette finden oft Lesungen statt.
Seit 1892 – **Macy's** **3**: s. S. 42.
Farbenfrohes Design – **Liora Manné** **3**: XY, 210 Eleventh Ave./W. 25th St., 7th floor, Tel. 1-212-989-2732, www.lioramanne.com, Mo–Fr 9–17 Uhr, gelegentlich auch Sa geöffnet, U-Bahn: 23rd St., Acessoires, Lampen, Handtaschen, Teppiche. Im Showroom kann man sich in Ruhe umsehen.
Dreh- und Angelpunkt des Viertels – **Chelsea Market** **4**: XY, 75 Ninth Ave./W. 15th–16th Sts., www.chelseamarket.com, Mo–Sa 7–22, So 8–20 Uhr (einige Läden haben abweichende Öffnungszeiten), U-Bahn: 14th St./Eighth Ave. Einkaufen und Essen in einer ehemaligen Fabrik.
Größter Ökomarkt – **Farmer Market** **5** Union Square, Mo, Mi, Fr–Sa 8–18 Uhr, U-Bahn: 14 St. Union Square. Der größte Freiluft-Markt der Stadt.
Öko-Lebensmittel – **Whole Foods Supermarket** **6**: 4 Union Square South, Tel. 1-212-673-5388, tgl. 8–23 Uhr. Beliebte Bio-Supermarkt-Kette.

Aktiv & Kreativ

90 Minuten Union Square – **Gratisführungen durch das Viertel Union Square** **1**: »Crossroads of New York« heißt dieser Rundgang, der Sa, 14 Uhr, bei der Abraham Lincoln Statue auf Höhe 16th St. am Union Square beginnt.
Rund um Flatiron – **Free Tour Flatiron der 23rd St. Partnership** **2**: So 11 Uhr,

New Yorker Nightlife vom Feinsten – das 230 Fifth, eine der Roof Top Bars

ab Seward Statue SW-Ecke Madison Square Park/23rd St. und Broadway.

Abends & Nachts

30er-Jahre-Atmosphäre – **Flatiron Lounge 1**: 37 W. 19th St./Fifth-Sixth Aves., Tel. 1-212-727-7741, www.flatironlounge.com, So–Mi 17–2, Do–Sa 17–4 Uhr, U-Bahn: 23rd St., Drink 13 $. Die klassische Mahagony-Bar von 1927, an der bereits Frank Sinatra Cocktails gekostet haben soll, ist auch in den frühen Morgenstunden noch gut besetzt. Art-Deco-Stil und modernes Design, Jazz vom Band, Cocktails je nach Saison.

Pete's own brew 1864 Ale – **Pete's Tavern 2**: 129 E. 18th St./Irving Place, Tel. 1-212-473-7676, www.petestavern.com, U-Bahn: 14th St./Union Square, tgl. 11–2.30 Uhr, Brunch Sa–So 10.30–16 Uhr, 7,95–9,95 $. Der Pub mit dem Eröffnungsjahr 1864 steht in Konkurrenz zu Mc Sorley's Ale House von anno 1854 im East Village (s. S. 49), das sich ebenfalls als älteste Bierkneipe der Stadt bezeichnet. Die Prohibition überlebte Pete's als Blumenladen ... Italo-amerikanische Küche, Hausmarke ist *Pete's own brew 1864 Ale,* auch als *Original House Ale* bezeichnet.

Honky-Tonk – **Rodeo Bar 3**: s. S. 49.

Penthouse-Lounge – **230 Fifth Lounge 4**: s. S. 49.

Mega-Tanz-Club – **Webster Hall 5**: s. S. 50.

Neighborhood-Bar – **Barracuda 6**: s. S. 50.

Auf Entdeckungstour

Chelsea – Mekka der Galerien

Das samstägliche *Gallery hopping* in SoHo – es war einmal. Edelläden haben dort die Kunst verdrängt, die Galerien sind weitergewandert nach Chelsea. Denn dort, wo längst keine Frachter mehr an den Piers anlegen, gab es jede Menge preiswerten Raum.

Planung: Ab U-Bahn 23rd St. Richtung Westen gehen.

Galerie-Besuche: geöffnet ist Di–Sa 10–18 Uhr; im Sommer kürzer.

Vorbereitung: Freitag-Ausgabe der New York Times oder Time out, online: www.galleryguide.org (gibt es auch als Broschüre), www.chelseagallerymap.com, www.destinationchelsea.org, www.chelseaartgalleries.com, www.artincontext.org.

Zwar hat Chelsea nicht den Charme von SoHo, auch vermisst man die Straßenhändler mit *homemade art* und Kunsthandwerk – aber wem es auf zeitgenössische Kunst ankommt, der ist hier richtig. Seit Mitte der 1990er-Jahre haben sich über 200 Galerien hier niedergelassen; die wichtigsten nennen wir.

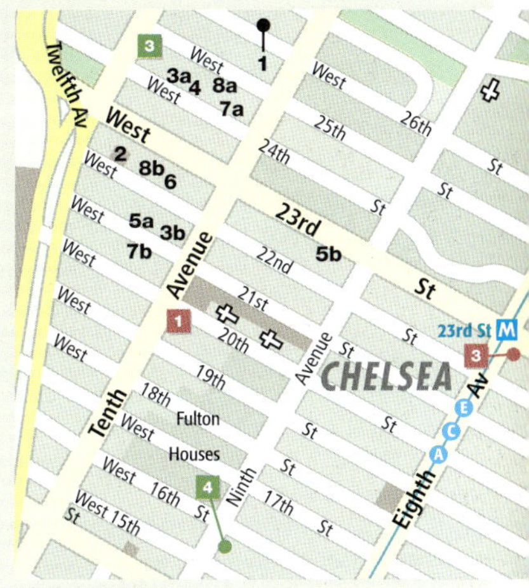

Das berühmte Chelsea Hotel

Mit Kunst hat auch gleich die erste Sehenswürdigkeit zu tun, die Sie nach dem Aufstieg aus dem Untergrund kaum übersehen können: das **Chelsea Hotel** – kein anderes New Yorker Hotel ist mit so vielen Gedenktafeln geschmückt. In einem Apartmenthaus von 1884 (222 W. 23rd St./Sixth–Seventh Aves.) wurde 1905 das ›Künstlerhotel‹ eröffnet, in dem Bob Dylan und Leonard Cohen lebten und Andy Warhol den Film »Chelsea Girls« (1966) drehte. Traurige Berühmtheit erlangte der Raum 100: Sid Vicious, Punkrocker der »Sex Pistols«, erstach dort am 12.10. 1978 seine Freundin und nahm sich am 2.2.1979 im selben Zimmer das Leben.

Fürs *Gallery hopping* gibt es eigentlich keine festen Regeln. Die bedeutendsten Galerien, das ist allerdings eine Art Gesetz, findet man ebenerdig.

Was wollen Sie sehen?

Alles weitere hängt davon ab, was Sie sehen möchten. Den Künstler oder jene Künstlerin, Malerei, die Werke von Bildhauern, Fotografie, Video? Oder Sie bevorzugen eine bestimmte Galerie. **Lehmann Maupin (1)** z. B. in einer früheren Garage, als Architekt wurde hier Rem Kohlhaas engagiert. Das **Chelsea Art Museum (2)**, das in die ehemalige Christbaumschmuck-Fabrik eingezogen ist. **Larry Gagosian (3)**, spezialisiert auf den Bildhauer Richard Serra und die verstorbene Pop-Art-Ikone Roy Lichtenstein. **Mary Boone (4)**, deren Ausstellungen bereits im SoHo der 1980er-Jahre als *hot spot* galten. **Paula Cooper (5)**, **Sonnabend (6)**, **Barbara Gladstone (7)** und **Pace Wildenstein (8)** sind weitere große Namen. Es lohnt sich, auch einmal in einen 7. Stock zu fahren, z. B. zum Showroom von **Liora Manné** 3, denn das Design der New Yorkerin hat nun auch in Europa viele Freunde gefunden.

Chelsea Market

Als Industrie- und Arbeiter-Distrikt lag Chelsea lange Zeit eher im Abseits. Nun ist es durch die Kunstszene, den Zuzug junger Familien, die Schwulen und das riesige Sportzentrum **Chelsea Piers** neu belebt worden. Der **Chelsea Market** 4 ist Dreh- und Angelpunkt des Viertels – eine als ›postindustrieller Themenpark‹ gestaltete Arkade. Dort wird aber nicht nur eingekauft, sondern auch gegessen: z. B. bei **Hale and Hearty Soups** senegalesische Chicken-Suppe mit Erdnüssen. Im **Restaurant 202** (75 Ninth Ave.) werden auch Kleidung und Haushaltsartikel der britischen Designerin Nicole Farhi angeboten.

Das Beste auf einen Blick

Upper East Side mit Museum Mile

Highlight!

Metropolitan Museum of Art: Für viele ist es weltweit das Museum überhaupt und unbestreitbar einer der Höhepunkte der Museum Mile. So viel Kunst gibt es zumindest in den Staaten nirgendwo. 22 S. 154

Auf Entdeckungstour

Ruheoasen und mehr im Metropolitan Museum of Art: Entdecken Sie auf dieser Tour neben ausgewählten hochkäratigen Kunstwerken einige ganz besondere Plätze, an denen man im Trubel des Kunstspektakels Ruhe findet! 22 S. 156

Kultur & Sehenswertes

Wo 192 Nationen vertreten sind: Die **United Nations** nehmen die Blocks zwischen der 42nd und 48th Street am East River ein und können besichtigt werden. 3 S. 148

Museum Mile: Mehr Kunst geht kaum, und schon gar nicht auf solch hohem Niveau. 20–29 S. 154

Aktiv & Kreativ

Fitness-Oase: Den **New York Sports Club** gibt's an vielen Orten der Stadt und natürlich auch hier auf der Upper East Side. 1 S. 161

Tourists are welcome!: So lautet die Parole im **Pedal Pusher Bike Shop,** der sogar Rennräder verleiht. 2 S. 161

Genießen & Atmosphäre

Neighborhood Restaurants: Es muss auch hier nicht immer die hohe Küchenkunst sein. Upper East Sider fühlen sich ebenso wohl in ›normalen‹ Lokalen mit gutem Service und vernünftiger Kost wie z. B. in **One Fish Two Fish** und **Serafina Fabulous Pizza.** 2 und 3 S. 159, 160

Abends & Nachts

Noblesse oblige: Laute Rock-Clubs wird man in dieser noblen Gegend nicht finden. Die Unterhaltung ist gediegen, bevorzugt wird der Mann am Klavier, so in der **Top of the Tower Bar & Lounge** und in der klassischen **Bemelmans Bar** im Hotel Carlyle. 1 und 2 S. 161

Die Upper East Side war schon immer nobel. In keinem anderen Viertel der Stadt findet man so viele Luxus- und Antiquitätengeschäfte. Entlang der Museum Mile reihen sich Museen der Weltklasse wie das Metroplitan Museum oder das Guggenheim Museum.

Ford Foundation Building und Tudor City

Vom Bahnhof Grand Central Station geht es auf der 42nd Street erst einmal ostwärts. Attraktion des 1967 errichteten **Ford Foundation Building** 1 ist das zwölfstöckige **Greenhouse** – eine überdachte Gartenlandschaft (Eingang 42nd Street, Mo–Fr 8–16 Uhr, Fei geschl.). Nebenan gehören zwei Parks zur Anlage der **Tudor City** 2 mit etwa 3600 Apartments aus den 1920er-Jahren des 20. Jh. In »Small Town in Midtown«, die unter Denkmalschutz steht, leben 5000 Menschen. Die Gebäude haben kaum Fenster zum East River hin, denn als sie errichtet wurden, erstreckte sich dort am Ufer ein stinkendes, rauchiges Industrieareal mit Schlachthöfen, Brauereien und Kohlendocks (www.tudorcity.com).

Infobox

Reisekarte: ► 9–14 E–G

Ausgangspunkt: U-Bahn Grand Central/42 St.
Endpunkt: U-Bahn 103 St.
Dauer: ohne Museen 2,5 Std.

Im Internet

www.uppereast.com: eine wahre Fundgrube – kaum eine Institution oder ein Laden auf der Upper East Side, die dort nicht verzeichnet sind.

Im Internet vertreten sind selbstverständlich auch die wichtigsten Einrichtungen, u. a. mit Hinweisen auf zahlreiche Kulturveranstaltungen:
www.stbarts.org
www.centralsynagogue.org
www.emanuelnyc.org
www.saintpeters.org

Rund um das Areal der Vereinten Nationen

United Nations 3

www.un.org/tours, Führungen Mo–Fr 9.45–16.45 Uhr alle 30 Min., März–Dez. auch Sa–So 10–16.30 Uhr, Mitte Sept.–Mitte Okt. verkürzte Öffnungszeiten, auch dt. Führungen (Tel. 1-212-963-7539), 16 $, Sen. ab 60 J./Stud. 11 $, 5–12 J. 9 $

In jenem ehemaligen Industrieareal am East River haben nun die **Vereinten Nationen** ihr Quartier. Auf dem Weg über die **Sharansky Steps** – benannt nach einem sowjetischen Dissidenten – hinab zur First Avenue passiert man die **Isaiah Wall** (Jesaja: »Schwerter zu Pflugscharen«), den **Ralph J. Bunche Park** (erster schwarzer UN-Offizieller der USA und Friedensnobelpreisträger des Jahres 1950) und den **Raoul Wallenberg Walk** (der schwedische Diplomat rettete in der Nazizeit fast 100 000 ungarischen Juden das Leben).

1945 wurden die Vereinten Nationen in San Francisco gegründet. Nachdem der Milliardär John D. Rockefeller 8,5 Mio. Dollar für den Grundstückskauf gespendet hatte, den sein Sohn Nelson vorbereitete, wurde 1947–1953 das Hauptquartier am East River nach Plänen eines internationalen Architektenteams errichtet, dem unter anderem der Franzose Le Corbusier und der Brasilianer Oscar Niemeyer angehörten.

Im Lower Concourse verkauft das Postamt UN-Briefmarken, die aber nur für Postsendungen von der UN aus gelten. Nicht versäumen sollte man einen Besuch im **United Nations Bookshop & Gift Centre**. Hier findet man Mitbringsel aus aller Welt und eine beeindruckende Auswahl an Kinderbüchern.

Die UN, der 192 Nationen angehören (letzter Beitritt 2006: Montenegro), nehmen die Blocks zwischen der 42nd und der 48th Street an der First Avenue ein. Von dort blickt die ›Welt‹ auf das **Pepsi-Cola-Markenzeichen** von 1936 am anderen Ufer, und das wird – sehr zum Ärger der Konkurrenz aus Atlanta – auch so bleiben: Es steht unter Denkmalschutz, die Fabrik aber wurde abgerissen.

Denkmäler aus aller Welt

Viele Länder der Welt haben die UN mit Präsenten bedacht, auch inzwischen aufgelöste Staaten. Im Park, der über dem Franklin D. Roosevelt Drive am East River angelegt wurde, steht neben dem Denkmal des **»Rising Man«** (Fritz Cremer, DDR 1975) auch der monumentale Muskelprotz (1959), der Schwerter zu Pflugscharen macht, aus der einstigen UdSSR. Deutschland schenkte ein Stück der Berliner Mauer. Die US-Behörden haben den Park aus Sicherheitsgründen derzeit bis auf weiteres gesperrt. Auf einer Verkehrsinsel United Nations Plaza/ First Avenue erkennt man einen zurückgelassenen Koffer: das Denkmal **»Hope«** von Gustav Kreitz ist dem erwähnten schwedischen Diplomaten Raoul Wallenberg gewidmet.

Dag Hammarskjöld Plaza und Katharine Hepburn Garden

www.hammarskoldplaza.org

Die **Dag Hammarskjöld Plaza** 4 erinnert an den bei einem Flugzeugabsturz im Kongo ums Leben gekommenen UN-Generalsekretär (1905–1961) aus Schweden. Zu verdanken ist die Anlage der 2000 Mitglieder zählenden Turtle Bay Association (TBA), die sich nach der Devise ›Unser Viertel soll schöner werden‹ des Stadtteils angenommen hat. Mitgründerin der TBA war 1957 Katharine Hepburn (1907–2003), die seit 1932 im Viertel lebte. Für sie hat man bei der Hammarskjöld Plaza den **Katharine Hepburn Garden** angelegt. Reliefs nahebei erinnern an den Holocaust.

Engagierte Bürgerinitiativen

Kaum sonstwo in New York gibt es so viele Anwohner- und Bürgerinitiativen wie auf der Upper East Side. Auf ihren Websites erfährt man Wissenswertes über den Stadtteil und die Anstrengungen, historische Gebäude zu erhalten. Älteste Organisation ist die **Turtle Bay Association** (www.turtlebay-nyc.org), seit 1957 aktiv. **Friends of the Upper East Side** (www.friends-ues.org), Gründungsjahr 1982, listet alle **denkmalgeschützten Gebäude** auf und verschickt gratis Broschüren. In der **Citi Neighbors Coalition of Historic Carnegie Hill** macht Woody Allen mit und bewirkte mit seinen Mitstreiterinnen und Mitstreitern, dass für den Neubau 47 E. 91st St. ›nur‹ neun anstelle von 16 Stockwerken erlaubt wurden.

Trump World Tower 5

Die Upper East Side gilt als reichste Wohngegend der Vereinigten Staaten. Ein Apartment mit zwei Schlafzimmern kann man ab 5 Mio. $ erwerben, Townhouses an der Fifth Avenue und Madison Avenue ab 30 Mio. $. Das Penthouse des Hotel Pierre kam für 70 Mio. $ auf den Markt. Das Delmonico Hotel, 502 Park Ave./E. 59th St., wurde von dem milliardenschweren Unternehmer Donald J. Trump für 115 Mio. $ gekauft und inzwischen in

Upper East Side

Sehenswert

1. Ford Foundation Building
2. Tudor City
3. United Nations/Delegate's Dining Room at UN Headquarters/Bookshop and Gifts
4. Dag Hammarskjöld Plaza
5. Trump World Tower
6. Turtle Bay Gardens
7. General Electric Building
8. St. Bartholomew
9. Citicorp Center
10. The Lipstick
11. Central Synagogue
12. Bloomingdale's/Le Train Bleu
13. Mount Vernon Hotel
14. Roosevelt IIsland Tramway
15. Melrose Hotel
16. Museum of American Illustration
17. Park Avenue Armory
18. China Institute
19. Temple Emanu-El
20. Frick Collection
21. Whitney Museum of American Art
22. Metropolitan Museum of Art/Petrie Court Café/Roof Garden Café/Met Store
23. Neue Galerie/Café Sabarsky
24. Guggenheim Museum
25. National Academy Museum
26. National Design Museum
27. Jewish Museum
28. Museum of the City of NY
29. El Museo del Barrio

Essen & Trinken

1. Park Avenue Winter/Spring/Summer/Autumn
2. One Fish Two Fish
3. Serafina Fabulous Pizza
4. Crystal Pavilion Food Court

Einkaufen

1 Calvin Klein
2 DKNY
3 Barney's New York
4 Polo Ralph Lauren
5 Dolce & Gabbana
6 Michael's ... for Women
7 The Original Levi's Store
8 Argosy
9 Sotheby's
10 Michael Kors
11 The Food Emporium
12 Yankees clubhouse Shop

Aktiv & Kreativ

1 New York Sports Club
2 Pedal Pusher Bicycle

Abends & Nachts

1 Top of the Tower
2 Hotel Carlyle: Bemelmans Bar u. Café Carlyle

Eigentumswohnungen umgewandelt: pro Apartment sind bis 30 Mio. $ zu zahlen.

Der **Trump World Tower** ist mit 269 m eines der höchsten und teuersten Wohnhäuser der Welt. Der Investor Trump gibt zu bedenken, dass es nicht nur 70 Stockwerke, sondern eigentlich 90 hoch sei: Zur luxuriösen Ausstattung gehören nämlich sehr hohe Räume. Die obersten Stockwerke, die drei Apartments umfassen, wurden jüngst für 34,3 Mio. $ verkauft. Im 84. Stockwerk lebte eine Zeitlang Software-Milliardär Bill Gates, im 58. residiert Sophia Loren.

Turtle Bay Gardens 6

Der 26-stöckige **Beekman Tower** wurde 1928 im Art-déco-Stil errichtet (Restaurant, Bar im 26. Stock, s. S. 49). **Turtle Bay Gardens**, die E. 48th und 49th Street zwischen Second und Third Avenue, hat als nobles Wohnviertel der 70er-Jahre des 19. Jh. den Rang eines Historic District erhalten.

East-Side-Wolkenkratzer

General Electric Building 7

Auf der East Side findet man etliche Beispiele der Wolkenkratzerarchitektur, so das 51-stöckige **General Electric Building** aus dem Jahre 1931 (570 Lexington Ave./E. 51st St.). Ein Blick in die mit Terrazzo und Marmor ausgestattete Lobby ist möglich.

St. Bartholomew 8

www.stbarts.org, 325 Park Ave./ E. 51st St., Visitors Centre tgl. 9–18 Uhr; Führungen So 12.15 Uhr, im Anschluss an den Gottesdienst

Die **St. Bartholomew Episcopal Church,** 1919 mit byzantinischen Stilzitaten erbaut, war lange in den Schlagzeilen, hatte die Gemeinde doch beschlossen, ihren ›Luftraum‹ zu veräußern. Über dem Gotteshaus sollte ein Wolkenkratzer errichtet werden. Der Denkmalschutz allerdings untersagte die Pläne. Zur Kirche gehören das **Inside Park Café** (Mo–Sa 17.30–22 Uhr) samt Terrace (Mitte April–Herbst) und das Restaurant in der **Great Hall** (tgl. 11.30–15 Uhr, Hauptgerichte 20 $, www.insideparknyc.com). Von September bis Mai werden die **Great Music Series** veranstaltet, von Juni bis Anfang September das **Summer Festival of Sacred Music** (So 11 Uhr Gottesdienst).

Citicorp Center und Lipstick

Als Meilenstein der Wolkenkratzer-Historie gilt das 279 m hohe **Citicorp Center** 9. Ein Pultdach krönt das 1978 auf Stelzen errichtete Gebäude 153 E. 53rd St./Lexington–Third Aves. Die Bauherrn haben ›öffentlichen Raum‹ geschaffen, das Atrium im Lower Level, und sogar eine U-Bahn-Station aufgenommen – deshalb durfte man so hoch hinaus. Bedingung für den Bau war, dass man der St. Peter's Church, dem Grundbesitzer, eine neue Kirche errichtete. Zu einem Lieblingswolkenkratzer der Manhatta-

Kunst am Rockefeller Center: Aufbau der Skulptur ›Maman‹ von Louise Bourgeois

nites avancierte aufgrund seiner ausgefallenen Form der 1986 errichtete **Lipstick** 10, der Lippenstift, 885 Third Ave./E. 53rd St.).

Zwischen 55th und 65th Street

Central Synagogue 11

www.centralsynagogue.org; Mi, 12.45 Uhr Führung, nicht an Fei

652 Lexington Avenue zeichnet sich Ecke 123 E. 55th Street die **Central Synagogue** aus dem Jahre 1872 durch ihren verspielten maurischen Stil aus. Weiter nördlich erreicht die Lexington Avenue die E. 59th Street. Der 1921 eröffnete **Argosy Book Store** 8**,** eines der bedeutendsten Buchantiquariate der Stadt, hat sein Sortiment über mehrere Stockwerke verteilt. Der **Yankees Clubhouse Shop** 12 nebenan ist ein ›Muss‹ für Sportfreaks.

Nobelkaufhaus Bloomingdale's 12

Wer es durch die Parfümwolken im Erdgeschoss bis in den sechsten Stock des seit 1927 bestehenden Nobelkaufhauses **Bloomingdale's** geschafft hat, darf sich im Restaurant **Le Train Bleu** fragen, ob das Ambiente nun einem Speisewagen des Orient-Express oder einem Pullman Car nachgebildet ist. Es gibt gehobene Küche. Kein Zweifel besteht über den schönen Blick auf die Queensboro Bridge von 1908. **40 Carrots** im 7th floor von ›Bloomies‹ ist bekannt für den Frozen Yoghurt.

Mount Vernon Hotel 13

www.mvhm.org, 421 E. 61st St./First-York Aves., U-Bahn: Lexington/59 St., Di–So 11–16 (letzte Führung 15.30 Uhr), Aug. geschl., Eintritt 8 $

Zu den Geheimnissen der Stadt zählt das **Mount Vernon Hotel,** eines der ältesten Gebäude New Yorks, das 1799 als Kutschenhaus entstand und seit 1826 als Hotel diente, allerdings nicht im heutigen Sinne.

New York reichte damals ›nur‹ bis zur 14th Street, das Hotel lag also auf dem Land weit vor der Stadt und beherbergte Tagesgäste. Besonders stimmungsvoll sind die Summer Garden Evenings mit Konzerten (Di, Juni bis Juli). Betreut wird das historisch eingerichtete Gebäude heute von den Colonial Dames of America.

Roosevelt Island Tramway 14

Info: www.rioc.com, www.nyc10044.com, www.riwalk.com; Fahrpreis hin und zurück 4 $, Sen. 2 $

New Yorks ungewöhnlichstes Verkehrsmittel ist die **Roosevelt Island Tramway**, eine von der Berner Firma Von Roll hergestellte Seilbahn, die in vier Minuten zu der Insel im East River verkehrt und von der man ausgezeichnete Aussichten hat. Über 8000 Menschen leben in der weitgehend autofreien ›Stadt in der Stadt‹, dem ehemaligen Welfare Island, wo es einige historische Gebäude gibt. Die Seilbahn startet E. 59th St./Second Ave.

Melrose Hotel und Museum of American Illustration

www.societyillustrators.org; 128 E. 83rd St./Park-Lexington Aves., Di 10–20, Mi–Fr 10–17, Sa 12–16 Uhr, Eintritt frei

Die Architekten des 1927 erbauten **Melrose Hotel** 15 übernahmen Elemente neogotischer Kirchenbaukunst (140 E. 63rd St./Lexington-Third Aves.). In einer Seitenstraße hat das **Museum of American Illustration** 16 seinen Sitz, das u. a. Werke von Norman Rockwell und Illustrationen aus den Zeitschriften Time und The New Yorker präsentiert. Auch ein Blick in den Museumsladen lohnt (s. S. 160).

Kulturzentrum Park Avenue Armory 17

www.armoryonpark.org; Info, auch über Besichtigungen

Zum Leidwesen der Veteranen wurde das im Jahr 1880 errichtete Seventh Regiment Armory in das **Kulturzentrum Park Avenue Armory** umgewandelt. Die Pläne für die Innenausstattung stammen z. T. von Louis Comfort Tiffany. Das Gebäude, das 643 Park Ave. einen ganzen Block zwischen Park und Lexington Aves., E. 66th–67th Sts. einnimmt, diente bereits vor seiner Umwidmung für Art Shows. Seit Restaurierung der riesigen Drill Hall finden dort seit Sommer 2010 Shakespeare-Aufführungen der Royal Shakespeare Compnay statt.

China Institute 18

www.chinainstitute.org; 125 E. 65th St., *Mo, Mi, Fr–So 10–17, Di, Do 10–20 Uhr, 7 $, Sen./Stud. 4 $, Di, Do 18–20 Uhr frei*

Die 65th Street führt auf die Fifth Avenue und den Central Park, vorbei am ehemaligen Hotel Baglioru (610 Park Ave./65th St.), jetzt Mayfair House, und dem **China Institute**. Seit 1926 widmet es sich in wechselnden Ausstellungen Chinas Kunst und Kultur.

Temple Emanu-El 19

www.emanuelnyc.org, 1 E 65th St./Fifth Ave., So–Do 10–16.30, Fr 10–15 Uhr, Museum So–Do 10–16.30 Uhr, Eintritt frei

Der **Temple Emanu-El** ist mit 2500 Sitzplätzen die größte jüdische Reform-Synagoge der Welt. Im Jahre 1929 wurde das Gebäude mit maurischen, byzantinischen, neoromanischen und Art-déco-Elementen errichtet (kleiner Gift Shop, Eingang 65th St.). Das zur Synagoge gehörende **Herbert & Eileen Bernard Museum of Judaica** zeigt religiöse Gegenstände.

Museum Mile

Der Fifth Avenue nach Norden folgend, erreicht man die Museum Mile, deren Häuser sich bis auf das Whitney Museum sämtlich an der Prachtstraße aneinanderreihen.

Frick Collection 20

www.frick.org, E. 70th St./Fifth Ave., Di–Sa 10–18, So 11–17, Fei geschl., 18 $, Sen. ab 62 J. 12 $, So 11–13 Uhr, Eintritt freiwillige Spende, keine Kinder unter 10 J., bis 16 J. nur in Begleitung Erwachsener

Die **Frick Collection** ist in einem der schönsten Stadthäuser von New York untergebracht. Die Villa wurde 1913/14 nach Plänen des Architekten Thomas Hastings errichtet, der auch am Bau der New York Public Library mitwirkte. Der Kohle- und Stahlmagnat Henry Clay Frick (1849–1919) hatte eine erlesene Sammlung europäischer Malerei des 14. bis 19. Jh. zusammengetragen. Da er die Ansicht vertrat, dass die Luftverschmutzung seiner Heimatstadt Pittsburgh (PA) den Kunstwerken schaden würde, ließ er das Museum an der Fifth Avenue errichten.

US-Kunst im Whitney 21

www.whitney.org, 945 Madison Ave./E. 75th St., Mi–Do, Sa–So 11–18, Fr 13–21 Uhr, Eintritt 18 $, ab 62 J., Stud. 12 $; Fr 18–21 Uhr Eintritt Spende, Di bis 18 J. frei

Das **Whitney Museum of American Art**, abseits der Museum Mile, geht auf die Initiative der Künstlerin Gertrude Vanderbilt Whitney zurück. Der Bauhausschüler Marcel Breuer lieferte 1966 die Pläne für das Museum. Neben wechselnden Ausstellungen wird im dritten Stock US-amerikanische Kunst des 20. Jh. präsentiert: 60 Gemälde und Skulpturen, darunter Werke von Edward Hopper, Georgia O'Keeffe, Roy Lichtenstein und Claes Oldenburg. Beim Haupteingang ist Alexander Calders kinetische Skulptur »Circus« platziert.

Metropolitan Museum of Art ! 22

www.metmuseum.org, 1000 Fifth Ave./E. 82nd St., Mo an ausgewählten Feiertagen, So, Di–Do 9.30– 17.30, Fr–Sa 9.30–21 Uhr, die Eintrittskarten gelten am selben Tag für die Cloisters, empfohlener Eintritt 20 $, ab 65 J. 15 $, Stud. 10 $; Führungen in dt. Sprache ab Great Hall: Mi, Do 11.15 Uhr

Als größtes Kunstmuseum der westlichen Welt gehört das **Metropolitan Museum of Art** zu den herausragenden Attraktionen von New York. Beim Besuch sollte man, bevor man sich

Pädagogisch wertvoll: Im Metropolitan wird die Kunst auch den Kindern nahegebracht

in den endlosen ›Weltkunst‹-Galerien verliert, vorab entscheiden, was man sehen möchte.

Die Ägyptische Kunst befindet sich im Nordflügel. Auf die Antike in Griechenland und Rom stößt man im Südflügel. Darüber hinaus gibt es zahlreiche Waffen und Rüstungen sowie eine Renaissance-Madonna mit Kind (um 1300) von Ducchio di Buoninsegna, für 45 Mio. $ erworben, und eindrucksvolle 18 Gemälde von Rembrandt, 21 von Cezanne, 37 von Monet, und, in den USA sehr populär, das 1851 entstandene Bild »Washington Crossing the Delaware« von Emanuel Gottlieb Leutze (1816–1868), einem Historienmaler, gebürtig aus Schwäbisch Gmünd.

Das alles wäre ohne Mäzene wie z. B. Cornelius Vanderbilt, Nelson A. Rockefeller oder den Bankier Robert Lehman so nicht zusammengekommen. Aber auch die Raubgräber sollen hier erwähnt werden: Das Metropolitan Museum of Art besitzt weltweit eine der größten Sammlungen aus illegalen Grabungen. Allein aus Zypern schaffte Luigi Palma di Cesnola, der erste Museumsdirektor, fast 43 000 Einzelobjekte nach New York. S. auch S. 156.

Neue Galerie 23

www.neuegalerie.org; Do–Mo 11–18 Uhr, Eintritt 15 $, Sen. und Stud. 10 $; 12–16 J. nur in Begleitung Erwachsener; Führungen Sa–So 14 Uhr

Die **Neue Galerie** (Fifth Ave./86th St.) des Kosmetik-Konzern-Erben Ronald S. Lauder zeigt deutsche und österreichische Kunst des 20. Jh. 2006 erwarb Lauder das Gemälde »Adele Bloch-Bauer II« (1907) von Gustav Klimt für

Auf Entdeckungstour

Ruheoasen und mehr im Metropolitan Museum of Art

Das Metropolitan Museum of Art 22 ist Weltklasse. Bei mehr als zwei Millionen Objekten und 3000 Kunstwerken kann man sich rasch verlaufen. Und eventuell eine grandiose Aussicht, ruhige Plätze und ein Top-Restaurant verpassen.

Planung: Metropolitan Museum of Art, 1000 Fifth Ave./82nd St. Erkundigen Sie sich vorab nach Konzerten im stimmungsvollen Ambiente.

Öffnungszeiten: So, Di–Do 9.30–17.30, Fr–Sa 9.30–21 Uhr. Achtung: z. T. Mo geöffnet (»Met Holiday Mondays«), bitte auf der Website nachsehen: www.metmuseum.org. Eintritt (empfohlen): 20 $, ab 65 J. 15 $, Stud. 10 $, Kinder unter 12 J. in Begleitung Erwachsener frei.

Start: U-Bahn bis 86th St., Rückfahrt nach Midtown mit dem Bus M 5.

Kommen Ihnen auf der Fifth Avenue zahlreiche Menschen mit den rot-weißen Einkaufstüten aus dem **Met Store** (s. S. 160), entgegen, so sind Sie vielleicht schon etwas spät dran. Denn Zeit fordert das Metropolitan Museum of Art unbedingt. Babylonisches Sprachgewirr in der stets überlaufenen Great Hall scheint der Beweis dafür: Jede und jeder, der nach New York kommt, besucht das Museum auf der Upper East Side – fast fünf Millionen jährlich.

Wie ein Dschungel ...

Eines gleich vorab, obwohl es nur am Rande mit Kunst zu tun hat: Ganz oben im Museum gibt es den **Iris and B. Gerald Cantor Roof Garden,** ein Skulpturengarten, dem das **Roof Garden Café** mit Selbstbedienung angeschlossen ist. Die Aussicht von der Dachterrasse auf die Skyline Manhattans ist grandios, der darunter liegende Central Park wirkt wie ein Dschungel. Der Zugang zum Roof Garden im *5th floor* ist allerdings nicht einfach zu finden: Suchen Sie die »European Sculpture and Decorative Galleries« auf und fragen dort beim zahlreich vorhandenen Personal nach dem Lift. Leider ist nur von Mai bis Oktober geöffnet (So, Di–Do 10–16.30, Fr–Sa 10–20 Uhr).

Weil sich die Abteilungen Antikes Griechenland und Rom in den neuen lichten Hallen im Südflügel nahe der Great Hall befinden, ist dies für viele ›die erste Adresse‹. Es ist allerdings auch die bedeutendste Antikensammlung der USA. Und natürlich wird der **Sandstein-Tempel von Dendur** stets besucht, abgetragen beim Bau des Assuan-Staudammes und ein Geschenk Ägyptens an die USA, umflossen von Nil-Wasser (!). Er hat einen eigenen Anbau erhalten. Und durch die Glasfassade blickt man in den Central Park – unvergesslich!

Ruhepunkt Asian Art

Aber bei allem Trubel gibt es auch ruhigere Zonen, unbedingt besuchenswert. Die haben uns Molly, die mit ihrem *dream team* lange Zeit ein französisches Himmelbett fürs Museum restauriert hat, und John, der eine Jahreskarte fürs Museum besitzt, gezeigt. Dazu gehört die **Abteilung japanischer Kunst** (Asian Art, *2nd floor*). Dort ist man beim **Water Stone** von Isamu Noguchi, wo das Wasser ruhig vor sich hin sprudelt, ganz für sich. Und hat zudem noch – Fotoapparat zur Hand! – durchs kleine Fenster einen ausgezeichneten Blick auf den Tempel von Dendur.

Ähnliches trifft auf den **Chinese Garden Court** zu, ein großartiges Ensemble, das leider nur wenig besucht wird. »Natur zwischen Mauern«, lobt das Museum den idyllischen und friedvollen Ort, 1981 erste authentische Rekonstruktion eines solchen Gartens, dessen Elemente, Steine und Pflanzen entsprechend angeordnet sind. Auch die Säle mit Kunst aus Afrika, Ozeanien, Nord- und Südamerika sind eher nicht überlaufen.

Lunch mit Park-Blick

Fast Food wäre in dieser kulturellen Hochburg unangebracht. Insofern hat die Verpflegung der Besucher wirklich Stil: Die **Great Hall Balcony Bar** gilt als einer von New Yorks *romantic places,* und am Freitag und Samstag gibt es dort von 16 bis 20.30 Uhr klassische Musik.

Gefallen aber hat uns besonders das **Petrie Court Café** (So, Di–Do 9.30–16.30, Fr–Sa 9.30–22.30 Uhr) im europäischen Stil. Überaus freundliches Personal, leichte und gesunde Gerichte und dazu noch der Blick in den benachbarten Central Park! Und weil das Restaurant so beliebt ist, müssen Sie dort zum Lunch mit Sicherheit anstehen.

135 Mio. $ – (vorläufiger) Weltrekord! Die Dargestellte gehörte in Wien zum jüdischen Großbürgertum: der Vater Bankier, der Ehemann Industrieller, sie selbst Sozialistin und Kunstmäzenin (was auch Gustav Klimt zugute kam).

Als Deutschland 1938 Österreich ›anschloss‹, floh Ehemann Ferdinand Bloch-Bauer. Das Klimt-Gemälde aber blieb in Wien, geraubt von den Nazis. Nachdem 1998 das Kunstrückgabegesetz in Österreich in Kraft trat, prozessierten die Bloch-Erben aus den USA sechs lange Jahre, ehe sie das Bild zurück erhielten (s. a. www.adele.at).

Guggenheim Museum 24

www.guggenheim.org, Fifth Ave./ E. 89th St., So–Mi, Fr 10–17.45, Sa 10–19.45 Uhr, Eintritt 18 $, Sen. und Stud. 15 $, bis 12 J. frei, Sa ab 17.45 freiwillige Spende

Das 1959 eröffnete **Guggenheim Museum** wurde um einen elfstöckigen Annex ergänzt. Die Pläne für das ›Schneckenhaus‹, zunächst von den New Yorkern durchaus nicht mit Jubel angenommen, stammten von Frank Lloyd Wright. Das Museum blieb der einzige von ihm für New York entworfene Bau. Solomon R. Guggenheim (1861–1949) hatte alte Meister gesammelt – ganz in der Tradition der New Yorker Millionäre –, bis ihn die Künstlerin Baroness Hilla Rebay von Ehrenwiesen, die spätere Museumsdirektorin, mit Werken von Kandinsky und Chagall bekannt machte. In den 50er-Jahren des 20. Jh. wurde die Sammlung um Werke von Picasso und Cézanne ergänzt. Heute bietet das Museum neben der größten Kandinsky-Sammlung der Welt einen Überblick über moderne Kunst.

National Academy Museum 25

https://nationalacademy.org, Fifth Ave./E. 89th St., Mi–Do 12–17, Fr 13–21, Sa–So 11–18 Uhr, Eintritt 10 $, Sen. ab 62 J. u. Stud. 5 $, unter 12 J. frei

Die Kollektion des **National Academy Museum** geht auf die Gründung der Akademie im Jahre 1825 zurück. Da jedes Mitglied ein Kunstwerk zur Sammlung beitragen musste, kann das Haus heute in wechselnden Ausstellungen eine Auswahl aus über 2000 Gemälden und 200 Skulpturen präsentieren, dazu Grafiken und Fotografien.

National Design Museum 26

www.cooperhewitt.org, Fifth Ave./ E. 91st St., Mo–Fr 10–17, Sa–So 10–18, So 11–18 Uhr, Eintritt 15 $, Sen. u. Stud. 10 $, unter 12 J. frei

Die Smithsonian Institution rettete in den 60er-Jahren des 20. Jh. das heutige **National Design Museum** (das ehemalige Cooper-Hewitt Museum), vor dem Ruin. Die 1897 von den Enkelinnen des Industriellen Peter Cooper gegründete Sammlung umfasst die größte Anzahl von Architektur- und Design-Entwürfen in den USA und zeigt außerdem Mobiliar, Keramik, Glas- und Holzarbeiten sowie Textilien. Das Museum ist in der 1901 fertiggestellten 64-Zimmer-Villa des Industriellen Andrew Carnegie untergebracht, dem ersten New Yorker Privathaus mit Personenaufzug.

Jewish Museum 27

www.jewishmuseum.org, Fifth Ave./ E. 92nd St., Sa–Di 11– 17.45, Do 11–20 Uhr, Nov.–Mitte März auch Fr 11–16 Uhr, Eintritt 12 $, ab 65 J. 10 $, Stud. 7,50 $, unter 12 J. frei; Sa freier Eintritt

1993 wurde im 1908 errichteten, einstigen Wohnhaus von Felix M. Warburg, das Frieda Schiff Warburg 1944 für die Einrichtung stiftete, das **Jewish Museum** wieder eröffnet. Die Dauerausstellung schildert anhand von archäologischen Funden, Kunstwerken und religiösen Objekten vier Jahrtausende jüdischer Geschichte.

Museum of the City of NY 28

www.mcny.org, Fifth Ave./E. 103rd St., Di–So 10–17 Uhr, Mo an Fei, Eintritt 10 $, Sen./Stud. 6 $, Fam. 20 $

Als erstes stadtgeschichtliches Museum der USA eröffnete 1923 das sehenswerte **Museum of the City of New York**. Es besitzt eine der umfangreichsten Fotosammlungen zur Lokalgeschichte, eine berühmte Kollektion mit Exponaten aus der Welt des Theaters, Silberschmiedearbeiten, Landkarten, Spielzeug. Immer wieder werden viel beachtete Sonderausstellungen gezeigt.

El Museo del Barrio 29

www.elmuseo.org, 1230 Fifth Ave./ E. 104th St., Mi–So 11–18 Uhr, 6 $ Spende, 3. Sa im Monat frei

Am südlichen Ende von Spanish Harlem präsentiert **El Museo del Barrio** eine umfangreiche Sammlung puertoricanischer und lateinamerikanischer Kunst, auch aus präkolumbischer Zeit.

Wasserfall, Pianist und Jazz

Im Häusermeer gibt's auch immer wieder Oasen für eine Pause. Im 1967 eröffneten kleinen **Paley Park** (E. 53rd St./Madison–Fifth Aves.) rauscht sogar ein Wasserfall. Einen schönen Blick auf die Turtle Bay Gardens hat man vom **Crystal Pavilion Food Court** 4 aus dem Jahre 1982, ein öffentlicher Raum im gleichnamigen Wolkenkratzer. Man lässt sich dort zum Lunch im Atrium nieder, Dienstag und Donnerstag spielt ein Pianist. Die evangelisch-lutherische **Saint Peters Church,** 619 Lexington Ave./E. 54th St., veranstaltet Midtown »Jazz at Midday«, ein einstündiges Konzert am Dienstag und Mittwoch um 13 Uhr (Spende 7 $, www.saintpeters.org).

Essen & Trinken

Die Menüs der Jahreszeiten – **Park Avenue Winter/Spring/Summer/Autumn 1**: 100 E. 63rd St./Park Ave., Tel. 1-212-644-1900, www.parkavenuenyc.com, U-Bahn: Lexington Ave./63 St., Mo–Fr 11.30–14.45, Mo–Do 17.30–22, Fr 17.30–23, Sa–So 11–14.45, Sa 17.30–23, So 17–22 Uhr, Lunch 21–36, Dinner 29–37, Brunch Sa–So 35 $. Entsprechend den Jahreszeiten ändert das Restaurant nicht nur seinen Namen, sondern auch Dekor und Speisekarte. Im früheren Park Avenue Cafe werden Fleisch- und Fischgerichte sowie große Salate serviert.

International? Wenn nicht hier, wo sonst – **Delegate's Dining Room at UN Headquarters 3**: 405 E. 42nd St./First Ave., UN Headquarters, Tel. 1-212-963-7625, www.aramark-un.com, U-Bahn: 42 St/Grand Central, Mo–Fr 11.30–14.30 Uhr, unbedingt rechtzeitig reservieren! Lunch-Büffet 25 $. Angemessene Kleidung wird erwartet, denn zum einen ist man bei den UN, zum anderen dominiert hier politisches Publikum aus aller Welt. Neben dem internationalen Büffet sind besonders die Desserts und der Ausblick auf den East River zu loben. Kommen Sie beizeiten, da die Sicherheitskontrollen einige Zeit in Anspruch nehmen.

Fisch, am Südende von Spanish Harlem – **One Fish Two Fish 2**: 1399 Madison Ave./E. 97th St., Tel. 1-212-369-56 77, www.onefishtwofish.com, U-Bahn: 96

St. tgl. 11–3, Brunch tgl. 11–16, Happy Hour Mo–Fr 16–18, Live Jazz So 12.30–14 Uhr. Fischgerichte 13,95 $, Brunch 9,95 $. Wenn Gäste sogar extra aus Staten Island oder der Bronx ans Südende von Spanish Harlem kommen, beweist das die Anziehungskraft von One Fish Two Fish mit Spezialitäten wie Shrimp & Crab Meat Stuffing, Cajun Catfish und Blackened Salmon. Es gibt aber auch Chicken, Steaks, Pasta und Sandwiches, das alles bei einfacher Einrichtung und preiswert.

Gehobene Küche bei ›Bloomies‹ – **Le Train Bleu 12**: 1000 Third Ave./59th St. Tel. 1-212-705-2100, Mo–Mi, Fr–Sa 10.30–17.30, So 10.30–16, Do 10.30–20 Uhr, U-Bahn: 59 St., Brunch 10.30–12 Uhr: 18 $, Prix-fixe-Menü, drei Gänge, 24 $. Moderne kontinentale Küche in einem französischen Luxuswaggon, der seinerseits ein Interieur erhielt, das den 1920er-Jahren nachempfunden ist.

Old Vienna im Museum – **Café Sabarsky in the Neue Galerie 23**: s. S. 38

Man muss Schlange stehen – **Serafina Fabulous Pizza 3**: E. 79th St./1022 Madison Ave., 1. Stock, Keine Reservierungen, www.serafinarestaurant.com, U-Bahn: 77 St., tgl. 11.30–0 Uhr. Pizza und Pasta 10–20 $. Unweit der Museum Mile ist Serafina ein typisches *neighborhood restaurant*, sehr beliebt bei den Bewohnern der Upper East Side, weshalb man zum Lunch und abends anstehen muss. Zu empfehlen: Ravioli Tartufo Nero. Unter der Marke Serafina gibt es vier weitere Lokale in der Stadt.

Europäischer Stil – **Petrie Court Café:** 1000 Fifth Ave./E. 82nd St., Metropolitan Museum of Art 22. Reservierungen: Tel. 1-212-570-3964. Sonntags Brunch.

Beste Aussichten – **Roof Garden Café:** 1000 Fifth Ave./E. 82nd St., Metropolitan Museum of Art 22, 5. Stock, Tel. 1-212-535-7710, nur Mai bis Herbst: So, Di–Do 9.30–16.30, Fr–Sa 9.30–20.30 Uhr, U-Bahn: 86 St. Eines der Highlights von New York: von der Westseite aus sehen Sie den Obelisken ›Cleopatras Needle‹. Selbstbedienung, es gibt Sandwiches und Margaritas, Wein und Kaffee. Laut Insidern »the best pick up place in the City« – gemeint ist nicht das Essen.

Lunch im Atrium – **Crystal Pavilion Food Court 4**: 850 Third Ave./E. 49th–50th Sts., Tel. 1-212-751-5257, U-Bahn: 51 St., Mo–Fr 8–19 Uhr. Da die Kundschaft vor allem aus Angestellten besteht, gibt es meist nur von 11–15 Uhr Essen.

Einkaufen

Auf vier Stockwerken – **Calvin Klein 1**: s. S. 43.

Von Donna Karan – **DKNY 2**: s. S. 44.

Für die ganze Familie – **Barney's New York 3**: s. S. 43.

›Superstore‹ im Mansion – **Polo Ralph Lauren 4**: s. S. 44.

Mode aus Italien – **Dolce & Gabbana 5**: s. S. 44.

Preispolitik: 20–50 % weniger – **Michael's, the Consignment Shop for Women 6**: s. S. 45.

Jeans-Spezialist – **The Original Levi's Store 7**: s. S. 44.

›Bei Bloomie's‹ – **Bloomingdale's 12**: s. S. 42.

2000 Unikate – **Met Store:** im Metropolitan Museum of Art 22, 1000 Fifth Ave./59th St., Tel. 1-212-570-3894, So, Di–Do 9.30–17.15, Fr–Sa 9.30–20.45 Uhr, U-Bahn: 86 St. Über 2000 Artikel werden auf drei Stockwerken angeboten: von der Goldkette nach byzantinischem Vorbild (27 500 $) über Regenschirme und Keramik bis zu Spielzeug.

Norman Rockwell und andere – **Museumsshop Museum of American Illustration 16**: 128 E. 63rd St./Third–Lexington Aves., Tel. 1-212-838-2560, Di 10–20, Mi–Fr 10–17, Sa 12–16 Uhr, U-Bahn: 63 St./Lexington Ave. Drucke, Poster, Bücher von bekannten Zeichnern.

Sechs Stockwerke – **Argosy** 8: s. S. 40.
Geschenke aus aller Welt – **United Nations Bookshop & Gift Centre:** E. 46th St./First Ave., UN Headquarters 3, Public Concourse, Tel. 1-877-286-4438, U-Bahn: Grand Central/42 St., tgl. 9–17 Uhr, Jan.–Feb. Sa–So geschl. Bücher, Poster, Souvenirs, CDs, sehr viel Literatur für Kinder und Kunsthandwerk aus aller Welt: beide Läden sollte man nicht versäumen!
Weltklasse – **Sotheby's** 9: s. S. 40.
Jet Set Designer – **Michael Kors** 10: s. S. 45.
Unterm Guastavino-Gewölbe – **The Food Emporium** 11: 405 E. 59thSt./ First Ave. Tel. 1-212-752-5836, U-Bahn: Lexington Ave./59 St. Mo–Sa 7–23, So 8–22 Uhr. Ein Supermarkt als Sehenswürdigkeit? In dem Fall berechtigt, denn die beeindruckenden Gewölbe unter der Queensboro Bridge hat der berühmte Rafael Guastavino (1842–1908) entworfen. Seinen Namen trägt auch das benachbarte frühere Restaurant, das jetzt nur noch geschlossenen Gesellschaften zugänglich ist. Also schaut man sich im Feinkostladen um, und Tee genießt man im 1. Stockwerk.
›Bronx Bombers‹-Souvenirs – **Yankees Clubhouse Shop** 12: 110 E. 59th St./ Lexington-Park Aves., Tel. 1-212-758-7844, www.newyork.yankees.mlb. com, Mo–Fr 9–19, Sa 9–18.30, So 11–17 Uhr, U-Bahn: 59 St. Das berühmteste Baseball-Team der Stadt, auch ›Bronx Bombers‹ genannt, verkauft auch Nostalgisches, sogar von den längst verschwundenen Rivalen der Brooklyn Dodgers.

Aktiv & Kreativ

Fitness-Oase – **New York Sports Club** 1: 151 E. 86th St./Lexington–Third Aves., Tel. 1-800-301-1231, www.mysportsclubs.com Uhr, Mo–Do 17–23, Fr 17–22, Sa–So 7–21 Uhr, U-Bahn: 86 St. Komplett ausgestattet ist dieses Fitness-Studio, auch mit Dampfbad, Sauna und Squash-Plätzen.
Tourists are welcome! – **Pedal Pusher Bicycle** 2: 1306 Second Ave./E. 69th St., Tel. 1-877-257-9437, http://pedalpusherbikeshop.com, Mo, Mi–So 10–18 Uhr, U-Bahn: Hunter College/68 St., Fahrrad pro Tag 5,99 bis 24,99 $, Rennräder ab 49,99 $, Verleih ab 18 Jahre. Räder jeden Typs werden verliehen, Karten gibt es gratis dazu. Das NYC-Souvenir-Trikot kostet 74,99 $.

Abends & Nachts

Rooftop Bar – **Top of the Tower Bar & Lounge** 1: s. S. 49
Der Hotel-Bar-Klassiker – **Bemelmans Bar:** 35 E. 76th St./Madison Ave., im Hotel Carlyle 2, Tel. 1-212-744-1600, www.thecarlyle.com, U-Bahn: 77 St., tgl. 12–0.30 Uhr, nach 21.30 Uhr 10–25 $ Cover, Fr–Sa 25 $. Ein New Yorker Hotel-Bar-Klassiker, in dem ein Pianist und ein Jazz-Trio unterhalten. Sehr vornehm, deshalb ist entsprechende Kleidung erwünscht. Hier gibt es noch Old-Time-Cocktails wie Vesper Martini und Old Cuban (ca. 20 $). Geschmückt ist die Bar mit Wandmalereien des Schriftstellers und Illustrators Ludwig Bemelmans (1898–1962). Der bekam kein Honorar, durfte aber mit seiner Familie anderthalb Jahre umsonst im Hotel Carlyle wohnen.
Stargast Woody Allen – **The Café Carlyle:** im Hotel Carlyle 2, Adresse s. o. unter Bemelmans Bar. Oft gastiert in dem 90 Plätze-Supper-Club im Stil der 30er-Jahre montags um 20.45 Uhr Woody Allen mit der Eddie Davis New Orleans Jazz Band. Dinner und Eintritt 110 $, VIP-Plätze 165 $.

Das Beste auf einen Blick

Central Park

Highlight!

Central Park: Ein Blick auf den Stadtplan genügt, um die Bedeutung des Parks zu erfassen. Das riesige Rechteck, doppelt so groß wie Monaco, erstreckt sich von der 59th bis zur 110th Street. Der Park ist die ›grüne Lunge der Stadt‹ und ihr ›Spielplatz‹ dazu. S. 162

Auf Entdeckungstour

Unterwegs mit den ›Urban Park Rangers‹: Die beste Möglichkeit, den Central Park zu Fuß kennen zu lernen, sind die kostenlosen Rundgänge von April bis Oktober ab Info-Zentrum **The Dairy**, die z. B. »Amble through the Ramble« oder »The Castle & its Kingdom« betitelt sind. Wer alleine unterwegs sein möchte: Dort sind auch Faltblätter für drei *self guided tours* erhältlich. 1 S. 166

Kultur & Sehenswertes

Festivals im Park: Auf dem **Great Lawn** treten das **New York Philharmonic Orchestra** und die **Metropolitan Opera** auf. 12 S. 169

Aktiv & Kreativ

Für Romantiker: Kutschen stehen im südlichen Teil des Central Park zwischen Fifth und Sixth Aves. bereit (20 Min. Fahrt 34$ plus Trinkgeld). 4 S. 171

Die Spielwiese der Manhattanites: Fitness und Körperkult – bei gutem Wetter sind den Aktivitäten im Central Park keine Grenzen gesetzt. Es wird gejoggt, gewandert, und wer beim **Speed Walking** dabei sein möchte, informiert sich bei www.nyflyers.org. 7 S. 171

Genießen & Atmosphäre

Auf der Terrasse am See: Von April bis November hat **The Central Park Boathouse** Saison, die Aussicht vom Restaurant ist einfach großartig. 1 S. 169

Abends & Nachts

Seit Schliessung des legendären Restaurants **Tavern on the Green** bietet das **Central Park Boathouse** (s. o.) abends die einzige Möglichkeit, im Park zu dinieren oder einen Drink zu nehmen.

Gigantische ›Spielwiese‹ – der Central Park!

Es war fast visionär, den Central Park anzulegen, denn als der Zeitungsverleger William Cullen Bryant 1844 dazu den Anstoß gab, lag Uptown Manhattan dort, wo sich heute Greenwich Village erstreckt. Bryant hatte beklagt, alles in New York würde nur aus Kommerzgründen angepackt.

Im Bürgermeister-Wahlkampf war der Park ein Thema, und der Gewinner Ambrose Kingsland, von 1851 bis 1853 im Amt, setzte sein Wahlversprechen um, als er nördlich des heutigen Sutton Place Land kaufen ließ. Den Parkbefürwortern erschien das Areal aber zu klein, und die Geschäftsleute der Stadt waren nicht willens, das für den Handel wichtige East- River-Ufer aufzugeben.

Infobox

Reisekarte: ► E–F 8–12

Ausgangs- und Endpunkt: U-Bahn 5th Ave.
Dauer des Rundgangs: 3,5 Std.
Ein Tipp zur Orientierung: Die ersten beiden Ziffern der Zahl an den Laternenpfählen verraten, auf Höhe welcher Straße man sich gerade befindet.

Infos

Visitors Center im Park, The Dairy, Mid Park, 65th St., Tel. 1-212-794-6564, tgl. 10–17 Uhr, Di–So 10–17 Uhr geöffnet sind das **Belvedere Castle** 10 mit Henry Luce Observatory, Mid Park, 79th St., und das **Charles A. Dana Discovery Center** 6, 110th St./Duke Ellington Circle.
www.centralparknyc.org: Die Central Park Conservancy ist eine private gemeinnützige Organisation, die seit 1980 über 300 Mio. $ in den Park investierte.
www.centralpark.com: Inoffizielle Website zum Park, in manchen Punkten nicht ganz aktuell, aber ergiebig.

Greensward

So begannen 1857 die Arbeiten für den Central Park »an einem verpesteten Ort, wo jeder Atemzug von verderblichen Gerüchen vergiftet ist«, wo es Schweinefarmen, Holzhütten von 5000 Deutschen und Iren, Müllhalden und Knochensiedereien gab. Hier wurde der **Plan Greensward** (grüner Rasen) verwirklicht, entworfen vom Landschaftsgestalter Frederick Law Olmsted und dem englischen Architekten Calvert Vaux. »Jedes Stück Fläche des Central Park, jeder Baum und jeder Busch, genauso jede Brücke, Straße und jeder Spazierweg sind dort, wo es sinnvoll ist«, kommentierte Olmsted das gigantische Projekt, das 1876, nach 16 Jahren, abgeschlossen war.

Bei schönem Wetter an Wochenenden wird der Park New Yorks größte ›Spielwiese‹. Inline-Skater kurven im Slalom über den Asphalt, Musik-Bands und Straßentheater-Gruppen treten auf. Im Februar 2005 sorgten Christo und Jeanne-Claude für noch mehr Besucher, als der Park 16 Tage lang mit 7500 safrangelben ›Stoffpforten‹ geschmückt war. Bei einer Umfrage übrigens, was New Yorker am Central Park am Interessantesten finden, gewannen mit 30 % die Eichhörnchen. Auf Rang zwei mit 26 %: die Touristen!

Central Park

Sehenswert

1 The Pond
2 Sheep Meadow
3 Chess & Checkers House
4 Mineral Springs Pavilion
5 Strawberry Fields
6 Bow Bridge
7 The Ramble
8 Turtle Pond
9 Swedish Cottage
10 Belvedere Castle
11 Delacorte Theater
12 Great Lawn
13 Boathouse/Bike Tour/Rudern
14 Bethesda Terrace
15 Wildlife Center
16 Tavern on the Green

Essen & Trinken

1 Central Park Boathouse

Einkaufen

1 The Dairy

Aktiv & Kreativ

1 Inline Skating
2 Dance Skaters
3 Eislaufen
4 Kutschfahrten
5 Klettern
6 Angeln
7 Speed Walking

Auf Entdeckungstour

Unterwegs mit den ›Urban Park Rangers‹

Der Central Park steckt voller Geheimnisse – und wer könnte die besser entschlüsseln als die Urban Park Ranger und die Central Park Conservancy auf den vielfältigen Führungen, die kostenlos von April bis Oktober angeboten werden.

Reisekarte: ► E–F 8–12

Ausgangspunkt: Visitors Center **The Dairy** 1, Mid Park, 65th St., Tel. 1-212-794-6564, **Charles A. Dana Discovery Center,** 110th St./Duke Ellington Circle, und **Belvedere Castle,** Mid Park, 79th St.

Führungen: Juni–Aug., Mo–Fr 11 und 12.15, Mo–Do 15 Uhr.

Die beste Möglichkeit, den Central Park zu Fuß kennenzulernen, sind die kostenlosen Rundgänge von April bis Oktober ab Info-Zentrum, die z. B. »Amble through the Ramble« oder »The Castle & its Kingdom« betitelt sind. Für diejenigen, die alleine unterwegs sein möchten, sind dort auch Faltblätter für drei *self guided tours* erhältlich. **The Dairy,** die Molkerei aus dem Jahre 1870, beherbergt eines von drei Visitors Centers mit einer Ausstellung zur Geschichte des Parks und einem Souvenir Shop (s. S.171).

»Das ist der schönste Park der Welt«, sagt einer der Urban Park Rangers stolz, und entsprechend ›residiert‹ er auch: im Belvedere Castle auf dem Vista Point, der zweithöchsten Erhebung im Park, die ab 1869 einer mittelalterlichen Burg nachgebildet wurde – Europa war Vorbild.

Die Adler vom Central Park

Besonders beliebt im Programm ist das *bird watching.* Die Rangers wissen, was wo zwitschert und sein Nest baut; deshalb gibt's auch gleich ein Fernglas als Beigabe. Über 250 Vogelarten wurden im Park nachgewiesen, und, kaum zu glauben inmitten der Großstadt, es sind auch Adler, Bussarde und Eulen zu entdecken.

Ein Wäldchen mit Pfaden

Der Central Park, das war die Grundidee seiner Gestalter, besteht aus unterschiedlichsten Landschaften. Eine der faszinierendsten davon ist The Ramble (auch diesem Teil ist eine spezielle Tour gewidmet). Das Wäldchen samt seinen verschlungenen Pfaden in der Mitte des Parks sieht nun gar nicht mehr nach New York aus. Weil es so ganz und gar im Verborgenen liegt, war es früher ein beliebter Treffpunkt der Homosexuellen.

Oase der Ruhe

Die Ranger kennen jeden Winkel des Central Park, auch die Wagner Cove an einer schattigen Ecke des Lake. Diese Oase der Ruhe ist nicht leicht zu finden. Dort gibt es aus der Entstehungszeit des Parks noch einen hölzernen Unterstand, der zum Schutz der Passagiere diente, die dort auf die Ankunft der Ruderboote warteten.

Das verschwundene Dorf

Seneca Village, das abgerissen wurde, als der Park angelegt wurde, ist ein anderer Ort, dem die Ranger zwischen 82nd und 89th Streets auf ihren Touren auf der Spur sind. Etwas mehr als 250 Menschen hatten dort gelebt, damals weit draußen vor Stadt. Es waren Iren, Deutsche, Indianer und – weshalb man dem Village heute eine besondere Bedeutung zumisst –, die ersten Afroamerikaner, die nach New York kamen. Und weil dies so unterschiedliche ethnische Gruppen waren, gab es gleich drei Kirchen und mehrere Friedhöfe.

Sogar in der US-amerikanischen Revolution spielte das Areal eine Rolle. Das berichten die Urban Park Ranger, wenn man mit ihnen hoch hinauf in den Norden zum Blockhouse geht. Dieses älteste Gebäude im Park wurde zwischen 1810 und 1812 als Fort errichtet, als man eine britische Invasion befürchtete. Gespannt blickte man hinunter zum East River, doch feindliche Schiffe kamen glücklicherweise nie in Sicht.

Humboldt, Schiller, Beethoven

Denkmäler hatten Frederick Law Olmsted und Calvert Vaux in ihrem Plan für den Park nicht vorgesehen, und dann ist es doch ganz anders gekommen. Denn jede Einwanderergruppe wollte sich entsprechend verewigt wissen. Die Deutschen waren dabei mit Alexander

Frühling im Central Park

von Humboldt, Schiller und Beethoven recht erfolgreich. Die Dänen bestanden auf den Schriftsteller Hans Christian Andersen und den Bildhauer Bertel Thorvaldsen, und die Polen stifteten das martialische Denkmal von König Jagiello, der 1410 bei Grunwald den Deutschen Orden besiegt hatte.

Balto, der Liebling der Kinder

Wesentlich populärer aber sind, weshalb bei den Führungen auch darauf hingewiesen wird, andere Denkmäler. Die »Strawberry Fields« in Erinnerung an John Lennon, auch »Alice in Wonderland«, aber vor allem, da Liebling der Kinder, »Balto, der Schlittenhund«. Der brachte 1925 während eines schweren Schneesturms ein dringend benötigtes Serum in einen Ort in Alaska. Nun sitzt in schöner Regelmäßigkeit ein Kind auf seinem Rücken und lässt sich fotografieren.

Adoptierte Parkbänke

Früher oder später werden Ihnen die kleinen Schildchen an den Parkbänken auffallen. Fragen Sie die Ranger! Denn seit 1986 besteht die Möglichkeit, eine Bank zu adoptieren, was etwa 7500 $ kostet. Ungefähr 2000 der 9000 Sitzgelegenheiten haben bereits neue ›Besitzer‹ gefunden. Erinnert wird an Verstorbene oder an die letzte Nacht, die ein Paar dort verbrachte, bevor der Mann 1943 nach Übersee in den Krieg musste. Oder es wird schlicht gefragt: »Michelle, will you marry me? Love, John.« Michelle hat übrigens ja gesagt.

Allerdings, ein kleines Problem bedeuten die Bank-Adoptionen für die Urban Park Ranger auch. Nämlich dann, wenn jemand anruft und sagt: »Da sitzt einer auf meiner Bank! Unternehmen Sie etwas!« Aber das können, dürfen und wollen sie beim besten Willen nicht tun.

The Pond 1

Der Rundgang beginnt an der Grand Army Plaza. Von der Gapstow Bridge über den **Pond** hat man einen phantastischen Blick auf die Skyline. Die Rollschuh- und Eislaufbahn **Wollman Memorial Rink** 3 wurde über einem Teil des Sees erbaut, dort kann man Schlittschuhe und Inlineskates leihen.

Sheep Meadow 2

Die **Sheep Meadow** ist einer der Plätze, auf denen man sich an schönen Tagen niederlässt. Imbissstände gibt es nur am Anfang des Parks, deshalb bringt man das Picknick mit. Der Platz fasst 30 000 Menschen. Viel mehr waren dort bei den Demonstrationen gegen den Vietnamkrieg Ende der 60er-Jahre.

Das **Chess & Checkers House** 3 der Schachspieler steht auf dem ›Kinderberg‹ genannten Fels; Spiele kann man ausleihen (Juni–Sept. Di–So 10–17, Okt.–Mai Di–Fr, So 10–17 Uhr; Pfand 20 $).

Mineral Spring Pavillion und Strawberry Fields

Beim **Mineral Springs Pavilion** 4 geben sich auf dem Bowling Green die Bowling- und Crocket-Spieler ein Stelldichein.

Strawberry Fields 5, für die zahlreiche Länder Pflanzen spendeten, erinnert seit 1983 an John Lennon, der vor dem nahen Dakota-Apartmenthaus auf der Upper West Side ermordet wurde. Seine Witwe Yoko Ono finanzierte das Mosaik »Imagine«, an dem auch heute noch zahlreiche Blumen niedergelegt und Kerzen angezündet werden. Und mit Sicherheit hört man auch irgendwo einen John-Lennon-Song.

Bow Bridge und The Ramble

Über den schlicht Lake genannten See führt die **Bow Bridge** 6 in eine wilde und geradezu geheimnisvolle Landschaft: **The Ramble** 7, mit verschlungenen Pfaden und einem Bach namens Gill, eine Gegend, die man in New York nie und nimmer vermuten würde.

Turtle Pond und Swedish Cottage

Wer mag, kann den Weg nach Norden fortsetzen, Richtung **Turtle Pond** 8. Im **Swedish Cottage** 9, ein Geschenk Schwedens 1876 an die USA für eine Ausstellung in Philadelphia und seit 1877 im Central Park, werden Aufführungen des städtischen Marionettentheaters gezeigt (Tel. 1-212-988-9093, Di–Fr 10.30, 12, Mi auch 14.30, Sa–So 13 Uhr, 8 $, Kinder 5 $).

Belvedere Castle und Shakespeare

Das **Belvedere Castle** 10, die Nachbildung einer schottischen Burg auf dem Vista Point, beherbergt ein weiteres Visitors Center. Im **Delacorte Theater** 11 am Nordufer des Turtle Pond werden beim **Shakespeare Festival** (Ende Juni bis Anfang September) kostenlos Stücke des englischen Meisters aufgeführt. Das Anstehen für Tickets von Ende Juni bis Anfang September am Veranstaltungstag von **Shakespeare in the Park** ab 13 Uhr (Di bis So) im Park und im Public Theater (www.publictheater.org; 425 Lafayette St.) ist zwar eine zeitraubende Angelegenheit, aber auch eine Tradition der Manhattanites.

Great Lawn 12

Auf dem Great Lawn in Höhe des Metropolitan Museum, der größten Wiese des Parks, geben im Sommer die Met oder die New Yorker Philharmoniker kostenlose Konzerte. Am Südostende des Lawn ist der aus der Zeit um 1450 v. Chr. stammende Obelisk, ein Geschenk Ägyptens, platziert.

Central Park Boathouse 13

Das **Central Park Boathouse** ist nicht nur attraktiv wegen seiner Lage am See, sondern auch wegen der großartigen Aussichten. Das **Restaurant** 1 hat drei Preiskatagorien: Etwas teurer ist es im **Lakeside** (Grilled Swordfish 28 $), **Bar & Grill** im Freien hat eine kleinere Karte (Crab Cakes 16 $), im **Express Café** gibt's »gehobenes Fast Food«, auch einen Veggie Burger. Dort werden Fahrräder, Ruder- und Tretboote und sogar eine venezianische Gondel samt Gondoliere verliehen: eine halbe Stunde kostet 30 $, sechs Personen dürfen Platz nehmen.

Bethesda Terrace und The Mall

Im Jahre 1861 als architektonischer Mittelpunkt des Parks angelegt, zählt die **Bethesda Terrace** 14 zwischen Lake und Mall zu den belebtesten Zentren im Park. **The Mall,** mit Ulmen einer Chaussee nachempfunden, ist ›die große Promenade‹ des Parks.

Zoologische Gärten

Beide Zoos: Nov.–März tgl. 10–16.30, April–Okt. Mo–Fr 10–17, Sa, So/Fei 10.30–17.30 Uhr, 10 $, Sen. 65 J. 7 $, 3–12 J. 5 $

Der **Tisch Children Zoo** beim 1851 für die New York State National Guard erbauten Arsenal (Ausstellung der Park-Pläne, Mo–Fr 9–17 Uhr) ist der kleine Bruder des **Central Park Wildlife Center** 15, wo vor allem die Seelöwen im Pool bestaunt werden. Das Glockenspiel der nahen **Delacorte Clock** erklingt halbstündlich.

Unbekanntes Reservoir

»Ein Geheimnis von New York«, nannte die New York Times den Teil des Central Parks nördlich vom Jacqueline Kennedy Onassis Reservoir und der 96th Street. Die Parkverwaltung weist darauf hin, dass die Verbrechensrate in der riesigen Grünanlage die niedrigste der Stadt ist.

Angeln im Harlem Meer

Anlaufpunkt am Harlem Meer ist in der Nordostecke des Parks (Höhe 110th St./Duke Ellington Circle) das **Charles A. Dana Discovery Center** 6, das auch Angelutensilien verleiht. Die gefangenen Fische müssen allerdings sofort wieder ins Wasser befördert werden.

Mit Veranstaltungen wie dem »Harlem Meer Performance Festival« versucht die Parkverwaltung, den nördlichen Teil des Parks populärer zu machen (Ende Mai–Ende Sept., So ab 14 Uhr). Das Programm gestalten lokale Musikgruppen wie der »Riverside Church Inspirational Chor« (Gospel) oder das »Harlem Renaissance Orchestra« (Jazz).

Tavern on the Green 16

Das Nobel-Restaurant Tavern on the Green Höhe 67 Central Park West/W. 66th St. war nicht nur das vornehmste Restaurant im Park, sondern auch eines der bekanntesten der Stadt. 1934 wurde es in einem 1870 errichteten Schafstall eröffnet. Und obwohl 1000 Gäste Platz fanden, musste man beizeiten reservieren. Am Neujahrsmorgen 2010 aber schloss das Traditionshaus – ein Opfer der Krise wie z. B. auch das Café des Artistes (seit 1917) und der Rainbow Room im Rockefeller Center. Die Zukunft der Tavern und damit der Tanz unterm Lichtermeer waren bei Drucklegung ungewiss, sollten doch erst einmal Waterford-Kristallleuchter und Tiffany-Fenster versteigert werden.

Essen & Trinken

Auf der Terrasse am See – **The Central Park Boathouse** 1: E. 72nd St./Park Drive North, Tel. 1-212-517-2233, www.thecentralparkboathouse.com, U-Bahn: 68 St./Hunter College, Lunch 12–16, Dinner Mo–Fr April–Nov. 17.30–21.30, Sa–So April–Nov. 18–21.30, Sa–So À-la- carte-Brunch 9.30–16 Uhr, Hauptgericht 28 $. **Lakeside Dining** bezeichnet das Restaurant, doch gibt es von April bis November (11–23 Uhr) auch Plätze auf der Terrasse mit Bar und Grill; bei schönem Wetter muss man Wartezeit einkalkulieren. Das **Express Café** bietet für Park-Passanten Fast Food an (tgl. 8–20, im Winter bis 16.30 Uhr).

Einkaufen

Souvenirs – **The Dairy 1:** Mid Park, 65th St., Tel. 1-212-794-6564, tgl. 10–17 Uhr. Der Gift Store hält Führer, Pläne und Bücher, aber auch die üblichen Souvenirs wie Tassen, T-Shirts, Mützen, Schlüsselanhänger etc. mit dem Central-Park-Logo bereit.

Aktiv & Kreativ

Skater City – **Inline Skating 1:** www.skatecity.com/nyc/where/centralpark.html unterrichtet detailliert über die Bedingungen im Park.

Tanzrhythmen für Skater – **Central Park Dance Skaters 2:** bei der Bandshell, am Nordende von The Mall, www.cpdsa.org, April bis Halloween, Sa, So und Fei von 14.30 bis 18.30 Uhr. Die Dance Skaters agieren zu musikalischer Begleitung.

Fahrradtouren – **Central Park Bike Tour:** www.centralparkbiketour.com, Tel. 1-212-541-8759; April–Nov. tgl. 2 Std.-Tour, 10, 13, 16 Uhr, Sa–So zusätzl. 9, 11 Uhr, 49 $, 18 J. u. jünger 40 $. Weitere Touren, z. B. »Movie Tour« tgl. 10, 13 Uhr, 49/40 $. Verleih: 1 Std. 20 $, 2 Std. 30, 3 Std. 40, Tag 65 $. Fahrradverleih auch beim **Boathouse 13** (s. u.): April– Nov. 1 Std. 9–15 $, Tag 45–50 $.

Rudern und mehr – **The Boathouse in Central Park 13:** Mitte April bis Okt. je nach Wetter, 10–17.30 Uhr, die Std. ab 10 $, jede weitere Viertelstunde 2,50 $. Fahrräder werden von März–Okt. Mo– Fr 10–18, Sa–So 9–18 Uhr verliehen, 6–20 $ pro Std.; hier kann man sogar eine **Gondel** mieten, Reservierung: Tel. 1-212-517-2233. Die Gondel namens »La Fia de Venezia«, Baujahr 1862, stammt aus der Lagunenstadt und der Gondoliere kann »O sole mio« singen!

Auf Schlittschuhen – **Eislaufen 3:** www.wollmanskatingrink.com, Mo–Di 10–14.30, Mi–Do 10–22 (10,25 $), Fr–Sa 10–23, So 10–21 Uhr (14,75 $), elf J. u. jünger 5,50/5,75 $, ist auf der Wollman Rink von November bis 31. März möglich.

Schach – **Chess & Checkers House 3:** Juni–Sept. Di–So 10–17, Okt.–Mai Di–Fr, So 10–17 Uhr, Schachspiel-Verleih, Hinterlegen eines Ausweises oder von 20 $ Pfand. Auf dem sogenannten Kinderberg entstand 1952 der achteckige, rote Backsteinbau, in dem So 10–15 Uhr manchmal auch Großmeister unterrichten.

Romantische Tour – **Kutschen 4:** Die Kutschen stehen Central Park South (59th St./Fifth–Sixth Aves.), 20 Min. kosten 34 $, 45–50 Min. 54 $. Eine New Yorker Tradition seit 1935 sind die Kutschfahrten durch den Central Park, doch protestieren seit geraumer Zeit Tierschützer dagegen.

›Bergsteigen im Park‹ – **Klettern 5:** Eine Kletterwand steht im North Meadow Recreation Center, Mid Park, 97th St., Adult Climbing Open Hours: Di, Do 17–20, So 13.30–16.30 Uhr, Tagespass 7 $, auch Kletter-Unterricht.

Angeln in New York City – **Charles A. Dana Discovery Center 6:** 110th St./ Duke Ellington Circle, Mitte April– Mitte Okt., Di–Sa 10–16 Uhr. Es gilt: *Catch and Release!*, die Fische (Karpfen und Barsch) müssen also umgehend wieder freigelassen werden.

Neun Minuten für die Meile – **Speed Walking 7:** www.nyflyers.org. Die Strecke für den Group Run beläuft sich bei den Speed Walkern auf sechs Meilen, gefragt ist ein Tempo von 8,5 bis 10 Min. pro Meile. Diverse Treffpunkte.

Das Beste auf einen Blick

Upper West Side

Kultur & Sehenswertes

Bühne der Klassik-Stars: Das **Lincoln Center for the Performing Arts** beherbergt u.a. die **New Yorker Philharmoniker** und die **Metropolitan Opera.** 14 S. 182, 184

Naturgeschichte spektakulär präsentiert: Das **American Museum of Natural History** ist eine der meistbesuchten Attraktionen der Stadt, zumal die Dinosaurier nun wieder in der großen Halle stehen. Im dort untergebrachten **Rose Center for Earth and Space** wird mit dem Big Bang die Entstehung des Universums demonstriert. 9 S. 176, 178

Aktiv & Kreativ

Kajakverleih: Downtown Boathouse verleiht von Mai bis Mitte Oktober kostenlos Kajaks. 1 S. 184

Genießen & Atmosphäre

Zabar's: Dieses Feinkostgeschäft mit dazugehörigem Café überzeugt mit Köstlichkeiten aus aller Welt und einem umfangreichen Angebot an Kochutensilien. 4 S. 181, 183

Hot Dogs und Fruchtsäfte: Eine Institution auf der Upper West Side ist **Gray's Papaya,** auch wenn die Kombination Würstchen und Pina Colada auf den ersten Blick seltsam erscheint. 4 S. 183

Abends & Nachts

Attraktion am Hudson River: Besonders bei schönem Wetter ist das **Boat Basin Café** am Hudson-Ufer ein Publikumsmagnet. 1 S. 182

Für Jazz-Fans: Im neuen **Time Warner Center** befinden sich drei Veranstaltungsstätten für Liebhaber des Jazz: das **Rose Theater,** der **Allen Room** und **Dizzy's Club.** 2 und 14 S. 184, 185

Wie im Fluge vergeht die Zeit auf der ›Yupper‹ West Side mit ihren unzähligen Lokalen und Geschäften, mit der trendy Columbus Avenue, dem Broadway und der Amsterdam Avenue. Wenn es dunkel wird nach dem Spaziergang im Riverside Park, gehen im Lincoln Center die Lichter an und nebenan in der Metropolitan Opera singt ein Star.

Rund um den Columbus Circle

Der **Columbus Circle** 1 war ehemals ein verkehrsumtoster Platz, nun wurde er der Öffentlichkeit ›zurückgegeben‹: Um das von Italo-Amerikanern gestiftete Kolumbus-Denkmal von 1905 gruppieren sich Wasserspiele, Flaniermeile und Sitzbänke. Zahlreiche Informationen zu allen Geschäften der Gegend bietet die Website www.shopsatcolumbuscircle.com.

Time Warner Center 2

Im Jahr 2003 wurde an Stelle des Messezentrums New York Coliseum das **Time Warner Center** eröffnet. Der halbrunde Komplex mit den 229 m hohen Zwillingstürmen von Architekt David Childs beherbergt neben dem Fünf-Sterne-Hotel Mandarin Oriental Luxus-Apartments mit den höchsten Terrassen der Stadt, die »Samsung Experience« des Elektronik-Konzerns (tgl.; Internet-Zugang, Foto-Postkarten, Spiele etc.), »Jazz at the Lincoln Center‹« (zwei Konzertsäle, Nachtclub, www.jalc.org), den Buch-Musik-Laden **Borders** samt Café und den ›Super-Supermarkt‹ **Whole Foods**, den auch Touristen gerne aufsuchen. Im ersten und zweiten Stock kann man in bequemen Ledersesseln Platz nehmen und eine exquisite Aussicht genießen. Schön ist die Beleuchtung zur Weihnachtszeit.

Museum of Arts and Design 3

www.madmuseum.org; Di–Mi, Fr–So 11–18, Do 11–21, Fei geschl., 15 $, Sen./Stud. 12 $, unter 12 J. frei, Do 18–21 Uhr freiwilliger Eintritt

Gegenüber, Columbus Circle 2, ist 2008 das **Museum of Arts and Design** eingezogen. Der Umbau des Gebäudes von 1965 – sein Architekt Edward Durell Stone entwarf auch das Museum of Modern Art –, war allerdings sehr umstritten, ging doch die ursprüngliche Fassade verloren. Der Denkmalschutz allerdings fand das Gebäude nicht bewahrenswert. Ausgezeichnet das Restaurant Robert im obersten Stock (Aussicht!), tgl. 11.30–0 Uhr, Hauptgerichte ca. 25 $, reservieren unter Tel. 1-212-299-7730 (Fensterplätze ca. 4–6 Wochen vorher).

Trump Tower 4

Ein Luxushotel nimmt die ersten 17 Etagen des 52 Stockwerke hohen **Trump International Hotel and Tower** ein, darüber gibt es teure Apartments. Vor dem Hochhaus steht eine

Infobox

Reisekarte: ► C–F 9–12

Ausgangs- und Endpunkt: 59 St./Columbus Circle

Im Internet

www.nysite.com: Präsentiert die Upper West Side Block für Block: sehr übersichtlich, was z. B. das Angebot an Geschäften, Restaurants oder kulturellen Einrichtungen angeht.

verkleinerte Replik der im Original monumentalen silbernen Stahl-Skulptur »The Unisphere«, die zur World Fair 1964–65 im Flushing Meadows Corona Park aufgestellt wurde. Heute ist der Stahlglobus das Wahrzeichen von Queens, wo auch die originale Skulptur steht.

›Avenue of the Stars‹

Eine der schönsten Schauseiten der Stadt ist die Straße **Central Park West (CPW),** eine lange Reihe stattlicher Apartmenthäuser, am besten vom gegenüberliegenden Bürgersteig am Park zu sehen. Aufgrund der prominenten Anwohner gilt der Straßenzug als ›Avenue of the Stars‹. Madonna allerdings verweigerte die Eigentümerversammlung der San Remo Cooperative den Einzug. Das **Hotel Mayflower** (15 CPW) wurde in Luxuswohnungen umgewandelt. Die **Century Apartments** (25 CPW, 62nd–63rd Sts.) wurden 1931 im Art-déco-Stil vom selben Architekten errichtet wie das **Majestic** (115 CPW).

Spanish & Portuguese Synagogue 5

www.shearithisrael.org;
99 CPW/8 W. 70th St.

Die Upper West Side ist eine traditionell jüdische Wohngegend. Die im Jahr 1897 erbaute **Spanish & Portuguese Synagogue** ist Heimat der Shearith Israel, der ältesten jüdischen Vereinigung der USA. Sie gründet sich auf jene sephardischen Juden, die 1654 Nieuw Amsterdam erreichten. Die nahe W. 72nd Street wurde in den 1940er- und 1950er-Jahren ›Little Vienna‹ genannt, als dort viele Emigranten aus Deutschland und Österreich lebten, ebenso wie weiter nördlich in Washington Heights.

The Dakota 6

Eines der ersten großen Apartmenthäuser der Stadt ist das 1884 errichtete **Dakota**. New Yorker wussten damals noch gar nicht so recht, was eine derart luxuriöse Wohnform bedeutete. Die Vorstellung, sich Aufzug oder Lobby mit ›Fremden‹ zu teilen, erschien den Reichen verwegen. Zudem lag die wohnliche ›Festung‹ ja hoch im Norden von Manhattan, fast außerhalb der Stadt, und so weit weg, als ob sie in den Dakotas stünde, woraufhin der Besitzer diesen Namen wählte.

Der Bauherr Edward S. Clark, Erbe der Singer-Nähmaschinenwerke, und sein Architekt Henry J. Hardenbergh lagen jedenfalls richtig, als die Stadt die Gegend mit der ·*Elevated*, der Hochbahn auf der Ninth Avenue, erschloss und das Dakota so viele würdige Nachfolger bekam, dass die Eighth Avenue 1890 in Central Park West umbenannt wurde.

Im Dakota wohnt Yoko Ono. Ihr Ehemann John Lennon wurde am 8. 12. 1980 vor dem Haus erschossen. Das Grauen, das 1968 Roman Polanski für seinen Film »Rosemarie's Baby« hinter den Mauern des Hauses inszeniert hatte, war Wirklichkeit geworden.

San Remo 7

Im 1930 errichteten Prachtbau **San Remo** (CPW 145–146), dessen Zwillingstürme jeweils 122 m hoch sind, kaufte sich Steven Spielberg mit über 7,3 Mio. Dollar ein – Parkblick inklusive; sein Nachbar ist Dustin Hoffman. Bono, Sänger von U 2, musste kürzlich bereits 15 Mio. berappen. Und die Top-Wohnung im South Tower gehört Filmstar Demi Moore. Wo vorher das Hotel San Remo stand, krönte Architekt Emery Roth, der auch The Beresford (s. u.) plante, den Bau mit zwei Türmen im englischen Barock.

Upper West Side

Sehenswert
- 1 Columbus Circle
- 2 Time Warner Center/Borders/Whole Foods/Führungen/ Dizzy`s Club/Allen Room
- 3 Museum of Arts & Design
- 4 Trump Tower
- 5 Spanish & Portuguese Synagogue
- 6 The Dakota
- 7 San Remo
- 8 New-York Historical Society
- 9 American Museum of Natural History
- 10 79th Street Boat Basin
- 11 Trump Place
- 12 Verdi Square
- 13 Ansonia
- 14 Lincoln Center/ Metropolitan Opera/ NY City Opera/American Ballet Theatre/NY City Ballet/Avery Fisher Hall/Rose Theater/Film Society/David H. Koch Theater

Essen & Trinken
- 1 Boat Basin Café
- 2 Fairway Café Steakhouse/Fairway Market
- 3 La Caridad 78
- 4 Gray's Papaya

Einkaufen
- 1 Barnes & Noble
- 2 H & H Bagels
- 3 Citarella
- 4 Zabar's
- 5 Green Flea Market

Aktiv & Kreativ
- 1 Kajak-Verleih

Abends & Nachts
- 1 Pier I Café

West Side Museum Mile

New-York Historical Society 8

www.nyhistory.org; Di–Do, Sa 10–18, Fr 10–20, So 11–17.45 Uhr; Eintritt 12 $, ab 65 J., 9$, Stud. 7$, unter 12 J. frei. Fr 18–20 Uhr freier Eintritt.

Wie die East Side hat auch die West Side ihre Museum Mile. Neben George Washingtons Feldlager und der weltweit größten Sammlung von Tiffany-Lampen präsentiert die 1804 gegründete **New-York Historical Society** auch Gemälde, Skulpturen, Möbel, Silber- und Glasware als Dokumente der Stadtgeschichte.

Museum of Natural History 9

www.amnh.org; tgl. 10–17.45, 1. Fr im Monat 10.30–19 Uhr; Space Show halbstdl. 10.30–16.30 Uhr; empfohlener Eintritt: Museum und Rose Center 16$, Sen./Stud. 11$, 2–12 J. 9$; mit zusätzl. Space Show 32$, Sen. 24,50$, Stud. 13$

Über vier Blocks erstreckt sich der riesige Bau des zwischen 1872 und 1908 errichteten **American Museum of Natural History**. Dessen **Hayden Planetarium** ist Bestandteil des **Rose Center for Earth and Space**, das zu den auffälligsten Bauwerken der Stadt zählt.

Architekt James Stewart Polshek schuf, wie er selbst sagte, eine »kosmische Kathedrale«. Architektur-Laien nennen dies »die Weihnachtskugel im Glaskasten«. Jedenfalls gilt die ›Kugel‹ im transparenten Würfel als architektonische Sensation. In der oberen Hälfte befindet sich das Planetarium, darunter das sogenannte Big Bang Theater. Der ›Naturpalast‹ ist eines der meistbesuchten Museen der Stadt und gilt als Attraktion für die ganze Familie. Zu den Highlights der Sammlungen zählen die Dinosaurier sowie zahlreiche Dioramen (s. auch S. 178).

Promi-Meile

Das 1929 erbaute **Beresford** (211 CPW) war die Adresse von John McEnroe, einst wohnten hier der Gangster Meyer Lansky und der Schauspieler Rock Hudson, jetzt lebt hier der Hauptdarsteller der erfolgreichsten US-TV-Sitcom »Seinfeld«, Jerry Seinfeld. Das karminrote **Orwell House** von 1905 (257 CPW) hieß ur-

0
200
400 m
N
Jacqueline Kennedy Onassis Reservoir
Soldiers' and Sailors' Monument
West End Avenue
Broadway
Amsterdam Avenue
Columbus Avenue
Central Park West
West 94th St
West 93rd St
West 92nd St
West 91st St
West 90th St
West 89th St
West 88th St
West 87th St
West 86th St
West 85th St
West 84th St
West 83rd St
West 82nd St
West 81st St
West 80th St
West 79th St
West 78th St
West 77th St
West 76th St
West 75th St
West 74th St
West 73rd St
West 72nd St
West 71st St
West 70th St
West 69th St
West 68th St
West 67th St
West 66th St
West 65th St
West 64th St
West 63rd St
West 62nd St
West 61st St
West 60th St
West 59th St
86th St
Transverse Rd No 3
Children's Museum of Manhattan
Congregation Rodeph Sholom
81st St
American Museum of Natural History
Central
Delacorte Theater
Belvedere Castle
UPPER
WEST
SIDE
79th St
Riverside Drive
West Drive
The Lake
Hudson River
Verdi Square
Strawberry Fields
72nd St
Sherman Square
Park
Henry Hudson Parkway
Freedom Pl
Lincoln Towers
66th St Lincoln Center
The Sheep Meadow
Con-Edison
Stev's Towers
Lincoln Square
Transverse Rd No 1
Beaumont & Newhouse Theater
Avery Fisher Hall
Metropolitan Opera
Amsterdam Houses
David H. Koch Theater New York City Opera
Heckscher Playground
Maine Memorial
59th St Columbus Circle

Lieblingsort

Dioramen und Dinosaurier

Es bedurfte nicht des zweiteiligen Spielfilms »Nachts im Museum« – das **American Museum of Natural History** 9 gehört seit Langem zu den Top-Attraktionen New Yorks. Mehr als vier Millionen Besucherinnen und Besucher zählt man dort jährlich, in der Stadt nur noch übertroffen vom Metropolitan Museum (4,5) und der Statue of Liberty (4,2 Mio.). Die ›Stars‹ des Riesenbaus mit seinen 46 Ausstellungshallen sind natürlich die Dinosaurier, aber viel Sorgfalt und Details stecken auch in den Dioramen von fernen Regionen und exotischen Bewohnern. Eine Augenweide ist z. B. das kleine Diorama vom Markt in Peking. Ein Tipp: von der Rotunde im 4th Floor im Anschluss an die Abteilung Primitive Mammals hat man eine grandiose Aussicht auf Central Park und Skyline! (s. auch S. 176).

sprünglich Hotel Peter Stuyvesant. Das 1931 errichtete **El Dorado** (300 CPW) ist der nördlichste Bau mit Zwillingstürmen, das **Ardsley** (320 CPW) wurde 1931 im Art-déco-Stil errichtet.

Nördliche Upper West Side

Die W. 92nd Street führt mitten hinein in die Upper West Side mit den Hauptgeschäftsstraßen Columbus Avenue, Amsterdam Avenue und Broadway. Bis Mitte der 1970er-Jahre war dies eine etwas schäbige Mietshausgegend, unsicher dazu. Die Eröffnung des (nicht mehr bestehenden) Museum Café 366 Columbus Avenue im Jahre 1975 gilt als Beginn der *gentrification*, der Aufwertung, des Viertels, die mit einer gewissen ›Schickimickisierung‹ einherging. Erstmals seit Jahrzehnten eröffneten an der Columbus Avenue wieder Restaurants, ihre Zahl verdreifachte sich in nur einem Jahrzehnt.

Die Mittelklasse kehrte zurück in das fast heruntergekommene Viertel und widmete sich dem *brownstoning*, der Renovierung alter Reihenhäuser, die Mitte der 1970er-Jahre noch für 25 000 bis 40 000 Dollar angeboten wurden. Eine Wohnung im Dakota kostete 5000 $, und wer sie in zwei Apartments aufteilte und etwas Geduld hatte, bekam bald darauf für jedes Apartment 55 000 Dollar. Schick ist das Viertel geworden, dessen Wohnraum in teure Eigentumswohnungen *(coops)* umgewandelt wurde und auf dessen belebten Schlagadern die Mieten selbst für kleinere Läden inzwischen sehr hoch sind. Die Atmosphäre ist dennoch familiär, freundlich und angenehm.

Blick vom Hotel Le Parker Meridien Richtung Upper West Side

Läden mit Kultstatus

Etliche Geschäfte und Lokale der West Side genießen inzwischen Kultstatus. **Zabar's** 4 ist der König der Feinkostläden, der Delikatessen aus aller Welt sowie vielerlei Kochutensilien offeriert. Zu Zabar's gehört auch ein **Café** bekannt für gegrillte Paninis zu 5 $ und die Smoothie Bar; Sandwiches ab 4 $.

Der **Fairway Market**, inzwischen mit **Café und Steakhouse** 2, soll das größte Angebot an Obst und Gemüse in New York haben. Eine Augenweide ist das Fischgeschäft **Citarella** 3.

Riverside Park

Zur Attraktivität des Viertels trägt auch der **Riverside Park** am Hudson River bei. Der zwischen 1873 und 1910 unter Mitwirkung der Central-Park-Architekten Olmsted und Vaux angelegte Park erstreckt sich von der W. 72nd bis zur W. 153rd Street. Auf Höhe der W. 89th Street erinnert das 1901 errichtete marmorne **Soldiers' and Sailors' Monument** an die Opfer des Bürgerkriegs.

Hudson Waterfront

Dem Hudson ganz nahe kommt man auf der Uferpromenade, an der im **79th Street Boat Basin** 10 beim **Boat Basin Café** 1 viele Hausboote vertäut sind. Auf Höhe der 72nd Street endet der Riverside Park. Bis zur 59th Street reicht (noch) das Brachland des früheren Eisenbahndepots des New York Central Railroad Yard, der einst ein Warenumschlagplatz an den Piers war. Nachdem dort schließlich das letzte große Obdachlosen-Camp der Stadt geräumt worden war, begann eines der monumentalsten Bauprojekte der Stadtgeschichte, **Trump Place** 11, das aus 16 Hochhäusern besteht.

Die Bauherren Hudson Waterfront Associates mussten den **Riverside Park**

South schaffen, ein weiteres Kleinod am Wasser und später einmal Bestandteil des Grüngürtels, der sich von der Battery bis zur 125th Street am Hudson entlangziehen wird. Höhe 70th St. hat sich das kleine **Pier I Café** 1 am Hudson etabliert.

Architekturdenkmäler

Verdi Square 12

Auf dem Weg zum kleinen **Verdi Square** Höhe W. 72nd St. fällt 2211 Broadway/W. 78th St. der Block der Apthorp Condos auf, ein Zeuge des Gilded Age von 1908 und des Reichtums der Astor-Familie. Auf dem erwähnten Platz setzten Italo-Amerikaner dem Komponisten 1906 das Denkmal, dessen Sockel Figuren aus »Aida«, »Othello«, »Falstaff« und »Die Macht des Schicksals« schmücken.

Ansonia 13

Als ein architektonisches Kleinod gilt das zwischen 1899 und 1904 errichtete frühere **Ansonia Hotel**, damals eine der luxuriösesten Herbergen der Stadt mit Suiten mit bis zu 18 Zimmern. Hier lebten der Boxweltmeister Jack Dempsey und das Baseball-Idol Babe Ruth, vor allem aber Prominenz der Musikwelt wie Toscanini, Schaljapin oder Strawinsky. Das Mauerwerk war so dick, dass Maestros und Tenöre jederzeit ihr ›Handwerk‹ ausüben konnten.

Lincoln Center 14

www.lincolncenter.org
Broadway und Amsterdam Avenue führen südwärts zum **Lincoln Center for the Performing Arts**. Das größte Kulturzentrum der Welt entstand in den 1960er-Jahren vor allem dank privater Geldgeber, nachdem man die baufälligen Häuser auf dem riesigen Gelände abgerissen hatte. Zuvor wurden in dem Slum noch Szenen für den Film »West Side Story« (1961) gedreht. Zum Lincoln Center gehören nicht nur die drei Bauten, die sich um die Plaza (Umbau bis 2009) gruppieren: das David H. Koch Theater – hier sind das NYC Ballet und die NYC Opera zu Hause –, das Metropolitan Opera House – die ›Met‹ mit Werken von Chagall, auch Bühne des American Ballet Theater – und die Avery Fisher Hall (dort spielen die New Yorker Philharmoniker, deren Proben man bereits für 16 $ besuchen kann (s. S.184).

Der Eingangsbereich zum Kulturzentrum wurde neu gestaltet, dazu gehört auch das beliebte **AT 65 Café** (tgl. 8–21 Uhr, Sandwiches 10 $, Prix-fixe-Menü 20 $) in der Alice Tully Hall.

Essen & Trinken

Terrasse am Hudson – **Boat Basin Café 1**: W. 79th St./Riverside Drive, am Hudson, keine Reservierungen, www.boatbasincafe.com, U-Bahn: 79 St., Ostern bis Okt. Mo–Mi 12–23, Do–Fr 12–23.30, Sa 11–23.30, So 11–22, Brunch Sa–So 11–15 Uhr, Happy Hour Mo–Fr 16–19 Uhr. Burger (auch vegetarisch!) 8 $, Hauptgerichte 16–26 $. Fast mediterranes Flair hat die Promenade des Riverside Park South. Da lag es nahe, in der Rotunda aus den 1930er-Jahren ein Lokal einzurichten, das Boat Basin Café. Man sitzt auf der Sonnenterrasse, im Innenhof oder unter dem Gewölbe. Besonders schön ist es tagsüber. Am Abend dominiert im überfüllten Café eine eher laute Szene.

Speisen im Frischemarkt – **Fairway Café and Steakhouse 2**: 2127 Broadway/W. 74th–75th Sts., keine Reservierung, www.fairwaymarket.com, U-Bahn: 72 St., So–Do 8–21.30, Fr–Sa 8–22 Uhr, 7–29 $. Der Küchenchef Mitchel London

Für 15$ in die ›Met‹

Gut, die ›Geiz ist geil‹-Einstellung nervt, aber einige Tipps für preiswerte Kulturereignisse wollen wir nicht vorenthalten.

Schüler und Studenten, mit dem Internet vertraut, informieren sich über die einschlägigen Angebote wie *Student Rush*. Die gelten z. B. bei den **New York Philharmonic** ab zehn Tage vor Veranstaltungstermin, Eintritt dann 12$. Das **New York City Ballet** (www.nycballet.com) bietet derlei zum selben Preis, Altersgrenze 29 Jahre. Am besten, man loggt sich da bereits am Montag vor der Aufführung ein. Sonst gilt: Plätze, bei denen die Sicht eingeschränkt ist, gibt es in der **Carnegie Hall** am Veranstaltungstag ab 12 Uhr. Maximal zwei Karten zu je 10$ – also beizeiten kommen! Wer hinsichtlich des **NYC Ballet** etwas länger in der Stadt ist, muss überlegen: die Mitgliedschaft in der Fourth Ring Society kostet für die Saison 20$, man erhält dann zwei Tickets für je 15$.

Die weltberühmte **Metropolitan Opera** offeriert über ihre Website (www.metoperafamily.org, ebenso wie per Telefon 1-212-362-6000) Mo–Do 200 *orchestra seats,* davon 50 für Senioren, für je 20$ (Varis Ruth Tickets). Stehplätze am Veranstaltungstag 15–20$. Für Musikliebhaber ein Ereignis sind sicherlich die *Open Rehearsals*, die Proben der **NY Philharmonic** (www.newyorkphilharmonic.org): 9.45–12.30 Uhr in der Avery Fisher Hall im Lincoln Center, Eintritt 16$, bei Buchung online plus 2$, telefonisch plus 6$. Gratis-Konzerte im neuen David Rubenstein Atrium (Broadway/62nd–63rd Sts.) gibt es Do 20.30 und Sa 11 Uhr. Dort sind auch Discount Tickets erhältlich (Di–Sa 12–19.45, So 12–17.45, Mo-Tickets am So).

war früher für Bürgermeister Ed Koch zuständig. Hier kann man frühstücken – *two eggs over easy* mit Bagel und *schmear cream cheese* für 7$ –, oder das Menü für 29$ genießen, Burger und Pizza unter 11$.

Kubanisch-chinesisch – **La Caridad 78** 3: 2199 Broadway/W. 78th St., Tel. 1-212-874-2780, U-Bahn: 79th St., Mo–Sa 11.30–23.30, So 11.30–22.30 Uhr, 8–15 $, keine Kreditkarten. In dem eher schlichten Lokal werden kubanisch-chinesische Gerichte serviert. Dies ist kein Experiment, sondern eine Folge der Einwanderung von Chinesen auf die Zuckerinsel im 19. Jh. Bei Taxifahrern, auch aufgrund der Preise, sehr beliebt.

Gegrillte Paninis – **Zabar's, Café** 4: 2245 Broadway/W. 80th St., Mo–Fr 7–19, Sa 7.30–19, So 8–18 Uhr www.zabars.com. Bekannt für Paninis zu 5,50 $ und die Smoothie Bar; siehe auch S. 41.

Hot Dogs und Fruchtsäfte – **Gray's Papaya** 4: Amsterdam Ave/W. 72nd St., ein Imbiss, keine Reservierung, www. grayspapaya.com, U-Bahn: 72 St., tgl. 24 Std. geöffnet, Hot Dog 1,50$. Wenn selbst spanische und japanische Web-sites auf den Imbiss hinweisen, muss ja etwas dran sein ... Aufpassen: dies ist das Original – und nicht Papaya King, Papaya Dog oder Mike's Papaya! Zum Hot Dog gibt es Dijon-Senf, man genießt den Saft frisch gepresster Orangen oder Piña Colada. Auch wenn sich Coconut Champagne und Banana Daiquiri anders anhören: Es sind nichtalkoholische Getränke (auch 539 Eighth Ave./W. 37th St. und 402 Sixth Ave./W. 8th St.).

Einkaufen

220 000 Bücher – **Barnes & Noble 1**: s. S. 41.
Buch-Musik-Laden – **Borders:** 10 Columbus Circle im **Time Warner Center**. **2** (2. Stock), Tel. 1-212-823-9775, Mo–Fr 9–22, Sa 10–22, So 10–21 Uhr, U-Bahn: 59 St. Columbus Circle. Der Laden der Kette hat ein gutes Sortiment an Büchern und CDs und ist auf Kinderliteratur spezialisiert.
Wo Dustin Hoffman ansteht – **H & H Bagels 2**: 2239 Broadway/W. 80th St., Tel. 1-212-596-8003, www.hhbagels.com, U-Bahn: 79 St., 24 Std. geöffnet, Bagel 1,40 $. Der Bagel, das Sauerteiggebäck mit einem Loch in der Mitte, ist eine New Yorker Tradition und die 1972 gegründete Firma H & H Bagels der weltweite Marktführer, der an der Twelfth Avenue täglich 80 000 Stück produziert. Im Geschäft stehen gelegentlich auch Tom Hanks, Dustin Hoffman und Cher an. Es gibt ›nur‹ Bagels, also ohne Aufstrich, z. B. in den Variationen *Garlic*, *Pumpernickel* und *Salt*.
Frischer Fisch – **Citarella 3**: 2135 Broadway/74th St., www.citarella.com, Mo–Sa 7–21, So 9–19 Uhr. Das 1912 in Sugar Hill Harlem gegründete Fischgeschäft ist eine wahre Augenweide. Aus Eigenproduktion gibt's unter anderem Balsamico und Olivenöl.
Für den exklusiven Geschmack – **Zabar's 4**: s. S. 41 u. 181.
Der Super-Supermarkt – **Whole Foods 2**: s. S. 41.
Paradies für Vegetarier – **Fairway Market 2**: 2127 Broadway/W. 74th St., 6–1 Uhr, www.fairwaymarket.com. Angeblich gibt es hier das größte Angebot an Obst und Gemüse in New York.
Nur Sonntag – **Green Flea Market 5**: s. S. 42.

Aktiv & Kreativ

Hinter den Kulissen – **Führungen durch das Lincoln Center 14**: ab David Rubenstein Atrium, Mo–Di, Do–So, Tel. 1-212-875-5350, http://new.lincolncenter.org, 15 $, Sen./Stud. 12 $, Kinder 8 $.
Für Jazz-Fans – **Führungen »Jazz at the Lincoln Center«:** ab Tour Desk des Times Warner Centers **2**, Tel. 1-212-875-5190, 10 $, Sen./Stud. 8 $, bis 12 J. 5 $.
Backstage Met – **Führungen Metropolitan Opera 14**: Mo–Sa 15.30, So 10.30 Uhr, 15 $.
Kajakfahren auf dem Hudson – **Downtown Boathouse 1**: W. 72nd St. am Hudson River. Verleiht kostenlos von Mai bis Mitte Oktober Kajaks.

Abends & Nachts

Die ›Met‹ – **Metropolitan Opera im Lincoln Center 14**: s. S. 52.
Städtische Oper – **New York City Opera 14**: s. S. 52.
Ballett – **American Ballet Theatre 14**: s. S. 52.
Tradition »Nussknacker« – **The New York City Ballet 14**: s. S. 52.
Die Philharmoniker – **Avery Fisher Hall 14**: s. S. 53.
Große Bühne für Jazz – **Rose Theater 14**: Hier finden die großen Konzerte von »Jazz at the Lincoln Center« statt.
After Hours Set für 10 $ – **Dizzy's Club Coca-Cola 2**: Columbus Circle, Time Warner Center, Tel. 1-212-258-9595, www.jalc.org, U-Bahn: 59 St./Colum-

›Expedition‹ nach Norden
Zwischen den W. 110th und W. 123rd Sts. konzentrieren sich eine Reihe von Sehenswürdigkeiten, die die Fahrt gen Norden auf der Upper West Side nach Morningside Heights lohnen (bitte beachten: die *express trains* 2 und 3 halten nicht 116th St.): **The Cathedral of St. John the Divine**, 112th St./Amsterdam Ave., U-Bahn: Cathedral Parkway/110th St.: die Bischofskirche wird einmal die größte Kathedrale der Welt sein – wenn sie denn fertig ist. Gebaut wird seit 1892. Führungen: Di–Sa 11 und 13, So 14 Uhr, 5$. www.stjohndivine.org. **Columbia University**, 2960 Broadway/W. 116th St., U-Bahn: 116th St./Columbia University: Die private Hochschule mit 20 000 Studierenden ist das älteste College der Stadt, 1754 gegründet. Den 1897 angelegten Campus umgibt die entsprechende Infrastruktur: Cafés, Buchläden, Kneipen. Führungen: Mo–Fr 11 und 15 Uhr, ab Visitors Center, Low Memorial Library, Room 213, www.columbia.edu (Anmeldung). **Riverside Church**, 490 Riverside Drive/Höhe W. 121st St., U-Bahn: 116th St./Columbia Univ.: In exponierter Lage über dem Steilhang zum Hudson-Tal wurde 1930 das baptistische Gotteshaus errichtet. Es besitzt das größte Glockenspiel (Carillon) der Welt. Führungen: So 12.15 Uhr ab First Balcony, frei. Carillon: So 10.30–11, 12.30–13, 15–16 Uhr. www.theriversidechurchny.org. **General Grant National Memorial**, Riverside Drive/W. 122nd St., U-Bahn: 116th St./Columbia University: »Wer ist in Grant's Grab« begraben?, lautet eine beliebte College-Frage, denn im größten Mausoleum der USA ruht nicht nur Ulysses S. Grant (1822–1885), Oberbefehlshaber der Union im Bürgerkrieg und von 1869–1877 US-Präsident, sondern auch dessen Frau Julia (1826–1902). Grant erhielt hier 1897 seine letzte Ruhestätte; am Begräbnis nahmen 1 Mio. Menschen teil. Tgl. 9–17 Uhr, geschl.: Thanksgiving, 25.12., 1.1., Führungen 10–15 Uhr stdl., Eintritt frei, www.nps.gov/gegr.

bus Circle, Sets tgl. 19.30 und 21.30, Fr–Sa auch 23.30 und 0.45 Uhr. Cover 20–35$, *After Hours Set* Fr/Sa nach Mitternacht 10$, Minimum-Verzehr: am Tisch 10$. Nicht zuletzt mit seinen tollen Aussichten auf Stadt und Central Park hat sich Dizzy's rasch einen festen Platz unter den Klubs der Stadt erobert.

Kulisse Central Park – **Allen Room 2:** (s. o.) Als großer architektonischer Wurf gilt die 900-Plätze-Veranstaltungsstätte, denn die Musiker spielen vor einer riesigen Glaswand, hinter der Columbus Circle und Central Park die Kulisse bilden.

Nur zwölf Tische – **Pier I Café 1:** auf Höhe W. 70th St, Riverside Park South, www.piericafe.com, Drink 5$, Mai–Mitte Okt. je nach Wetter Mo–Fr 12–22, Sa–So 11–22 Uhr. Am Hudson hat sich das kleine Café etabliert, in das man sein eigenes Essen mitbringen darf. Ab und an gibt's Reggae.

Reif fürs Festival – **Film Society of Lincoln Center 14:** s. S. 53.

Lieblingsort

Der ›Bücher-Tempel‹

Barnes & Noble 1 ist mit fast 800 Läden größter Buchhändler der USA. Und besonders groß ist der Laden in New York Ecke Broadway/E. 66th St. gegenüber dem Lincoln Center. Anders als in Mitteleuropa, scheint die Kundschaft dort einen nicht unwesentlichen Teil ihrer Freizeit zu verbringen. Im Starbucks-Café z. B., das zu so gut wie allen Barnes & Noble-Filialen gehört. An Lektüre, dazu zählen auch ausgefallene Magazine, ist im Hause kein Mangel, so nimmt man sie mit ins Café oder schmökert, weil alle Sitzgelegenheiten besetzt sind, an die Wand gelehnt, die Beine auf dem Boden ausgestreckt. New-York-Literatur gibt es natürlich reichlich, dazu Lesungen und ab und an Musik. Zu New York hat Barnes & Noble eine besondere Beziehung, eröffnete hier doch 1932 ihr erster Laden (s. S. 41).

Fiction Paperback Favorites
Non-Fiction Paperback Favorites
MAN GONE DOWN
SHADOW OF THE WIND
Saturday
ZAGAT

Harlem

Kultur & Sehenswertes

Schomburg Center for Research in Black Culture: Die Zweigstelle der New York Public Library (NYPL) zeigt wechselnde Ausstellungen zur afroamerikanischen Kultur. 13 S. 194

Gospelgesang: Die Gottesdienste in der **Abyssinian Baptist Church** ziehen zahlreiche Touristen an. Einzelpersonen müssen sich anstellen, da die Einheimischen Vorrang haben. Die Kirche weist ausdrücklich darauf hin, dass ein Gottesdienst besucht wird und kein Musical! 14 S. 194

Aktiv & Kreativ

Stadtgeschichte hautnah: Es gibt ein umfangreiches Angebot an Rundfahrten und Rundgängen in dem Stadtteil, so von **Harlem Spirituals Tours.** Interessante Programme bietet auch **Harlem Heritage**, z. B. mit den Themen »Harlem Renaissance« und »General Harlem«. 1 und 3 S. 196

Genießen & Atmosphäre

Harlems kulinarische Szene: War vor Jahren eigentlich nur **Sylvias** eine kulinarische Adresse, so gibt es inzwischen zahlreiche Restaurants wie **Amy Ruth's** und **Londel's**, die auf Southern Style Food und Soul Food aus den Südstaaten spezialisiert sind. Nirgendwo in New York werden diese traditionellen Gerichte besser zubereitet als in Harlem. 1, 3 u. 4 S. 195

Abends & Nachts

Harlems Musikszene: Meist sind es Jazz-Clubs mit großen Namen wie **Cotton Club, Lenox Lounge** und **Uptown at Minton's**, doch sind auch kleinere Clubs wie **St. Nick's Pub** und **Showman's Cafe** interessant und sehr authentisch. Sehr beliebt ist die »Amateur Night« des **Apollo Theater.** 1, 4, 10, 1 – 3 S. 196, 197

Harlem ist ein Mythos. Nachdem das Viertel heute wieder problemlos besucht werden kann – als Signal für die Umkehr galt, dass der ehemalige US-Präsident Bill Clinton dort sein Büro eröffnete (55 W. King Jr. Blvd.) –, hat es einen Aufschwung erlebt. Die Harlem USA Mall mit dem auf afroamerikanische Literatur spezalisierten **Hue-Man Bookstore** 2 ist das neue Einkaufszentrum, Ex-Basketball-Star ›Magic‹ Johnson ist am Multiplex-Kino beteiligt. Eröffnet haben nicht nur Dependancen der bekannten Ketten wie Starbucks, H & M, Staples etc., es entwickelt sich auch eine interessante Szene kleinerer Läden. Allerdings ist die Fluktuation bei Geschäften wie Lokalen noch beträchtlich und das erste Hotel seit 40 Jahren wurde entgegen allen Plänen auch noch nicht erbaut.

Stolz auf die eigene Geschichte und die Repräsentanten der Bürgerrechtsbewegung, hat man in Harlem die offiziellen Straßennamen (die nach wie vor gelten) durch andere Bezeichnungen ersetzt: So wurde z. B. aus der 125th Street der Martin Luther King Jr. Boulevard, aus der Lenox Avenue der Malcolm X Boulevard, aus der Seventh Avenue der Adam Clayton Powell Jr. Boulevard und aus der Eighth Avenue der Frederick Douglass Boulevard. Douglass (1818–95) kämpfte gegen die Sklaverei und die Diskriminierung der Schwarzen in den USA, King (1929–65) war der charismatische Führer der Bürgerrechtsbewegung und Malcolm X ein Repräsentant der radikalen Black Muslims. Der Prediger Adam Clayton Powell Jr. (1908–72) trug den Beinamen Mr. Civil Rights, war 1941 der erste schwarze Stadtrat in New York und 1944 erster Afroamerikaner, der in den US-Kongress gewählt wurde.

Infobox

Reisekarte: ► Karte 5, D 1

Ausgangspunkt: U-Bahn 125th St.
Endpunkt: Bus 7 oder 102 bis 116th St., dort U-Bahn: 116 St.
Dauer des Rundgangs: 2 Stunden

Infos

Harlem Information Kiosk: im Studio Museum 4, 144 King Jr. Blvd./Malcolm X-Powell Jr. Blvds., Mo–Fr 12–18, Sa–So 10–18 Uhr, Fei geschl.

Das **Schomburg Center** hat etliche seiner Austellungen etwa zu Malcolm X und zum Triumph über die Sklaverei ins Netz gestellt: **www.nypl.org/research/sc/sc.html.**

Über die jüdische Vergangenheit Harlems informiert: **www.columbia.edu/cu/iraas/harlem/**, **www.harlemonestop.com** nennt viele Adressen im Viertel.

Am Martin Luther King Boulevard

Apollo Theater 1

Die U-Bahn verlässt man in der Station 125th Street (King Jr. Blvd.). Bevor man den zweistündigen Spaziergang unternimmt, sollte man sich jedoch noch die ›Kunst im Untergrund‹ – das Wandmosaik »Flying home« von Faith Ringgold – ansehen. Es zeigt u. a. Künstler, Sportler, Bürgerrechtler aus Harlem, inspiriert von Lionel Hamptons »Flying Home Harlem Heroes and Heroines«. Das **Apollo Theater** ist weit über Harlem hinaus bekannt. Stars wie Duke Ellington oder Bessie Smith traten dort auf, erstmals fanden dort ab 1934 auch Schwarze Gäste Einlass.

Gegenüber steht das ehemals größte, heute geschlossene Kaufhaus von

Harlem, Blumstein's, dessen Neonreklame noch vorhanden ist (230–238 King Jr. Blvd.). In dem Geschäft waren Schwarze zunächst nur als Handlanger beschäftigt, was 1934 unter der Parole »Kauft nicht dort, wo ihr nicht arbeiten könnt« zu einem Boykott des Kaufhauses führte. Der war von Erfolg gekrönt: Blumstein's stellte Schwarze ein, u.a. die ersten schwarzen Mannequins.

National Jazz Museum 2

www.jmih.org, z.z. noch: Visitors Center, 104 126th St., Suite 2 C, Mo–Fr 10–16 Uhr, im Laufe von 2011: 233 W. 125th St.

Das Projekt, in Harlem ein nationales Jazz-Museum einzurichten, wird schon länger verfolgt und dürfte zu einer weiteren Aufwertung des Stadtteils beitragen. Neben New Orleans war das Viertel eine Hochburg des Jazz. Im momentanen Provisorium gibt es Gratis-Konzerte und Vorträge. Seine neue Heimat soll es im **Victoria Theater** von 1917 finden, Harlems ehemals größtem und elegantestem Lichtspieltheater. Neben der Ausstellung wird es dort eine Musikbühne, ein Schallarchiv und ein Kino mit dem Schwerpunkt unabhängige schwarze und lateinamerikanische Filme geben.

Theresa Towers 3

Am African Square wurden die **Theresa Towers** 1913 als Hotel eröffnet (Powell Jr. Blvd./King Jr. Blvd.). Auch im Waldorf of Harlem galt bis 1940 Rassentrennung. Das 1970 in Büros umgewandelte Hotel hat ein Kapitelchen Weltgeschichte erlebt: Nachdem Fidel Castro in Kuba den von den Vereinigten Staaten gestützten Diktator Battista gestürzt hatte, war er in den USA nicht mehr willkommen. Kein Hotel wollte ihn anlässlich seines Besuches bei den UN 1960 aufnehmen. Als Castro ankündigte, notfalls auf dem Rasen vor den United Nations zu nächtigen, intervenierte die UN bei den Hoteliers. In Midtown aber stellte man unannehmbare Bedingungen, woraufhin Castro auf Empfehlung von Malcolm X in das Hotel Theresa übersiedelte. So kam es, dass politische Größen wie Chruschtschow und der ägyptische Präsident Nasser seinerzeit in Harlem vorstellig wurden.

Studio Museum 4

www.studiomuseum.org, 144 King Jr. Blvd./Malcolm X-Powell Jr. Blvds., U-Bahn: 125 St., Mi–Fr, So 12–18, Sa 10–18 Uhr, Eintritt 7$

Das 1968 gegründete **Studio Museum,** erstes seiner Art in den USA, zeigt in wechselnden Ausstellungen afroamerikanische Kunst des 19. und 20. Jh. und sammelt auch Werke aus Afrika und der Karibik. Für die Jahre 1906 bis 1983 besteht außerdem ein ausgezeichnetes Foto-Archiv zu Harlem.

Harlems populärste kulinarische Adresse ist **Sylvias** 4, das Lokal gilt als Aushängeschild des gesamten Viertels.

Cotton Club 5

Der **Cotton Club** war New Yorks berühmtester Nachtclub, er hat 1978 unter neuer Adresse eröffnet (656 King Jr. Blvd.). Seine Geschichte spielte woanders: Der schwarze Box-Weltmeister Jack Johnson eröffnete 1920 in Harlem an der 142nd Street den Club Deluxe, der 1923 von den neuen Besitzern den Namen Cotton Club bekam. Die Haus-Band leitete Duke Ellington, von dem ›Dschungelmusik‹ verlangt wurde, wie überhaupt die Politik dieses ›Clubs nur für Weiße‹ rassistisch war. Nach den Aufständen in Harlem zog der Club 1936 nach Midtown, Broadway/48th St., um, wo er noch bis 1940 bestand. Die einzige erhaltene Radiosendung aus dem Harlemer Domizil datiert von 1931. Francis Ford Coppolas »Cotton Club« entstand 1984.

Am Malcolm X Boulevard

Der Boulevard trägt den Namen von Malcolm X (1925–1965, eigtl. Malcolm Little). Der Revolutionär gehörte als Missionar der Nation of Islam an, die auch als Black Muslims bezeichnet wird. Nachdem er die Organisation wegen heftig kritisierter Äußerungen zum Tode des US-Präsidenten John F. Kennedy verlassen musste und zum orthodoxen Islam übergetreten war, wurde er von Anhängern der Nation of Islam im Audubon Ballroom in Washington Heights ermordet (3940 Broadway/W. 165th–166th Sts; U-Bahn: 168 St/Broadway; Ausstellung Mo–Fr 9–16 Uhr).

Weithin sichtbar ist der hohe Kirchturm der **Ephesus Seventh-Day Adventist Baptist Church** aus dem Jahr 1887 (267 Malcolm X Blvd). Am Dekor der Fassade entdeckt man eigenartige Motive.

Mount Morris Park Historic District

Als **Mount Morris Park Historic District** 6 steht das Gebiet zwischen Malcolm X Boulevard und **Marcus Garvey Park** 7 unter Denkmalschutz. Die viktorianischen Reihenhäuser stammen vom Ende des 19. Jh. Die 122nd Street wurde wegen ihrer Bewohner auch Doctors' Row genannt. Im Park befindet sich der letzte erhaltene Feuerwachturm der Stadt von 1855, das älteste Gebäude aus Gusseisen in New York.

Der Wandel in Harlem lässt sich auch an der kleinen neogotischen Ebenezer **Gospel Tabernacle Church** (225 Malcolm X Blvd.) erkennen: 1891 ließen die Unitarier die Kirche erbauen, 1919 wurde sie Synagoge orthodoxer Juden und 1942 zog eine afroamerikanische Gemeinde ein. Wie alle anderen Gotteshäuser in Harlem ist auch diese Kirche in der Regel tagsüber der Öffentlichkeit zugänglich.

St. Martin's Episcopal Church 8

Insbesondere auch Einwanderer aus der Karibik besuchen in 230 Malcolm X Boulevard die Gottesdienste der **St. Martin's Episcopal Church**, die 1889 aus rotem Granit errichtet und vom Denkmalschutz-Komitee als »das beste Beispiel neoromanischer Architektur in Manhattan« bezeichnet wurde. Die Kirche, die eher wie eine Trutzburg anmutet, besitzt nach der Riverside Church das zweitgrößte Glockenspiel der Stadt, das in den Niederlanden entstand und 1949 installiert wurde.

Mount Olivet Baptist Church 9

Die **Mount Olivet Baptist Church** wurde 1907 als Tempel Israel für deutsche Juden im populären Beaux-Arts-Stil erbaut (201 Malcolm X Blvd.). Als die Gemeindemitglieder 13 Jahre nach der Einweihung fortzogen, übernahmen die Adventisten das Gebäude, auf die 1925 die Baptisten folgten.

Lenox Lounge 10

Die von außen unscheinbare **Lenox Lounge** hat eine reiche Geschichte (288 Malcolm X Blvd.). Der im Art-déco-Stil dekorierte Zebra Room des hier 1939 eröffneten Jazz-Klubs wurde renoviert und dient nun häufig als Kulisse für Spielfilme oder Foto-Shootings. Einst traten dort Jazz-Größen wie Billie Holiday und Miles Davis auf. **Harlem Underground** 4 in der Nähe vermarktet Harlem als Kleidungs-Label.

Savoy Ballroom

Der 1926 eröffnete **Savoy Ballroom**, der heute nicht mehr besteht, hatte zwei Bühnen, berühmt waren die *Battles of the Bands*, die 1937 sogar einmal 27 000 Zuschauer anzogen (596 Mal-

Harlem

Sehenswert

1 Apollo Theatre
2 National Jazz Museum, (Eröffnung im Laufe von 2011)
3 Theresa Towers
4 Studio Museum/Store/Information
5 Cotton Club
6 Mount Morris Park
7 Marcus Garvey Park
8 St. Martin's Episcopal Church
9 Mount Olivet Baptist Church
10 Lenox Lounge
11 Malcolm Shabbaz Harlem Market
12 Astor Row Houses
13 Schomburg Center
14 Abyssinian Baptist Church
15 Strivers' Row

Essen & Trinken

1 Amy Ruth's Home-Style Southern Cuisine
2 Le Baobab
3 Londel's Supper Club
4 Sylvias

Einkaufen

1 B. Oyama Homme
2 Hue-Man Bookstore & Café
3 Harlems Heaven Hat Boutique
4 Harlem Underground

Aktiv & Kreativ

1 Harlem Spirituals Tours
2 Harlem, your way!
3 Harlem Heritage

Abends & Nachts

1 Showman's Café
2 St. Nick's Pub
3 Uptown at Minton's

Auf den Spuren des Hip Hop
Der Hip Hop, inzwischen ein globales musikalisches Phänomen, kam Anfang der 1970er-Jahre aus der Bronx. Dorthin und zu anderen Orten ist die ›The Roots of Hip Hop Multimedia Bus Tour‹ unterwegs. Während der Fahrt werden Dokumentationen gezeigt und manchmal kommen auch Pioniere an Bord. Veranstalter: www.harlemheritage.com, einmal im Monat, Sa, 3 Std., 39 $.

colm X Blvd.). Ella Fitzgerald debütierte im *home of the happy feet*, das im Titel »Stompin' at the Savoy« verewigt ist.

Malcolm Shabazz Harlem Market 11

Wer Harlems afrikanischen Markt besuchen möchte, fährt mit dem Bus Nummer 7 oder 102 den Malcolm X Blvd. Richtung Süden bis zur 116th Street hinunter. Der **Malcolm Shabazz Harlem Market** wurde 1999 als Markt für die Straßenhändler vom King Jr. Boulevard eröffnet. Vor allem Westafrikaner aus Ghana und Nigeria verkaufen dort Kunsthandwerk und Kleidung.

An der jenseitigen Straßenecke steht die Malcolm-Shabazz-Moschee. Malcolm X hatte nach Pilgerreisen kurz vor seiner Ermordung den Namen El-Hajj Malik El-Shabazz (Betty Shabazz war seine Ehefrau) angenommen. Nahebei: das beliebte Restaurant **Amy Ruth's 1**. Auf der 116th Street zwischen Lenox und Manhattan Aves. leben vor allem Westafrikaner, so ist mit ›Little Senegal‹ ein weiteres ethnisches Viertel in New York entstanden.

Nach Norden: Zwischen 130th und 140th Streets

Astor Row Houses 12

Mit den **Astor Row Houses** wurde ein weiteres Gebäude-Ensemble in Harlem unter Denkmalschutz gestellt. In der W. 130th Street zwischen Malcolm X Boulevard und Fifth Avenue blieben Wohnresidenzen aus dem 19. Jh. erhalten, mit großen Vorgärten und hölzernen Veranden.

Schomburg Center 13

www.nypl.org/research/sc/sc.html, 515 Malcolm X Blvd./W. 135th St., U-Bahn: 135 St., Mo–Mi 12–20, Do–Fr 11–18, Sa 10–17 Uhr, Eintritt frei

In dem 1905 von Arthur A. Schomburg (1874–1938) gegründeten **Schomburg Center for Research in Black Culture** wurden 3,5 Mio. Dokumente zur Geschichte und Kultur der Afroamerikaner gesammelt. Das Kulturzentrum zeigt auch wechselnde Ausstellungen. Die Damen an der Rezeption geben gerne über Geschichte und Kunstwerke Auskunft. Einen Besuch lohnt der Museumsladen. An der Fassade zum Malcolm X Boulevard würdigt eine Wall of Fame zahlreiche prominente Afroamerikaner der Stadt.

Abyssinian Baptist Church 14

www.abyssinian.org, 132 Odell Clark Place, U-Bahn: 135th St.

Harlems bedeutendste Kirche ist die **Abyssinian Baptist Church.** Äthiopische und afroamerikanische Kaufleute verließen aufgrund der Rassendiskriminierung die First Baptist Church und gründeten die Gemeinde 1808, die imposante neogotische Kirche wurde 1923 errichtet. Die Gemeinde spielt heute eine bedeutende Rolle bei den Sanierungsmaßnahmen in Harlem. Die Abyssinian Development Corporation bemüht sich um die Neuansiedlung von Gewerbe und treibt die Renovierung sowie den Neubau von Wohnungen voran.

Strivers' Row 15

Zum St. Nicholas Historic District gehört die **Strivers' Row** zwischen Powell Jr. Blvd. und Douglass Blvd. in den W. 138th und 139th Streets. In den 1890er-Jahren wurde das Gebiet bebaut, seit 1920 lebten dort schwarze Geschäftsleute, Ärzte, Profisportler, Musiker – die *striver*, Streber. Millionäre allerdings waren sie nicht, die Mittelklasse dominierte, und mancher Eigentümer konnte sich ein Haus nur leisten, weil er gleichzeitig Untermieter hatte. **Londel's** 3 bietet gehobene Küche.

Essen & Trinken

Hähnchen und Honig – **Amy Ruth's Home-Style Southern Cuisine** 1, 113 W. 116th St./Malcolm X Blvd., www.amyruthsharlem.com, U-Bahn: 116 St., Mo 11.30–23, Di–Do 8.30–23, Fr 8.30–5.30, Sa 7.30–5.30, So 7.30–23 Uhr, 12–18 $. Ein weiteres Lokal mit Soul Food bzw. Gerichten des US-amerikanischen Südens. Favorit: »BBQ Chicken President Obama«. Viele Besucher nach dem Kirchgang, jedoch keine Reservierung möglich. Kein Alkoholausschank *(BYOB: Bring Your Own Beer)*.

Westafrikas Küche – **Le Baobab** 2: 120 W. 116th St./Powell Jr. Blvd.-Malcolm X Blvd., Tel. 1-212-864-4700, tgl. 12–2 Uhr, U-Bahn: 116th St., keine Kreditkarten. Le Baobab, betrieben von senegalesischen Zuwanderern, gilt als bestes afrikanisches Restaurant in Harlem. Keine *license,* alkoholische Getränke muss man deshalb mitbringen.

No.1 der Striver's Row – **Londel's Supper Club** 3: 2620 Douglas Blvd./139th –140th Sts., Tel. 1-212-234-6114, www.londelsrestaurant.com, U-Bahn: 135 St., Di–Sa 11.30–0, So 11.30–17 Gospel Sunday Brunch (bitte reservieren), Fr–Sa 20, 21, 22 Uhr Jazz oder R & B (Cover charge 12–23 $, Brunch 22,95 $). Gehobene Küche in der Strivers' Row im Restaurant eines ehemaligen Police Officers, die auch lokale Politiker anzieht. Spezialität von Londel's ist der Blackened Catfish.

›The Queen of Soul Food‹ – **Sylvia's** 4: 328 Malcolm X Blvd./126th-127th Sts., Tel. 1-212-996-0660, www.sylviasrestaurant.com, U-Bahn: 125 St., Mo–Sa 8–22.30, So 11–20 Uhr, Barbecued Ribs 12,95 $. Seit 1962 ist die ›Queen of Soul Food‹ das kulinarische Aushängeschild Harlems, weswegen dort viele Touristen von Stadtrundfahrten und Studenten der Columbia Universität anzutreffen sind. Sylvias Saucen haben es inzwischen auch in die US-Supermärkte geschafft. Spezialität Di–Mi: Meat Loaf with Secret Sauce.

Einkaufen

Führender Herrenausstatter – **B. Oyama Homme** 1: 2330 Powell Jr. Blvd./136th–137th Sts., www.boyamanyc.com, U-Bahn: 135 St., Sept.–Mai Mo 14–19, Di–Fr 11–19, Sa 10–18, Juni–Aug. Mo 15–20, Di–Fr 12–20, Sa 11–19 Uhr, So n. V., ›The Haberdasher of Harlem‹, Bernard Oyama, ist für Herrenmode zuständig – so Anzüge, Hemden und Krawatten. Auch ist Ware aus Großbritannien und Italien erhältlich.

Afroamerikanische Literatur – **Hue-Man Bookstore & Café** 2: 2319 Douglass Blvd./124th–125th Sts. (Harlem USA Mall), www.huemanbookstore.com, U-Bahn: 125 St., Mo–Sa 10–20, So 11–19 Uhr. Die größte Buchhandlung mit afroamerikanischer Literatur in den USA.

Red Hats und Church Hats – **Harlems Heaven Hat Boutique 3**: 2538 Powell Jr. Blvd./W. 147th St., Tel. 1-212-491-7706, www.harlemsheaven.com, U-Bahn: 145 St., Di–Sa 12–18 Uhr. Wenn Sie die oft gewagten Hutmodelle der afroamerikanischen Damen und Herren bewundern – hier gibt es sie, ob nun bei der aktuellen Red Hat Collection (69–375 $) oder den aufwändigen Church Hats für den Kirchgang. Weiter findet man in Harlems Heaven Handtaschen, Ohrringe u. a. m.

Harlem-Design – **Harlem Underground 4**: 20 E. King Jr. Blvd./Fifth–Madison Aves., www.harlemunderground.com, U-Bahn: 125 St., Mo–Sa 11–18 Uhr. Alles hat mit Harlem und entsprechenden Symbolen zu tun, ob nun auf Jackets oder Baseball Caps. Die »Spike Lee Collection« hat der Regisseur autorisiert.

Afrikanischer Markt – **Malcolm Shabbaz Harlem Market 11**: 52 W. 116th St./Malcolm X Blvd., Tel. 1-212-987-8131, U-Bahn: 116 St., tgl. 10–20 Uhr. Auch als African Market bezeichnet, werden hier Kleidung und Kunsthandwerk von diesem Kontinent angeboten. In den Friseursalons kann man sich im Übrigen die Haare flechten lassen.

Afroamerikanische Kunst – **Studio Museum Store 4**:144 King Jr. Blvd./ Malcolm X–Powell Jr. Blvds., www.studiomuseum.org/store, U-Bahn: 125 St., Mi–Fr 12–18, Sa 10–18, So 12–18 Uhr. Bücher und Kataloge zur afroamerikanischen Kunst und Kultur, Werke von Künstlern afrikanischen Ursprungs.

Aktiv & Kreativ

Es gibt ein umfangreiches Angebot an Rundfahrten und Rundgängen:

Fünf Touren – **Harlem Spirituals Tours 1**: 690 Eighth Ave./W. 43rd–44th Sts.; Tel. 1-212-391-0900; http://harlemspirituals.com. Auch eher unbekannte Orte wie die älteste schwarze Kirchengemeinde der Mother A M E Zion Church (140 W. 137th St.) und Duke Ellingtons Wohnhaus (935 St. Nicholas Ave.) werden auf den unterschiedlichen Touren besucht. Die Tour beginnt in Midtown.

Zu Fuß durch Harlem – **Harlem, your way! 2**: 129 W. 130th St.; Tel. 1-212-690-1687; www.harlemyourwaytours.com. ›Sights and Sounds of Harlem‹ heißt die Standardtour zu Fuß (Mo–Fr 10, Sa 12 Uhr, 25 $), eine Gospel-Bustour ab Hotel gibt es am Sonntag mit oder ohne Brunch (55/95 $), Gospel vor Ort in Harlem So 10.15 Uhr, 25 $.

Auch Spanish Harlem – **Harlem Heritage 3**: www.harlemheritage.com, 104 Malcolm X Blvd./115th–116th Sts.; Tel. 1-212-280-7888; www.harlemheritage.com. Als einziger Veranstalter hat man hier Einkaufen im Viertel, kulinarische Tour (»Taste of Harlem«), Spanish Harlem und Geschichte der Bürgerrechtsbewegung im Programm.

Tanz auf den Straßen – **Harlem Week:** www.harlemweek.com. Der Ursprung war 1974 der Harlem Day, nun ist daraus die Harlem Week geworden, mit buntem Veranstaltungsprogramm, v. a. im August: Tanz auf den Straßen, Konzerte, Modeschauen, Sport und »Taste of Harlem« in den Restaurants.

Abends & Nachts

Harlem sucht den Superstar – **Apollo Theater 1**: 253 King Jr. Blvd./Powell Jr.–Douglass Blvds., Tel. 1-212-531-5305, Führungen 1-212-531-5337, www.apollotheater.org, U-Bahn: 125 St., Mi, 19.30 Uhr, Talent-Wettbewerb.

Berühmter Jazz-Club – **Cotton Club 5**: 656 King Jr. Blvd./Riverside Drive, Tel. 1-212-663-7980, 1-888-640-7980,http://cottonclub-newyork.com, U-Bahn: 125 St., Mo, Do–Fr 20–0, Sa 12–0, So 12–20.15 Uhr, 15–40 $. Ein berühmter Name

Hier standen schon Stars wie John Coltrane und Miles Davis auf der Bühne

im Jazz. Am Mo spielt ab 20 Uhr eine 13-köpfige Band zur Swing Dance Night (Sets alle 50 Min., 35 $). Do–Sa Uhr Jazz und Blues, inklusive Büffet 48 $. Gospel Brunch Sa–So 12 und 14.30 Uhr.

Legendärer Zebra Room – **Lenox Lounge 10**: 288 Malcolm X Blvd./ W. 124th–125th St., Tel. 1-212-427-0253, www.lenoxlounge.com, U-Bahn: 125 St., tgl. ab 16 Uhr; Jazz im Zebra Room Fr-Sa 20.30, 22, 23.30 Uhr, per Set 20 $ plus 16 $ Drink minimum; Live-Musik auch So 19–23, Mo 21.30–2.30, Di–Do 20–0 Uhr, ca. 26 $. Eine weitere Harlem-Legende: in dem 1939 gegründeten Club traten u. a. Billie Holiday und Miles Davis auf.

Favorit der Harlemnites – **Showman's Cafe 1**: 375 King Jr. Blvd./St. Nicholas-Morningside Aves., Tel. 1-212-864-8941, U-Bahn: 125 St., Jazz Mo–Do 20.30, 22, 23.30, Fr–Sa 21.30, 23.30, 1.30 Uhr. 2 Drinks minimum per Show. Eher selten finden Touristen in diesen seit 1942 vor allem von Harlemnites frequentierten Musikklub, in dem es Blues, Jazz und Gospel zu hören gibt.

Trinkgeld für die Musiker – **St. Nick's Pub 2**: 773 St. Nicholas Ave./149th St. in Hamilton Heights, Tel. 1-212-283-9728, www.stnicksjazzpub.net, U-Bahn: 145 St., Mo–Do 13–0, Fr–Sa 16–4, Jazz 22–2, Sa 0–4 Uhr African Night, keine Kreditkarten. Ein kleiner Jazz-Club in Sugar Hill mit einheimischem, älteren Publikum. Ein Drink kostet 6 $, kein Eintritt, doch sammeln die Musiker Trinkgeld ein.

Bebop-Geburtsstätte – **Uptown at Minton's 3**: 208 W. 118th St./Powell Jr. Blvd.–St. Nicholas Ave., Tel. 1-212-864-8346, www.mintonsuptown.com, U-Bahn: 116 St., Mo–Sa 17.30–4 Uhr, Musik ab 21 Uhr, 2 Drinks Minimum, Cover 5–10 $. Ein weiterer geschichtsträchtiger Jazz-Club, denn im 1938 eröffneten Minton's Playhouse wurde der Bebop erfunden. 1974 geschlossen, wollte eigentlich Robert De Niro dort investieren, doch seit 2006 hat der Club andere Besitzer.

Das Beste auf einen Blick

Lower Manhattan und Greenwich Village

Auf Entdeckungstour

Meatpacking District: Schweinehälften und Designer-Mode: Der District im Westen New Yorks gilt als neues In-Viertel der Stadt. Nachdem mehr und mehr fleischverarbeitende Betriebe das offiziell Gansevoort Market genannte Viertel verlassen haben, eröffneten Luxus-Hotels, schicke Boutiquen und gefragte Restaurants. S. 204

Kultur & Sehenswertes

Center for Jewish History: Die Einrichtung ist bekannt für ihre Sonderausstellungen, etwa zu jüdischer Kunst im Irak, Waisen in New York und Erwin Piscator im Exil. 12 S. 207

Forbes Magazine Galleries: Über 10 000 Spielzeugsoldaten, von Alexander dem Großen bis Wilhelm Tell, mehr als 500 Bootsmodelle (auch von deutschen Firmen wie Gebr. Bing, Fleischmann, Märklin) sowie die Geschichte des Monopoly-Spiels. 13 S. 207

Aktiv & Kreativ

Bowlmor Lanes: Die älteste Bowlingbahn der Stadt aus dem Jahr 1938 gilt inzwischen dank ihrer Hightech-Ausstattung (Video Walls, Sound System) als hip. 1 S. 210

Genießen & Atmosphäre

Snack-Meile: An der **Bleecker Street** sind viele neue Läden eröffnet worden, die schmackhafte und gesunde Snacks anbieten. 12 – 16 S. 202, 209

Village-Tradition: Mit der Pizza von **John's Pizzeria** aus dem Holzkohlenbackofen sind Generationen im Village aufgewachsen. 7 S. 208

›Pitza‹ aus dem Orient: Mit Wartezeit muss gerechnet werden – das **Moustache**, wo es ›Pitza‹ aus dem Nahen Osten gibt, hat nur wenige Plätze. 8 S. 208

Abends & Nachts

Folk in der ›Bretterbude‹: »We're still playin«: In **The Bitter End** begannen Joan Baez und Bob Dylan ihre Karrieren. 6 S. 211

Eine Institution des Jazz: The Village Vanguard ist der letzte klassische Jazz-Club New Yorks. 8 S. 211

Das ›Village‹

Wenn Einheimische vom ›Village‹ reden, ist Greenwich Village gemeint. Zwar sind die Zeiten vorbei, als der Stadtteil als ›Bohemia‹ eine Künstlerenklave war. Aber nonkonformistisch wie das unregelmäßige Straßensystem, das sich an Indianerpfaden, Bächen und holländischen Bauernhöfen orientierte, ist das Viertel zum Teil noch geblieben, auch wenn nun vor allem junge Familien dort leben.

Kultur ist nach wie vor in Greenwich Village zu Hause, mit Off-Broadway-Theatern, mit Jazz, Folk und Blues. Während des Rundgangs bietet die *neighborhood* Abwechslung auf Schritt und Tritt. Die über 40 000 Studierenden der größten privaten Universität der USA, der 1833 als Alternative zur konservativen Columbia University gegründeten **New York University (NYU)** mit dem Campus um den Washington Square, prägen das Viertel wesentlich mit.

1942 ließ sich die Schriftstellerin Anaïs Nin im Viertel nieder und druckte dort ihre Bücher selbst **(144 MacDougal St.)**. Der Lyriker Dylan Thomas trank sich in der White Horse Tavern dem Tod entgegen **(567 Hudson St.)**. Überliefert sind seine angeblich letzten Worte: »Ich hatte 19 Whisky pur, das dürfte der Rekord sein!« Verstorben ist er dann im St. Vincent's Hospital. Bob Dylan zog 1961 ins Hotel Earle, das heutige **Washington Square Hotel** (103 Waverly Pl.) und spielte seine Songs in den Bars und Coffee Shops des Village. John Steinbeck, J. D. Salinger, Ernest Hemingway, Arthur Miller, Norman Mailer und Beatniks wie Allen Ginsberg – sie alle haben hier gelebt.

Infobox

Reisekarte: ► B–D 16–18

Ausgangspunkt: U-Bahn 8th St.
Dauer des Rundgangs: zwei Stunden
Endpunkt: Bus M 6 auf der Sixth Ave. nach Uptown.

Infos
Die Village Alliance (www.villagealliance.org) unterhält vom 1. Juli bis zum Labor Day tgl. von 12–18 Uhr ein **Info-Kiosk, Sixth Ave./Christopher St.**
www.thevillager.com: vielfältige Infos aus Kultur und Gesellschaft.
www.gvshp.org: The Greenwich Village Society for Historic Preservation. Geschichte, historische Gebäude, Denkmalschutz (interaktive Karte).

Rund um den Washington Square

Die besondere Atmosphäre des Village, zwischen beschaulichem Idyll und freundlicher Geschäftigkeit, wird insbesondere am **Washington Square** 1 deutlich, den Anwohner und Besucher, Studenten und Professoren, Skateboard-Fahrer und Schachspieler bevölkern. Fast immer musiziert dort jemand, offiziell geschieht dies beim **Washington Square Music Festival** im Juli.

Washington Arch 2

Den Platz beherrscht der für 2,9 Mio. $ renovierte **Washington Arch**, zum 100. Jahrestag von George Washingtons Vereidigung als US-Präsident 1889 zunächst aus Holz, 1892 dann aus Marmor errichtet, an dem seit 1913 die

Paris in Greenwich Village: der Washington Arch

Statuen »Washington im Krieg« und »Washington im Frieden« stehen.

Hanging Tree

Ein historisches Relikt ist die Ulme in der Nordwestecke des Platzes, als Hanging Tree einst Ort von Hinrichtungen. Unter dem Washington Square befinden sich die Gebeine von tausenden Menschen – Reste eines deutschen Friedhofs und eines weiteren Gräberfelds, auf dem viele Opfer einer Gelbfieberepidemie ihre letzte Ruhe fanden. Die Seuche hatte im 19. Jh. viele New Yorker veranlasst, ›aufs Dorf‹ zu ziehen, eben in das Village. Als die Wohlhabenden nach Uptown zogen, belegte die Künstlerszene dankbar den preiswerten Wohnraum.

MacDougal Alley und Washington Mews

Die **MacDougal Alley** 3 macht auch heute noch ihrem Beinamen *gaslit alley* alle Ehre. Dort verfolgte Gertrude Vanderbilt Whitney ihre Pläne für das **Whitney Museum of American Art** (MacDougal Alley 17). Die Bildhauerin (1877–1942), ein Mitglied der Millionärsdynastie Vanderbilt und per Heirat in die ebenfalls millionenschwere Familie Whitney gelangt, war eine bedeutende Mäzenin der bildenden Künste.

Nördlich vom Washington Square kann man die **Washington Mews** 4 besichtigen, eine kleine Privatstraße mit Kopfsteinpflaster.

Brown Building 5

Am **Brown Building** der New York University erinnert eine Gedenktafel an das Triangle Fire vom 25. März 1911 **(Greene St./Washington Pl.)**. 700 Mädchen und Frauen, keine älter als 23, einige erst 13 Jahre jung, arbeiteten in einem der berüchtigten *sweat shops* der Triangle Shirtwaist Company, als im neunten Stock ein Feuer ausbrach. Die Fabrikbesitzer hatten die Türen zu den Feuerleitern geschlossen, damit die Arbeiterinnen keine Pause an der frischen Luft machen konnten. Daher kamen 146 Arbeiterinnen in den Flammen ums Leben. Die gerade gegründete Gewerkschaft International Ladies' Garment Workers Union (ILGWU) setzte aufgrund des Unglücks für New York die strengsten Sicherheits- und Feuerschutzbestimmungen der USA durch.

Lower Manhattan und Greenwich Village

Sehenswert
- 1 Washington Square
- 2 Washington Arch
- 3 MacDougal Alley
- 4 Washington Mews
- 5 Brown Building
- 6 Judson Memorial Church
- 7 Our Lady of Pompeii
- 8 St. Luke's Place
- 9 St. Luke-in-the-Fields
- 10 Christopher Park
- 11 St. John's
- 12 Center for Jewish History
- 13 Forbes Magazine Galleries
- 14 Ground Zero Museum Workshop

Essen & Trinken
- 1 Sant Ambroeus
- 2 Spice Market
- 3 5 Ninth
- 4 Cornelia Street Café
- 5 A. O. C.
- 6 Indian Taj
- 7 John's Pizzeria
- 8 Moustache
- 9 Caffe Reggio
- 10 Café Gitane
- 11 Hampton Chutney
- 12 Pinkberry
- 13 Rocco's Pastry Shop & Espresso Café
- 14 Amy's Bread
- 15 Lobster Place
- 16 Pizza Box

Einkaufen
- 1 Strand
- 2 Artful Posters
- 3 Murray's Cheese Shop
- 4 Otto Enoteca/Pizzeria
- 5 Marc Jacobs Men´s
- 6 Marc Jacobs Women's
- 7 Chyntia Rowley
- 8 CO-OP Barney's
- 9 Loehmann's
- 10 Green Flea Market
- 11 The Original Firestore
- 12 – 18 s. Karte S. 206

Aktiv & Kreativ
- 1 Bowlmor Lanes

Abends & Nachts
- 1 S.O.B.'s
- 2 Henrietta Hudson Bar & Grill
- 3 Sullivan Room
- 4 Astor Place Theater
- 5 Joseph Papp Public Theater/Joe's Pub
- 6 The Bitter End
- 7 The Blue Note
- 8 The Village Vanguard
- 9 55 Bar
- 10 Fillmore New York
- 11 Puck Fair
- 12 Angelika Film Center
- 13 – 15 s. Karte S. 206

Judson Memorial Church 6

Immer wieder war der Washington Square Schauplatz von Demonstrationen der ›Dörfler‹, die den Charme ihres Village vehement verteidigten. So z. B. im Jahr 1961, als die Polizei die Folk-Sänger vom Platz vertreiben wollte. Vertrieben haben die Bewohner selbst dann in den 1980er-Jahren die Drogenszene. Ein Forum vieler Aktionen ist auch die im Jahr 1892 erbaute, neoromanische **Judson Memorial Church**.

Flaniermeile Bleecker St.

Bleecker Street ist die lange, bunte Flaniermeile durch das Village mit Restaurants, Kneipen, Läden und Theatern. Sie verläuft noch weit über die Sixth und Seventh Avenues hinaus und lohnt einen ausgiebigen Bummel. Hier finden Sie Restaurants wie **Pizza Box** (Nr. 176), **Cornelia Street Café** 4 (Ecke Cornelia St.), **Indian Taj** 6 (Nr. 181), **John's Pizzeria** 7 (Nr. 278), dazu Snack-Möglichkeiten wie **Pinkberry** 12 (Nr. 177), **Rocco's Pastry Shop** 13 (Nr. 243), **Amy's Bread** 14 (Nr. 250), **Lobster Place** 15 (Nr. 252) und **Murray's Cheese** 3 (Nr. 254). Die Bleecker St. ist auch die Adresse von Mode-Designern wie **Marc Jacob** 5 und 6 (Nr. 382, 403) und **Chyntia Rowley** 7 (Nr. 376). Nostalgische Poster vertreibt **Artful Posters** 2 (Nr. 194). Gleich am Anfang der Straße liegt der berühmte Folk-Club **The Bitter End** 6 (Nr. 147).

South Village

In der Kirche **Our Lady of Pompeii** 7 von 1927, dem Zentrum der italo-amerikanischen Gemeinde im South Village, werden noch heute Gottesdienste auf Italienisch gehalten (25 Carmine St.). Rund um den **Father (Antonio) Demo Square** hinter der Sixth Avenue, welche die ›Dörfler‹ geringschätzig **The Cut** nennen, den Einschnitt, werden italienische Feste gefeiert.

St. Luke's Place 8

In einem der schönen Reihenhäuser von **St. Luke's Place** lebte unter anderem der Bürgermeister ›Jimmy‹ Walker – deshalb die ›Bürgermeister-Laternen‹ am Eingang (6 St. Luke's Place). Im Haus Nr. 4 wurde ›Warte, bis es dunkel ist‹ mit Audrey Hepburn gedreht, im Haus Nr. 16 verfasste Theodore Dreiser ›Eine amerikanische Tragödie‹. Das berühmteste Gebäude ist Nr. 10: landesweit war es im Vorspann der populären ›Cosby Show‹ als Wohnhaus der Fernsehfamilie Huxtable zu sehen.

Als kleine Landkirche hat die im Jahre 1822 im Federal Style errichtete **St. Luke-in-the-Fields** 9 die Zeiten überstanden. Einladend wirkt die kleine Lokalität **Moustache** 8, 90 Bedford St.: probieren Sie's aus, wenn die Warteschlange nicht zu lang ist.

Auf Entdeckungstour

Meatpacking District: Schweinehälften und Designer-Mode

Der Meatpacking District gilt als neues ›in‹-Viertel der Stadt. Zwar ist dort (noch) die Fleischindustrie zuhause, doch dominieren das offiziell Gansevoort Market genannte Viertel zunehmend schicke Boutiquen und gefragte Restaurants. Jüngste Attraktion: die High Line – die Hochbahn wurde zum Park.

Planung: Der Meatpacking District befindet sich zwischen W. 15th St. und Gansevoort St. Am besten, man schaut sich am späteren Vormittag einmal in der Gegend um und kommt abends wieder; www.meatpacking-district.com, www.thehighline.org.

Reisekarte: ► B 16

›Transen‹ und SM-Szene

Einiges los in der Nacht war in dieser Gegend schon früher. Die ›Girls‹, die keine waren, sondern Transvestiten, trippelten auf der Ausschau nach Kunden in Stöckelschuhen übers Kopfsteinpflaster, die homosexuelle SM-Szene hatte hier ihr Zentrum. Es war nicht der Ort, an den sich nachts Touristen wagten.

Schweineköpfe und ›hot items‹

Aber es ist nun einmal ein Charakteristikum New Yorks, dass ein Viertel, um das selbst manche Einheimische nicht wussten, urplötzlich in Mode ist. Das geschah ungeachtet der eher rauhen Umgebung, denn von den 250 Schlachthäusern und fleischverarbeitenden Betrieben gibt es immerhin noch über 30. Und deren weite Hallen und Fabriken sind eigentlich kein repräsentatives Ambiente. Niemand hätte sich vorstellen können, dass hier einmal ein Luxushotel wie das Gansevoort mit Pool (samt Unterwassermusik!) auf dem Dach errichtet werden würde. Schauen Sie ruhig einmal hinein, Ninth Ave./Ecke 13th St. Aber irgendwie fing es irgendwann gleich am Hudson an. Als Fleischereien in die Bronx abwanderten, stand Raum leer – und der war preiswert.

Das französische Restaurant Florent, 69 Gansevoort Street, galt 1985 ebenso als Vorreiter der Entwicklung wie **Diane von Furstenbergs** 12 Mode, noch immer unter der Adresse 874 Washington Street erhältlich. 2008 aber musste das Florent schließen, nachdem die Miete von 6000 auf 30 000 bis 50 000 $ angehoben worden war.

Das Viertel boomt dennoch. Gehen Sie nur einmal die W. 14th Street entlang. Auf der Nordseite Designer-Mode, gegenüber werden Schweinehälften verladen. Einerseits **Alexander Mc Queen** 13, der oftmalige britische »Designer of the Year« (1969–2010) mit luxuriös-exzentrischer Mode, daneben **Puma The Black Store** 14, Dessous von **La Perla** 15, **Stella McCartney** 16 und der **Jean Shop** 17, laut New York Magazine der beste der Stadt. Andererseits anrollende Kühlwagen, Fleischereiarbeiter und ab und an mal ein Schweinekopf auf dem Gehsteig. Um die Ecke dann gleich dreimal **Scoop** 18, obwohl es doch heißt: »Die beste Mode unter einem Dach«: Scoop Street, Scoop Men und Scoop NYC. Die deutsche Vogue-Reporterin war natürlich auch schon dort, wie es neudeutsch heißt, »auf der Suche nach den heißesten *items*«.

For Pretty People Only?

Genauso verändert haben sich in dem überschaubaren Viertel andere kleine Straßen wie die W. 13th Street und die Little West 12th Street. Was wird da inzwischen nicht alles als angesagt gehandelt. Den **Club Cielo** 15 z. B. preisen selbst deutsche Szene-Zeitschriften inzwischen als »Hot Spot des New York Nightlife« oder sogar als »Americas No. 1 hot spot«. Kritiker meinen allerdings, die neue Szene sei FPPO – For Pretty People Only. Dafür spricht jedenfalls die strenge Türsteherpolitik etlicher Lokale.

Dreitausend BHs

Auf **Hogs & Heifers** 13, die Kneipe Ecke W. 13th St./Washington St., trifft dies aber nicht zu. Wo vorher ein halbes Jahrhundert lang Howley's Saloon war, finden heute Biker, Arbeiter, Yuppies und viel weibliches Publikum zusammen. Obwohl es dort ›nur‹ eine große Bar gibt und eine Musicbox. Und die schätzungsweise 3 000 BHs, die an den Wänden baumeln. Darunter die von Julia Roberts und Drew Barrymore. Aber die Stars dürfen ebenso wie die Kellnerinnen nicht mehr auf der Bar tanzen – die Stadt hat's verboten.

Promis im Spice Market

Die Restaurants in der ›24 hour neighborhood‹ wechseln rasch, als Spitzenreiter gilt derzeit der **Spice Market** 2 in der W. 13th St. nahe Ninth Ave. Der gebürtige Straßburger Jean-Georges Vongerichten, seit 1986 in New York mit Unternehmungen wie ›Mercer Kitchen‹ erfolgreich, hat 2004 die südostasiatische Straßenküche in den Meatpacking District gebracht. Entsprechend exotisch dekoriert ist das geräumige Lokal, in dem insbesondere zum Abendessen sehr viel Andrang herrscht. Durchaus möglich, dass man dort Promis wie Nicole Kidman antrifft oder Frauen, die wie Sarah Jessica Parker aussehen, aber nicht Sarah Jessica Parker sind.

Andere Lokalitäten findet man nur, wenn man Bescheid weiß. Auf das Restaurant **5 Ninth** 3 in einem Townhouse von 1849 unter eben der Adresse bei der Little West 12th St. z. B. weist äußerlich überhaupt nichts hin.

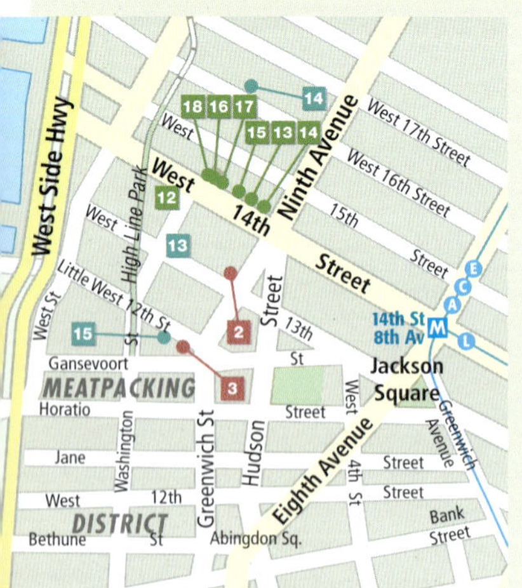

Die High Line – ein kleines Wunder

Damit nicht alles aus dem Ruder läuft, haben Anwohner 2003 den Denkmalschutz für den Gansevoort Market Historic District durchgesetzt. Und auch dazu beigetragen, dass der Meatpacking District im Sommer 2008 eine neue Attraktion bekommen hat, weder hip noch hop, einfach eine Rückeroberung des öffentlichen Raumes – ein kleines Wunder von Manhattan.

Wer nämlich durch die Gegend spaziert, begegnet immer wieder dem Viadukt einer stillgelegten Hochbahn: der High Line, die von 1934 bis in die 1980er-Jahre in Betrieb war (www.thehighline.org). Sie ersetzte die legendäre Hafenbahn auf der Tenth Avenue, die immer wieder Unfälle verursacht hatte und deshalb im Volksmund den Namen Death Avenue bekam. Auch die ›West Side Cowboys‹, die den Zügen voran ritten und mit schwenkenden Flaggen warnten, konnten Unglücke nicht verhindern.

Die High Line hatte sich seit ihrer Stilllegung in ein wundervolles Biotop verwandelt, sollte aber eigentlich abgerissen werden. Dagegen kämpften die 1999 gegründeten Friends of the High Line, u. a. unterstützt von den Schauspielern Kevin Bacon und Edward Norton. Die Bahnbauten wurden nach dem Vorbild der Pariser Promenade Plantée in eine öffentliche Promenade umgewandelt; das erste Teilstück reicht von der Gansevoort Street bis zur W. 20th St. und wird später bis zur W. 34th St. verlängert. Konsequent: der Hotel-Neubau The Standard – mit Biergarten! – musste Ecke W. 13th St./Washington St. über den Gleisen errichtet werden.

High Line ist inzwischen ein Begriff in New York, den auch der Musikklub **Highline Ballroom** 14 für sich in Anspruch genommen hat.

Grove und Bedford Streets

In der **Grove Street** mit historischen Häusern und dem Innenhof **Grove Court** steht das holzverkleidete Gebäude **Nr. 17** von 1882 – im gleichen Jahr wurde diese Bauweise wegen Feuergefahr verboten. Sein Nachbar, **102 Bedford Street**, ist als **Twin Peaks** – wegen der Doppelgiebel – bekannt.

Das 1799 errichtete Gebäude **77 Bedford Street** ist das älteste Haus im ›Village‹, **Nr. 75 1/2** das schmalste Haus in New York. **Nr. 86** ist die Adresse des ehemaligen ***speakeasy*** **Chumley's**, das nach einem Bauunglück geschlossen wurde; die Wiedereröffnung soll in der zweiten Jahreshälfte von 2010 stattfinden. Der Wirt Lee Chumley hatte zur Zeit der Prohibition 1928 in einer früheren Schmiede die illegale Kneipe eröffnet. Kam die Polizei, so flohen die Gäste durch den Hinterausgang.

Sheridan Square

Der **Sheridan Square** liegt am Kreuzungspunkt der Christopher Street mit der Seventh Avenue. Das Denkmal für den Bürgerkriegsgeneral Philip Sheridan wurde ein Stück weiter, im **Christopher Park** 10, aufgestellt. Die Christopher Street, ein Mittelpunkt der Schwulenszene, heißt laut offiziellem Straßenschild auch Stonewall Place, als Reminiszenz an die Ereignisse vom 28. Juni 1969 in und um das Homosexuellen-Lokal **Stonewall Inn** (51 Christopher St.), als sich die Gäste einer Polizeirazzia widersetzten. Daran erinnert im Christopher Park das **Gay Liberation Monument** von George Segal, das ein männliches und weibliches Paar zeigt.

In der **Christopher St.** zwischen Bleecker St. und W. 4th St. ist die ehemals deutsche, sehr beeindruckende St. Johannes-Kirche von 1821 erhalten, heute **St. John's** 11, der gegenüber sich ein Sado-Maso-Shop befindet – es ist eben New York ... Nahebei finden Sie das französische Restaurant **A.O.C.** 5.

Bevor Sie mit dem Bus M 6 wieder nach Uptown fahren, sehen Sie unbedingt den Sportlern zu, denn nahe W. 4th St./Sixth Ave. gilt **The Cage** als »New York Citys hottest Basketball Court«.

Zwei der von uns ausgewählten Museen sind am besten von der U-Bahn-Station 14th St. aus zu erreichen, in Greenwich Village ab Christopher St-Sheridan Sq.: das **Center for Jewish History** 12 (s. S. 60) und die **Forbes Magazine Galleries** 13 mit der Sammlung des verstorbenen Verlegers Malcolm Forbes (über 10 000 Spielzeugsoldaten, 500 Bootsmodelle und alte Spiele). Ab W 4 St./Washington Sq. reisen Sie bis 14 St./8 Ave. zum **Ground Zero Museum Workshop** 14, wo Gary Marlon Suson, offizieller Fotograf der New Yorker Feuerwehr am Unglücksort, ausstellt.

Essen & Trinken

›Edel-Italiener‹ – **Ristorante Sant Ambroeus** 1, 259 W. 4th St./Perry-Charles Sts., Tel. 1-212-604-9254, www.santambroeus.com, U-Bahn: Christopher St.–Sheridan Sq., Mo–Sa 9–23, So 10–23 Uhr, Sa–So Brunch, Carpaccio vom Rind und Hauptgericht ohne Getränke mehr als 50 $. Ein ›Hot Spot‹ im Village: Ristorante, Paninoteca, Espresso Bar, Pasticceria und Gelateria in einem – ein ›Edel-Italiener‹, entsprechend stilvoll eingerichtet, den auch »Sex and the City«-Star Sarah Jessica Parker goutiert. Teuer.

Südostasiatische Straßen-Küche – **Spice Market** 2: 403 W. 13th St./Ninth Ave., Tel. 1-212-675-2322, www.spicemarketnewyork.com, U-Bahn: Eighth Ave., Lunch tgl. 12–17, Dinner So–Mi, Fr–Sa 17–0 Uhr, 18–35 $. Der gebürtige Straßburger Jean-Georges Vongerichten, seit 1986 erfolgreich in New York mit Un-

Ein Garten im Hinterhof

Die Gelegenheit für einen Drink in einem lauschigen Garten ohne Verzehrzwang, dazu noch sehr preiswert, ist in Greenwich Village eher die Ausnahme. Insofern genießt die **Pizza Box** 16, 176 Bleecker St./Sullivan St., Tel. 1-212-979-0823, U-Bahn: W 4th St. Washington Sq., Mo–Do 10–2, Fr–Sa 10–5, So 10–0 Uhr, Pizza 1,75 bis 8 $, seit 1957 dank ihres kleinen Hinterhofs mit Straßenlaternen und grünen Pflanzen große Popularität – und das bis spätnachts.

ternehmungen wie ›Mercer Kitchen‹, hat 2004 die südostasiatische Straßenküche in den Meatpacking District gebracht. Entsprechend exotisch dekoriert ist das Lokal, in dem insbesondere zum Abendessen viel Andrang herrscht. Durchaus möglich, dass man Promis wie Nicole Kidman antrifft.

Mit wunderschönem Garten – **5 Ninth** 3: 5 Ninth Ave./Little West 12th St., Tel. 1-212-929-9460, www.5ninth. com, U-Bahn: 14th St., Mo–Mi 12–23, Do–Fr 12–0.30, Sa–So 11–16 Brunch, 17.30–0.30 bzw. 23 Uhr, ca. 20 $, sehr geschmackvoll, in einem Townhouse von 1849.

Gemütliches Café – **Cornelia Street Café** 4: 29 Cornelia St./Bleecker–W. 4th Sts., Tel. 1-212-989-9319, www.corneliastreetcafe.com, U-Bahn: Christopher St/Sheridan Sq., So–Do 10–0, Fr–Sa 10–1 Uhr, Prix-fixe-Dinner 25 $, Brunch Sa–So 10–16 Uhr 18 $, Kreditkarten ab 25 $. Seit 1977, moderne US-Küche, Plätze im Freien.

Frankreich im Village – **A.O.C.** 5: 314 Bleecker St./Grove St., Tel. 212-675-9463, http://aocnyc.com, U-Bahn: Christopher St. Sheridan Sq., Mo–Do, So 8–0, Fr–Sa 8–2 Uhr, Hauptgerichte 14–25 $. Die Abkürzung steht für den Filmtitel »L'Aile ou la cuisse« (Flügel oder Schenkel). Restaurant und Bistro firmieren als ›ein Stück Frankreich in New York‹, das darüber hinaus, eher ungewöhnlich für die große Stadt, noch einen kleinen Garten besitzt.

Studentisches Büffet – **Indian Taj** 6: 181 Bleecker St./Sullivan–MacDougal Sts., Tel. 212-982-0810, www.indiantajny.com, U-Bahn: W. 4th St., So–Do 11.30–22, Fr–Sa 12–23 Uhr, Buffet 9,95–10,95 $, Gerichte 12–22 $. Das Buffet (11.30–16 Uhr, 16 Gerichte) kommt dem studentischen Publikum entgegen.

Pizza vom Holzkohlenofen – **John's Pizzeria** 7: 278 Bleecker St./Sixth–Seventh Aves., www.johnsbrickovenpizza.com, U-Bahn: W 4 St./Washington Square, Mo–Do 11–23.30, Fr 11.30–0, Sa 11.30–0.30, So 12–23.30 Uhr, große Pizza 14 $, keine Kreditkarten. John's Pizzeria ist schon seit 1929 ein Favorit der Einheimischen: Mit der Pizza aus dem Holzkohleofen sind Generationen im ›Village‹ aufgewachsen. Machen Sie sich deshalb darauf gefasst, Schlange stehen zu müssen (keine Reservierungen).

›Pitza‹ aus dem Nahen Osten – **Moustache** 8, 90 Bedford St./Grove–Barrow Sts., Tel. 1-212-229-2220, www.moustachepitza.com, U-Bahn: Christopher St.–Sheridan Sq., tgl. 12–0 Uhr, 5,50–16 $. Etwas abgelegen, aber bekannt, weshalb man Wartezeit einkalkulieren muss. Hinter der grünen Fassade stehen einige kleine Tische, an denen ›Pitza‹, Pita-Brot, Humus, Falafel oder Lammkottelet serviert werden. Viele vegetarische Gerichte.

Tradition im Village – **Caffe Reggio** 9 s. S. 38.

Couscous und Feta – **Café Gitane** 10: 242 Mott St./Prince St., Tel. 1-212-334-9552, www.cafegitanenyc.com, U-Bahn: Spring St., So–Do 9–0, Fr–Sa 9–0.30 Uhr, 9,50–14 $, keine Kreditkarten.

Im beliebten kleinen Bistro im südlichen Nachbar-Viertel Nolita sind die Preise gemäßigt und im Angebot Fleischbällchen in würziger Tomatensauce, Couscous, gebackener Feta mit Oliven und vegetarischer Brunch.

Knusprige Dosa – **Hampton Chutney Co. 11**: 68 Prince St./Lafayette St.–Broadway, Tel. 1-212-226-9996, www.hamptonchutney.com, U-Bahn: Prince St., tgl. 11–21 Uhr, 9–12 $. Eine weitere New Yorker Erfolgsgeschichte: die südindischen Dosa aus Reis und geschälten weißen Linsen wurden erst in den Hamptons serviert, ehe 2001 die Filiale in SoHo eröffnete. Weitere indische Gerichte wie ›Masala Deluxe‹ und Chutneys. Kinderfreundlich. Jetzt auch auf der Upper West Side, 464 Amsterdam Ave./W. 82nd–83rd Sts., tgl. 10–22 Uhr.

12 – **16**: s. Mein Tipp.

Einkaufen

12 Meilen Bücher – **Strand 1**: s. S. 41.

Nostalgie-Plakate – **Artful Posters 2**: 194 Bleecker St./MacDougal St.–Sixth Ave., Tel. 1-212-473-1747, www.artfulposters.nyc.com, Mo–Sa 10–22, So 11–23 Uhr. Wunderschöne Plakate, z. B. für Reisen in den 1940er- und 50er-Jahren. Sehr viele New York-Motive.

Käseparadies – **This is Murray's Cheese Shop 3**: 254 Bleecker St./Sixth-Seventh Aves., Mo–Sa 8–20, So 10–19 Uhr, www.murrayscheese.com. Der Laden hat ein breitgefächertes Angebot.

500 Weinsorten – **Otto Enoteca and Pizzeria 4**: 1 Fifth Ave./W. 8th St., beim Washington Sq., www.ottopizzeria.com, U-Bahn: 8th St.– NYU, tgl. 11.30–0 Uhr. 8–14 $. Neben 500 Sorten Wein im Angebot bestehen Weinbar und Pizzeria (frische Salate, vegetarische Antipasti).

Designer-Label Marc I – **Marc by Marc Jacobs Men´s 5**: 301 West 4th St./

Die Snack-Meile

Die Vorliebe der Manhattanites für gesunde und kalorienarme Kost hat auch Greenwich Village verändert.

California frozen yogurt – **Pinkberry 12**: 177 Bleecker St./MacDougal St., So–Do 12–23, Fr–Sa 12–0 Uhr, www.pinkberry.com. 2005 in West Hollywood in Kalifornien gegründet, ist es ein Jahr später in New York angekommen: grell-grün bemalt, bietet es z. B. *frozen yogurt* ohne chemische Zusätze mit dem Geschmack von grünem Tee sowie Smoothies. Fans dieser Erfrischung sprechen von dem Produkt als ›*crackberry*‹.

Italo-Amerikaner im Village – **Rocco's Pastry Shop & Espresso Cafe 13**: 243 Bleecker St./Leroy St., tgl. 7.30–0 Uhr, www.roccospastry.com. In dieses Relikt der Italo-Amerikaner-Ära im Village kommt man wegen Cannoli und Kaffee. Gebäck und Espressi für zwei Personen kommen auf 10 $.

Französische Backkunst – **Amy's Bread 14**: 250 Bleecker St./Leroy St., Mo 7.30–21, Di–Fr 7.30–23, Sa 8–23, So 8–21 Uhr, www.amysbread.com. Gründerin Amy Scherber bietet Frühstück, Suppen, Snacks, Sandwiches, Salate u. a. m. an.

Hier ordern auch Spitzenköche – **Lobster Place 15**: 252 Bleecker St./Leroy-Cornelia Sts., Mo–Sa 10–20, So 10–18 Uhr, www.lobsterplace.com. Von hier beziehen auch die Köche hervorragender Restaurants ihre Ware, doch auch für die Laufkundschaft hat man einiges parat: Suppen, Salate, *bread bowl*, *wraps;* wer Sushi im Wert von 10,95 $ ordert, erhält gratis eine Miso-Suppe dazu.

Hinterhof mit Garten – **Pizza-Box 16**: s. S. 208.

Bank St., Tel. 1-212-929-0304, http://marcjacobs.com, U-Bahn: 8th Ave – 14 St., tgl. 12–22 Uhr. Laden des Designer-Labels Marc von Marc Jacobs, ehemals sehr farbenfroh und mit großen Buchstaben, in der neuen Modelinie eher klassisch und dunkel.

Designer-Label Marc II – **Marc by Marc Jacobs Women's 6**: 403–405 Bleecker St./ W. 11th St., Tel. 1-212-924-0026, www. marcjacobs.com, U-Bahn: 14th St., tgl. 12–22 Uhr, Marc Jacobs' Kollektion für Damen: Kleidung, Handtaschen, Hüte, Schmuck, Schuhe, Brillen.

Flagshop der Modeschöpferin – **Chyntia Rowley 7**: 376 Bleecker St./Perry St., Tel. 1-212-242-3803, www.chyntia rowley.com, U-Bahn: Christopher St.–Sheridan Sq., Mo–Mi 10–20, Do–Fr 10–21, Sa 11–21, So 11–20 Uhr. Damenkleidung der auch in Fernost sehr erfolgreichen Modeschöpferin.

Barney's reduziert – **CO-OP Barney's 8**: s. S. 43.

Ermäßigte Mode – **Loehmann's 9**: s. S. 45.

Nur Samstag – **Green Flea Market 10**: s. S. 42.

Feuerwehr-Memorabilia – **The Original Firestore 11**: s. S. 46.

Im Meatpacking District

Designermode – **Diane von Furstenberg 12**: 874 Washington St./14th St., Tel. 1-646-486-4800, www.dvf.com, U-Bahn: 14th St., Mo–Mi, Fr–Sa 11–19, Do 11–20, So 12–18 Uhr. Die Erfinderin des Wickelkleides *(wrap dress)* präsentiert hier ihre exklusive Damenkollektion.

Britisches Design – **Alexander McQueen 13**: 417 W. 14th St./Ninth Ave., Tel. 1-212-645-1797, www.alexander mcqueen.com, U-Bahn: 14th St., Mo–Sa 11–19, So 12.30–18 Uhr. Flagship-Boutique des berühmten britischen Haut Couture-Designers (1969–2010).

Sport und Design – **Puma the Black Store 14**: 421 W. 14th St./Ninth Ave.–Washington St., Tel. 1-212-206-0109, www.puma.com, U-Bahn: 14th St., Mo–Sa 11–19, So 12–18 Uhr. Von bekannten Designern konzipierte exklusive Sportkleidung. Sehr populärer Laden.

Exklusive Dessous – **La Perla 15**: 425 W. 14th St./Ninth Ave., Tel. 1-212-242-66 62, http://laperla.com, U-Bahn: 14th St. Mo–Sa 11–19, So 12–18 Uhr. Italienische Unterwäsche der bekannten Marke.

Vegane Mode – **Stella McCartney 16**: 429 W. 14th St./Ninth Ave., Tel. 1-212-255-1556, www.stellamccartney.com, U-Bahn: 14th St., Mo–Sa 11–19, So 12.30–18 Uhr. Die 1971 geborene Tochter von Beatle Paul führt seit 2001 ein eigenes Label. Als Tierschützerin verarbeitet sie weder Leder noch Pelz.

Die besten Jeans – **Jean Shop 17**: 435 W. 14th St./Tenth Ave., Tel. 1-212-366-5326, www.worldjeanshop.com, U-Bahn: Eighth Ave, Mo–Sa 11–19, So 12–18 Uhr. Die ›Holzhütte‹ gilt als bester Jeans-Laden der Stadt. Maßgeschneidert dauerte die Herstellung eine Woche, Kosten 240 bis 600 $.

Ein Block Mode – **Scoop 18**: 430 W. 14th St./Washington St., Tel. 1-212-929-1244, www.scoopnyc.com, U-Bahn: 14th St., Mo–Mi, Fr–Sa 11–19, Do 11–20, So 12–18 Uhr. Einen ganzen Block nehmen die vier Bekleidungsgeschäfte im Meatpacking District ein – für Frauen, Männer und Kinder sowie Streetwear.

Aktiv & Kreativ

High tech-Bowling – **Bowlmor Lanes 1**: 110 University Place/E. 13th St., Tel. 1-212-255-8188, www.bowlmor.com, U-Bahn: 14 St/Union Sq., Mo–Do 16–2, Di–Mi 16–1, Fr–Sa 16–3.30, So 11–0 Uhr, 11–13 $, ab 19 Uhr Mo–Do, So ab 18 J., Fr–Sa ab 21 J., Dress Code. Schicke Bowling-Bahn, bald mit Ableger am Times Square.

Am Samstag kann man im Village auf dem Flohmarkt stöbern

Abends & Nachts

Intimer Musik-Klub – **Joe's Pub:** im **Joseph Papp Public Theater 5**, s. S. 48.
Sound of Brazil – **S.O.B.'s 1:** s. S. 49.
›Premier Lesbian Venue‹ – **Henrietta Hudson Bar & Grill 2:** s. S. 50.
After midnight – **Sullivan Room 3:** s. S. 50.
Blue Man Group – **Astor Place Theater 4:** s. S. 52.
Shakespeare-Festival – **Joseph Papp Public Theater 5:** s. S. 52.
Folk in der ›Bretterbude‹ – **The Bitter End 6:** s. S. 47.
›Jazz capital of the worls‹ – **The Blue Note 7:** s. S. 47.
Klassischer Jazzclub – **The Village Vanguard 8:** s. S. 49.
Neuer Jazz – **55 Bar 9:** 55 Christopher St./Seventh Ave., Tel. 1-212-929-9883, www.55bar.com, U-Bahn: Christopher St. Sheridan Sq., Sets Mo–Do 19, 22, Fr 18, 22, So 19, 21.30 Uhr, 3–15 $ Cover inkl. zwei Getränke. Keine Kreditkarten. Kleiner Jazz-Club, regelmäßig tritt z. B. David Binney dort auf; auch Funk und Blues. Bekannt für neue Musiker und neue Stile.
Indie-Bands – **Fillmore New York at Irving Plaza 10:** s. S. 48.
Höhlenartige Lounge – **Puck Fair 11:** s. S. 49.
Ausländische Filme – **Angelika Film Center 12:** s. S. 53.

Im Meatpacking District:

Biker-Kneipe – **Hogs & Heifers 13:** s. S. 48.
Sight and Sound – **Highline Ballroom 14:** 431 W. 16th St./Ninth-Tenth Aves., Tel. 1-212-414-5994, www.highlineballroom.com, U-Bahn: 14 St., Eintritt 15–50 $, am Tisch Minimum-Drink 10 $. Ex-Dance Club für 400 bis 700 Leute, gute Sicht und exzellentes Sound-System. R & B, World Music, Hip Hop.
Dancefloor-Domäne – **Club Cielo 15:** 18 Little West 12th St./Ninth Ave., Tel. 1-212-645-5700, www.cieloclub.com, U-Bahn: 14th St., Mo, Mi–Sa meist 22–4 Uhr. Einer der wenigen verbliebenen Dancefloors der Stadt, ausgezeichnete DJs, Single-Szene. Ab 21 Jahre.

Das Beste auf einen Blick

Lower East Side, Chinatown und Little Italy

Highlight !

Chinatown: Chinatown ist Asien in New York, eine Stadt in der Stadt. Die Hintergründe erfährt man im 2008 neu gestalteten **Museum of the Chinese in the Americas.** 15 und 16 S. 222

Auf Entdeckungstour

East Village – auf den Spuren von ›Kleindeutschland‹: Einsprengsel der Alternativ-Szene sind (noch) da, aber zunehmend wird das ehemals rebellische East Village eine familienfreundliche Wohngegend. Das alles war einmal ›Kleindeutschland‹, was sich noch heute verfolgen lässt. S. 226

Kultur & Sehenswertes

Maurischer Stil in New York: Die 1877 eröffnete **Eldridge Street Synagoge** im maurischen Stil ist einer der beeindruckendsten Bauten der Lower East Side. Ende 2007 hat nach zwanzigjähriger Renovierung darin das **Museum at Elridge Street** eröffnet. 13 S. 221

Aktiv & Kreativ

Zwei Stunden durchs Viertel: Von April bis Dezember gibt es sonntags ab 11 Uhr eine kostenlose, zweistündige Führung durchs Viertel. Sie beginnt bei **Katz's**. 6 S. 225

»Experience Chinatown«: Am **Museum of the Chinese in the Americas** 16 beginnt von Mai bis Mitte Dez. am Sa, 13 Uhr, der Rundgang »Experience Chinatown«. 1 S. 229

Genießen & Atmosphäre

›Little India‹ im East Village: Zwischen der First und Second Avenue gelangt man in der E. 6th Street in einen anderen Kontinent. Über ›Little India‹ sagen Spötter: »Viele Restauranteingänge – und eine Küche«. 7 S. 221, 225

Neuer kulinarischer Trend: Erfolgreich behauptet haben sich seit den1990er-Jahren die **Chinatown Bakeries,** besonders beliebt beim jungen Publikum. 8 – 9 S. 225

Abends & Nachts

Neue Szene in LES: Wer sie erleben möchte, geht in **Schiller's Liquor Bar,** geöffnet bereits zum Frühstück und ›late nite‹, manchmal bis 3 Uhr früh. 1 S. 229

Angesagtester Rock-Club der Stadt: Als solcher gilt derzeit der **Bowery Ballroom,** in dem die Musikbranche neue Bands dem Publikumstest aussetzt. 2 S. 229

»Jüdisches Kalkutta«

Die USA waren ›das gelobte Land‹ für Hunderttausende von Einwanderern, vor allem in diesem überbevölkerten Viertel, das das »jüdische Kalkutta« (Egon Erwin Kisch) genannt wurde. Etwa 1,5 Mio. der von 1881 bis zum Einwanderungsstopp 1924 angekommenen osteuropäischen Juden lebten einst in New York, vor allem in diesem Viertel. Sie alle sind dort aufgewachsen: Walter Matuschanskayasky besuchte die Seward Park High School und wurde als Walter Matthau berühmt. Izzy Baline, bekannt als Irving Berlin, kam aus Russland, und Isidor Iskowitch erlangte Popularität als Sänger Eddie Cantor.

Heute ist die jüdische Bevölkerung über die Stadt verteilt, geblieben sind hier unzählige Zeugnisse ihrer Geschichte. Über 300 Synagogen gab es einst auf der Lower East Side (LES). Viele sind umfunktioniert worden, zu Eigentumswohnungen oder Kirchen.

Längst kamen neue Zuwanderer ins Viertel, so seit den 1970er-Jahren aus Puerto Rico und der Dominikanischen Republik. Dank preiswertem Wohnraum zogen junge Leute ein, mit ihnen bildete sich die entsprechende Szene mit Bars, Restaurants, Clubs und Läden. Jetzt ist aber auch die LES zum Teil schick geworden: neue Wohnbauten entstehen allerorten, auch Hotels und gefragte Design-Läden. Chinatown wird derweil größer und größer. Es hat auch Little Italy fast vereinnahmt. Eigentlich ist nur ein Straßenzug geblieben: die Mulberry Street.

Infobox

Reisekarte: ▶ B–E 16–20

Ausgangspunkt: U-Bahn bis Astor Place. Nach dem Besuch im New Museum of Contemporary Art mit dem Bus M 21 weiter auf der East Houston Street in Richtung Osten bis zur Essex Street, wo der Rundgang fortgesetzt werden kann.

Infos

Lower East Side Visitors Center: 54 Orchard St./Hester St., tgl. 10–18 Uhr, www.lowereastsideny.com. Podcast-Tour, Cellphone-Walking-Tour.

Visitors Center des Lower East Side Tenement Museum 9: 103 Orchard/ Delancey Sts., tgl. 10–18 Uhr, www.tenement.org.

Chinatown Info-Kiosk: Canal/Baxter/ Walker Sts., tgl. 10–18, Fei 10–15 Uhr, www.explorechinatown.com.

Chinatown im Internet: www.chinatown-online.com

East Village Visitors Center: 61 E. 4th St./ Bowery-Second Ave., Di–Sa 13–18 Uhr, www.eastvillagevisitorscenter.com, im Sommer Führungen (tgl., 25 $).

Touren durch die Lower East Side veranstaltet regelmäßig auch http://nycjewishtours.org, Teilnahme 16 $.

Die Bowery

St. Mark's-in-the-Bowery 1

Mit zierlichem Türmchen im Greek-Revival-Stil ist **St. Mark's-in-the-Bowery** das am längsten kontinuierlich als Kirche genutzte Gebäude der Stadt. Das Hauptschiff, 1799 aus Feldstein errichtet, wurde später ergänzt. Auf dem Friedhof der politisch stets für Menschenrechte aktiven Gemeinde findet man das Grab von Peter Stuyvesant. Die Kirche dient heute auch als Tanzstudio, ihre Geschichte ist auf Schautafeln am Zaun dargestellt.

McSorley's Ale House 2

Neben den Deutschen hatten im East Village anfangs noch Iren gelebt. Ein Relikt jener Zeit ist **McSorley's Ale House**, das sich als älteste Bar in New York bezeichnet. Erst 1971 erhielten Frauen per Gerichtsurteil Zutritt zu dem 1854 eröffneten Saloon (s. auch S. 48).

Der Distrikt der Ukrainer

Andere Einwander-Gruppen übernahmen das Viertel. Entlang der Second Avenue findet man ukrainische Lokale, etwa im Ukrainian National Home das Ukrainian East Village (140 Second Ave.) und das beliebte **Veselka** 3 (144 Second Ave.). Im **Ukrainian Museum** 3 (222 E. 6th St., Tel. 1-212-228-0110, www.ukrainianmuseum.org, Mi–So 11.30–17 Uhr) kann man Trachten und Volkskunst bestaunen. **St. George's** 4, die im byzantischen Stil des Heimatlands erbaute ukrainisch-katholische Kirche, stammt aus dem Jahr 1977.

Astor Place/Cooper Square 5

Ein Fixpunkt der Gegend ist der Astor Place mit dem Gebäude der Cooper Union Foundation (1859) und dem beliebten Treffpunkt-Würfel »Alamo« (genannt »The Cube«, 1967, Tony Rosenthal). Mit dem 21-stöckigen Astor Place Tower (2005), 445 Lafayette St., samt Luxus-Apartments hatte sich die Veränderung der Gegend angekündigt. Gefolgt sind das architektonisch bemerkenswerte New Academic Building der Cooper Union (2009), 41 Cooper Square, und unter Nr. 25 das Design-Hotel The Cooper Square (2009). Letzteres verfügt auf der Rückseite (2nd floor) über eine Bar, die auch 50 Plätze im Freien besitzt (ab 15.30, Sa–So ab 13, Mo–Di, So bis 20, Mi–Sa bis 1/2 Uhr). Von dort blickt man auf Backsteinbauten, in WGs und auf Wäscheleinen – East Village, wie es einmal war.

Stuyvesant Street

Ganz am Anfang aber waren hier die Niederländer. Die Stuyvesant Street zwischen Third und Second Avenue erinnert daran, dass hier einmal der Bauernhof (holländisch *bouwerie*, daher der Name Bowery) des ersten Gouverneurs Peter Stuyvesant (1612–1672) stand. Das älteste Haus, Nr. 21 aus dem Jahre 1804, erhielt die Ur-Ur-Enkelin des Gouverneurs als Hochzeitsgeschenk.

New Museum of Contemporary Art 6

www.newmuseum.org, 235 Bowery / Stanton–Rivington Sts., U-Bahn: Spring St. oder Prince St., Mi, Sa–So 12–18, Do–Fr 12–21 Uhr, Do 19–21 Uhr freier Eintritt; 1. Sa im Monat Familien-Führungen (6–10, 11–15 J.) 10 und 11 Uhr, Eintritt 12 $, Sen. 10 $ und Stud. 8 $, bis 18 J. frei

Einst berühmt und berüchtigt als Endstation der Erniedrigten und Gedemütigten, der Trinker und Entwurzelten, steht die Bowery heute im Blickpunkt von Immobilienmaklern. Zur Aufwertung beigetragen hat das Ende 2007 neu eröffnete **New Museum of Contemporary Art:** zeitgenössische Kunst im spektakulären Bau der Tokioter Architekten Kazuyo Sejima und Ryue Nishizawa, der aufeinander getürmten Schuhschachteln gleicht. Nicht versäumen: die Aussicht vom Sky Deck. Für die New York Times ist dies das bedeutendste Kunstmuseum seit der Premiere des Museum of Modern Art.

Zwischen Suffolk und Orchard Streets

Anshe Chesed Synagogue

Ohne Gemeinde blieb in der Norfolk Street 172 die älteste Synagoge der

Lower East Side, Chinatown und Little Italy

Sehenswert
1 St. Mark's-in-the-Bowery
2 McSorley's Ale House
3 Ukrainian Museum
4 St. George's
5 Astor Place/Cooper Square
6 New Museum of Contemporary Art
7 Anshe Chesed Synagogue
8 Streit's
9 Lower East Side Tenement Museum
10 Beth Hamedrash Hagadol Synagogue
11 Jewish Daily Forward Building
12 Sons of Israel Kalvarie
13 Museum at Eldridge Street
14 Suwalki Synagogue
15 Canal Street
16 Museum of the Chinese in the Americas
17 Mulberry Street

Essen & Trinken
1 Sammy's Roumanian Steak House
2 Ping's Restaurant
3 Veselka
4 Angelica Kitchen
5 Joe's Shanghai
6 Katz's Delicatessen/Free Walking Tour
7 Brick Lane Curry House
8 Fay da Bakery
9 Taipan Bakery
10 Aqua Grill

Einkaufen
1 Bloomingdale's SoHo
2 Calypso City Outlet
3 Tory Burch
4 Doyle & Doyle
5 Jill Anderson
6 Adidas
7 Dean & De Luca
8 Russ & Daughters
9 Kossar's Bialystoker
10 Pickle Guys
11 Kam Man Food Products
12 Ferrara Bakery & Cafe
13 Hollister Co.

Aktiv & Kreativ
1 Rundgang Chinatown

Abends & Nachts
1 Schiller's Liquor Bar
2 Bowery Ballroom
3 Lucky Cheng's
4 Mercury Lounge

Stadt zurück, die 1849 für eine Vereinigung deutscher Reformjuden von Architekt Alexander Seltzer aus Berlin entworfen worden war. 1986 kaufte der spanisch-jüdische Künstler Angel Orensanz den für den Abriss vorgesehenen Bau und nutzt ihn nun als Atelier und Galerie (Mo–Fr 11–18 Uhr). Daraufhin wurde die frühere **Anshe Chesed-Synagogue** 7 unter Denkmalschutz gestellt (www.orensanz.org).

An das jüdische Erbe im Viertel erinnerte seit 1925 **Streit's** 8, 148–154 Rivington St., wo das ungesäuerte Passah-Brot Matzo (Matzen) hergestellt wurde. Dem Block drohte zum Recherchezeitpunkt der Abriss.

Die **Delancey Street** ist die stets belebte Auffahrt zur 1903 errichteten Williamsburg Bridge – als ›Ausgang‹ der Juden nach Brooklyn auch Jewish Highway oder Naiye Brick genannt (die Alte Brick war die Brooklyn Bridge).

Lower East Side Tenement Museum 9

www.tenement.org, 103 Orchard St./ Broome–Delancey Sts., U-Bahn: Delancey St., Visitors Center/Museumsshop tgl. 10–18 Uhr; Museum nur mit Führung: tgl. 10.30–17 Uhr, alle 30 Min., Eintritt 20$, Sen. ab 65 J. u. Stud. 15$, April–Dez. Lower East Side Walking Tours Sa–So 13, 15 Uhr, 17$, Sen. und Stud. 13$

Auch in der Orchard Street blieben noch viele alte Mietshäuser *(tenements)* erhalten, in denen zum Höhepunkt der Einwanderung über 600 000 Menschen lebten. Ihnen ist das **Lower East Side Tenement Museum** gewidmet, welches Leben und Schicksal der Einwanderer dokumentiert. Besonders zu empfehlen ist die Teilnahme an einer der Themen-Führungen, z.B. jener zur Wohnung der deutsch-jüdischen Familie Gumpertz. Vater Julius Gumpertz verschwand 1874 spurlos, ein Beweis für die damals chao-

14th St Union Sq
East 14th St
3rd Av
1st Avenue
13th
12th St
11th
10th
9th
St. Marks Place
Third Avenue
Second Avenue
First Avenue
Avenue A
Avenue B
Avenue C
Village Towers East
The Strand
Fourth Ave
Grace Church
Renwick Triangle
Stuyvesant St
8th St
Astor Pl
Tompkins Square Park
siehe auch S. 227
Entdeckungstour
Kleindeutschland
Cooper Square
Broadway
Lafayette St
Great Jones St
Bond St
Bleecker St
Bowery
East Village
View
East Houston Street
Hamilton Fish Park
Ridge St
2nd Av
Houston St
Mulberry St
Mott St
Elizabeth St
Chrystie St
Forsyth St
Allen St
Orchard St
Ludlow St
Essex St
Norfolk St
Suffolk St
Stanton St
Old St. Patrick's Church
Prince St
Rivington Street
BOWERY
Essex St
Spring St
Delancey St
Cleveland Place
Kenmare St
Centre Market Pl
Broome St
LOWER EAST SIDE
Grand St
Houses
Seward Park
East Broadway
LITTLE ITALY
Baxter St
Centre St
Grand Street
Eldridge St
Hester St
Canal St
Straus Square
Henry St
Madison St
Clinton St
Walker St
Buddhist Temple of America
Confucius Plaza
Forsyth St
Division St
Pike Street
La Guardia
Rutgers Street
Cherry Street
Rutgers Houses
CHINA-TOWN
Courts
Bayard St
Pell St
Columbus Park
Chatham Square
Worth St
Foley Square
Franklin D. Roosevelt Drive
0
200
400 m

Lieblingsort

Bialys und Bagels

Längst dominieren die Hispancis die Lower East Side, ehemals »das jüdische Kalkutta« der osteuropäischen Einwanderer, und doch ist einiges geblieben, was die einstmals hier wohnhaften Juden aus New Jersey oder Connecticut anzieht. Dazu gehört **Kossar's Bialys** mit vollem Namen **Kossar's Bialystoker Kuchen Bakery** 9. Aus Bialystok in Polen hatten Auswanderer die Rezeptur für das kleine, etwas zähe Brötchen Bialys mitgebracht, dessen Auswölbung mit Knoblauch, Zwiebeln oder Mohn gefüllt wird und zu dem Frischkäse (jiddisch: Schmeer) als Aufstrich passt. Die bald 70 Jahre bestehende Bäckerei produziert seit einiger Zeit auch Bagels, das runde Hefeteiggebäck mit dem Loch in der Mitte. Bei Kossar's sollten Sie unbedingt den (süßen) *Cinnamon Raisin Bagel* mit Zimt und Rosinen probieren! (**Kossar's Bialystoker Kuchen Bakery,** 367 Grand St./Essex St., www.kossarsbialys.com, So–Do 6–20, Fr 6–15, Sa geschl.)

tischen Zeiten in New York. Seine Frau eröffnete daraufhin eine Schneiderei in der Wohnung. Geschildert wird bei diesem Rundgang auch die Geschichte der sizilianischen Familie Baldizzi, die in den 1930er-Jahren einwanderte. Gegenüber liegt das **Visitors Cente**r des Museums, gut ausgestattet mit Literatur und Memorabilia. Nebenan, 100 Orchard St., wurde ein Mietshaus von 1879 in das ›Blue Moon Hotel‹ umgewandelt, das auf ›Old New York-Atmosphäre‹ Wert legt, was sich im Übernachtungspreis ab 300 $ niederschlägt.

Beth Hamedrash Hagadol Synagogue 10

In der Norfolk St. Nr. 60 findet man ein weiteres Zeugnis jüdischen Lebens: In der **Beth Hamedrash Hagadol Synagogue** wird nach wie vor in der ›Shul‹ unterrichtet. Die älteste, 1852 gegründete orthodoxe russisch-jüdische Gemeinde zog 1885 in die frühere Baptistenkirche von 1850 ein. Im Umfeld findet man jüdische Läden wie **Kossar's Bialystoker Kuchen Bakery** 9 oder B. Rubins Handel für Silber und religiöse Gebrauchsgegenstände (345 Grand St.).

Größte Bevölkerungsgruppe der Lower East Side sind heute die Hispanics, vor allem Puertorikaner, vor Chinesen, Afroamerikanern und Juden. Neu hinzu gezogen sind junge Berufstätige und Studenten, die preiswerte Wohnungen in den Mietskasernen übernommen haben. Allerdings wird angenommen, dass auch die LES auf lange Sicht schick wird und die Preise steigen. Als Symbol dafür gilt der Alu-Stahl-Neubau des **Hotel on Rivington** (107 Rivington/Essex-Ludlow Sts.) mit 20 Stockwerken; die Besitzer-Familie ist gleich im 17. Stock eingezogen.

Essex Street Market und Street

120 Essex/Delancey Sts., Mo–Sa 8–18 Uhr, www.essexstreetmarket.com

Der **Essex Street Market** wurde 1940 eingerichtet, nachdem die Stadtverwaltung den Straßenhandel mit Schubkarren verboten hatte, damals die Haupterwerbsquelle tausender Einwanderer. Heute wird dort neben Fleisch-, Fisch- und Gemüseständen auch gekocht und sogar frisiert! Wandgemälde erzählen die Geschichte des Viertels. Besonders populär ist der Imbiss **Shopin's General Store** mit weit über 100 Gerichten, vor allem Suppen (*stall* 16, Di–Fr 9–14, Sa 9.30–14 Uhr, 9–14 $).

In der **Essex Street** gibt es noch einige Läden orthodoxer Juden. Wegen des Sabbats sind viele Geschäfte am späten Freitagnachmittag und Samstag geschlossen. Gurken wie anno dazumal frisch aus dem Fass verkaufen Chinesen bei den **Pickle Guys** 10 (49 Essex St., Sa geschl., www.nypickleguys.com).

›Knishes‹ von Schimmel

Viele der Juden, die hier einst lebten, kehren am Sonntag in ihr altes Viertel zurück. An den Autos sieht man Nummernschilder aus New Jersey oder Connecticut. Die Besucher kommen wegen Gurken und Matzen oder wegen der Bäckerei von Yonah Schimmel, in deren Fenstern Zeitungsartikel von der Firmentradition seit 1910 berichten (137 E. Houston/Forsyth Sts). Bekannt ist das von einem Rabbi gegründete Geschäft für die Spezialität *knishes,* z. B. mit Spinat gefüllte Krapfen (www.knishery.com).

Orchard Street

Noch heute vermittelt die Orchard Street sonntags einen Eindruck davon, wie lebendig die Lower East Side zu Zeiten der Einwanderung der Juden gewesen sein mag. Für den Autoverkehr teilweise gesperrt, verwandelt sich die Straße in ein riesiges Revier für *bargain hunters*, Schnäppchenjäger (**Visitors Center**; Sa und Mo sind die Geschäfte geschl.). Die Waren sind hier billiger, da die Ladenbesitzer sie direkt, also ohne Zwischenhändler vom Produzenten kaufen, Familienbetriebe führen und keine hohen Mieten bezahlen.

East Broadway

Der East Broadway, den viele der Einwanderer *ulitza* nannten (russisch für Straße) und den Isaac B. Singer im Titel der Geschichte »Der Kabbalist vom East Broadway« verewigte, ist zum Teil noch – wie in alten Zeiten – die Hauptstraße der jüdischen Lower East Side.

Landsmanshaften und *mikveh*

East Broadway 225–283 wird auch *Shteeble Row* genannt. *Shteeble*, das jiddische Wort für einen kleinen Raum, bezeichnet orthodoxe Synagogen, zu denen oft am Sabbat ein Wohnraum in den Mietshäusern umfunktioniert wurde. Hier sieht man noch die dunklen Gewänder der orthodoxen Juden und viele Schilder, die auf religiöse Vereinigungen und Hilfsorganisationen *(landsmanshaften)* hinweisen. Szenen des jüdischen Lebens schildert das Wandgemälde des »Bialystoker Home for the Aged« (228 East Broadway). Ein rituelles Bad *(mikveh)* besuchen unverheiratete, orthodoxe Jüdinnen einmal im Monat (311–313 East Broadway/Grand St.).

Jewish Daily Forward Building 11

Im zehnstöckigen Wolkenkratzer des **Jewish Daily Forward Building** wurde die 1897 gegründete jiddische Zeitung Forverts, benannt nach dem SPD-Organ Vorwärts, herausgegeben (175 East Broadway). Der Name steht noch unter der großen Uhr an der Fassade. Aufgrund der erbärmlichen Lebensbedingungen hatte sich in der Lower East Side eine starke Arbeiterbewegung gebildet. Der sozialistische ›Forward‹, der in den 1920er-Jahren eine Auflage von 250 000 Exemplaren hatte, war die größte jiddische Zeitung der Welt. Heute erscheint er als Wochenzeitung, die Redaktion ist aus den einstigen Büros, die eine chinesische Kirchengemeinde übernommen hat, nach Uptown umgezogen.

›Little India‹ im East Village
Zwischen der First und Second Avenue gelangt man in der E. 6th Street in einen anderen Kontinent. Über ›Little India‹ sagen Spötter: »Viele Restauranteingänge – und eine Küche«. Es sind vor allem Bangladescher, die beiderseits der Straße preiswerte Restaurants betreiben, wie zum Beispiel das **Brick Lane Curry House** 7.

Sons of Israel Kalvarie 12

Das 1903 errichtete **House of the Sons of Israel Kalvarie**, eine weitere Synagoge, war lange Zeit dem Verfall preisgegeben und dient nun als buddhistischer Tempel (15 Pike St.).

Museum at Eldridge Street 13

www.eldridgestreet.org, 12 Eldrige St./Canal–Division Sts., So–Do 10–16 Uhr, halbstündige Führungen, 10 $, Stud./Sen. 8 $, Mo 10–12 Uhr frei, an jüd. Fei geschl.

Die 1887 mit maurischen Stilelementen dekorierte orthodoxe **Eldridge Street Synagogue** war das größte Bethaus der Gegend. Es gibt mittlerweile zu wenige Gemeindemitglieder, um im Hauptraum Gottesdienste abzuhalten. 1986 hatte ein New Yorker Historiker bei einer Führung den verfallenen Bau entdeckt. Daraufhin gründete sich das Eldridge Street Project, das 20 Mio. $ für die Renovierung sammelte. So konnte am 2. Dezember 2007 das **Museum at Eldridge Street** eröffnet werden.

Suwalki Synagogue 14

Zu den vielen Synagogen, die schon vor langer Zeit aufgegeben wurden, zählt die **Suwalki Synagogue** (27 Forsyth St.). Seit 1926 heißt sie **St. Barbara** und gehört als Kirche der griechisch-orthodoxen Gemeinde; ein Augenschein im Innern lohnt. Juden aus Suwalki in Polen, die einen ersten osteuropäischen Wohnbezirk an der Mott und Bayard Street gebildet hatten, dem heutigen Zentrum von Chinatown, ließen die Synagoge um 1895 bauen. Vor allem Schneider waren aus dem polnischen Dorf gekommen. Sie fanden Arbeit in den vielen deutsch-jüdischen Kleiderfabriken in der Lower East Side. Im Jahre 1890 waren dort fast 10 000 Schneider in den Textilwerkstätten beschäftigt, zu denen auch zahllose Kleinstbetriebe, die *sweat shops* mit miserablen Arbeitsbedingungen, gehörten. Ungelernte Neuankömmlinge wurden gleich bei der Ankunft als Arbeiter verpflichtet oder mussten auf dem sogenannten Khazzer-Markt, jiddisch für Schweinemarkt, der Tagelöhner ausharren.

Chinatown!

Längst verläuft die Route auf jüdischen Spuren mitten durch Chinatown, dessen Hauptstraße die **Canal Street** 15 ist. Mit 250 000 bis 350 000 Bewohnern, von denen mehr als 55 % wenig oder kein Englisch sprechen, ist es eine der größten Ansiedlungen von Chinesen außerhalb Südostasiens. Die Geschäfte am East Broadway etwa wenden sich ausschließlich an chinesische Kundschaft.

Chinatown ist eine exotische Stadt in der Stadt, mit über 200 Restaurants beliebt für einen *food trip* und einer ebenso beliebten Shopping-Meile. An den Zeitungskiosken gibt es keine englischsprachigen Blätter, einige Telefonzellen haben ein rot-goldenes Pagoden-Dächlein und die Straßenschilder sind zweisprachig. Den **Chinatown Information Kiosk** findet man Ecke Canal/Baxter/Walker Sts. Neben Chinesen wandern inzwischen auch Vietnamesen ein, die man vor allem in der Baxter St. zwischen Canal und Bayard Sts. findet. New York hat inzwischen drei Chinatowns (in Flushing in Queens und in Sunset Park in Brooklyn. Viel ausländisches Kapital ist in die Chinatown von Manhattan geflossen. Supermärkte wie **Kam Mam** 11 ersetzen die traditionellen kleinen Läden. Für einen Obst- und Gemüsestand an der Canal Street muss eine horrende Pacht gezahlt werden.

Ein Stück Asien in Manhattan: In Chinatown spricht, schreibt und isst man chinesisch

Mott Street und Chatham Square

Für alle, die noch nie in Asien waren, ist Chinatown ein Erlebnis, inklusive der Wahrsagerinnen Ecke Mulberry/Bayard Sts. Noch dominiert in den Restaurants die kantonesische Küche, denn die ersten Einwanderer kamen aus Südchina, doch werden auch Spezialitäten aus Shanghai, Huan oder Szechuan angeboten. In der **Mott Street** gibt es gute und preiswerte Lokale, welche die Vorspeise Dim Sum und Peking-Ente anbieten. Dort findet man auch die 1801 erbaute **Church of Transfiguration**, 25 Mott Street, Gründung britischer Lutheraner, seit 1853 katholisch. Erst gingen Iren und Italiener dorthin, heute werden die Messen in der größten römisch-katholischen Gemeinde Chinatowns in Englisch, Kantonesisch und Mandarin abgehalten.

Geht man die Mott Street weiter, erreicht man den **Chatham Square,** der eigentlich Zentrum von Chinatown sein sollte, denn dort stehen der Lt. Benjamin Ralph Kimlau Memorial Arch von 1962, Erinnerung an die US-Soldaten chinesischer Abstammung, die im Zweiten Weltkrieg umkamen, und die Statue von Lin Zexu, der den Opiumhandel in seinem Heimatland bekämpfte. An diesem Platz beginnt die Chinese New Year Parade.

Museum of the Chinese in the Americas 16

www.mocanyc.org, 215 Centre St./Grand–Howard Sts., Mo, Fr 11–17, Do 11–21, Sa–So 10–17 Uhr, 7$, Sen.

Im Katz's: Ähnlichkeiten mit einem Film namens »Harry und Sally« sind rein zufällig ...

65 J./Stud. 4 $, Do frei; Rundgang »Experience Chinatown« (1,5 Std., 12 $, Stud. 10 $)
Die ersten Chinesen kamen über die Westküste als Kulis für den Eisenbahnbau. Weil Frauen nicht einwandern durften, war Chinatown lange eine Junggesellengemeinde. Ein Gemeinschaftsraum jener Zeit wurde im **Museum of Chinese in the Americas** rekonstruiert.

1882–1924 hatten die geänderten Einwanderungsgesetze den Zustrom von Chinesen rigoros eingeschränkt – heute reden in diesem Zusammenhang viele von staatlich sanktioniertem Rassismus. Allerdings mussten Chinesen im Zweiten Weltkrieg prozentual gesehen den höchsten Anteil aller New Yorker Volksgruppen in der US-Army stellen.

Produktpiraten der Canal Street

Die Canal Street in erster Linie be kannt für Produktpiraterie: Marken-Jeans, Computer-Software, Rolex-Uhren, Gucci-Taschen, Oakley-Sonnenbrillen, Parfüm sind hier, Made in China oder Chinatown, zu haben und allesamt Fälschungen; der Erwerb ist illegal.

Little Italy

Mulberry Street 17

Ebenso wie Chinatown übt auch Little Italy eine enorme Anziehungskraft auf Touristen aus, obwohl von dem Ende des 19. Jh. entstandenen Italiener-Viertel allenfalls noch Teile in der **Mulberry Street** und deren näherer Umgebung geblieben sind. Größere italo-amerikanische Wohngebiete findet man in Greenwich Village, Carroll Gardens (Brooklyn) und in Belmont (Bronx).

Immerhin hat die Little Italy Restoration Association in Absprache mit den Chinesen erreicht, dass ihr das jetzige Gebiet bleibt und die Nachbarn aus Fernost darauf verzichten, auch dort chinesische Schriftzeichen anzubringen.

Samstag- und sonntagabends ist die Mulberry Street als Fußgängerzone für den Verkehr gesperrt. Espresso-Maschinen werden verkauft und allerlei grün-weiß-roter Kitsch. Jährlicher Höhepunkt im Viertel ist das San Gennaro-Fest, das dem Schutzpatron von Neapel gewidmet ist, in den letzten beiden Septemberwochen (www.sangennaro.org).

Der Pate im Social Club

Wer Pasta, Cappuccino oder das unwiderstehliche Canoli-Gebäck mag, der ist in Little Italy richtig – z. B. bei **Ferrara** 12, der 1892 eröffneten, ältesten italo-amerikanischen Bäckerei der USA. Das berühmteste Lokal war das frühere **Umberto's Clam House** (jetzt 386 Broome St./Mulberry St.), allerdings nicht wegen seiner Küche, sondern weil dort 1972 die Colombo-Familie den gerade aus der Haft entlassenen Joey Gallo liquidieren ließ – eine weitere Episode unendlicher New Yorker Mafia-Geschichten, zu denen auch die des 1992 zu lebenslanger Haft verurteilten John Gotti gehört, der mit seinen Freunden im **Social Club** (247 Mulberry St.) ein und aus ging und 2002 im Gefängnis verstarb. Aber keine Sorge: Little Italy ist sicher, bedeuten die vielen Touristen doch die Existenzgrundlage der Familien.

Katz's, die Mutter aller Delis 6

Eine legendäre Einrichtung der Lower East Side ist das 1898 gegründete Katz's Delicatessen – und das nicht erst seit der berühmten *fake orgasm*-Szene aus dem Film »Harry und Sally«. Ein Deli mit deftigen Gerichten, wie er traditioneller nicht sein kann. Noch ist er da, obwohl Lokalitäten dieser Art angesichts der bei Manhattanites bevorzugten gesunden Ernährung in der Defensive sind. Es gibt Service und Selbstbedienung, der Andrang ist so groß, dass an die Kunden Nummern ausgegeben werden. Katz's hat täglich geöffnet, Samstagnacht sogar bis 2.45 Uhr (s. S. 37).

Essen & Trinken

Wodka & Leber – **Sammy's Roumanian Steak House** 1: s. S. 36.

Favorit Dim Sum – **Ping's Restaurant** 2: s. S. 37.

24 Stunden – **Veselka** 3: s. S. 37.

Für Vegetarier – **Angelica Kitchen** 4: s. S. 37.

Soup Dumplings – **Joe's Shanghai** 5: s. S. 36.

›Monster-Sandwiches‹ – **Katz's Delicatessen** 6: s. S. 37.

British Style Curry – **Brick Lane Curry House** 7: 306–308 6th St./Second Ave., Tel. 1-212-979-8787, www.bricklanecurryhouse.com, So–Do 11–23, Fr 11–1 Uhr, U-Bahn: Astor Place, Hauptgerichte 11–18 $. Little India wird auch Curry Row genannt; das Lokal eines Indonesiers aus Indien ist bekannt für Goan Curry (Fisch, Lamm oder Shrimps) und das sehr gelungene Garlic Naan.

Chinatown-Erfolgsstory – **Fay da Bakery** 8: 83 Mott/Bayard/Canal Sts., www.fayda.com, U-Bahn: Canal St., tgl. 7–20.30 Uhr. Ein Trend, der sich behauptet hat: die Chinatown Bakeries, die vor allem bei jungen Leuten aus dem Viertel sehr beliebt sind. Neben allerlei Süßigkeiten wie Mohnkuchen gibt es dort kleine Snacks für weniger als 1 $, etwa Thunfisch, Hähnchen und geröstetes Schweinefleisch.

Chinatown-Erfolgsstory II – **Taipan Bakery** 9: 194 Canal/Mott/Mulberry Sts., www.taipan-bakery.com, tgl. 7.30–20.30 Uhr, siehe 8. Auch kleine Gerichte wie Borschtsch und Pork Chop.

Seafood in SoHo – **Aqua Grill** 9: s. S. 35.

Einkaufen

›Li'l Bloomies‹ – **Bloomingdale's SoHo** 1: s. S. 43.

Auf Entdeckungstour

East Village – auf den Spuren von ›Kleindeutschland‹

Dort, wo heute das East Village besteht, war einmal Kleindeutschland. Das ist lange her. Doch noch immer gibt es Spuren des Einwandererviertels, das derzeit im Wandel von der Alternativ-Szene zum familienfreundlichen Quartier begriffen ist.

Planung: Stationen siehe Karte

Zum Nachlesen: Edward T. O'Donnell: Der Ausflug. Das Ende von Little Germany, Frankfurt/M. 2007

Start: U-Bahn-Station Astor Place

Es mag verblüffen, auf dem Weg von der U-Bahn-Station Astor Place ins East Village plötzlich deutschsprachige Inschriften zu entdecken, so unter der Adresse 135 Second Avenue an der Zweigstelle der **New York Public Library (1):** Der Schriftzug »Freie Bibliothek und Lesehalle« verrät, wer hier früher Literatur auslieh. Gleich nebenan, 137 Second Avenue, erinnert an der Stuyvesant Polyclinic die Inschrift »Deutsche Dispensary« (Deutsches Krankenrevier) ebenfalls an das frühere Viertel Kleindeutschland, gelegentlich auch Dutchtown oder Deutschländle genannt. Bibliothek und Krankenhaus wurden 1884 von Oswald Ottendorfer (1826–1900) gestiftet, einem 1848er-Revolutionär aus Mähren, der die Verleger-Witwe Anna Uhl, gebürtig aus Würzburg, geheiratet hatte und so zum Herausgeber der damals viel gelesenen deutschsprachigen ›Staats-Zeitung‹ avancierte.

»Alle sind Deutsche«

1840 hatten hier 24 000 deutsche Einwanderer gelebt, in den 1870er-Jahren waren es bereits 170 000. Karl Theodor Griesinger schrieb im 1863 erschienenen Buch »Land und Leute in Amerika« seine Beobachtungen im heutigen East Village nieder: »Das Leben in Kleindeutschland ist dasselbe wie in der Alten Heimat. Bäcker, Metzger, Apotheker – alle sind Deutsche. Es gibt kein einziges Geschäft, das nicht von Deutschen geführt wird. Nicht nur die Schuhmacher, Schneider, Frisöre, Ärzte, Gemüsehändler und Wirte sind Deutsche, auch die Pastoren und Priester. Es gibt sogar eine deutsche Leihbücherei, in der man alle Arten deutscher Literatur bekommen kann. Die Bewohner von Kleindeutschland müssen noch nicht einmal Englisch beherrschen, um in New York leben zu können.«

Die Slocum-Katastrophe

Ein Mittelpunkt des Viertels war das Gebäude **323 E. 6th Street (2)**, seit 1940 die Community Synagogue, damals die St. Mark's Evangelical Lutheran Church, mit der sich das bis zum 11. September 2001 folgenschwerste Unglück der Stadt verbindet. Es war Pastor George Haas, der am 15. Juni 1904 für den Ausflug der Sonntagschule nach Long Island den Dampfer General Slocum gechartert hatte. Auf dem East River, bei der gefährlichen Stromschnelle Hell Gate, geriet das Schiff in Brand. Mindestens 1 021 Menschen, vor allem Frauen und Kinder, kamen ums Leben. Pastor Haas verlor Frau und zwei Kinder. Viele Väter, deren gesamte Familie gestorben war, begingen Selbstmord. Der Untergang der Slocum ist bis heute die größte zivile Schiffskatastrophe in der Geschichte der USA. Nun erinnert eine Gedenktafel an der Synagoge an das Unglück.

Auch in der **E. 4th Street (3)** finden sich noch Hinweise auf die deutschen Einwanderer. Im heute ruinösen Gebäude Nr. 62 unterhielt ehemals das

1889 gegründete deutsche Theater seine Gäste, gleich nebenan, Nr. 66, stand die Turnhalle. Die Fassade des Hauses Nr. 74, der ehemaligen Konzerthalle, schmücken Porträts von Wagner, Mozart und Beethoven; jetzt spielt hier das berühmte Experimental-Theater La Mama. Am Gebäude **12 St. Mark's Place (4)** zwischen Second und Third Ave. verweist die Inschrift auf die Deutsch-Amerikanische Schuetzen-Gesellschaft, die hier 1885 bauen ließ.

Eine ganze Stadt trauert

Totenstille im wahrsten Sinne des Wortes herrschte im Viertel, als sich am 14. Juli 1904 ein Gedenkmarsch für die Toten von der Slocum mit 5000 Teilnehmern über die Second Avenue auf den Weg machte. Man passierte die in schwarzen Trauerflor gehüllte Kirche und ging zum 1834 angelegten **Tompkins Square Park (5)**, den die Deutschen ›Weißer Platz‹ nannten.

Am Nordende des Tompkins Square Park, bei den Spielplätzen, steht heute der sog. General Slocum Fountain von 1906. Das kleine Denkmal zeigt ein Mädchen und einen Jungen, die hinaus aufs Meer blicken.

Denkmal in Queens

Weil es in Manhattan kaum Friedhöfe gab, wurden die meisten Opfer auf dem Lutheran All Faiths Cemetery in Middle Village, drüben in Queens, beerdigt. Für 61 unbekannte Tote hat man dort ein Denkmal errichtet. Jährlich am Samstag vor dem 15. Juni finden dort ein Gedenkgottesdienst und eine Kranzniederlegung der General Slocum Memorial Association statt.

Neues Zentrum Yorkville

Die Deutschen sind dann weggezogen aus Kleindeutschland, als es in Brooklyn Arbeit gab und sie ihr neues Zentrum in Manhattan in Yorkville um die E. 86th Street auf der Upper East Side fanden. Andere Zuwanderer rückten nach. Dafür stehen **McSorley's Ale House** 2 der Iren, angeblich älteste Bar der Stadt, die ukrainische Kirche **St. George's** 4, der **Walk of Fame (6)** als Erinnerung an die zahlreichen jiddischen Theater, 156 Second Avenue/E. 10th Street, **Little India (7)** in der E. 6th Street zwischen First und Second Avenues, wo vor allem Bangladescher zahlreiche Restaurants betreiben (z. B. 7).

An ein düsteres Kapitel der Gegend erinnert in einem ehemaligen Speakeasy das **Museum of the American Gangster (8)**, 80 St. Marks Place/ Second-First Aves. (Previews Mo–Fr 14, 16, Sa 12, 14, 16 Uhr, http://moagnyc.org, 10 $). Dort beginnen auch Führungen (Mo–Sa 17 Uhr: Jewish Mob, 15 $; Sa 14 Uhr: Mafia, 25 $).

Hells Angels und Drogenmarkt

Es ist New York, und so hat sich auch das East Village ständig gewandelt. Die Deutschen waren längst gegangen, da kamen die Hells Angels und die Hausbesetzer. **Alphabet City** (Avenues A, B, C) wurde größter Drogenmarkt der Ostküste und gab sogar den Titel eines Kriminalromans ab, im Tompkins Square Park ließen sich Obdachlose nieder. Nach Straßenschlachten und zahlreichen Polizeieinsätzen war die Gegend keine *no go area* mehr.

Es folgten die Alternativen und Tausende junger Leute aus Japan, wo das Viertel plötzlich als schick galt. Heute ist es ein familienfreundliches Quartier, doch werden all die Eltern, die mit ihren Kindern zum Spielplatz im Tompkins Square Park gehen, kaum wissen, was es mit dem kleinen Kinder-Denkmal dort auf sich hat.

Christine Celle für Kinder – **Calypso City Outlet** 2: s. S. 43.
US-Mode-Design – **Tory Burch** 3: s. S. 43.
Omas Schmuckstücke – **Doyle & Doyle** 4: s. S. 45.
East Village-Design – **Jill Anderson** 5: s. S. 44.
Mit drei Streifen – **Adidas** 6: s. S. 46.
Feinkost – **Dean & De Luca** 7: s. S. 41.
›Landmark of Jewish soul food‹ – **Russ & Daughters** 8: 179 East Houston St./Allen–Orchard Sts., www.russanddaughters.com, U-Bahn: 2nd Ave.-Lower East Side, Mo–Fr 8–20, Sa 9–19, So 8–17.30 Uhr. Der Geschäftsname klingt vertrauenswürdig, nach Familien-Unternehmen. Aus dem Straßenhandel entstand 1914 der Laden, spezialisiert auf Kaviar und geräucherten Fisch. Hier gibt's übrigens auch den *bagel with schmear*, also Bagel mit *cream cheese*.
Köstliche Zimtbagel – **Kossar's Bialystoker Kuchen Bakery** 9: s. S. 218
Gurken frisch vom Fass – **Pickle Guys** 10: 49 Essex St./Grand–Hester Sts., www.nycpickleguys.com, So–Do 9–18, Fr 9–16 Uhr, Sa geschl. Um 1910 war diese Straße eine Bastion der Gurken-Verkäufer, dies ist der letzte Laden, in dem osteuropäische Rezepte angewandt werden.
Tradition ade – **Kam Man Food Products** 11: 200 Canal St./Mulberry St., Tel. 1-212-571-0330, tgl. 9–21 Uhr, U-Bahn: Canal St. Supermärkte mit chinesischen Lebensmitteln, Haushaltswaren und Geschenkartikeln haben die kleinen Läden Chinatowns verdrängt; Kam Man ist jetzt der Marktführer.
Leckeres Cannoli-Gebäck – **Ferrara Bakery & Cafe** 12: 195 Grand St./Mulberry–Mott Sts., Tel. 1-212-226-6150, www.ferraracafe.com,So–Fr 8–0, Sa 8–1 Uhr, U-Bahn: Canal St. Feinste Konditorei-Produkte, darunter Cannolis, mal klein, mal groß, mal mit Schokolade. Torta di Ricotta gibt's ebenso wie Tiramisu.
Surfin NYC – **Hollister Co.** 13: s. S. 44.

Aktiv & Kreativ

Rundgang im Viertel – **»LES Walking Tour«**: Gratis-Tour ab **Katz's Delicatessen** 6, April–Dez., So, 11 Uhr.
Erlebnis Chinatown – **»Experience Chinatown«** 1: Am Museum of the Chinese in the Americas beginnt von Mai bis Mitte Dez. samstags um 13 Uhr der Rundgang »Experience Chinatown«.

Abends & Nachts

Immer spät, ob morgens oder nachts – **Schiller's Liquor Bar** 1: 131 Rivington/Norfolk Sts., Tel. 1-212-260-4555, www.schillersny.com, U-Bahn: Delancey St., Mo–Mi 11–1, Do 11–2, Fr 11–3, Sa 10–3, So 10–1 Uhr, Hauptgerichte ab 19 $. Was sich (schon wieder) in der LES verändert hat, lässt sich hier besichtigen. Ob spätes Frühstück oder spätes Dinner, das Publikum goutiert den Ort mit kontinentaler Küche wie Lachs mit Senfkruste und Linsen. Man beachte das wechselnde Angebot an Cocktails.
Der beste Rock-Club – **Bowery Ballroom** 2: 6 Delancey St./Bowery-Chrystie St., Tel. 1-212-533-2111, www.boweryballroom.com, U-Bahn: Bowery oder Grand St. Einlass zu Konzerten 19.30 bzw. 20 Uhr, Eintritt 10–50 $. Gilt als der beste Rock-Club der Stadt. Im ehemaligen Vaudeville-Theater mit umlaufendem Balkon testet die Musikindustrie, wie neue Gruppen beim Publikum ankommen. Achtung: die Karten gibt's in der ›Mercury Lounge‹, 217 East Houston St.
Transvestiten, asiatische Küche – **Lucky Cheng's** 3: s. S. 36.
Die älteste Bar New Yorks – **McSorley's Ale House** 2: s. S. 49.
Lokale Bands – **Mercury Lounge** 4: s. S. 49.

Das Beste auf einen Blick

Financial District

Highlights!

Statue of Liberty: Auch wenn man nicht mehr bis zur Spitze aufsteigen kann, ein Besuch der Freiheitsstatue, dem Symbol für New York und die gesamten USA, bleibt ein Erlebnis. 12 S. 239

South Street Seaport: Mit jährlich 11 Mio. Besuchern inzwischen eine der meistbesuchten New Yorker Attraktionen. 32 S. 247

Wall Street: Diese Straße ist nur 1,3 km lang und doch weltberühmt: Sie steht für das Finanzzentrum New York und die größte Börse der Welt. S. 244

Auf Entdeckungstour

Im ›Reich‹ von Robert De Niro: Der kleine Stadtteil **TriBeCa**, Triangle Below Canal Street beim Financial District gilt als sein Revier. Das Viertel ist längst aus dem Schatten herausgetreten und verfügt heute über eine namhafte Restaurantszene und ein eigenes Film-Festival. S. 236

Die ehemals ›Verbotene Stadt‹: Viele Jahre lang war die Insel **Governors Island** so etwas wie eine ›verbotene Stadt‹. Nun kann man sie besuchen – und New York hat noch Großes mit ihr vor. S. 242

Kultur & Sehenswertes

Ellis Island: Wer die USA verstehen will, muss auf Ellis Island, der Einwanderer-Insel, gewesen sein. Und vielleicht entdecken Sie dort in den Computern mögliche Verwandte in USA. 13 S. 240

500 Tonnen Barrengold: Die **Federal Reserve Bank** zeigt bei der *gold vault tour* die weltweit größte Goldlagerstätte 27 S. 246

Aktiv & Kreativ

Wall Street Walking Tour: Während der 90-Minuten-Führung können Sie das Wall-Street-Viertel kostenlos kennenlernen, Do und Sa 12 Uhr, ab Eingang **National Museum of the American Indian**. 17 S. 253

Genießen & Atmosphäre

Wo die Broker essen: Angeblich wird hier während der Gespräche viel Geld bewegt. Das vornehme Restaurant **Delmonico's** 1 ist vom Namen her ebenso ein Begriff wie der Classic Lobster Newburg und Delmonico's Steak. S. 251

People watching: Wer einen Platz ergattert, wird sich glücklich schätzen: Bei schönem Wetter bietet **Gigino at Wagner Park** beste Aussichten – und *people watching*. 4 S. 252

Abends & Nachts

Neue Nachbarn: Der Fischmarkt ist verlegt, die Mafia, die ihn beherrschte, aus dem Geschäft – und das gemütliche Bierlokal **Jeremy's Alehouse** hat eine neue Klientel gefunden. 1 S. 253

Stadt der Türme und Masten

Der Schriftsteller Walt Whitman nannte New York einst »Stadt der Türme und der Masten«, und zwischen jenen Polen verläuft auch dieser Weg: vom World Financial Center und den auf engstem Raum hochwachsenden Wolkenkratzern der Wall Street zum South Street Seaport am East River, wo der einstige Mastenwald nun auf einige Schiffsveteranen reduziert ist.

Infobox

Reisekarte: ▶ A–B 19–21 und Karte 3

Ausgangspunkt: U-Bahn-Station World Trade Center
Endpunkt: U-Bahn-Station Brooklyn Bridge City Hall
Dauer des Rundgangs: vier Stunden (ohne Ausstellungen, Statue of Liberty, Ellis Island)
Info-Kioske: im Staten Island Ferry Terminal; WTC PATH Station, Church/Vesey Sts.; World Financial Center; Südende City Hall Park, Broadway/Park Row.

Im Internet

www.lowermanhattan.info: berichtet über den Fortgang der Bau- und Erneuerungsarbeiten im Financial District.
www.downtownny.com: umfangreiches Verzeichnis von Restaurants und Geschäften.
www.renewnyc.com: Die Lower Manhattan Development Corporation befasst sich u. a. mit dem Fortschritt der Arbeiten auf dem Ground-Zero-Areal.
www.lmcc.net: Lower Manhattan Cultural Council

Fortbewegung im Viertel

Zwischen Battery Park City und South Street Seaport (Downtown Connection) verkehrt tgl. im 10-Min.-Takt von 10–19.30 Uhr gratis ein **Trolley-Bus.**

Ground Zero 1

Seit dem 11. September 2001 ist an der Südspitze Manhattans nichts mehr so, wie es einmal war: Dort klafft die riesige Wunde, die der Einsturz des World Trade Center hinterlassen hat. 2569 Menschen verloren dabei ihr Leben.

Das **World Trade Center** (WTC) war eines der Wahrzeichen von New York. Die beiden Hauptgebäude erreichten mit 110 Stockwerken eine Höhe von 411 m. Genau genommen bestand das WTC aus sieben Gebäuden, die sich um eine Plaza gruppierten. Jährlich hatten 1,8 Mio. Besucher die Aussichtsplattformen besucht, die höchsten der Welt. 50 000 Menschen arbeiteten in dem Gebäudekomplex, der zum Großteil bei den Anschlägen vom 11. September 2001 zerstört wurde.

Auf dem Ground Zero begann mit der Grundsteinlegung am 26.4.2006 der Neubau des **One World Trade Center** (ursprünglich: **Freedom Tower**), das bei Drucklegung bereits Gestalt annahm. Bis 2013 soll es fertig und 1776 ft (541 m) hoch sein – 1776 ist das Gründungsjahr der USA. Vorgesehen sind wieder eine Aussichtsplattform und Restaurants im 100. und 101. Stock. Infolge der Bauarbeiten ändern sich Wege und z. B. Zugänge zum World Financial Center ständig; bitte beachten Sie dies.

Gedenkstätte und Museum

Den ursprünglichen Entwurf von Daniel Libeskind hat man verworfen und zusätzlich David Childs als Architekten ins Boot geholt. Die Gedenkstätte mit den beiden »Reflecting Pools« am Fuß des neuen Hochhauses wird ab 11.9.2011 als Teil des **National September 11 Memorial and Museum** den Opfern des Anschlags gewidmet sein. Abgelehnt wurde ein Museum für Menschenrechte, da man Kritik an der US-Politik befürchtete. Zur Gedenkstätte informiert bis auf Weiteres die **Memorial Preview Site** (20 Vesey St./ Church St., Mo–Sa 10–19, So 10–18 Uhr, Eintritt frei). Bereits fertig ist der besonders umweltfreundliche Neubau **WTC 7** (West Broadway/Vesey St.), 52 Stockwerke und 225 m hoch.

Tribute WTC Visitor Center 2

www.tributewtc.org, 120 Liberty St./ Greenwich–Church Sts., Mo 10–18, Di 12–18, Mi–Sa 10–18, So 12–17 Uhr; Führungen So–Fr 11, 12, 13, 15, Sa–So 11–16 Uhr stdl., 10 $

Eine Ausstellung der 11th Families Association ist im ehemals so genannten **9/11 Tribute Center** an der Südseite von Ground Zero gegen eine Spende von 10 $ zu sehen. Ab hier gibt es Führungen zum Ground Zero.

World Financial Center

Die an Ground Zero anschließende Battery Park City mit dem **World Financial Center** 3 als Mittelpunkt war bis zu dessen Zerstörung mit dem World Trade Center durch zwei Brücken verbunden, die täglich 80 000 Menschen passierten. Die Fußgängerbrücken wurden wieder hergestellt und führen zur Vesey und Liberty Street.

Architekturkritiker waren stets begeistert von der Battery Park City. Der Spiegel feierte die Anlage als »das gediegenste und gescheiteste Stück im ganzen modernen Städtebau, ... ein Glücksfall«. Der Stadtteil am Wasser verdankt seine Existenz dem einstigen Nachbarn: Der beim Bau des World Trade Center angefallene Erdaushub wurde in den Strom geschüttet, womit Manhattan wuchs, wie schon zuvor um den Battery Park oder die Hafenanlagen des South Street Seaport.

Atrium mit Königspalmen

Das World Financial Center (WFC) litt schwer unter dem Einsturz der Twin Towers. Der Wiederaufbau ist mittlerweile abgeschlossen. In neuer Pracht erstrahlt auch das gläserne zehnstöckige Winter Garden Atrium – mit Marmorfußboden, großer Treppe und 16 riesigen Königspalmen einer der schönsten Innenräume der Stadt. Beim Anschlag sind 70 % des Dachs und 2000 Glasscheiben zerstört worden. Der Architekt Cesar Pelli entwarf einen neuen Eingang zum World Financial Center an der West Street. Wieder eingezogen sind Merrill Lynch, der größte Aktienhändler der Welt, der Verlagskonzern Dow Jones (Wall Street Journal, Dow Jones Index als Börsenbarometer) und American Express. Außerdem gibt es in den Wolkenkratzern Apartments für 30 000 Menschen.

Die Passagen des WFC

Wie im gesamten Financial District ist man auch in den **Passagen des World Financial Center** auf all diejenigen eingestellt, die in der Mittagspause eine kleine Mahlzeit zu sich nehmen möchten. Die vielen tausend Menschen, die hier arbeiten, können zwischen Fast-Food-Imbissen und guten Restaurants wählen. Preiswerte Designermode findet man beim Ground Zero im **Century 21 Department Store** 1 und bei **Syms** 3. »Esst und kauft in Downtown Manhattan!«, hatte der Bürgermeister gefordert, denn die Geschäfte im Viertel hatten nach dem 11. September 2001

CIVIC
CENTER
FINANCIAL
DISTRICT
Hudson River
West Side Highway
West St.
Chambers St
Chambers
Reade
Street
Chambers St
Chambers St/ Centre St
Brooklyn Bridge
Police Headquarters
Park Row
Warren
Church Street
City Hall
Park Place W
Murray
Murray St
Park Pl
Park
Broadway
Barclay
Pace University
Spruce
Beekman
Southbridge Towers
Gold
St. Peter
Vesey Street
North End Av
Merrill Lynch
American Express
World Trade Center
Ann
Nassau St
William St
Fulton
Fulton St
Fulton St
St. John
Maiden Lane
Cortlandt St
Cortlandt St
Liberty
Nassau
Greenwich St
Trinity
Equitable Bldg
Gateway Plaza
Dow Jones
South End Av
Washington St
Pine
Maiden
Wall St/ Broadway
Wall
Broad St
Federal Hall
Wall St/ William St
Pearl Street
Citibank
Albany
The Esplanade
Rector St
Rector Park
Exchange Pl
Whitney Museum of American Art
W. Thames St
Place
Front
Battery Pl
2nd Pl
1st Pl
Beaver St
Broad St
Pearl
Bowling Green
U.S. Custom House
Whitehall St South Ferry
State
Water
N.Y. Plaza
Battery Pl
Battery Park
Street
Fire Boat Station
South Ferry
Fähre nach Governors Island
Fähre zur Statue of Liberty und nach Ellis Island
Brooklyn Battery Tunnel (Toll)
0
300
600 m

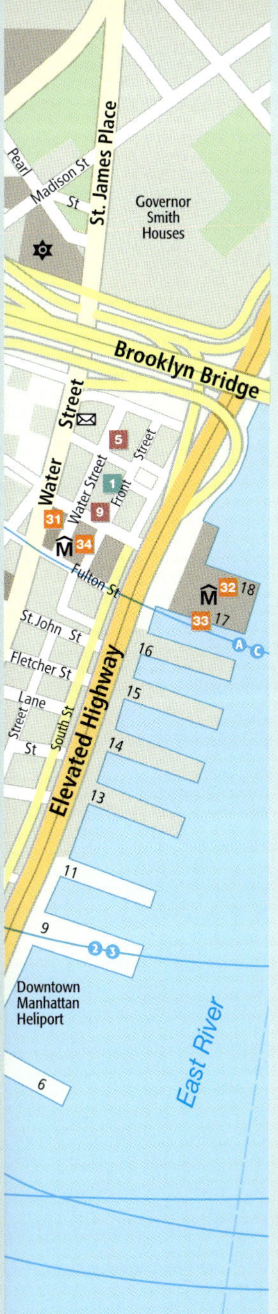

Financial District

Sehenswert

1 Ground Zero
2 Tribute WTC Visitor Center
3 World Financial Center
4 North Cove Yacht Marina
5 Irish Hunger Memorial
6 South Cove
7 Museum of Jewish Heritage
8 Skyscraper Museum
9 Pier A
10 Castle Clinton
11 Liberty Island
12 Statue of Liberty
13 Ellis Island
14 Staten Island Ferry Station
15 Battery Maritime Building
16 Our Lady of the Rosary
17 National Museum of the American Indian/Wall Street Walking Tour
18 Bowling Green
19 The Sphere, 9/11 Memorial
20 United States Lines-Panama Pacific Link-Building
21 Trinity Church
22 Trinity Friedhof
23 Federal Hall National Memorial
24 New York Stock Exchange
25 Museum of American Finance
26 Chase Manhattan Plaza
27 Federal Reserve Bank of New York
28 New York Police Museum
29 Vietnam Veterans Memorial
30 Fraunces Tavern
31 Titanic Memorial Tower
32 South Street Seaport/Führungen
33 Pier 17/Harbour Lights
34 South Street Seaport Museum
35 St. Paul's Chapel
36 Woolworth Building
37 City Hall/Führungen
38 Municipal Building
39 African Burial Ground

Essen & Trinken

1 Delmonico's
2 Nobu
3 Harry's Steak and Harry's Café
4 Gigino at Wagner Park
5 Bridge Café
6 Battery Gardens
7 TriBeCa Grill
8 Kitchenette
9 Carmine's Bar
10 Financier Patisserie
11 Mc Donald's
12 Cosmopolitan Café

Einkaufen

1 Century 21
2 City Store
3 Syms
4 J & R Music World
5 playing mantis

Abends & Nachts

1 Jeremy's Alehouse

Auf Entdeckungstour

Im ›Reich‹ von Robert De Niro

TriBeCa, Triangle Below Canal (Street), das Viertel südlich der Canal Street, verzeichnet heute mit die höchsten Mieten in Manhattan. Aus ehemaligen Lagerhäusern wurden Lofts, ein Gebäude nach dem anderen wurde luxussaniert. Den Mann, der dazu beigetragen und davon profitiert hat, kennen Sie aus dem Kino: Robert De Niro.

Planung: Hauptschlagader des Viertel ist die Greenwich Street. Markt im Washington Market Park: Mi und Sa 8–15 Uhr.

Internet: www.tribecafilmfestival.org, www.tribeca.org

Start: U-Bahn Chambers St.

Ob er jetzt da ist? Zumindest steht eine Limousine mit verdunkelten Fenster vor dem Haus. Und die könnte doch auf Robert De Niro, den Schauspieler, Regisseur und Produzenten warten? 375 Greenwich Street ist nämlich die Adresse seiner TriBeCa Film Productions, des TriBeCa Film Institute und des TriBeCa Film Festival. Letzteres, gefördert auch mit staatlichen Geldern, war eine Initiative, um das Viertel nach dem Terroranschlag vom 11. September 2001 zu revitalisieren.

Ein Viertel als Goldgrube

Entweder hatte De Niro, geb. 1943 in New York und aufgewachsen in Little Italy, den richtigen ›Riecher‹ oder gute Berater: TriBeCa, mit Lagerhäusern und Bürogebäuden ein Zentrum des Lebensmittelgroßhandels, war früher kein Begriff. Er hat dort beizeiten investiert, weshalb die Greenwich Street heute ›Bobby Row‹ genannt wird, denn dort befindet sich das Zentrum der Aktivitäten des Oscar-Gewinners. Sein TriBeCa Film Center brachte er 1989 in der früheren Martinson Coffee Factory, Baujahr 1905, Ecke Franklin Street unter.

Ein Jahr später hatte das viel gerühmte Restaurant **TriBeCa Grill** 7, an dem der Star zu einem Drittel beteiligt ist, im selben Gebäude Premiere. Inzwischen haben dort auch Kollegen wie Sean Penn, Ed Harris und Bill Murray investiert. Die Bilder, die ausgestellt sind, hat der verstorbene Robert De Niro Sr., Vater des Schauspielers, gemalt.

Robert De Niro lebt nicht mehr in TriBeCa und hat sein Penthouse 110 Hudson St. aufgegeben – zugunsten einer Residenz in Upstate New York und eines 15-Zimmer-Apartments im Central Park West. Gilt er doch als ›Ur-New Yorker‹, denn etliche seiner Filme spielen in der Stadt wie z. B. »Der Pate 2«, »Taxi Driver«, »Es war einmal in Amerika«, »Wie ein wilder Stier«, »New York, New York« oder »Goodfellas«.

»Der Pate von TriBeCa«

Im Viertel hat er sich auch nach dem Wegzug weiter finanziell engagiert, weshalb ihn die Daily News den »Paten von TriBeCa« nannte. Die TriBeCa Cinemas, Varick/Laight Sts., die man für exklusive Empfänge mieten kann, sind die Bühne ›seines‹ Festivals, das im April und Mai stattfindet. Gerne hätte De Niro auch noch ein Pier am Hudson River für ein Unterhaltungszentrum.

Seit 1994 hält er zudem etwa 30 % Anteile am japanischen Restaurant **Nobu** 2 (105 Hudson/Franklin Sts.) in TriBeCa, hinzugekommen ist noch das **Nobu Next Door** nebenan. Auf einem im Jahre 1991 erworbenen Parkplatz 377 Greenwich Street ist dank De Niro am 1. April 2008 das Luxushotel **The Greenwich** eröffnet worden. Das Holz für den Aroma-Tempel ist 250 Jahre alt und kam aus Japan, die Fliesen sind aus Marokko und Italien, die Spiegel ehemalige Fenster des Flatiron Building – und die Übernachtung kostet ab 625 $.

Es war einmal Bazzini

So ist TriBeCa schick – und teuer geworden. Ein Zeuge für den Wandel war **Bazzini** (339 Greenwich St.), ehemals Lagerhaus-Geschäft für Nüsse, mit dem Auftauchen neuer Klientel dann Feinkost-Laden samt Café. Es kamen die Krise und ein Supermarkt-Konkurrent – seit 2010 ist's vorbei mit Bazzini: der sechsstöckige Bau von 1887 wird in Apartments umgewandelt. Ebensolche sind auch in 56 Leonard St. in TriBeCa im 250 m hohen Wohnturm der Star-Architekten Herzog & de Meuron vorgesehen, doch Anfang 2009 wurden die Bauarbeiten eingestellt. Bei Bazzini zieht nun auch eine Restaurant-Kette ein. Möglich, dass De Niro dort mal Kaffee trinkt.

schwere Einbußen hinnehmen müssen. Inzwischen tut sich sogar nach Büroschluss im Financial District etwas, so in der Stone Street um die Patisserie und im und um den **South Street Seaport** sowie in den Restaurants (1, 3, 10).

Die Aussicht von der World Financial Plaza ist großartig: Man sieht die Einwandererinsel Ellis Island, in New Jersey im Liberty State Park den Bahnhof, von dem unzählige Einwanderer zwischen 1892 und 1954 ins Landesinnere reisten, das Liberty Science Center, die berühmte Colgate-Uhr, neue Hochhäuser und das Hyatt Hotel.

Zwischen North Cove und Pier A

Esplanade, Marina, Kunst

50 % des Areals der Battery Park City sind freien Flächen und öffentlichen Räumen vorbehalten, eine glückliche Planung des aus Argentinien stammenden Architekten Pelli. Vor allem der Hudson River Park und die 2 km lange Esplanade am Ufer sind sehr beliebt. Die **North Cove Yacht Marina** 4 ist ein kleiner Hafen vor dem World Financial Center. Man hat am Hudson-Ufer Wert auf zeitgenössische Kunst gelegt – die beiden Pylonen aus dem Jahre 1995 von Martin Puryear zwischen Jachthafen und Ferry Dock sind nachts beleuchtet.

Teil der World Financial Plaza ist das **New York Police Department (NYPD) Memorial,** das seit 1997 an die im Dienst ums Leben gekommenen Polizisten erinnert. Beim Anschlag auf das World Trade Center starben 343 Mitglieder des New York Police Department und weitere 60 Mitarbeiter aus den Reihen des Port Authority Police Department.

Irish Hunger Memorial 5

Auf Höhe der Vesey Street erinnert das 2002 von Brian Tolle entworfene **Irish Hunger Memorial** an die irische Hungersnot zwischen 1845 und 1852, der Hunderttausende zum Opfer fielen. Viele Iren emigrierten damals nach New York. Jedes der 32 Counties wird in der Anlage durch einen Stein repräsentiert. Die Gedenkstätte, die auch an die heutigen Hungersnöte in der Welt erinnert, ist wie eine Landschaft in Connemara gestaltet, samt verlassenem Cottage.

South Cove 6

Nun sollte man den schönen Weg am Hudson Richtung Süden entlang schlendern. Auf Höhe des Rector Place steht das »Rector Gate« (1988), das ›Stadttor‹ von R. M. Fischer. Die **South Cove,** die ebenfalls mit Kunstwerken versehen ist, ragt wie ein Pier in den Strom. Auf Höhe Second Place findet man »The Upper Room« (1987) von Ned Smyth, einen ›Tempel‹, der auch am Nil stehen könnte.

Museum of Jewish Heritage 7

www.mjhnyc.org, 36 Battery Place, Tel. 1-646-437-4200, So–Di, Do 10–17.45, Mi 10–20, April–Sept. Fr 10–17, Okt.–März und am Vorabend jüd. Feiertage Fr 10 –15 Uhr; Eintritt 12 $, Sen. 10 $, Stud. 7 $, Mi 16–20 Uhr frei

Das **Museum of Jewish Heritage, A Living Memorial to the Holocaust,** schildert das Leben der Juden im 20. Jh. Mit 800 Kunstgegenständen, über 2000 Fotografien und mehr als 20 Dokumentarfilmen wird die Geschichte der Juden vor, während und nach dem Holocaust in einer sehr sehenswerten Ausstellung aufgezeigt. Der sechseckige Bau soll an den Davidstern und den Tod von 6 Mio. Juden während der Nazizeit erinnern.

Skyscraper Museum 8

www.skyscraper.org, 39 Battery Place, Mi–So 12–18 Uhr, 5 $, Stud. 2,50 $

Im nahen Ritz-Carlton Hotel ist das

Skyscraper Museum der Geschichte der Wolkenkratzer gewidmet (Eingang Hotel-Rückseite). Die wechselnden Ausstellungen beschäftigen sich z. B. mit Shanghais Skyline. Unbedingt lohnt der Blick auf die Website des im Jahr 2004 hier eröffneten Museums mit dem »Web walk«, 3-D-Darstellungen und der Auflistung der »Global Skyscrapers«.

Bürgermeister Wagner-Park

Der ›Robert F. Wagner Jr. Park‹ ist dem deutschstämmigen Bürgermeister (1910–1991) gewidmet, der von 1954 bis 1965 amtierte. Sein Vater, ein US-Senator, war aus Nastätten im Rheingau zugewandert. Unter der Aussichtsterrasse hat das Restaurant **Gigino** 4 einen ebenso idealen Standort gefunden wie nebenan im Battery Park **Battery Gardens** 6.

Pier A und American Merchant Mariners' Memorial

Von der Promenade blickt man auf **Pier A** 9, den Anleger der Feuerboote aus dem Jahre 1886, und das dramatisch gestaltete **American Merchant Mariners' Memorial** von 1991. Der Uhrturm auf dem letzten erhaltenen viktorianischen Pier wurde 1919 in Erinnerung an die US-Soldaten errichtet, die im Ersten Weltkrieg umgekommen waren. Es ist geplant, auf dem Pier Restaurants und Läden zu bauen.

Battery Park

Am südlichen Ende von Manhattan, das seit Ende des 18. Jh. weitgehend durch Landaufschüttung entstand, liegt der **Battery Park** mit dem ›Touristenhafen‹ von New York. Hier legen nicht nur die Schiffe zur Freiheitsstatue und zur ehemaligen Einwandererinsel Ellis Island, sondern auch die kostenlosen Staten-Island-Fähren ab, die einen idealen Sightseeing-Trip bieten (s. S. 241). Die Staten Island Ferry ist eine von vielen Fährverbindungen in der Stadt, die angesichts der sich häufenden Verkehrsstaus oft schneller sind als Busse oder Pkw.

Castle Clinton 10

Karten für die Schifffahrten gibt es im **Castle Clinton.** 1811 als Fort gebaut, war es seit 1824 ein Konzertgarten und diente von 1855 bis 1890 als Empfangsstation für 7 Mio. Einwanderer aus aller Welt. Nach den Anschlägen 2001 wurden viele öffentliche Gelder in Lower Manhattan investiert. Ein Resultat sind östlich des Castle Clinton der Hain nach spanischem Vorbild mit Brunnen und Karussell. 2008 wurde die neue South-Ferry-U-Bahn-Station fertiggestellt. Die Zahl der Hotelzimmer in Lower Manhattan wird sich bis 2011 mehr als verdoppeln, von 2200 auf 5200.

Liberty Island und die Statue of Liberty !

Das Schiff nach Ellis Island legt zuerst auf **Liberty Island** 11 an, dem Standort der **Freiheitsstatue** 12, die als Symbol für das Einwandererland USA gilt. Für die Renovierung des 46,08 m hohen Präsents aus Frankreich hatte der ehemalige Chrysler-Chef Lee Iacocca 1986 gut 100 Mio. Dollar gesammelt.

Die politischen Bande zwischen den USA und Frankreich hatten den Pariser Oppositionellen Edouard René Lefebvre de Laboulaye auf die Idee gebracht, den Vereinigten Staaten »ein großes Denkmal« zu schenken. Schöpfer der Statue war der Bildhauer Frédéric Auguste Bartholdi aus Colmar im Elsass, der damit vermutlich seinen nie verwirklichten Entwurf für einen

Besuch der Statue of Liberty und von Ellis Island

Auf Liberty Island – Ausnahme Besichtigung der Freiheitsstatue –, können Sie sich frei bewegen, ebenso auf Ellis Island. Die Fähre zur Statue und nach Ellis Island verkehrt ab Battery Park von 9.30 bis 15.30 Uhr (Tel. 1-877-523-9849; www.statuecruises.com). Die ausführlichen Sicherheitskontrollen beginnen bereits um 9 Uhr. Beim Eintritt in die Statue gibt es einen weiteren Sicherheits-Check.

Zur Überfahrt lösen Sie ein **Reserve Ticket** (12 $, Sen. ab 62 J. 10 $, 4–12 Jahre 5 $), das Ihnen – Tag und Uhrzeit nennen! – die teils beträchtlichen Wartezeiten vor dem Borden der Fähre erspart. Mit diesem Ticket können Sie ohne Aufpreis einen Monument Pass erhalten, mit dem Sie den Sockel der **Statue of Liberty** (innerhalb) und das Observation Deck besuchen können.

Das Flex Ticket ist nach dem Kauf drei Tage gültig, Sie können Ihren Termin für den Besuch einer oder beider Inseln also aussuchen. Allerdings kann damit kein **Monument Pass** gelöst werden und Wartezeiten müssen Sie einkalkulieren.

Leuchtturm »Ägypten bringt das Licht nach Asien« am Suez-Kanal wieder aufgriff. Der ursprünglich gefasste Plan, das Werk zum 100-jährigen Bestehen der USA 1876 zu enthüllen, musste aufgegeben werden. Frankreich brachte zwar das Geld für die Statue auf, in den USA aber kam die Spendenkampagne für den Sockelaufbau erst zum Erfolg, als sich der Verleger Joseph Pulitzer der Sache annahm und damit die Auflage seiner Zeitung enorm steigerte.

In 300 Teile zerlegt, kam Lady Liberty 1885 auf dem damaligen Bedloe's Island an, das 1956 umbenannt wurde. Dem Gerüst von Gustave Eiffel, des späteren Architekten des Eiffelturms, war es zu verdanken, dass das Monument in den rauen Winden der New York Bay nicht umfiel.

1886 wurde das Denkmal enthüllt, das – erstaunlich für jene Zeit –, keinem Militaristen, sondern der Demokratie gewidmet war. Laboulaye war mittlerweile verstorben, und auch Emma Lazarus erlebte nicht mehr, wie 1903 ihre inzwischen berühmten Verse an der Statue angebracht wurden: »Schickt mir Eure Müden, Eure Armen, Eure zusammengepferchten Massen, die sich danach sehnen, frei zu atmen ...«

Seit 1916 darf man nicht mehr bis zur Fackel emporsteigen, nach den Anschlägen von 2001 ist die Krone nicht mehr zugänglich.

Ellis Island 13

Die zweite Station, die das Schiff anläuft, ist **Ellis Island,** auch ›Insel der Hoffnungen‹ oder ›Insel der Tränen‹ genannt. Da die Ausstellungen im Ellis Island Immigration Museum ausgezeichnet sind, sollte man zwei bis drei Stunden für den Besuch einplanen (Eintritt frei). Als erstes sollte man sich den Dokumentarfilm über die Geschichte der Einwandererinsel in einem der beiden Kinos ansehen.

Die Wall of Honor, die Begrenzungsmauer zum Wasser, trägt die Namen zahlreicher Einwanderer, die auf Ellis Island ankamen – allerdings nur von jenen, deren Nachfahren 100 $ für das Projekt spendeten. In den Computern in der Eingangshalle sind Informationen zu Familiennamen gespeichert.

Auch wenn es auf Ellis Island nur Fast Food gibt: Für die Aussicht vom Garten müssten Sie woanders 60 $ berappen.

Von der Südspitze nach Norden

Battery Maritime Building

Die **Staten Island Ferry Station** 14 erhielt im Jahr 2005 mit dem Whitehall Terminal ein neues Gebäude, das architektonisch eher einem Spielcasino als einer Fährstation gleicht. Nebenan blieb mit dem **Battery Maritime Building** 15 von 1907 das letzte Fährhaus am East River erhalten, von wo man bis 1938 nach Brooklyn reisen konnte. Dort legen die Boote zum National Monument Governors Island ab, dessen alte Forts man besuchen kann (s. S. 242).

Our Lady of the Rosary 16

Mo–Fr 7–17 Uhr, Sa u. So vor u. nach den Messen; www.setonshrine.com

Einziges Überbleibsel der alten Stadthäuser ist die um 1800 erbaute Chapel of **Our Lady of the Rosary** mit einem Schrein für St. Elizabeth Ann Seton (1774–1821), einer Nonne aus New York, die 1975 als erste gebürtige Nordamerikanerin heilig gesprochen wurde.

National Museum of the American Indian 17

www.nmai.si.edu, 1 Bowling Green, Tel. 1-212-514-3700, tgl. außer 25.12., Mo–Mi 10–17, Do 10–20, Fr–So 10–17 Uhr, Eintritt frei

Das US Custom House aus dem Jahre 1907 beherbergt seit 1994 das **National Museum of the American Indian,** das der Kunst der Ureinwohner gewidmet ist. Die Ausstellungsstücke wie Web-, Töpferei- und Korbwaren wurden von Indianerstämmen ausgewählt, es wird auch zeitgenössische indianische Kunst gezeigt. Sehenswert in dem von Cass Gilbert entworfenen Bau sind auch die große Rotunde und die Wandgemälde von Reginald Marsh aus dem Jahr 1937.

Bowling Green 18

Bowling Green, die kleine Anlage nebenan, war 1733 der erste öffentliche Park in New York. Hier stand das Denkmal des britischen Königs George III., das Einheimische 1776 nach der Unabhängigkeitserklärung stürzten. Um die Ecke hat man von der Beaver Street einen schönen Blick in die New Street und die ›Canyons von Manhattan‹.

The Sphere, 9/11 Memorial 19

Im Gedenken an die Opfer der Terroranschläge vom 11. September 2001 – in den USA wird das Datum als 9/11 bezeichnet – hat der Globus **The Sphere** von Fritz Koenig nahe dem Museum of the American Indian im Battery Park einen neuen Standort erhalten. Das über 2000 kg schwere Kunstwerk aus Bronze und Stahl, 1971 dem »Weltfrieden durch Handel« gewidmet, stand auf der World Trade Center Plaza, war ein beliebter Treffpunkt und blieb wie durch ein Wunder trotz der gewaltigen Zerstörungen nahebei unbeschadet.

Der Battery Park ist Standort zahlreicher Denkmäler, u. a. für die im Korea-Krieg umgekommenen US-Soldaten, die Einwanderer, die ersten jüdischen Emigranten, den ›Entdecker‹ Verrazzano und für Emma Lazarus.

Der Broadway Richtung Wall Street

United States Lines-Panama Pacific Link-Building 20

Wir wenden uns nun mit dem Ziel Wall Street dem Broadway zu. Einige Wappen von Hafenstädten schmücken das 1921 errichtete, ehemalige **United States Lines-Panama Pacific Link-Building.** Dies ist das Haus Nr. 1 des 25 km langen Broadway, den die Holländer de heere wegh nannten. Südlich davon lag 1623 das erste Fort der Holländer.

Auf Entdeckungstour

Die ehemals ›Verbotene Stadt‹

Governors Island, das ›Dornröschen‹ New Yorks, ist wieder zum Leben erweckt worden. Die Bürger haben das Geschenk dankbar angenommen, entsprechend lebhaft ist es am Wochenende auf der Insel.

Planung: Bis U-Bahn-Station South Ferry an der Südspitze Manhattans. Vom Battery Maritime Building, 10 South St., Slip 7, verkehrt Anfang Juni–Mitte Okt. Fr–So eine Fähre nach Governors Island; die Überfahrt dauert sieben Minuten.

Information: www.nps.gov/gois, www.govisland.com. Hier erfahren Sie mehr über die kostenlosen Führungen.

Reisekarte: ► A 21–22

Für einen Dollar verkauft

Wer zur Freiheitsstatue oder nach Ellis Island übersetzen wollte, ist schon immer an Governors Island vorbeigekommen und bestimmt ist ihm das mächtige Castle Williams mit den dunkelroten Sandsteinmauern und schwarzen Fensterhöhlen aufgefallen.

Weißer Fleck auf dem Stadtplan

Jedoch: Auf dem Stadtplan war die Insel bis vor einigen Jahren ein weißer Fleck – New Yorks ›Verbotene Stadt‹ sozusagen –, denn bis 1966 war sie eine Bastion der US Army und anschließend bezog die Coast Guard hier Quartier. 2003 haben die USA bzw. Präsident Bill Clinton die Insel für den symbolischen Preis von einem US-Dollar an den Staat und die Stadt New York zurückgegeben.

The Sleeping Beauty

Und damit war »the Sleeping Beauty«, das Dornröschen, wie sie die New Yorker genannt haben, wieder zum Leben erweckt. Welch' einmalige Gelegenheit auch: eine Insel nur sieben Fährminuten von Manhattan entfernt – mit unverfälschter Natur, dem Nolan Park, dessen Häuser denen in New Englands Dörfern gleichen, mit phantastischen Aussichten, die schon ein Bürgerkriegsgefangener der Konföderierten, ein ›Johnny Reb‹, in seinem Tagebuch 1862 lobte: »Ein sehr schöner Ort mit Blick auf die Stadt und den Hafen.«

Philharmoniker und Punks

Da ein Drittel des Areals nun Nationalpark ist, ist Governors Island erstmals seit zwei Jahrhunderten wieder der Öffentlichkeit zugänglich. Und eine dynamische Stadt wie New York City hat rasch Besitz von dem Kleinod ergriffen: 2009 wurde mit 275 000 Besucherinnen und Besuchern ein neuer Rekord verzeichnet. Die New York Philharmonics haben den Ort in ihre Gratis-Konzerte einbezogen, und eine kleine Invasion von Punks erlebt die Insel, wenn dort 66 Punkrock-Bands beim Festival »Make Music New York« auf 13 Bühnen spielen. Kunstfestivals sind angesagt, künstliche Lichtinstallationen und Polo-Turniere: Governors Island ist eine ›Wundertüte‹, irgend etwas ist dort immer los. Fahrräder werden gratis verliehen, und es gibt den neuen »City of Dreams«-Minigolfkurs. Die Stadt, die die Insel inzwischen übernommen hat, investiert nun über 260 Mio. $, so in die neue Fährstation, die Great Promenade und in künstliche Aussichtshügel. Die Hälfte von Governors Island wird dann öffentlicher Park sein.

Kanonen und Katakomben

Und wer sich den National Park Rangers anschließt, wird Fort Jay (1808) entdecken, dessen mächtige Kanonen auf die New York Bay gerichtet sind, aber nie zum Einsatz kamen, und Castle Williams (1811); das Admiral's House, dessen Bild um die Welt ging, als sich dort 1988 Reagan und Gorbatschow trafen, und die Liggett Hall, bis zur Fertigstellung des Pentagon das größte militärische Gebäude der Vereinigten Staaten.

Bürgermeister La Guardia wollte in den 1930er-Jahren auf der Insel einen Flugplatz errichten lassen, und nach 1945 sollte sie Standort der United Nations werden. Aus all dem wurde nichts, genauso wenig wie aus einem Konferenzzentrum, einem Mini-Las-Vegas und einer Hochschulstadt. Doch jetzt hat sich New York Governors Island ›zurückgeholt‹. Und es gibt eigentlich nur einen Nachteil: Mehr als 2800 Menschen dürfen gleichzeitig nicht auf der Insel sein.

Trinity Church 21
www.trinitywallstreet.org, Mo–Fr 7–18, Sa 8–16, So 7–16 Uhr, Do13 Uhr einstündige Konzerte
Die erste, im Jahr 1646 gegründete anglikanische Pfarrei erhielt 200 Jahre später mit der **Trinity Church** ihr Gotteshaus, das lange Zeit das höchste Gebäude der Stadt war. Die kleine Kirche blieb bei aller fieberhaften Bautätigkeit um sie herum bestehen. In der Kirche ist ein Lageplan der Gräber auf dem **Friedhof** 22 erhältlich. Dort ist Robert Fulton (gest. 1815), Erfinder des Dampfschiffs, beerdigt. Kirche und Gottesacker waren nach dem Einsturz der Türme des World Trade Center mit Schutt übersät, doch blieben die historischen Denkmäler unbeschädigt.

Drei Blocks nördlich der Wall Street findet man einen ungewöhnlichen **Mc Donald's-Imbiss** 11. Geschäfte werden allerdings in anderen Lokalitäten gemacht: bei **Delmonico's** 1 und **Harry's Steak** 3, wo's dann entsprechend teurer ist.

Wall Street!

Die Wall Street gilt als Mittelpunkt des Financial District. Geld spielt hier unten die Hauptrolle. Nach der Unabhängigkeitserklärung hatte der in der Federal Hall tagende Kongress zur Tilgung der Kriegsschulden Staatsanleihen in Höhe von 80 Mio. Dollar ausgegeben. Danach traten in der Wall Street und in umliegenden Cafés Makler in Aktion, bis 24 von ihnen 1792 den Vorläufer der heutigen Börse gründeten.

Die weltberühmte, nicht einmal eine Meile lange Wall Street, folgt exakt dem Verlauf des Holzzaunes *(wall)* von 1653. Es wird oft kolportiert, er sei zum Schutz vor Indianern errichtet worden. Anlass für den Bau war allerdings die Furcht vor englischen Überfällen.

Federal Hall National Memorial 23
26 Wall Street, Mo–Fr 9 bis 17 Uhr, Fei geschl.
Das 1883 errichtete Denkmal von George Washington steht vor dem **Federal Hall National Memorial,** genau an jener Stelle, an welcher der erste US-Präsident 1789 seinen Amtseid ablegte. Mit 33 131 Einwohnern, darunter 2369 Sklaven, war New York damals nach Philadelphia die zweitgrößte Stadt des Landes und ein Jahr lang Hauptstadt, ehe nach Philadelphia Washington D. C. zur Kapitale erwählt wurde.

Das Gebäude, in dem von 1785 bis 1788 der Kongress tagte, wurde 1812 abgerissen. Nun steht dort die zwischen 1834 und 1842 als Custom House erbaute Federal Hall, der New Yorker Star des Klassizismus. Die Fassade ist dem Athener Parthenon nachempfunden, der Rundbau mit der Kuppel dem Pantheon von Rom. Eine frei zugängliche Ausstellung im National Park Service Visitors Center informiert über die Geschichte dieses historischen Ortes.

New York Stock Exchange 24
Die **New York Stock Exchange,** die größte und bedeutendste Wertpapierbörse der Welt, grenzt zwar an die Wall Street, doch liegt der Eingang des 1903 fertig gestellten Baus um die Ecke, in der Broad Street 20. Seit dem Anschlag auf das World Trade Center kann sie nicht mehr besichtigt werden.

Die New Yorker Börse ist auch aufgrund ihrer modernen Technologie führend in der Welt, dort werden an einem Tag rund 5 Mrd. Aktien ge-

Finanzimperium Wall Street: der amerikanische Traum des Kapitals

handelt. Wieder zurück in der Wall Street, lohnt der Blick durch die Wolkenkratzerschlucht auf die kleine Trinity Church (s. S. 244) – eines der meistfotografierten Motive in New York.

Rund um Wall Street

Rund um die Wall Street blieben einige ältere Bürobauten erhalten. Das Gebäude **Wall Street 23** war Sitz der J. P. Morgan Company, als es 1920 Ziel eines – vermutlich von einem Anarchisten verübten – Bombenanschlags wurde, bei dem 33 Menschen getötet und 400 verletzt wurden. Die Spuren der Bomben erkennt man noch an der Fassade.

Unter **Nr. 30 Wall Street** sieht man die Seamen's Bank for Savings aus dem Jahre 1919 – und die Banker, die sich im New York Sports Club fit halten. Die Marmorfassade des Hauses, das hier von 1826 bis 1919 stand, ist heute im American Wing des Metropolitan Museum of Art ausgestellt.

Der **Wall Street Tower Nr. 40,** den Immobilienzar Donald Trump erwarb, stammt als Bank of Manhattan Trust Bldg. von 1930 und heißt nun nach dem Bauherrn The Trump Building. Anstelle der vorgesehenen Apartments befinden sich dort nun weiter Büroräume.

Museum of American Finance 25

www.moaf.org, Tel. 1-212-908-4110, Di–Sa 10–16 Uhr, 8 $, freier Eintritt Di–Sa 10–11 Uhr, für Stud. Sa, an Börsen-Feiertagen geschl.

Die Bank of New York ist im 1928 erbauten Haus **48 Wall Street** Apartments und dem **Museum of American Finance** gewichen. Ionische Säulen schmücken die zwischen 1836 und 1841 errichtete Merchant's Exchange, die Börse der Kaufleute, **55 Wall Street,** zuletzt ein Hotel, nun ein Ballsaal.

Die Seemanns-Sparkasse

Im 227 m und 55 Stockwerke hohen Wolkenkratzer der Deutschen Bank (**60 Wall St.**) aus dem Jahre 1988, deren früheres Domizil nach dem Anschlag am Ground Zero abgerissen wurde, kann man im *public space* mit Cafeteria eine Pause einlegen. Die Williamsburgh Savings Bank (**74 Wall St.**). wurde 1926 als Seamen's Bank for Savings Headquarters gegründet – ein Hinweis darauf sind die nautischen Motive über dem Eingang.

Noguchi und Federal Bank

Nach Norden lohnt sich ein Abstecher durch die William Street zur **Chase Manhattan Plaza** 26**.** Zu dem fast 248 m hohen Wolkenkratzer gehörte bereits bei der Fertigstellung 1960 ein *public space* – gesetzlich vorgeschrieben war dies erst ab 1961. Auf der Plaza legte der Bildhauer und Designer Isamu Noguchi 1963 einen Skulpturengarten an, in dem auch eine Arbeit des berühmten Jean Dubuffet installiert wurde (»Group of Four Trees«).

33 Liberty St./Nassau–William Sts. kann die **Federal Reserve Bank of New York** 27 mit der größten Goldlagerstätte der Welt besucht werden (60-minütige Gratis-Führungen Mo–Fr (außer Bank Holidays): 9.30, 10.30, 11.30, 13.30, 14.30, 15.30 Uhr; Mindestalter 16 Jahre, Pass oder Ausweis erforderlich, wegen der Kontrollen 20 Min. vor dem Termin kommen; www.ny.frb.org; Anmeldung *gold vault tour:* Tel. 1-212-720-6130.

Vor dem Weg zum South Street Seaport wäre noch Gelegenheit zu einigen Abstechern Richtung Süden (umgekehrt kann man diese Stationen auch vom Battery Park erreichen).

New York City Police Museum 28

www.nycpm.org, Mo–Sa 10–17 Uhr, 7$, Sen./Stud. 5$

Im früheren Polizeigebäude 100 Old Slip zwischen Water und South Sts. dokumentiert heute das **New York City Police Museum** die Geschichte des seit 1845 bestehenden New York Police Department. Zu den zahlreichen Exponaten der Polizeigeschichte gehören Automobile, Uniformen, der legendäre Sizilien-Einsatz der ›Italian Squad‹ 1909 – und eine Maschinenpistole der Gang von Al Capone. Sehr beliebt ist der Museumsladen mit Souvenirs.

Der nahe gelegene Hanover Square (William-Pearl Sts.) beherbergt nun den British Memorial Garden in Erinnerung an 67 Opfer des Anschlags.

Vietnam Veterans Memorial 29

Das **Vietnam Veterans Memorial** erinnert unter anderem mit Auszügen aus Soldatenbriefen an die New Yorker, die im Vietnam-Krieg zwischen 1964 und 1975 fielen. 250 000 Männer und Frauen aus der Stadt nahmen an dem Krieg in Südostasien teil.

Fraunces Tavern 30

www.fraunces tavernmuseum.org, 54 Pearl/Broad Sts., Tel. 1-212-425-1778, Ausstellung: Mo–Sa 12–17 Uhr, 10$, Sen./unter 18 J. 5$

Fraunces Tavern ist eine Kopie nach Vorbildern des 18. und 19. Jh. Als New York noch Hauptstadt der USA war, waren dort das Außenministerium, das Schatzamt und das Kriegsministerium untergebracht. Im Long Room hielt George Washington 1783 seine berühmte Abschiedsrede an die Offiziere.

South Street Seaport!

Wer diesen kleinen Umweg nicht unternimmt, geht direkt zum **Titanic Memorial Tower** 31, der den **South Street Seaport** 32 ankündigt, mit jährlich 11 Mio. Besuchern inzwischen eine der meistbesuchten New Yorker Attraktionen. Der Titanic-Turm, 1913 mit Spendengeldern zur Erinnerung an die 1517 Opfer des ein Jahr zuvor gesunkenen Passagierschiffs errichtet, stand einst auf dem Dach des Seamen's Church Institute und wurde 1967 hierher versetzt – in jenem Jahr, in dem auch die Geschichte des ›neuen‹ South Street Seaport begann.

Pier 17 33

Ein Freundeskreis war damals angetreten, die verfallenen Hafenanlagen für die Nachwelt zu retten, woraus ein Mammutprojekt wurde. Während die maritime Historie – der Hafen war eine der Quellen für den Reichtum der Stadt – zusehends in den Hintergrund geraten ist, boomen Läden, Boutiquen, Fast-Food-Ketten und Restaurants um so mehr. Die New York Times entdeckte denn auch im ›Konsumpalast‹ **Pier 17** »das wahre Einkaufscenter von Mid-America«. Touristen schätzen das vielfältige Shopping-Angebot, denn es gibt beinahe alles: Souvenirs und Flaggen, Dessous und Weihnachtsschmuck (Mall Mo–Sa 10–21, So 11–20 Uhr). Neben dem üblichen Fast Food Court gibt's hier auch gute Restaurants wie **Harbour Lights**.

Tatsächlich wurden die Initiatoren die Geister, die sie riefen, nicht mehr los. In diesem Fall die Rouse Company, die für den Pier 17 und das Fulton Market Building verantwortlich ist und zuvor schon den Faneuil Hall Marketplace in Boston und den Harborplace von Baltimore mit großem Erfolg zu Shop & Eat-Meilen umgestaltete. Auch am East River ist man mit dem Konzept gut gefahren. Nach Feierabend überschwemmen Wall Streeter die Szene, bevölkern bei Sonne mit Biergläsern in

Die historischen Segler am East River gehören zum South Street Seaport Museum

der Hand die Fulton Street, freitagabends gilt der Ort als ›größte Singles Bar‹ der Stadt.

South Street Seaport Museum 34

www.southstreetseaportmuseum.org, 12 Fulton St., April–Okt. Di–So 10–18, Nov.–März Fr–So 10–17 Uhr, 8$

Ganz in den Hintergrund geraten ist die christliche Seefahrt darüber aber doch nicht. Das **South Street Seaport Museum,** beleuchtet mit unterschiedlichen Ausstellungen die Seefahrtsgeschichte. Bestandteil des Museums ist auch »die Straße der Schiffe« am East River, zu der die 1911 in Hamburg gebaute Viermastbark Peking gehört, einer der legendären Flying-P-Liner (Schiffsbesichtigungen tgl. 10–17 Uhr).

Im South Street Seaport findet man auch New Yorks größtes Ensemble restaurierter Bauten aus dem 19. Jh.

Vom East River Richtung Broadway

Der größte Fischmarkt der USA, der **Fulton Fish Market,** seit 1822 hier ansässig, ist 2005 in die Bronx verlegt worden. Nun kam, was kommen musste: Die Gegend wird ›veredelt‹, die historischen Häuserzeilen aus dem 19. Jh. werden renoviert und in teure Luxusapartments umgewandelt (die sogenannte *gentrification*). Die Promenade entlang des East River ist bereits fertig gestellt und alteingesessene Lokale wie **Carmine's** 9 und **Jeremy's Ale House** 1 dürfen sich über die neue, zahlungskräftige Klientel freuen.

St. Paul's Chapel 35

www.saint paulschapel.org, Mo–Fr 10–18, Sa 10–16, So 7–15 Uhr, Do 13 Uhr Konzerte

Die lange Fulton Street führt vom Wasser auf die älteste Kirche von Manhattan zu. Die **St. Paul's Chapel** wurde im Jahre 1766 als eine Kapelle der Trinity Church in Anlehnung an die Londoner Kirche St.-Martin-in-the-Fields errichtet. Der Kirchturm kam erst 30 Jahre später hinzu. Dort ging George Washington zum Gottesdienst, nachdem er 1789 als Präsident vereidigt worden war, sein Kirchenstuhl ist noch erhalten.

Nach dem Anschlag auf das World Trade Center war das Gotteshaus acht Monate lang ausschließlich für die Arbeiter vom Ground Zero zugänglich, die dort verpflegt wurden und sich ausruhen konnten. Dasselbe galt längere Zeit für die Trinity Church. An diese Zeit erinnert in St. Paul's die Ausstellung »Unwavering Spirit«.

Woolworth Building 36

Das **Woolworth Building,** das Meisterwerk des Architekten Cass Gilbert mit dem Beinamen Cathedral of Commerce, steht in der Hitliste der New Yorker Wolkenkratzer ganz oben. Von 1913 bis 1930 war der 60 Stockwerke hohe *skyscraper* mit 241 m das höchste Gebäude der Welt. Die Baukosten von etwa 15 Mio. $ zahlte Frank Woolworth von der Ladenkette in bar; in jüngster Zeit kostete die Restaurierung 22 Mio. $. Leider darf man die großartige Art-déco-Lobby vorerst nicht mehr besichtigen und so bleibt der Blick auf die Darstellungen auf den Konsolen verwehrt. Auf einer zählt Woolworth seine Pennies, eine andere zeigt Architekt Gilbert mit dem Modell des Wolkenkratzers, dessen Turm tatsächlich einer gotischen Kathedrale nachempfunden zu sein scheint.

City Hall und City Hall Park

Führungen City Hall: Do 10 Uhr, Reservierung unter Tel. 311

Der Broadway verläuft am **City Hall Park** entlang, an dessen Südostseite die Park Row grenzt. Sie war Ende des 19. Jh. die Newspaper Row, die Straße der großen Zeitungen, in der auch die deutschsprachige Staats-Zeitung verlegt wurde. Heute beherrscht die Häuserzeile **J&R Music World** 4, u. a. mit einem vorzüglich sortieren CD-Laden. Am Südende des Parks befindet sich ein Info-Kiosk (Mo–Fr 9–18, Sa–So 10–17 Uhr). Dort beginnen Führungen durch die City Hall.

Die **City Hall** 37, das von 1803 bis 1812 erbaute Rathaus, war damals der architektonische ›Schlusspunkt‹ von Manhattan. Für die Vorderfront verwendete man Marmor, während es für die Rückfront der billigere Sandstein tat – damals konnte sich noch niemand vorstellen, dass die Stadt einmal über diesen Punkt hinaus nach Norden wachsen würde.

Im Rathaus amtiert als 108. Bürgermeister der Stadt der Milliardär Michael Bloomberg, der 2001 kurz nach den Terroranschlägen auf das World Trade Center den anfangs nicht unumstrittenen, zu Ende seiner Amtszeit aber allseits geschätzten Rudolph Giuliani ablöste.

Municipal Building 38

Das 1914 nach Entwürfen von McKim, Mead & White errichtete 177 m hohe **Municipal Building**, das Gebäude der Stadtverwaltung, dominiert die Ostseite der Centre Street. Die goldene Statue »Civic Fame« krönt den ersten städtischen Wolkenkratzer. Den sowjetischen Diktator Stalin beeindruckte der Bau so sehr, dass er in Moskau eine Nachbildung errichten ließ.

Wenn man New-York-Souvenirs kaufen möchte, dann sollte man dies hier tun, im **City Store** 2 (s. S. 253).

African Burial Ground 39

www.africanburialground.gov, 290 Broadway/Reade-Duane Sts., Di–Sa 9–17 Uhr, Eintritt frei, U-Bahn: Cham-

bers St/Centre St.; National Monument (um die Ecke), Duane/Elk Sts., tgl. 9–17 Uhr, frei
1991 wurde der afroamerikanische Friedhof (1690–1794 belegt) entdeckt, 2010 die sehr beeindruckende Ausstellung unter Obhut des National Park Service eröffnet.

Essen & Trinken

Feinschmecker-Lokal seit 1837 – **Delmonico's 1**: 56 Beaver/William Sts., Tel. 1-212-509-1144, www.delmonicosny.com, U-Bahn: Wall St., Mo–Fr 11.30–22, Sa 17–22 Uhr, So geschl, Lobster 47 $, Steak 41 $ (Beilagen extra). Eine ›Marke‹ ist das 1837 gegründete erste Feinschmecker-Restaurant der Stadt, genauso wie die Gerichte Classic Lobster Newburg in Brandy Cream (49 $) und Delmonico's Steak (44 $). Neben dem Dining Room im vornehmen Ambiente gibt es auch den **Next Door Grill Room** (16–25 $).

Nobu kocht im Nobu – **Nobu 2**: s. S. 33.

Wo die Wall-Street-Leute speisen – **Harry's Steak and Harry's Cafe 3**: 97 Pearl St./Stone St., Tel. 1-212-785-9200,

Das Odeon 145th W. Broadway bietet innovative amerikanische Küche

http://harrysnyc.com, U-Bahn: Wall St. oder Bowling Green, Mo–Fr 11.15–23 Uhr, Sa–So geschl., Hauptgerichte 29–53 $. Wall Street-Publikum; an den Tischen, die zwölf Personen Platz bieten, oder im intimen Weinkeller geht's um Geschäfte und viel Geld. Aber nur werktags! Sehr vornehm, sehr umfangreiche Weinliste. Fürs preiswertere Café kann man nicht reservieren.

›Ein kleiner Italiener‹ – **Gigino at Wagner Park 4**: 20 Battery Place/West St., Tel. 1-212-528-2228, www.gigino-wagnerpark.com, U-Bahn: Bowling Green, So–Do 11.30–22.30, Fr–Sa 11.30–23 Uhr. Pasta 16 $, Fisch/Fleisch 24 $, Prix-Fixe-Menü (drei Gänge): Lunch 25 $, Dinner 28 $. Sogar unter der kleinen Aussichtsterrasse im Wagner Park hat noch ›ein kleiner Italiener‹ Platz gefunden: der ideale Ort für *people watching,* vor allem touristisches Publikum, was bei der Lage nahe liegt.

Bridge in Schokolade – **Harbour Lights 33**: Beekman St., South Street Seaport, Pier 17, 3rd floor, Tel. 1-212-227-2800, www.harbourlightsrestaurant.com, U-Bahn: Fulton St.–Broadway/Nassau, tgl. 10–0 Uhr Essen, Bar bis 4 Uhr. 22–46 $. Der Ort für ein romantisches Dinner, denn die Aussicht auf die Brooklyn Bridge ist großartig.

Die älteste Taverne – **Bridge Café 5**, 279 Water St./Dover St., Tel. 1-212-227-3344, http://bridgecafenyc.com, U-Bahn: Fulton St.–Broadway/ Nassau, So–Mo 11.45–22, Di–Do 11.45– 23, Fr 11.45–0, Sa 17–0 Uhr, 23–34 $. In der ältesten Taverne New Yorks, in einem Gebäude aus dem Jahr 1794 gibt es viel gelobte neue amerikanische Küche.

Ein Schiff wird kommen … – **Battery Gardens 6**: Battery Park, gegenüber 17 State St., Tel. 1-212-809-5508, www.batterygardens.com, U-Bahn: South Ferry, Mo-Sa 11.30–22, So Brunch 11–15 Uhr, Hauptgerichte 21–36 $. Ein Top-Standort für ein Restaurant, mit Blick – auch von den Plätzen im Freien –, auf Bucht und Schiffe. Gehobene Küche.

Innovative Küche bei De Niro – **TriBeCa Grill 7**: s. S. 34.

Am Wochenende Brunch – **Kitchenette 8**: 156 Chambers/Greenwich Sts., Tel. 1-212-267-6740, www.kitchenetterestaurant.com, U-Bahn: Chambers St., Mo–Fr 7.30–23, Sa–So 9–23 Uhr, Hauptgerichte 12,50–21 $. Ein kleines Restaurant am Rande von TriBeCa, etwas eng. Kindermenü, Salate, Sa–So 9–16.30 Uhr Brunch.

Viele Optionen – **South Street Seaport 32**: s. S. 38.

Charmant und gastlich – **Carmine's Italian Seafood 9**: 140 Beekman St., Tel. 1-212-962-8606, www.carminesattheseaport.com, So–Do 12–22, Fr 12–23, Sa 13–23 Uhr; keine Reservierungen, 11–20 $. Der Fischmarkt war lange Zeit nebenan, da lag es nahe, ein charmantes Seafood-Restaurant mit freundlichem Service zu eröffnen. Die Fischgerichte werden meist von Spaghetti und Eisberg-Salat begleitet.

Quiches und Kuchen – **Financier Patisserie 10**: 62 Stone St./Mill Lane/Hanover Sq., Tel. 1-212-344-5600, http://financierpastries.com, U-Bahn: Wall St. oder Bowling Green, Mo–Fr 7–20, Sa 8.30–18.30 Uhr, So geschl. Suppen ab 4 $, Sandwiches 7,50 $, Salate 7,50 $. Die Stone Street, angeblich älteste gepflasterte Straße New Yorks, ist nun Fußgängerzone, was die Entstehung einer Restaurant Row begünstigt hat, in der abends zudem ›Party‹ angesagt ist. Das kleine elegante Café – Alternative zum sonst im Financial District dominierenden Fast Food –, hat Plätze im Freien, es gibt auch Quiches und Paninis. Gleich um die Ecke vom Stone Street Historic District überrascht die Szenerie der South William St. – Nr. 13 und 15 aus den Jahren 1903 und 1905 erinnern an die Häuser von »New Amsterdam« im 17. Jh.

Fast food mit Pianist – **Mc Donald's** 11: 160 Broadway/Liberty St.-Maiden Lane, Tel. 1-212-385-2063, www.mcdonalds.com/10528, U-Bahn: Fulton St. Ein McDonald's im Reiseführer? Es mag am Umfeld liegen, denn dieser ist außergewöhnlich nobel: ein Pianist spielt auf!

Europäische Atmosphäre – **Cosmopolitan Café** 12: s. S. 38.

Einkaufen

Discounter für Designer-Mode – **Century 21** 1: s. S. 44.

Die originellsten Souvenirs der Stadt– **City Store** 2: 1 Centre St., im Manhattan Municipal Building, Tel. 1-212-669-7452, http://a856-citystore.nyc. gov, Mo–Fr 9–16.30 Uhr, Fei geschl. Vergessen Sie all die Kitsch-Souvenirs in Midtown: Der ›Official Store of New York City‹ hält wirklich einfallsreiche Andenken bereit. Da gibt's bunte Brooklyn-Kissen, Hufeisen der Polizei-Pferde, Empire State Buildung und Chrysler Building als Pfeffer- und Salzstreuer, das Stadtwappen als Briefbeschwerer, eine Taxi-Medaillion-Uhr, die berühmten »Subway Token« als Manschettenknöpfe, jede Menge T-Shirts, Bücher, Poster u. v. a. m.

Ein bisschen wie Glücksspiel ... – **Syms** 3: 42 Trinity Place/Church St., Tel. 1-212-797-1199, www.syms.com, U-Bahn: Bowling Green, Mo–Fr 8–20, Sa 10–18.30, So 12–17.30 Uhr. Der zweite große Designer-Mode-Discounter im Financial District offeriert Ermäßigungen bis zu 50 %. Erst ›nur‹ auf Anzüge und Sport-Jackets spezialisiert, ist die Palette mit Damenmode und auch Kinderkleidung nun wesentlich breiter. Ein bisschen ist das hier wie in Las Vegas: Ware, die hängen bleibt, verringert sich im Preis einen Monat lang alle zehn Tage um 15–20 % – da kann man aber auch das Nachsehen haben.

Musik-CDs, bestens sortiert – **J & R Music World** 4: s. S. 41.

Öko-Dritte-Welt-Spielzeug – **playing mantis** 5: 32 North Moore St./Hudson-Varick Sts., Tel. 1-646-484-6845, www.friendlymantis.com, Mo–Sa 10–21, So 10–19 Uhr, U-Bahn: Franklin St. ›Grünes‹, handgearbeitetes Spielzeug und Spiele aus aller Welt unter dem Motto »toys for life« in TriBeCa.

Aktiv & Kreativ

Zu Gast im Rathaus – Die **City Hall** 37 kann man nach Anmeldung (Tel. 311, außerhalb NY: 1-212-NEW-YORK) am Donnerstag besichtigen; Eintritt frei. Treffpunkt: 9.50 Uhr, Info-Kiosk Südende City Hall Park.

Gratis-Rundgang – **Wall Street Walking Tour** 17: 90 Min. und frei, Do und Sa 12 Uhr, ab Eingang National Museum of the American Indian (14), 1 Bowling Green.

Abends & Nachts

»Come in – it's great!« – **Jeremy's Alehouse** 1: 228 Front St./Peck Slip-Beekman St., Tel. 1-212-964-3537, www.jer emysalehouse.com, U-Bahn: Fulton St-Broadway/Nassau St., Mo–Fr 8–0, Sa 10–0, So 12–0 Uhr, Happy Hour Mo–Fr 16–18 Uhr. Fried Clams (7,95 $), Cajun Shrimp (8.95), Onion Rings (2,95) u. a. m. Bereits zum fünften Mal umziehen musste der Pub, das Viertel ist halt ›in Bewegung‹. Zuletzt war das Alehouse in einem garagenähnlichen Etablissement mit Garten ein Ecke weiter und, wenn man vorbei kam, riefen fröhliche Zecher stets: »Come in – it's great!« Es gibt 16 Biere vom Fass.

Das Beste auf einen Blick

Brooklyn

Highlight!

Brooklyn Bridge: 1883 fertiggestellt, früher ›das achte Weltwunder‹ genannt, gilt die Brooklyn Bridge inzwischen als eines der Wahrzeichen der Stadt. Der Weg über die Brücke zurück nach Manhattan gehört zu den unvergesslichsten New York-Eindrücken. 18 S. 267

Auf Entdeckungstour

›Little Odessa‹ und Coney Island: In den Hochzeiten reisten an Wochenenden oft 500 000 Sonnenhungrige an, um der Stadt zu entfliehen und den bis heute größten Vergnügungspark New Yorks aufzusuchen. In Brighton Beach leben etwa 300 000 russische Zuwanderer. Hier spricht man Russisch, hier liest man Russisch, hier isst man auch Russisch. S. 274

Fort Wadsworth: Katakomben und großartige Aussichten: Die älteste Militäranlage der USA, die größte Hängebrücke des Landes und eine Aussicht, die ihresgleichen sucht. S. 278

Kultur & Sehenswertes

Schönstes Heimatmuseum der Stadt: In den Ausstellungen der **Brooklyn Historical Society** erfährt man alles über den *borough*, von den Indianern bis zu den tapferen Frauen des Brooklyn Navy Yard im Zweiten Weltkrieg. 8 S. 260

New York goes Underground: Millionen bewegt der öffentliche Nahverkehr: Im **New York Transit Authority Museum** kann man dies u. a. in Original-Bussen und -U-Bahn-Waggons in einer stillgelegten Subway-Station nachvollziehen. 12 S. 262

Aktiv & Kreativ

Extrem-Baden: von November bis April geht der **Polar Bear Club** in Coney Island ins Wasser. 1 S. 272

Genießen & Atmosphäre

Restaurant-Meile: Die **Montague Street** in den **Brooklyn Heights** entwickelte sich zur Restaurant-Meile, viel frequentiert zur Lunch-Zeit von den Angestellten z. B. der nahen Gerichte und nach Arbeitsende auch von Anwohnern. S. 261

Abends & Nachts

Konzert- und Theateraufführungen: Kulturelle Programmpunkte von hohem Wert stellen **Barge Music** (nirgends in USA gibt es mehr Kammermusik-Konzerte!) und das Theater **St. Ann's Warehouse** dar. 2 und 3 S. 272, 273

Szene-Treff: Das **Last Exit** liegt im Zentrum Brooklyns, während man rund um die U-Bahn-Station Bedford Ave. mit **Williamsburg** eines der neuen Szene-Viertel mit etlichen Musikklubs entdecken kann. 4 und 5 S. 273

Eher eine europäische Stadt

»Wir fuhren über die Brücke nach Brooklyn, und jetzt enthüllte sich mir eine ganz andere Gegend von New York. Hier war es weniger überfüllt, es gab fast keine Wolkenkratzer, und alles ähnelte eher einer europäischen Stadt als Manhattan ...« Die Charakterisierung von Isaac B. Singer, dem späteren Literatur-Nobelpreisträger, ist auch heute noch zutreffend.

Infobox

Reisekarte: ► C–E 21–23 und Karte 5

Ausgangspunkt: U-Bahn-Stationen High St./Cadman Plaza East/Brooklyn Bridge (Linien A, C). Zurück über die Brooklyn Bridge, in Manhattan U-Bahn-Station Brooklyn Bridge.

Visitors Center: Eingang: Rückseite Borough Hall, Mo–Fr 10–18, Juli–Aug. auch Sa 10–17 Uhr. Souvenir-Shop.
Dauer des Rundgangs: ohne Museen ca. 3–4 Std.

Im Internet
Brooklyn Tourism: www.visitbrooklyn.org
Prospect Park (auch Veranstaltungskalender): www.prospectpark.org
Stadtverwaltung Brooklyn: www.brooklyn-usa.org
Aktuelles aus dem Borough, Restaurants, Geschäfte: www.hellobrooklyn.com, www.brooklynpaper.com
Brooklyn Bridge Park-Projekt: www.brooklynbridgepark.org
Brooklyn Heights: www.thebha.org, www.montaguebid.com

Am East River

Brooklyn Heights und DUMBO
Manhattanites hatten das jenseitige Flussufer lange ignoriert, war Brooklyn doch im Niedergang begriffen. Inzwischen aber hat auch die ›große Schwester‹ auf der anderen Seite einige Lektionen gelernt: dass die **Brooklyn Heights**, von deren 1100 Häusern über 600 vor 1860 entstanden, ein für New York einzigartiges Ensemble bilden; dass die Kulturveranstaltungen allemal einen abendlichen Besuch wert sind; dass der **Fulton Ferry District** samt **DUMBO** am East River eine große Zukunft haben wird.

Sicher fühlt man sich gegenüber Manhattan mit seinem teils atemberaubenden Tempo hier manches Mal um Jahre zurückversetzt. Alles hier ›drüben‹ in Brooklyn ist etwas ruhiger (und preiswerter), und vielleicht macht gerade das seinen Charme aus ... Womöglich fragt man in der mit 2,4 Mio. Einwohnern viertgrößten Stadt der USA auch noch einmal nach, wie das mit dem Abstimmungsergebnis anno 1894 mit 64 744 zu 64 467 Stimmen für den Anschluss an New York war?

Bevor man auf den Höhen wandelt, sollte man hinab in die Niederungen steigen, an das Ufer des East River. Parallel zur Brooklyn Bridge verläuft die **Old Fulton Street** in ein Viertel mit zahlreichen Lagerhäusern, das noch von der Schifffahrt geprägt ist. **DUMBO,** so die Bezeichnung der Makler für Down Under the Manhattan Bridge Overpass, dem der **Fulton Ferry Historic District** zugerechnet wird, wird bereits »das neue SoHo« oder »das neue East Village« genannt. In die riesigen Lagerhäuser zogen zunächst Künstler ein, nun wurden zahlreiche der meist aus dem 19. Jh. stammenden Gebäude in Apartments umgewandelt, die billiger als in Manhattan, aber vom Stadtzentrum nicht weit entfernt sind.

Eagle Warehouse 1

Das frühere **Eagle Warehouse** besitzt ein prächtiges neoromanisches Portal, das seit 1980 zu Eigentumswohnungen führt (28 Old Fulton St.). Von 1841 bis 1892 hatte hier die Zeitung The Brooklyn Eagle ihre Büros. Walt Whitman, der erste ›Großstadtpoet‹ der USA, arbeitete dort von 1846 bis 1848 als Herausgeber, bis er gegen die Sklaverei schrieb und gefeuert wurde.

Fultons Dampfboot

Am Ufer des East River hatten Holländer um 1650 die nach einem Dorf in der Provinz Utrecht benannte Siedlung Breukelen gegründet, welche die Engländer später in Brooklyn umtauften. Eine regelmäßige Verbindung zwischen Brooklyn und Manhattan auf dem East River bestand bereits 1642 durch Ruderboote. 1814 setzte Robert Fulton (1765–1815) dann erstmals das Dampfboot Nassau ein. Nach Fertigstellung der Brooklyn Bridge 1883 verkehrten die Fähren noch bis 1924.

Fulton Ferry Historic District

Im Fulton Ferry Historic District hat man auf dem **Fulton Ferry Landing** 2 eine mit Bodenreliefs und Art-déco-Geländer schön gestaltete Aussichtsplattform angelegt. Von dort schifften sich 1776 im Krieg gegen die Briten George Washington und die nordamerikanische Armee ein, heute legen dort die Water Taxis an. Es kommen genug Touristen hierher, weshalb sowohl die **Brooklyn Ice Cream Factory** als auch die Restaurants **Grimaldi's** 7, **Pete's Downtown** 5, **River Café** 1 genauso gefragt sind wie die Konzerte von **Barge Music** 2.

New Yorks beste Eiscreme

Im 1926 erbauten Feuerwehrdepot am **Fulton Ferry Landing** 2, in dem zuletzt ein Fährmuseum untergebracht war, erfreut nun die **Brooklyn Ice Cream Factory** die Leute mit köstlichem Eis und frischen Milk Shakes. Angeblich das beste Eis der Stadt. Die meistgefragte Sorte ist Vanille, die Eistüte kostet 3 $.

Größter Hausbesitzer hier waren seit 1909 die Zeugen Jehovas, nun sind zahlreiche Bauten wie das **Watchtower Building** (360 Furman St.) von 1928, das **Sweeney Building** (30 Main St.) von um 1900 und **The Clock Tower** (1 Main St., 1888) in Luxus-Apartments umgewandelt worden, was die Gegend noch mehr aufgewertet hat.

Rund um den Old Ferry Slip

Vom **Old Ferry Slip** 3 hat man einen der schönsten Ausblicke auf Manhattan. Zwischen Atlantic Avenue bis nördlich der Brooklyn Bridge wird der **Brooklyn Bridge Park** gebaut. Der **Empire-Fulton State Park,** Bestandteil der neuen Anlage, wird im Frühjahr 2011 wieder eröffnet und avancierte bereits zum beliebten Drehort für Werbespots und Musikvideo-Clips. Die Ruine des **Tobacco Warehouse** (1871) steht unter Denkmalschutz. In die nahen, aus den 60er- Jahren des 18. Jh. stammenden Lagerhäuser an der **Water Street** sollte ein Kultur- oder Einkaufszentrum einziehen.

St. Ann's Warehouse

Das Theater **St. Ann's Warehouse** 3 (38 Water St.) im Gebäude einer früheren Gewürzmühle ist einer der Zeugen für das neue Kulturleben im Viertel, **Jacques Torres Chocolate** 2 (66 Water St.) und die Bäckerei **Almondine** 1 (85 Water St.) sind viel besuchte Läden. In zahlreichen Etagen der sogenannten *silicon alley* arbeiten inzwischen Internet-Firmen. DUMBOS Hangout-Favoriten **Superfine** 4 findet man hinter der Manhattan Bridge.

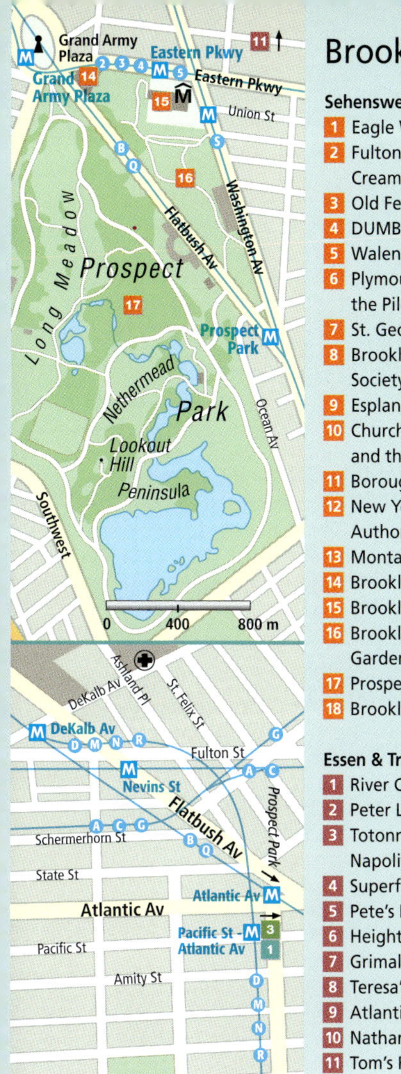

Brooklyn

Sehenswert

1 Eagle Warehouse
2 Fulton Ferry Landing/Ice Cream Factory
3 Old Ferry Slip
4 DUMBO Arts Center
5 Walentas Building
6 Plymouth Church of the Pilgrims
7 St. George Hotel
8 Brooklyn Historical Society
9 Esplanade
10 Church of St. Ann and the Holy Trinity
11 Borough Hall
12 New York Transit Authority Museum
13 Montauk Club
14 Brooklyn Public Library
15 Brooklyn Museum/Shop
16 Brooklyn Botanical Garden
17 Prospect Park
18 Brooklyn Bridge

Essen & Trinken

1 River Café
2 Peter Luger Steak House
3 Totonno's Pizzeria Napolitana
4 Superfine
5 Pete's Downtown
6 Height's Cafe
7 Grimaldi's
8 Teresa's
9 Atlantic Avenue
10 Nathan's Famous
11 Tom's Restaurant

Einkaufen

1 Almondine Bakery
2 Chocolatier Jacques Torres
3 Burlington Coat Factory
4 Treehouse Brooklyn
5 Fulton Street Mall

Aktiv & Kreativ

1 Polar Bear Club

Abends & Nachts

1 Brooklyn Academy of Music
2 Barge Music
3 St. Ann's Warehouse
4 Last Exit
5 Williamsburg
6 Brooklyn Cyclones

DUMBO Arts Center 4
www.dumboartscenter.org, DUMBO Arts Center, 30 Washington St./Water-Plymouth Sts., Tel. 1-718-694-0831, U-Bahn: York St., Do–Mo 12–18 Uhr
30 Washington St./Water-Plymouth Sts. befindet sich mit dem **DUMBO Arts Center**, das auch das Art Under The Bridge Festival (nahe der Brooklyn Bridge) veranstaltet, das künstlerische Flaggschiff des Viertels. Das DAC veranstaltete 2008 zum zwölften Mal dieses Festival, bei dem Ende September rund 1500 Künstler ausstellen und mehr

als 150 000 Besucher erwartet werden. Das Outer Space Program bringt Kunst in den öffentlichen Raum, beispielsweise in den Brooklyn Bridge Park.

Walentas Building 5

Den Umbruch im Kopfsteinpflaster-Viertel mit wahrhaft großartigen Aussichten auf die Brücken und die Skyline von Manhattan symbolisiert das **Walentas Building** aus dem Jahre 1888, einst einer der ersten Betonbauten in den USA (1 Main St.). Bevor in dem Gebäude Apartments eingerichtet wurden, gingen dort die Angestellten des Department of Labor ein und aus.

Brooklyn Heights

Nun aber empor zu den **Heights,** mit 30 000 Bewohnern die kleinste, aber nobelste *neighborhood* von Brooklyn. Hezekiah B. Pierrepont hatte Fultons Ferry einst finanziert – aus gutem Grund: ihm gehörten große Teile der Heights, die er nach Inbetriebnahme des Fährverkehrs als Wohngebiet anpries, »mit allen Vorteilen des Landlebens und den meisten Annehmlichkeiten einer Stadt«. So wuchs dort von 1820 bis 1890 die erste Vorstadt der USA, die 1965 als erstes Viertel von New York unter Denkmalschutz gestellt wurde (s. S. 104).

Die Underground Railroad

In der Middagh Street 24 steht das älteste, 1824 fertig gestellte Haus. Von dort sollte man die Willow Street entlanggehen, einen der schönsten Straßenzüge der Heights. Die 1847 erbaute **Plymouth Church of the Pilgrims** 6, die 2800 Gläubigen Platz bietet, schrieb als Bastion im Kampf gegen die Sklaverei Geschichte (Orange St., zwischen Henry und Hicks Sts.). Die Gewölbe der Kirche galten zur Zeit der Sklaverei als Grand Central Terminal der so genannten Underground Railroad, einer geheimen Organisation, die Sklaven in die Freiheit nach Kanada schmuggelte. Im Hof erinnert eine Statue an Henry Ward Beecher (seine Schwester Harriet Beecher Stowe schrieb »Onkel Toms Hütte«), der sich als wortgewaltiger Prediger für die Schwarzen einsetzte und auch Abraham Lincoln als Gast – siehe Kirchenstuhl Nr. 89 – empfing.

St. George Hotel 7

Als Symbol für Aufstieg und Niedergang von Brooklyn kann das **St. George Hotel** gelten. Das einst mit 2632 Zimmern größte Hotel der US-amerikanischen Ostküste nahm einen ganzen Block zwischen Hicks/Henry/Clark und Pineapple Streets ein. Der verspiegelte, größte Salzwasser-Pool der Welt war eine Sensation, 12 000 bunte Lichter erhellten das Dachgarten-Restaurant. Das ist schon lange Geschichte: **The St. George Tower** dient heute als Eingang zur U-Bahn-Station Clark Street, im einstigen Hotel sind Apartments untergebracht.

Sehenswert in der Nähe sind der neoklassizistische **New York Supreme Court** von 1938 (Monroe Pl./Nordwestecke Pierrepont St.) und die neogotische **First Unitarian Church** aus dem Jahre 1844 an der Nordostecke, deren Fenster Louis C. Tiffany schuf.

Brooklyn Historical Society 8

www.brooklynhistory.org, 128 Pierrepont St./Clinton St., Tel. 1-718-222-4111, U-Bahn: Borough Hall, Mi–Fr 12–17, Sa 10–17, So 12–17Uhr, Eintritt 6 $

Die **Brooklyn Historical Society** bietet das faszinierendste ›Heimatmuseum‹ von New York (128 Pierrepont/Clinton Sts.). Hier erhält man Informationen über all das, was Brooklyn zu etwas ganz Besonderem gemacht hat. Im Museums-Shop gibt es Literatur zum Vier-

Blick von Brooklyns Uferpromenade auf Manhattan

tel, so die ausgezeichneten Neighborhood Guides, und Souvenirs (T-Shirts, Dodgers-Caps).

Esplanade 9

Oberhalb des East River verläuft die Promenade, auch **Esplanade** genannt. Der Blick auf Manhattan, auf den Fluss und die Bucht ist überwältigend.

Seine Entstehung verdankt der Spazierweg zwischen Remsen und Orange Street dem Bau des Brooklyn-Queens-Expressway im Jahr 1950/51, den man, städteplanerisch weitsichtig, mit der Promenade überdachte. Das faszinierende Panorama lässt sich auch gut vermarkten: Hier wurde oft für Filme gedreht, z. B. für »Mondsüchtig« mit Cher.

Ehemals blickte man auf Lagerhäuser des Hafens, doch nun ist zwischen Atlantic Ave. im Süden bis nördlich der Brooklyn Bridge Großes im Gange: Es entsteht der **Brooklyn Bridge Park** am East River, ein Lieblingsprojekt des ›grünen‹ Bürgermeisters Bloomberg. Allein der Park auf Pier 1 ist bereits größer als der Bryant Park!

Montague Street

Hauptstraße des Viertels ist die **Montague Street** mit vielen Läden und Restaurants wie dem **Height's Cafe** 6 und dem **Teresa's** 8 – ein Treffpunkt von Yuppies und daher auch »Columbus Avenue of Brooklyn« genannt. Die Heights eignen sich für einen Bummel, doch sei auf einige besonders interessante Punkte hingewiesen. Die 1847 errichtete **Church of St. Ann and the Holy Trinity** 10 ist werktags meist von

Urbane Idylle in Brooklyn Heights

10 bis 14 Uhr geöffnet (Montague/ Clinton Sts.).

Borough Hall 11

Die zwischen 1846 und 1851 errichtete **Borough Hall** ist Brooklyns früheres Rathaus und größer als Manhattans City Hall. Östlich, in der Fulton Street, liegt die **Fulton Street Mall** 5, eine Einkaufsstraße mit rund 230 Geschäften, die sich über 17 Straßenblocks erstreckt und täglich von mehr als 100 000 Menschen aufgesucht wird.

New York Transit Authority Museum 12

Boerum Pl./Schermerhorn St., Tel. 1-718-694-1600, www.mta.info/mta/museum, U-Bahn: Hoyt/Schermerhorn Sts., Di–Fr 10–16, Sa, So 12–17 Uhr, 5$, Sen. ab 62 J. und 3–17 J. 3$, Sen. Mi frei

In einer stillgelegten U-Bahn-Station aus dem Jahre 1936 präsentiert das **New York Transit Authority Museum** alte Eisenbahnwaggons. Im angeschlossenen Geschäft (Boerum Plaza/

Mein Tipp

Celebrate Brooklyn – und wie!
Die ›Festivalitis‹ bleibt längst nicht Manhattan vorbehalten. Seit geraumer Zeit hat sich die Konzertreihe »Celebrate Brooklyn« etabliert. Die Auftritte finden in der Bandshell im **Prospect Park** statt, U-Bahn-Station 15th St./Prospect Park. Für den unglaublichen Eintritt von 3 $ gibt es viele Musik-Größen zu sehen. Die 2010-Saison z. B. eröffnete Norah Jones. Mehr zum Programm ab Mitte Juni findet man jährlich unter www.bricarts media.org.

Schermerhorn Street) kann man Bahnmemorabilia kaufen.

Nun schon einmal ›auf der anderen Seite‹, mag man sich zu einer Fortsetzung der Tour entschließen: ab **Borough Hall** fahren die U-Bahn-Linien 2 und 3 zur **Grand Army Plaza**.

Brooklyns Park Slope

Damit ist man in **Park Slope** angelangt, einem der begehrtesten Wohngebiete New Yorks, das als Gold Coast der Reichen entstand, nachdem der Prospect Park angelegt war und die Brooklyn Bridge 1883 das andere Ufer des East River erschloss. Als die wohlhabenden Anglo- und Deutsch-Amerikaner weggezogen, rückten zunächst weniger Betuchte nach, bis Mitte der 60er-Jahre des 20. Jh. junge Aufsteiger und später Yuppies das Viertel mit den vielen *brownstones* entdeckten. Jetzt gilt Park Slope nach einer Untersuchung des NY Magazine (2010) als beste Wohngegend der Stadt.

Montauk Club 13

Gleich nach Ankunft am **Grand Army Plaza** steht man vor einem der schönsten Häuser des Stadtteils: der **Montauk Club**, ein Privatklub, wurde 1891 dem venezianischen Palazzo Ca' d'Oro nachgebildet. Sehenswert an dem neogotischen Gebäude ist der Fries mit Darstellungen zur Geschichte der Montauk-Indianer, die einst im Osten von Long Island lebten (25 Eighth Ave.).

Triumphbogen, Kennedy-Denkmal und Bibliothek

Auf der Grand Army Plaza erinnern der 1892 im Gedenken an die im Bürgerkrieg umgekommenen Unionisten errichtete **Soldiers' and Sailors' Memorial Arch** und das **John F. Kennedy Memorial** aus dem Jahre 1965 (das einzige in New York) an die Vergangenheit. Der mächtige Eckbau der **Brooklyn Public Library** 14 stammt aus dem Jahre 1941.

Brooklyn Museum 15

www.brooklynmuseum.org, 200 Eastern Parkway, Tel. 1-718-638-5000, U-Bahn: Eastern Pkwy./Brooklyn Museum, Mi–Fr 10–17, Sa–So 11–18 Uhr, 1. Sa im Monat 17–23 Uhr frei (Live-Musik, Tanz, Café, Bar), 8 $, Sen. ab 62 J., Schüler, Stud. ab 12 J. 6 $

Der imposante **Eastern Parkway**, von 1870 bis 1874 als erster Boulevard der USA angelegt, führt zum hervorragenden **Brooklyn Museum**, 1897 nach Plänen von McKim, Mead & White errichtet und vor einigen Jahren wegen seines neuen gläsernen Vorbaus samt Plaza gefeiert. Trotz seiner ausgezeichneten Sammlungen (Malerei und Skulpturen der USA, ägyptische Sammlung, afrikanische Kunst) war das Museum wenig besucht worden, doch jetzt präsentiert man die Kunstschätze wieder zeitgemäß (200 Eastern Parkway). Einen geschätzten Platz auf der Museum Mile von Manhattan hätte das Brooklyn Museum allemal! Die Zahlen der Besucher jedenfalls sind steigend und 25 % von ihnen kommen von außerhalb der Region (zum Vergleich: 1995 waren es 5 %). Keinesfalls versäumen: den marktähnlichen **Museums-Shop**.

Ab Museum verkehrt am 1. Samstag im Monat (außer im September) ab 17 Uhr der **Heart of Brooklyn Trolley** gratis durchs Viertel (www.heartofbrooklyn.org).

Brooklyn Botanical Garden 16

www.bbg.org, Mitte März bis Anfang Nov. Di–Fr 8–18, Sa–So, Fei 10–18, Nov.–Mitte März bis 16.30 Uhr, 8 $, Sen. ab 65 J. und ab 12 J. 4 $

In nächster Nachbarschaft erstreckt sich der **Brooklyn Botanical Garden** mit japanischem Garten, Bonsai-Museum und dem Celebrity Path, auf dem die Namen berühmter *Brooklynites* verzeichnet sind.

Prospect Park 17

Der **Prospect Park**, wie der Central Park und die Grand Army Plaza von Frederick Law Olmsted und Calvert Vaux entworfen und in den 90er-Jahren des 19. Jh. fertiggestellt, ist zu groß, um ihn an einem Tag vollends zu erkunden. Über das reichhaltige Programm informiert die Website www.prospectpark.org.

Brooklyn Bridge! 18

Für den Abschluss des Brooklyn-Besuches gibt es keine Alternative: Es ist der Gang über die **Brooklyn Bridge** zurück nach Manhattan. Man fährt deshalb mit den U-Bahn-Linien 2 oder 3 ab Grand Army Plaza zurück zur **Borough Hall** und geht dann zur Brücke.

Für viele Einheimische ist die Brooklyn Bridge schlicht The Bridge. Arthur Miller hat über sie geschrieben; sie schien ihm »weniger den Kalkulationen eines Ingenieurs, denn der Einbildung eines Träumers« entsprungen. George Grosz und Georgia O'Keeffe – ihr Bild ist im Brooklyn Museum zu sehen –, haben sie gemalt. Das New York Magazine beschrieb die Konstruktion als »eine technische Leistung fast zauberhafter Gleichmäßigkeit«.

Andere wiederum meinen, der Brückenschlag 41 m hoch über den East River sei der Anfang vom Ende der

Stadt Brooklyn gewesen, denn als 1883 die drittgrößte Stadt der USA mit der größten verbunden wurde, schien der Anschluss von Brooklyn an New York unausweichlich und folgte dann auch 15 Jahre später.

Spaziergänger sind dankbar, dass es sie gibt, die Brooklyn Bridge mit der 2200 m langen Promenade, die ihr Architekt John A. Roebling schon vorab gepriesen hatte: »Sie wird … für die überbevölkerte Stadt von unschätzbarem Wert sein … und die Einnahmen für die Bridge Company werden beträchtlich sein.« Tatsächlich wurde zunächst Eintritt kassiert, doch ist der Weg seit 1895 gebührenfrei. Der Gang über die Brücke Richtung Manhattan ist ein Erlebnis – nur auf die rasanten Radler und Skater sollte man aufpassen.

Der Nahe Osten hinterm East River
Ethnische ›Einsprengsel‹, manches Mal nur einen Block groß oder entlang einer bestimmten Straße, sind typisch für die Riesenstadt. An der **Atlantic Avenue** 9, der sogenannten Arab Alley, zwischen Court und Clinton Sts., werden seit der Nachkriegszeit (preiswerte) Köstlichkeiten aus dem Nahen Osten serviert.
Probieren kann man in Läden wie der **Damascus Bread & Pastry** (195 Atlantic Ave.), **Oriental Pastry and Grocery Company** (Nr. 170) und dem **Sahadi's** (Nr. 187, So geschl.), das vor allem Waren aus dem Libanon führt. Bekannte Adressen sind das **Tripoli** (Nr. 156, Di geschl.), wo die Maza, die Vorspeisen, zum Preis von 42 $ für zwei bis drei Personen ausreichen, und das syrische **Fountain Cafe** (Nr. 183), wo die Portionen überreichlich ausfallen. Neu etabliert hat sich das **Yemen Café** (Nr. 176), beliebt u. a. wegen des Gemüseeintopfes (*salta,* 12 $).

Der Traum eines Thüringers

John A. Roebling, der diese erste stählerne Hängebrücke plante, stammte aus Mühlhausen in Thüringen, wo er als Johann August Röbling geboren wurde. Frustriert von der preußischen Bürokratie, wanderte der Ingenieur 1831 in die USA aus und konstruierte dort seit den 40er-Jahren Brücken. Die große Brücke von New York wurde sein Traum, nachdem auch er 1852 mit der Fähre im Eis des East River stecken geblieben war.

Das Unglück der Roeblings

Roebling erlebte nicht mehr, wie das gigantische Werk emporwuchs. Als er 1869 die Position eines der beiden mächtigen Türme festlegen wollte, zerquetschte ein Fährboot einen Fuß; er starb an Wundstarrkrampf. Ihm folgte als Chefingenieur sein Sohn Washington A. Roebling. Das war die Fortsetzung der Familientradition – und des Unglücks. Im Senkkasten, den man zu rasch hinabließ, wurde Roebling jun. 1872 zum Invaliden und konnte die Arbeiten nur noch aus der Ferne steuern bzw. später vom Fenster seiner Wohnung Columbia Heights 110 in Brooklyn mit dem Teleskop beobachten.

Panik unter 20 000

Zur Eröffnung am 24. Mai 1883 kam auch US-Präsident Chester A. Arthur. Die Bridge Company vergab 7000 Tickets für die Brückenbegehung an ausgewählte Bürger; das Volk blieb zunächst außen vor. Als am 30. Mai etwa 20 000 Menschen hoch über dem

Lieblingsort

»Jeder wird dort Spaziergänge machen ...«

Bei der Eröffnung 1883 galt die **Brooklyn Bridge** 18, in New York schlicht The Bridge genannt, als Weltwunder. Man muss dankbar sein, dass von Anfang an auch Fußgänger auf der 2,2 km langen Promenade eingeplant waren, die der aus Mühlhausen (Thüringen) stammende Architekt John A. Roebling so gepriesen hatte: »Sie wird, erhoben über den Fahrbahnen, in reiner Luft wunderschöne Ausblicke eröffnen. Jeder, der New York besucht, wird wenigstens einen oder zwei Spaziergänge über die Promenade machen.« Dem wäre nichts hinzuzufügen: Der Gang von Brooklyn über die Brücke nach Manhattan (nicht umgekehrt!) ist ein unvergessliches Erlebnis, besonders in der Dämmerung. Aufpassen sollte man allerdings auf die rasanten Radler, Skater und Roller, denen nebenan ebenfalls eine Spur zusteht, s. S. 264.

Fluss flanierten und beim Turm nahe der Manhattan-Seite eine Frau stürzte, entwickelte sich eine Panik, in der zwölf Menschen zu Tode gedrückt wurden. Bereits während des Baus starben 27 Arbeiter. Bis heute sind annähernd 50 Menschen umgekommen, die als Mutprobe oder in selbstmörderischer Absicht von der Brücke sprangen.

Viele fragen sich, wie der Boden der Brücke dem Kraftfahrzeugverkehr standhält. Wenn man weiß, dass die Roeblings ihn für den Eisenbahnverkehr der New York Central mit schweren Loks und Wagen angelegt hatten, verwundert es jedoch kaum mehr. Die Bahn allerdings fuhr hier nie.

Essen & Trinken

Unglaubliche Aussichten – **River Café** **1**: 1 Water St./Old Fulton St., Tel. 1-718-522-5200, www.rivercafe.com, U-Bahn: High St./Brooklyn Bridge oder Clark St., tgl. 17.30–23, Brunch So 11.30–15 Uhr, man kann ein Jahr im Voraus reservieren, 98–125 $, Terrace Room ab 17 Uhr (keine Reservierung). Das Luxus-Restaurant (ein Michelin-Stern) am East River samt seiner unglaublichen Aussichten (es gibt auch eine Freiterrasse) könnte Woody Allen erfunden haben, meinen manche. Wer dort heiratet, kommt mit Sicherheit per Foto in den Gesellschaftsteil der New York Times.

Die besten Steaks der Stadt – **Peter Luger Steak House** **2**: 178 Broadway/Driggs Ave. in Williamsburg, Tel. 1-718-387-7400, www.peterluger.com, U-Bahn: Marcy Ave, Mo–Do 11.45–22, Fr–Sa 11.45–23, So 12.45–22 Uhr, 65 $ p. P., keine Kreditkarten. Auch wenn Manhattanites sonst keine Adresse in Brooklyn kennen: Peter Luger dürfte bekannt sein, gibt es dort doch die besten Porterhouse-Steaks der Stadt (mit Bratkartoffeln und Spinat) in rustikaler Atmosphäre. Seit 1887 ist man im Geschäft, es empfiehlt sich, für den Abend etwa einen Monat vorab zu reservieren.

Pizza seit 1924 – **Totonno's Pizzeria Napolitana** **3**: 1524 Neptune Ave./15th St., Tel. 1-718-372-8606, www.totonnos.com, U-Bahn: Coney Island/Stillwell Ave., Mo-Fr 12–16, Mi–So 12–20 Uhr, (große) Pizza ca. 20 $. Wer's nicht nach Coney Island schafft: Filialen gibt es in Mannhattan: 1544 Second Ave./E.80th–81st Sts. und 462 Second Ave./E. 26th–27th Sts.

Bluegrass zum Brunch – **Superfine** **4**: 126 Front St./Jay-Pearl St., Tel. 1-718-243-9005, U-Bahn: York St., Di–Fr 11.30–15, 18–23, Sa 14–23, So 11–15 (Brunch), 18–22 Uhr; Bar So–Do bis 2, Fr–Sa bis 4 Uhr, 14–25 $. Die Gerichte der US-Küche wechseln täglich nach Marktangebot (viele Salate). Im favorisierten *hangout* der DUMBO-Leute gibt es am Sonntag zum Brunch Bluegrass-Musik (15–25 $).

Traditionslokal mit Ausblick – **Pete's Downtown** **5**: 2 Water St./Old Fulton St., Tel. 1-718-858-3510, www. petesdowntown.com, U-Bahn: Hight St./Brooklyn Bridge oder Clark St., Di–Do 12–22, Fr 12–23, Sa 17–23, So 14–21.30 Uhr, Lunch Pasta11, Hauptgericht 15 $, Dinner 21 $. Die Küche ist italienisch, aber nicht der Grund, warum die meisten den Weg hinüber nach Brooklyn machen: es lockt die Aussicht vom großzügig verglasten Restaurant auf Brooklyn Bridge und Manhattans Skyline, die hier im Vergleich zum River Cafe noch bezahlbar ist. Vertrauenswürdig wirkt im schnelllebigen US-Amerika zudem, das die Familie Thristino das Etablissement seit 1894 betreibt.

Wo die Nachbarschaft hingeht – **Height's Café** **6**: 84 Montague St./Hicks St., Tel. 1-718-625-5555, www. heightscafeny.com, U-Bahn: Borough

Hall, tgl. 12–0, Brunch Sa 11, So 10 Uhr, Salat, Burger 11 $. Das Café bietet auf dem Weg zur und von der Promenade in Brooklyn Heights die Gelegenheit für ein *time out.* Zwanglose Atmosphäre, es gibt auch Plätze im Freien.

Pizza aus dem Holzbackofen – **Grimaldi's 7**: 19 Old Fulton St., Tel. 1-718-858-4300, www.grimaldis.com, U-Bahn: Hight St./Brooklyn Bridge oder Clark St., So–Do 11.30–22.45, Fr 11.30– 23.45, Sa 11.30–23.45 Uhr, Pizza 12–16 $ je nach Größe, Toppings extra, meist je 2 $, keine Kreditkarten. Der Pizzabäcker, der auf seinen Holzbackofen Wert legt, wirbt mit dem Slogan, Grimaldi's habe die Brooklyn Bridge berühmt gemacht – nun ja. Zurecht verweist man auf Tradition (als Harlem noch ›italienisch‹ war, wurde dort 1931 eröffnet) und Expansion – die in New York hoch gelobten Pizze Marke Grimaldi gibt es auch in Hoboken, auf Long Island, in Arizona, Texas und Las Vegas.

Ein polnischer Diner – **Teresa's 8**: 80 Montague St./Hicks St., Tel. 1-718-797-3996, U-Bahn: Clark St. oder Court St., tgl. 7–23 Uhr, Pierogi 7,50 $. Auch außerhalb von Greenpoint in Brooklyn, dem Viertel der polnischen Zuwanderer, gibt es die Küche des Landes in einem kleinen Imbiss: beispielsweise Pierogi, gefüllt mit Sauerkraut und Pilzen und getoppt mit saurer Sahne, Kielbasa und Blintzes.

Der Nahe Osten hintern East River – **Atlantic Avenue 9**: s. S. 272.

Eine Institution – **Nathan's Famous 10**: 1310 Surf Ave./Stillwell Ave., tgl. 8–2 Uhr, s. S. 270 (Lieblingsort).

Köstliches Eis und frische Milk Shakes – **Ice Cream Factory 2**: 1 Water/Old Fulton Sts., tgl. 12–22 Uhr, von Labor Day bis Memorial Day Mo geschl. Eistüte kostet 3 $., s. S.257.

Original Diner – **Tom's Restaurant 11**: s. S. 37.

Einkaufen

Gehobene Backwaren – **Almondine Bakery 1**: 85 Water St./Main St., Tel. 1-718-797-5026, www.almondinebakery.com, U-Bahn: York St., Mo–Sa 7–19, So 10–18 Uhr, Chocolatier Torres brachte seinen Freund Hervé Poussot ins Viertel, der Bio-Brot, Brioche und köstliches Gebäck verkauft.

Schokolade, heiß und kalt – **Chocolatier Jacques Torres 2**: 66 Water St./Main St., Tel. 1-718-875-9772, www.jacques torres.com, U-Bahn: York St., Mo–Sa 9–20, So 10–18 Uhr, ab 3 $. Der frühere Pastry-Chef des Restaurants Le Cirque (s. S. 34) in Manhattan hat in DUMBO rasch Fuß gefasst. 35 Sorten Schokolade offeriert der Franzose, darunter auch solche mit Portwein- und Earl Grey-Geschmack. Zum Geschäft gehört ein kleines Kaffee, in dem natürlich auch heiße Schokolade serviert wird.

Kunsthandwerk aus aller Welt – **Brooklyn Museum Shop 15**: 200 Eastern Parkway, Tel. 1-718-638-5000 Ext. 258, U-Bahn: Eastern Pkwy/Brooklyn Museum, Mi-Fr 10.30–17.30, Sa–So 11–18 Uhr. Im Stil eines europäischen Marktes präsentiert das Museum an seinen Ständen Kunsthandwerk aus aller Welt, von äthiopischen Textilien bis zu kenianischer Töpferware und ägyptischen Fruchtbarkeits-Symbolen an Halsketten.

Der günstigste Mode-Discounter – **Burlington Coat Factory 3**: 625 Atlantic Ave./Fort Greene Place, Tel. 1-718-622-4057, U-Bahn: Atlantic Ave., Mo–Sa 10–21, So 11–18 Uhr. Der angeblich günstigste Discounter der Stadt bietet mehr als nur Mäntel an: viel Marken-Kleidung, Schuhe und Handtaschen. Wer's nicht nach Brooklyn schafft, versucht es in Manhattan: 707 Sixth Ave./W. 23rd St.

Designer-Mode – **Treehouse Brooklyn 4**: 430 Graham Ave./Frost St. in Willi-

Lieblingsort

Hot Dogs am Atlantik

Die Reise an den Ozean nach Coney Island ist bestimmt ein Muss – und ein Hot Dog bei **Nathan's Famous** 10 gehört einfach dazu. Auch der Fotos wegen, die die bunt-schrille Reklame des Ladens liefert. Nathan's, heute eine Fast-Food-Kette mit 18 000 Imbiss-Ständen, serviert inzwischen auch in Tokios Stadtteil Shibuya und in Kuwait. Aber es scheint, nahe dem Boardwalk von Coney Island (s. S. 275), wo der polnische Einwanderer Nathan Handwerker die Hot Dogs ab 1916 zum ›Kampfpreis‹ von einem ›Nickel‹ (5 Cts.) anbot – heute 2,99 $ –, schmecken sie am besten. Auch gibt es jetzt Chili Dogs und Cheddar Cheese Dog, aber zu bevorzugen ist nach wie vor die klassische Version, *frank* (= ›Frankfurter Würstchen‹) im weichen Brötchen, versehen mit *yellow mustard, pickle relish, onions* – und, wer's mag, mit Sauerkraut. Guten Appetit, und denken Sie nicht an den Fourth-of-July-Wettbewerb in Coney Island; der kalifornische Gewinner verspeiste 2010 vor 40 000 Zuschauern 54 Hot Dogs in 10 Min. und konnte seinen 68 Hot-Dogs-Rekord von 2009 nicht brechen. Das Spektakel wurde sogar im TV-Sport-Kanal ESPN übertragen.

INCE 1916
than's
AMOUS
ChaCha's
GELATO
ITALIAN ICES & ICE CREA
Cha Cha's
BAR & CAFE
Live Entertainment For Th
Family
ESPRESSO

Russische Restaurants

In den russischen Restaurants von Brighton Beach geht's Abend für Abend heiß her; die deftige Kost wird oft von Shows im Las-Vegas-Stil und Livemusik begleitet.

National: 273 Brighton Beach Ave., Tel. 1-718-646-1225, www.come2national.com. Ab ca. 82 $ wird hier im ehemaligen Lakeland Theater tgl. ein russisches Menü serviert.

Primorski: 282 Brighton Beach Ave., Tel. 1-718-891-3111, www.primorski.net. Das Restaurant firmiert als ›russisch‹, bietet aber georgisch-jüdische Küche, tgl. ab 11 Uhr, 6–50 $.

Odessa: 1113 Brighton Beach Ave., Tel. 1-718-332-3223, www.restaurantodessa.com. Gerichte 25–50 $, auch Tanzshows.

Der Inhaber des Primorski

amsburg, Tel. 1-718-482-8783, www.treehousebrooklyn.com, U-Bahn: Graham Ave., Mi–So 13–20 Uhr. Die Besitzerinnen der kleinen Boutique haben ihre eigenen Marken für Schmuck und Mode (Becky Lee Jewelery und Sirius Clothing) und offerieren darüber hinaus Entwürfe von 45 freischaffenden Designern, auch für Kinderkleidung.

Eine Mall ist eine Mall ... – **Fulton Street Mall 5**: Fulton St., Tel. 1-718-403-1632, www.fultonstreet.org, U-Bahn: Borough Hall, Übliche Geschäftszeiten. Gleich östlich der Borough Hall beginnt die **Fulton Street Mall**, die dem Verlauf der Fulton St. entspricht. Wer noch keine Mall in USA besucht hat: hier sind all' die Geschäfte und Fast-Food-Imbisse vertreten, die man in den Malls in USA üblicherweise findet.

Aktiv & Kreativ

›Extrem-Baden‹ – **Polar Bear Club 1**: www.polarbearclub.org. Wer das Extrem-Baden mag und verträgt, schließt sich diesem Club an, der seit 1903 bestehenden und damit ältesten Winterbade-Organisation der USA. Von November bis April gehen die Mitglieder jeden Sonntag um 13 Uhr ins Wasser und wenn das etwa 300 Teilnehmer am 1. Januar tun, finden sich 6000 Zuschauer auf Höhe Stillwell Ave. am Coney Island Boardwalk ein.

Abends & Nachts

Brooklyn Kulturzentrum – **Brooklyn Academy of Music (BAM) 1**: s. S. 53

US-Kammermusik-Rekord – **Barge Music 2**: Fulton Ferry Landing, Tel. 1-718-624-2083, www.bargemusic.org, U-Bahn: High St./Brooklyn Bridge oder Clark St., Konzerte Mi–So, Eintritt 35–40

$, Sen. 30 $ (nur Mi–Fr), Stud. 20–25 $, Sa 13 Uhr Gratis-Konzerte. Bevor in der Gegend alles ganz teuer und sehr schick wurde, ließ die Violinistin Olga Bloom im East River einen ausgedienten Lastkahn verankern und gründete auf demselben das Unternehmen Barge Music. Nirgendwo sonst in den USA werden jährlich mehr Kammermusik-Konzerte veranstaltet. Es gibt lediglich 125 Plätze, deshalb sei frühzeitige Reservierung empfohlen. Klassische Musik mit Manhattans Skyline als Kulisse, das gibt es sonst nirgends in der Stadt.

›Macbeth‹ unter freiem Himmel – **St. Ann's Warehouse** 3: 38 Water St./Dock St., Tel. 1-718-254-8779, www.stannswarehouse.org, U-Bahn: York St., Eintritt: 32–55 $. Alles begann in der heute St. Ann and the Holy Trinitiy Church benannten Kirche in den Brooklyn Heights als ›Arts at St. Anns‹. Dort traten Lou Reed, John Cale, Marianne Faithfull, Emmylou Harris und Hudson Shad, die Vokalgruppe, die auch im deutschsprachigen Raum Karriere machte, auf. Ende 2001 zog man in eine alte Gewürzmühle nach DUMBO um, nun das St. Ann's Warehouse. Die Erfolgsgeschichte ging weiter, wobei inzwischen sogar die Ruine Tobacco Warehouse als Freilufttheater bespielt wurde: mit der Warschauer Bühne TR Warszwa und »Macbeth«.

Der ›Eingang‹ zu Brooklyn – **Last Exit** 4: 136 Atlantic Ave./Clinton-Henry Sts., Tel. 1-718-222-9198, www.lastexitbar.com, U-Bahn: Borough Hall, tgl. 16–3 Uhr, Bier 5 $. Der *hot spot* für europäische New-York-Besucher in Brooklyn war stets die Disco ›Spectrum‹, in der 1977 der Film »Saturday Night Fever« mit John Travolta spielte. Jedoch, die gibt es nicht mehr. Last Exit ist zwar kein Ersatz, aber, obwohl der Name nach dem Hubert Selby-Roman »Last Exit Brooklyn« heißt, auf Deutsch: »Letzte Ausfahrt Brooklyn«, gilt die Bar & Lounge heute als ›Eingangstür‹ zu Brooklyn. Das Publikum wechselt rasch, erst die *post work crowd* nach Arbeitsende, schließlich Nachtschwärmer. Platz genommen wird auf Retro-Sofas und Plastikstühlen. Die DJs legen Techno, House und Jazz auf. Es gibt sogar einen kleinen Garten, der allerdings wegen der Anwohner ›nur‹ bis 21 Uhr zugänglich ist. Beim BBQ bringt man das Fleisch mit.

Das Party-Viertel – **Williamsburg** 5: U-Bahn: Bedford Ave. – Als ›neues East Village‹ gilt dieses Brooklyner Viertel, u. a. dank **Music Hall of Williamsburg** (66 N. Sixth St./Whyte Ave, www.musichallofwilliamsburg.com, Indie-Rock), **The Charleston** (174 Bedford Ave./N. 8th St., www.thecharleston.com, Rock, Mo, Mi–So) und **Knitting Factory** (früher TriBeCa, jetzt 361 Metropolitan Ave./Havemeyer St., http://bk.knittingfactory.com, Rock, Hip Hop).

Baseball am Meer – **Brooklyn Cyclones** 6: 1904 Surf Ave. im Stadion MCU Park, Tel. 1-718-449-8497, www.brooklyncyclones.com, U-Bahn: Coney Island/Stillwell Ave., Saison Mitte Juni bis Anfang Sept., Eintritt 9–17 $. Die legendären Brooklyn Dodgers hat man dem Borough ›gestohlen‹, nun gibt's bei den Cyclones alles eine Nummer kleiner. Saison-Höhepunkt: die New York-Derbies gegen die Staten Island Yankees. Team Store Mo–Fr 9–17 Uhr.

Ausflüge

Staten Island ▸ Karte 5, A/B 4/5

Alle Busverbindungen ab Ferry Terminal ▸ Karte 3, A 21

Reif für die Insel? Staten Island ist ganz anders als New York. Eigentlich wollen die Bewohner der beschaulichen Insel

Auf Entdeckungstour

›Little Odessa‹ und Coney Island

In den Hochzeiten reisten an Wochenenden oft Zehntausende Sonnenhungrige an, um der Stadt zu entfliehen und in eine andere Welt einzutauchen.

Ausgangspunkt: U-Bahn-Linien B, Q bis Brighton Beach.
Endpunkt: U-Bahn-Linien D, F, N, Q ab Coney Island/Stillwell Ave.
Reisekarte: ▶ Karte 5, C/D 5

Vergnügungspark: Palm Sunday bis Mitte Juni, Sept. und Okt. Sa–So, in der Sommersaison tgl. 11–0 Uhr.

Coney Island Museum: 1208 Surf Ave./ West 12th St.; Öffnungszeiten s. o.; Side-Show Ostern bis Ende September.

Aquarium: Surf Ave./West 8th St.; Mo–Fr 10–17, Sa–So 10–17.30 Uhr, Nov.–März tgl. bis 16.30 Uhr.

Nathan's Famous: 1310 Surf Ave./Stillwell Ave., tgl. 8–2 Uhr.

Infos: www.coneyisland.com, www.coneyislandhistory.org, www.brightonbeach.com, www.astroland.com.

Eine frische Brise tut immer gut. Doch ist dies nicht der einzige Grund, hinauszufahren an den Atlantischen Ozean und den etwa fünf Kilometer langen Boardwalk entlangzuschlendern. Denn dort liegt ja auch ›Little Odessa by the Sea‹, genauer: Brighton Beach, wo 300 000 russische Zuwanderer leben. Und natürlich Coney Island, der inzwischen recht morbide Vergnügungspark, wohin noch in den 1920er-Jahren am Wochenende eine halbe Million Menschen pilgerten.

Elevated – hoch oben

New York in Brighton Beach – das ist ganz anders. Die Subway rumpelt hier noch als Elevated, als Hochbahn, über der Straße, und alles scheint etwas gemütlicher vonstatten zu gehen. Schließen Sie sich den sonnenhungrigen russischen Rentnern auf der Promenade an oder probieren Sie landestypische Spezialitäten, die es auch ›auf die Hand‹ gibt.

Man spricht Russisch

Das Viertel war im Abstieg begriffen, als ältere jüdische Bewohner starben oder nach Florida verzogen. Nachdem die UdSSR Mitte der 1970er-Jahre verstärkt jüdische Bürger ausreisen ließ, kristallisierte sich Brighton Beach rasch als Zentrum dieser Einwanderer heraus. Rund um die Hauptstraße Brighton Beach Avenue spricht man Russisch, liest man Russisch, isst man Russisch. Dass es eine ganze Reihe der Einwanderer zu beachtlichem Wohlstand gebracht hat, beweist Oceana, die seit 1999 entstandene *Luxury Oceanfront Community* im ›Miami-Style‹.

Keine Zelte, kein Hausieren ...

Wem der Weg nach Coney Island zu weit ist, den nimmt die U-Bahn ab Ocean Parkway wieder auf. Von den Hochbahngleisen bietet sich der Blick auf ein Sammelsurium von Verkaufsständen, Fahrgeschäften und Imbissbuden zwischen Surf Avenue und Boardwalk. Am Strand verkünden zahlreiche Schilder: »Keine Hunde, kein offenes Feuer, keine Zelte, kein Alkohol, kein Hausieren, keine laute Radiomusik.«

Die letzte »Freak Show«

Wenn der Vergnügungspark mit seinem Wahrzeichen, der Achterbahn Cyclone von 1927, in Betrieb ist, kann man auch das Coney Island Museum mit seinem 99-Plätze-Theater besuchen, in dem es noch eine der sonst längst verschwundenen »Freak Shows« gibt, die hier aber »Sideshow« heißt und Sensationen wie die tätowierte Feuerschluckerin Insectivora und die Schlangenfrau Serpentina zeigt.

Baseball am Meer

Zur Aufwertung von Coney Island hat fraglos auch die Eröffnung des 7000-Plätze-Stadions MCU Park beigetragen, in dem die Baseballer der Brooklyn Cyclones auf Anhieb den Titel der New York Penn League gewannen. Eine weitere Attraktion ist das New York Aquarium, in dem u. a. Pazifikküste und Strand künstlich nachgebildet wurden.

Thrill Rides

Es gab zuletzt hochtrabende Pläne, z. B. für den größten Vergnügungspark der USA samt Shopping Mall und 4500 Apartments, und getan hat sich tatsächlich etwas: Im Mai 2010 eröffnete der Luna Park mit 19 brandneuen Fahrgeschäften; zur Saison 2011 wird er noch erweitert. Es gibt Thrill Rides, aber auch familiäre Attraktionen (www.lunaparknyc.com, 4 Std.-Karte Mo–Fr 26, Sa–So, Fei 30 $).

auch nichts mit der Stadt zu tun haben, zumal sie glauben, mit ihren Steuern all das zu bezahlen, was dort nicht in Ordnung ist.

Die Besichtigung der Sehenswürdigkeiten auf Staten Island ist stets mit einer Busfahrt durch gepflegte Wohnviertel verbunden.

Snug Harbor Cultural Center

www.noblemaritime.org, www.snug-harbor.org, 1000 Richmond Terrace, Bus S 40, Do–So 13–17 Uhr

Das **Snug Harbor Cultural Center** ist ein Kulturpark mit Botanischem Garten, Kindermuseum und der Noble Maritime Collection. Viele klassizistische Bauten wurden zwischen 1831 und 1880 als Heim für »betagte, altersschwache und erschöpfte Seemänner« errichtet – so der Wunsch von Mäzen Robert Richard Randall im Jahr 1801.

Alice Austen House

www.aliceausten.org, 2 Hylan Blvd., Tel. 1-718-816-4506, März–Dez. Do–So 12–17 Uhr, Fei geschl., 2$ Spende, Bus S 51

Das **Alice Austen House** am Ufer der Upper New York Bay gibt Einblicke in die Arbeit der Fotografie-Pionierin Alice Austen (1866–1952), von deren 8000 Aufnahmen 3000 zu Familienleben, Einwanderung und New Yorker Straßenszenen erhalten blieben.

Historic Richmond Town

www.historicrichmondtown.org, 441 Clarke Ave., Tel. 1-718-351-1611, Bus S 74, Mi–So 13–17, Führungen Mi–Fr 14.30, Sa–So 14, 15.30 Uhr, 5$, bis 17 J. 3,50$

Das einzige Museumsdorf der großen Stadt. Zu den 29 historischen Gebäuden gehören u.a. ein Schulhaus, eine Schmiede, Mühle, Druckerei und Korbflechterei. Auch werden hier historische Handwerke demonstriert.

Marchais Museum of Tibetan Art

www.tibetanmuseum.org, 338 Lighthouse Ave., Tel. 1-718-987-3500, Mi–So 13–17, Winter Do–So 13–17 Uhr, Bus S 74, 5$

Das **Jacques Marchais Museum of Tibetan Art** präsentiert einen kleinen tibetischen Bergtempel und einen Skulpturengarten sowie Schmuck, Silberarbeiten und Tanzmasken vom 17.–19. Jh.

Long Island ► Karte 5, östl. F 2

Die Schönen, Reichen und Berühmten tummeln sich auf **Long Island** in abgeschirmten Sommerresidenzen, doch gelangen auch Normalbürger mit der Long Island Railroad (LIRR) ab Penn Station dorthin. LIRR bietet von Mai bis November Summer *packages* an. Weiter sind One-Day Getaways im Programm.

Schöne Strände auf Long Island sind der **Jones Beach** (LIRR-Station Freeport, von dort weiter mit dem Bus), der **Long Beach** (gleichnamige LIRR-Station) mit einem Boardwalk und der **Robert Moses State Park** (LIRR-Station Babylon, weiter mit dem Bus S-47).

The Hamptons

Busverbindungen: www.hamptonjitney.com, www.hamptonluxuryliner.com (s. auch Kasten S. 277, Gray Line Bustagestouren)

Dieser Begriff bezeichnet einige sehr bekannte und weitläufige Badeorte. Hauptsaison ist dort von Juni bis September – dann haben auch alle Markenläden geöffnet. Wahrzeichen von Montauk am Ende der Insel ist der Leuchtturm. East Hampton mit Windmühle und Teich hat dörflichen Charakter, während Southampton mit Landsitzen im Kolonialstil als sehr schickes Promi-Domizil gilt. Ein sehr schöner Ort ist **Sag Harbor** (Einkehr: **The Corner Bar** beim Hafen).

Woodbury Common

›Shopping-Dorf‹, tgl. 10–21 Uhr, Gray Line u. Coach USA ab Port Authority Bus Terminal (W. 42nd St./Eighth Ave.), mehrmals am Tag, Fahrtzeit 1 Std., 42 $ hin und zurück

220 Markenläden wie Armani, Boss, Hilfiger und Nike sind in diesem Premium Outlet ansässig und gewähren Rabatte zwischen 25 und 65 %.

Hudson Valley ▶ Karte 5, nördl. D 1

Das Tal des Hudson (www.hudsonvalley.org) ist das klassische Naherholungsziel der New Yorker.

FDR National Historic Site

www.nps.gov/archive/hofr/hofrhome.html, Metro North Railroad od. Amtrak bis Poughkeepsie, ab dort Taxi, oder per Short Line Bus (56 $), Eintritt 14 $

Seit 1867 Familienbesitz, wurde der majestätische Wohnsitz von US-Präsident Franklin D. Roosevelt (1882–1945) in Hyde Park 1915 ausgebaut. Über dem Hudson liegt ein prächtiger Park, den Wanderpfade durchziehen.

Kykuit Estate

Vom Grand Central Terminal Metro North Hudson Line, nach 40 Min. kurze Taxifahrt ab Tarrytown, Besichtigung Ende April–Anfang Nov. Mo, Mi–So 10–15 Uhr

Eine der berühmtesten Privatresidenzen der USA von 1913, Landsitz der Familie Rockefeller. Terrassengärten mit Kunstwerken von Picasso und Calder, Galerie und historische Autosammlung.

West Point Military Academy

www.usma.edu, Führungen: www.westpointtours.com, tgl. 9–16.45 Uhr, außer Graduation week (Mai) und Football (Sa), einstündige Tour 12 $, Tagestouren mit Short Line Bus ab Port Authority Terminal (1.40 Std., 44 $) oder individuell per Metro North ab Grand Central bis Peekskill, von dort Taxi, Führungen ab Visitors Center, Pass oder Personalausweis erforderlich

Die berühmte US-Militärakademie mit der größten Militaria-Sammlung der Welt.

Hudson River Cruise

Von Juni bis Sept. per Bus (www.newyorksightseeing.com) von New York nach Newburgh, ab dort zweistündige Schifffahrt (60 $).

Tagestouren zu entfernteren Zielen

Gray Line Bustagestouren: www.grayline.com, Ab Park Ave./E. 41st-42nd Sts.: Fr und So nach Boston; Mo und Mi nach Philadelphia und Amish County; Di, Do–So Washington D. C.; April–Okt. Di The Hamptons mit Southampton, Sag Harbor und Tanger Outlets. Preis jew. 149 $.

Mit der Bahn in die Hauptstadt: Mit Amtrak (www.amtrak.com) können ab Penn Station per Tagestour die Hauptstadt Washington D.C. (3 ½ Std., einfach ab 106 $), Philadelphia (2 ½ Std., 95 $) und Baltimore (2 ½ Std., 95 $) besucht werden.

Atlantic City: Ins Spielerparadies fahren mehrmals täglich Greyhound Busse (www.greyhound.com, 35 $), außerdem Fr–So Expresszüge (www.acestrain.com, 29 $), ab Penn Station. Am Atlantik locken Casinos, Boardwalk und Strände.

Infos

Bus: Über alle Touren per Bus informiert auch die Website www.coachusa.com.

Auf Entdeckungstour

Fort Wadsworth: Katakomben und großartige Aussichten

Fort Wadsworth ist nach wie vor ein großes New Yorker Geheimnis – und unbedingt die Reise wert, vereinigt der Ort doch dreierlei: die älteste Militäranlage der USA, die größte Hängebrücke des Landes und eine Aussicht, die ihresgleichen sucht.

Planung: Gratis-Fähre ab Staten Island Ferry Terminal in Manhattan (▶ Karte 3, A21, U-Bahn South Ferry) nach Staten Island. Vom dortigen Ferry Terminal weiter mit dem Bus S 51, der Mo–Fr bis Fort Wadsworth fährt und Sa–So bis zum Von Briesen Park.

Öffnungszeiten: Fort Wadsworth Visitor Center: Mi–So 10–16.30 Uhr, Eintritt frei. Gratis-Führungen Mi–So 14.30 Uhr, Infos: www.nps.gov/gate, www.statenislandusa. com/pages/ft_wadsworth.html.

Woanders würde Fort Wadsworth als älteste Militäranlage der USA als Sehenswürdigkeit ersten Ranges geführt werden. Und wenn es nur das wäre: Das Fort auf der Insel Staten Island ist einer der phantastischsten Plätze der Stadt – grandios ist die Aussicht von einer der höchsten Erhebungen New Yorks auf die Upper Bay, und imposant der Anblick der Verrazano Narrows Bridge mit ihren gewaltigen, 210 m hohen Türmen.

Der einzige Treffer: der eigene Leuchtturm

Als militärisches Sperrgebiet war der Ort über lange Jahre in Vergessenheit geraten. Jetzt sind dort die Park Ranger Hausherren, denn das Areal gehört zum Erholungsgebiet **Gateway National Recreation Area.** Wer sich den Rangers anvertraut, erfährt mehr über die Bedeutung des Ortes. Die schmale Meerenge zwischen der Insel Staten Island und Brooklyn, genannt The Narrows, durfte nämlich nicht unbewacht bleiben, war doch hier die beste Möglichkeit, feindliche Schiffe unter Feuer zu nehmen. Jedoch: Seit 1663 kam die Besatzung der Festung nie zum Einsatz und das Einzige, was sie traf, war 1863 bei einem Übungsschießen der eigene Leuchtturm …

Nur mit den Park Rangers gelangt man auch in die verwunschenen Gemäuer von Fort Tompkins auf der Anhöhe über den Klippen und in das U-förmige Fort Richmond unten am Wasser, die beiden Hauptanlagen der Festung. An Halloween gibt es spezielle Führungen, dann wirken die düsteren Katakomben noch gruseliger als sonst.

Längste Hängebrücke der Welt

Wer nun schon hier draußen ist und durch die Gratis-Fernrohre guckt, kann die zweite Attraktion am Inselende, die zweistöckige Verrazano Narrows Bridge, nicht übersehen. Bei ihrer Eröffnung 1964 war sie mit 1298 Metern Länge die längste Hängebrücke der Welt, und bekannt mag sie vielen aus dem Fernsehen sein, denn dort startet jährlich der New York Marathon. Entworfen hat sie der gebürtige Schweizer Othmar Ammann (1879–1965), als er bereits im Pensionsalter war. Benannt wurde sie nach dem italienischen Kapitän Giovanni Verrazano, der 1524 als erster Europäer unter französischer Flagge durch die Narrows segelte.

Die wichtige Brückenverbindung über die Narrows (in den 1960er-Jahren noch die meistbefahrene Wasserstraße der Welt!) beschleunigte Staten Islands Wandel von der ländlichen Idylle zur Verstädterung. Das werden Sie erkennen, wenn sie mit dem Bus zurück zum Fährterminal fahren: Die *bedroom community* der Schlafstadt lebt in kleinen Einfamilienhäusern, die Blumenbeete davor sind bestens gepflegt und weil hier anscheinend alle brave Leute sind, bleibt das Kinderspielzeug über Nacht auf dem Rasen liegen.

John F. Kennedy oder Giovanni da Verrazano?

Um den Brückennamen hatte es eine lange Debatte gegeben. Italo-Amerikaner schlugen Kapitän Giovanni da Verrazano vor. Als US-Präsident John F. Kennedy 1963 ermordet wurde, war er als Namensgeber im Gespräch. Sein Bruder Robert Kennedy aber votierte für Verrazano; an JFK erinnert jetzt der Flughafen New Yorks (früher Idlewild Airport). Den etwas umständlichen Brückennamen benutzen New Yorker nicht: sie sprechen von *the Verrazano* oder *Verrazano Bridge*.

Sprachführer

Allgemeines

guten Morgen	good morning
guten Tag	good afternoon
guten Abend	good evening
auf Wiedersehen	good bye
Entschuldigung	excuse me/sorry
hallo/grüß dich	hello
bitte	please
gern geschehen	you're welcome
danke	thank you
ja/nein	yes/no
Wie bitte?	Pardon?
Wann?	When?
Wie?	How?

Unterwegs

Haltestelle	stop
Bus	bus
Auto	car
Ausfahrt/-gang	exit
Tankstelle	petrol station
Benzin	petrol
rechts	right
links	left
geradeaus	straight ahead/ straight on
Auskunft	information
Telefon	telephone
Postamt	post office
Bahnhof	railway station
Flughafen	airport
Stadtplan	city map
alle Richtungen	all directions
Einbahnstraße	one-way street
Eingang	entrance
geöffnet	open
geschlossen	closed
Kirche	church
Museum	museum
Strand	beach
Brücke	bridge
Platz	place/square
Schnellstraße	dual carriageway
Autobahn	motorway
einspurige Straße	single track road

Zeit

3 Uhr (morgens)	3 a. m.
15 Uhr (nachmittags)	3 p. m.
Stunde	hour
Tag/Woche	day/week
Monat	month
Jahr	year
heute	today
gestern	yesterday
morgen	tomorrow
morgens	in the morning
mittags	at noon
abends	in the evening
früh	early
spät	late
Montag	Monday
Dienstag	Tuesday
Mittwoch	Wednesday
Donnerstag	Thursday
Freitag	Friday
Samstag	Saturday
Sonntag	Sunday
Feiertag	public holiday
Winter	winter
Frühling	spring
Sommer	summer
Herbst	autumn

Notfall

Hilfe!	Help!
Polizei	police
Arzt	doctor
Zahnarzt	dentist
Apotheke	pharmacy
Krankenhaus	hospital
Unfall	accident
Schmerzen	pain
Panne	breakdown
Rettungswagen	ambulance
Notfall	emergency

Übernachten

Hotel	hotel
Pension	guesthouse
Einzelzimmer	single room

Doppelzimmer	double room	billig	cheap
mit zwei Betten	with twin beds	Größe	size
mit/ohne Bad	with/without bathroom	Umkleideraum	fitting room
mit WC	ensuite	bezahlen	to pay
Toilette	toilet		
Dusche	shower		
mit Frühstück	with breakfast		
Halbpension	half board		
Gepäck	luggage		
Rechnung	bill		

Einkaufen

Geschäft	shop
Markt	market
Kreditkarte	credit card
Geld	money
Geldautomat	cash machine
Bäckerei	bakery
Lebensmittel	food
Drogerie	chemist's
teuer	expensive

Zahlen

1	one	17	seventeen
2	two	18	eighteen
3	three	19	nineteen
4	four	20	twenty
5	five	21	twenty-one
6	six	30	thirty
7	seven	40	fourty
8	eight	50	fifty
9	nine	60	sixty
10	ten	70	seventy
11	eleven	80	eighty
12	twelve	90	ninety
13	thirteen	100	one hundred
14	fourteen	150	one hundred and fifty
15	fifteen		
16	sixteen	1000	a thousand

Die wichtigsten Sätze

Allgemeines

Sprechen Sie Deutsch?	Do you speak German?
Ich verstehe nicht.	I do not understand.
Ich spreche kein Englisch.	I do not speak English.
Ich heiße ...	My name is ...
Wie heißt Du/ heißen Sie?	What's your name?
Wie geht's?	How are you?
Danke, gut.	Thanks, fine.
Wie viel Uhr ist es?	What's the time?
Bis bald (später).	See you soon (later).

Unterwegs

Wie komme ich zu/nach ...?	How do I get to ...?
Wo ist bitte ...	Sorry, where is ...?
Könnten Sie mir bitte ... zeigen?	Could you please show me ...?

Notfall

Können Sie mir bitte helfen?	Could you please help me?
Ich brauche einen Arzt.	I need a doctor.
Hier tut es weh.	It hurts here.

Übernachten

Haben Sie ein freies Zimmer?	Do you have any vacancies?
Wie viel kostet das Zimmer pro Nacht?	How much is a room per night?
Ich habe ein Zimmer bestellt.	I have booked a room.

Einkaufen

Wie viel kostet ...?	How much is...?
Ich brauche ...	I need ...
Wann öffnet/ schließt ...?	When does ... open/ ... close?

Kulinarisches Lexikon

Zubereitung

baked	im Ofen gebacken
broiled/grilled	gegrillt
deep fried	frittiert (meist paniert)
gebraten)	
fried	in Fett gebacken, oft paniert
hot	scharf
rare/medium rare	blutig/rosa
steamed	gedämpft
stuffed	gefüllt
well done	durch

Frühstück

bacon	Schinken
boiled egg	hart gekochtes Ei
cereals	Getreideflocken
cooked breakfast	englisches Frühstück
eggs (sunny side up/ over easy)	Spiegeleier (Eigelb nach oben/beidseitig)
jam	Marmelade (alle außer Orangen- marmelade)
marmalade	(ausschließlich) Orangenmarmelade
scrambled eggs	Rühreier

Fisch und Meeresfrüchte

bass	Barsch
clam chowder	Venusmuschelsuppe
cod	Kabeljau
crab	Krebs/Krabbe
flounder	Flunder
haddock	Schellfisch
halibut	Heilbutt
gamba	Garnele
lobster	Hummer
mussel	Miesmuschel
oyster	Auster
prawn	Riesengarnele
salmon	Lachs
scallop	Jakobsmuschel
shellfish	Schalentiere
shrimp	Krabbe
sole	Seezunge
swordfish	Schwertfisch
trout	Forelle
tuna	Thunfisch

Fleisch und Geflügel

bacon	Frühstücksspeck
beef	Rindfleisch
chicken	Hähnchen
drumstick	Hähnchenkeule
duck	Ente
ground beef	Hackfleisch vom Rind
ham	Schinken
meatloaf	Hackbraten
porc chop	Schweinekotelett
prime rib	saftige Rinderbraten- scheibe
rabbit	Kaninchen
roast goose	Gänsebraten
sausage	Würstchen
spare ribs	Rippchen
turkey	Truthahn
veal	Kalbfleisch
venison	Reh bzw. Hirsch
wild boar	Wildschwein

Gemüse und Beilagen

bean	Bohne
cabbage	Kohl
carrot	Karotte
cauliflower	Blumenkohl
cucumber	Gurke
eggplant	Aubergine
french fries	Pommes frites
garlic	Knoblauch
lentil	Linse
lettuce	Kopfsalat
mushroom	Pilz
pepper	Paprikaschote
peas	Erbsen
potatoe	Kartoffel
hash browns	Bratkartoffeln
squash/pumpkin	Kürbis
sweet corn	Mais
onion	Zwiebel
pickle	Essiggurke

Obst

apple	Apfel
apricot	Aprikose
blackberry	Brombeere
cherry	Kirsche
fig	Feige
grape	Weintraube
lemon	Zitrone
melon	Honigmelone
orange	Orange
peach	Pfirsich
pear	Birne
pineapple	Ananas
plum	Pflaume
rasberry	Himbeere
rhubarb	Rhabarber
strawberry	Erdbeere

Käse

cheddar	kräftiger Käse
cottage cheese	Hüttenkäse
goat's cheese	Ziegenkäse
curd	Quark

Nachspeisen und Gebäck

brownie	Schokoplätzchen
cinnamon roll	Zimtschnecke
french toast	Toast in Ei gebacken
maple sirup	Ahornsirup
muffin	Rührteiggebäck
pancake	Pfannkuchen
pastries	Gebäck
sundae	Eisbecher
waffle	Waffel
whipped cream	Schlagsahne

Getränke

beer (on tap/draught)	Bier (vom Fass)
brandy	Kognac
coffee	Kaffee
(decaffeinated/decaf)	(entkoffeiniert)
lemonade	Limonade
icecube	Eiswürfel
iced tea	gekühlter Tee
juice	Saft
light beer	alkoholarmes Bier
liquor	Spirituosen
milk	Milch
mineral water	Mineralwasser
red/white wine	Rot-/Weißwein
root beer	dunkle Limonade
soda water	Selterswasser
sparkling wine	Sekt
tea	Tee

Im Restaurant

Ich möchte einen Tisch reservieren.	I would like to book a table.
Bitte warten Sie, bis Ihnen ein Tisch zugewiesen wird.	Please wait to be seated.
Essen nach Belieben zum Einheitspreis	all you can eat
Die Speisekarte, bitte.	The menu, please.
Weinkarte	wine list
Die Rechnung, bitte.	The bill, please.
Frühstück	breakfast
Mittagessen	lunch
Abendessen	dinner
Vorspeise	appetizer/starter
Suppe	soup
Hauptgericht	main course
Nachspeise	dessert
Beilagen	side dishes
Tagesgericht	meal of the day
Gedeck	cover
Messer	knife
Gabel	fork
Löffel	spoon
Glas	glass
Flasche	bottle
Salz/Pfeffer	salt/pepper
Zucker/Süßstoff	sugar/sweetener
Kellner/Kellnerin	waiter/waitress
Trinkgeld	tip
Wo sind die Toiletten?	Where are the bath rooms, please?

Abyssinian Baptist Church 194
African Burial Ground 250
Alice Austen House 276
Alice Tully Hall 182
Alkohol 65
Alphabet City 228
Alwyn Court Apartments 124
American Ballet Theatre 52
American Football 58
American Merchant Mariners' Memorial 239
Amsterdam Avenue 181
Angeln 171
Anshe Chesed Synagogue 215
Ansonia 182
Antiquitäten 39
Apollo Theater 190
Apotheken 65
Ärzte 65
Astor Place 215
Astor Place Theater 52
Astor Row Houses 194
Atlantic Avenue 265
Aussichtspunkte 65
Autovermietung 24
Avery Fisher Hall 53
AXA Gallery 124
Ballett 52
Bank of America Tower 114
Bars 47
Bartholdi, Frédéric Auguste 239
Baseball 58
Basketball 59
Battery Maritime Building 241
Battery Park 239
Beecher Stowe, Harriet 260
Beecher, Henry Ward 260
Beekman Tower 151
Behinderte 70
Beth Hamedrash Hagadol Synagogue 220
Bleecker Street 202
Bloomberg, Michael 79, 81, 250
Bloomingdale's 42, 152
Borough Hall 262
Botschaften 65
Bowery 214
Bowling 169
Bowling Green 241
Brighton Beach 275
Broadway 181
Bronx 88
Brooklyn 104, 254
Brooklyn Academy of Music (BAM) 53
Brooklyn Botanical Garden 264
Brooklyn Bridge 264, 266
Brooklyn Bridge Park 257, 261
Brooklyn Heights 256, 260
Brooklyn Historical Society 60, 260
Brooklyn Museum 60, 264
Brooklyn Public Library 264
Brooklyn-Queens-Expressway 261
Brown Building 201
Bryant Park 114, 122
Bryant, William Cullen 164
Bürgerinitiativen 149
Canal Street 222
Carnegie Hall 53, 121, 183
Castle Clinton 239
Center for Jewish History 60, 207
Central Park 164, **166**
– Belvedere Castle 169
– Bethesda Terrace 170
– Bow Bridge 169
– Central Park Boathouse 169
– Chess & Checkers House 169
– Delacorte Theater 169
– Great Lawn 169
– Harlem Meer 170
– Mineral Springs Pavilion 169
– Sheep Meadow 169
– Strawberry Fields 169
– Swedish Cottage 169
– The Dairy 167
– The Mall 170
– The Pond 169
– The Ramble 169
– Turtle Pond 169
Central Park West (CPW) 175
Central Synagogue 152
Channel Gardens 118
Chase Manhattan Plaza 246
Chatham Square 223
Chelsea 144
Chelsea Hotel 145
Chelsea Market 145
Childs, David 233
China Institute 153
Chinatown 222
Chinese New Year Parade 223
Christopher Park 207
Chrysler Building 115
Church of St. Ann and the Holy Trinity 262
Church of Transfiguration 223
Citicorp Center 151
City Hall 250, 253
City Hall Park 250
City Pass 53
Cloisters, The 60
Columbus Avenue 181
Columbus Circle 174
Con Edison Building 140
Coney Island 275
Cooper Square 215
Cotton Club 191
Crocket 169
Dag Hammarskjöld Plaza 149
Dakota, The 175
Damrosch Park 182
De Niro, Robert 236
Diamantenhandel 120
Diamond Row 120
Diplomatische Vertretungen 65
Dubuffet, Jean 246
DUMBO 256
DUMBO Arts Center 259
Eagle Warehouse 257
East Broadway 221
East Hampton 277
East River 256
East Village 226
Eastern Parkway 264
Eighth Avenue 124
Einreisebestimmungen 20
Eintrittskarten 51
Eintrittspreis 61
Eishockey 59
El Museo del Barrio 159

Eldridge Street Synagogue 221
Elektrizität 66
Ellis Island 98, 240
Ellis Island Immigration Museum 60
Empire State Building 133
Ephesus Seventh-Day Adventist Baptist Church 191
Esplanade 261
Essex Street Market 220
Fahrrad-Rikscha 24
Fairway Market 181
Fälschungen 224
Father (Antonio) Demo Square 203
FDR National Historical Site 277
Federal Hall National Memorial 244
Federal Reserve Bank of New York 246
Feiertage 66
Fernsehen 68
Fifth Avenue 121
Film 93
Financial District 230
First Unitarian Church 260
Fitness-Center 161
Flatiron Building 137
Flohmärkte 41
Flughäfen 21
Food Courts 38
Forbes Magazine Galleries 61, 207
Ford Foundation Building 148
Fort Wadsworth 278
Fraunces Tavern 247
Freedom Tower, s. One World Trade Center
Freiheitsstatue s. Statue of Liberty
Frick Collection 61, 154
Führungen 19, 128, 142, 166, 184, 196, 242, 250
Fulton Ferry District 256
Fulton Ferry Landing 257
Fulton Fish Market 249
Fulton Street Mall 262
Fulton, Robert 257
Fundbüros 66
Fußball 59
Gansevoort Market Historic District 204
Gay Liberation Monument 207
Geld 66
General Electric Building 122, 151
General Post Office 132
Geschichte 76
Gilbert, Cass 249
Ginzel, Andrew 141
Giuliani, Rudolph 79, 81, 250
Governors Island 242
Gramercy Park 138
Gramercy Park Hotel 138
Grand Army Plaza 263
Grand Central Market 115
Grand Central Neighborhood 115
Grand Central Terminal 115
Greeley Square 133
Greensward 164
Greenwich Village 200
Ground Zero 232
Ground Zero Museum Workshop 61, 207
Guggenheim Bandshell 182
Guggenheim Museum 61, 158
Hamptons 277
Handicapped People 70
Hanging Tree 201
Hardenbergh, Henry J. 175
Harlem 87, 188
Herald Square 133
Herald Square Hotel 133
High Line 206
Historic Richmond Town 276
Hotels 25
Hudson River Cruise 177
Hudson Valley 277
Hudson Waterfront 181
Information 14
Inline-Skating 170
International Center of Photography 61
Internet 67
Internetadressen 14, 110, 148, 175, 183, 190, 200, 214, 232, 256, 274
Intrepid Sea Air & Space Museum 61
Irish Hunger Memorial 238
Irving, Washington 277
Jacques Marchais Museum of Tibetan Art 276
Jewish Daily Forward Building 221
Jewish Museum 62, 158
Joggen 57
John F. Kennedy Memorial 264
Jones Beach 277
Jones, Kristin 141
Joseph Papp Public Theater 52
Juden 96, 214, 220
Judson Memorial Church 202
Jugendherbergen 29
Juilliard School of Music 182
Kajakfahren 58, 184
Kartenvorverkauf 51
Katharine Hepburn Garden 149
Kaufhäuser 42
Kinder 63, 67
Kinos 53
Klettern 171
Klima 16
Konsulate 65
Konzerte 52, 210
Kreditkarten 66
Kulturzentrum Park Avenue Armory 153
Kunstgalerien 144
Kurztrips 18
Kutschfahrten 171
Kykuit Estate 277
Längenmaße 68
Lennon, John 169, 175
Lenox Lounge 192
Liberty Island 239
Libeskind, Daniel 232
Lichtenstein, Roy 124, 145
Lincoln Center for the Performing Arts 182
Lipstick 152
Literatur 15
Little Church Around the Corner 137
Little Italy 224

Little Odessa 274
Long Beach 277
Long Island 276
Long Island Railroad 276
Lower East Side 212
Lower East Side Tenement Museum 62, 216
Lt. Benjamin Ralph Kimlau Memorial Arch 223
Luna Park 275
MacDougal Alley 201
Macy's 42, 132
Madame Tussaud's Wax Museum 62
Madison Square Garden 132, 134
Madison Square Park 137
Malcolm Shabazz Harlem Market 194
Malcolm X Boulevard 192
Marble Collegiate Church 137
Marcus Garvey Park 192
Martin Luther King Boulevard 190
Maße 68
McGraw-Hill Building 118
McSorley's Ale House 215
Meatpacking District 204
Melrose Hotel 153
Met Life Building 115
Metro Card 24
Metropolitan Life Tower 137
Metropolitan Museum of Art 62, 154, **156**
Metropolitan Opera 52, **183**
Militärakademie 277
MoMA – Museum of Modern Art 62
Montague Street 261
Montauk 277
Montauk Club 263
Morgan Library & Museum 62
Mott Street 223
Mount Morris Park Historic District 192
Mount Olivet Baptist Church 192
Mount Vernon Hotel 152
Mulberry Street 224
Municipal Building 250
Museen 60
Museum for African Art 62
Museum of American Finance 246
Museum of the American Gangster 228
Museum of American Illustration 153
Museum of Arts and Design 62, 174
Museum of the Chinese in the Americas 223
Museum of the City of New York 63, 159
Museum at Eldridge Street 221
Museum of Jewish Heritage 63, 238
Museum Mile 154
Museum of Modern Art 120
Museum of Natural History 176
Museum of Sex 63
Musicals 51
Musikklubs 47
National Academy Museum 63, 158
National Design Museum 63, 158
National Museum of the American Indian 64, 241
National Yiddish Theatre Folksbiene 52
Neue Galerie 63, 155
New Amsterdam Theatre 52
New Museum of Contemporary Art 215
New Victory Theater 52
New York City Ballet 52, 183
New York City Opera 52, 183
New York City Pass 53
New York City Police Museum 64, 247
New York Life Insurance Company Building 137
New York Philharmonic 183
New York Police Department (NYPD) Memorial 238
New York Public Library 114, 227
New York State Supreme Court 137
New York Stock Exchange 244
New York Supreme Court 260
New York Transit Authority Museum 64, 262
New-York Historical Society 63, 175
Noguchi, Isamu 246
North Cove Yacht Marina 238
Notruf 68
Öffnungszeiten 68
Old Ferry Slip 257
Old Fulton Street 256
Olmsted, Frederick Law 164, 264
One World Trade Center (1 WTC, zuvor Freedom Tower) 103, 232
Oper 52
Orchard Street 220
Ottendorfer, Oswald 227
Our Lady of Pompeii 203
Our Lady of the Rosary 241
Paley Center for Media 63
Paley Park 159
Park Row 250
Park Slope 263
Pennsylvania Hotel 132
Philipsburg Manor 277
Pier 17 247
Pier A 239
Plaza Hotel 121
Plymouth Church of the Pilgrims 260
Polanski, Roman 175
Post 68
Produktpiraterie 224
Prospect Park 263, 264
Pulitzer, Joseph 240
Radfahren 24, 57, 161, 171
Radio 68
Radio City Music Hall 118
Rauchen 68
Reisekasse 71
Reiseplanung 18
Reisezeit 16
Reiten 57
Riverside Park 181
Riverside Park South 181

Robert F. Wagner Jr. Park 239
Robert Moses State Park 277
Rockefeller Center 118
Roebling, John A. 265
Roebling, Washington A. 265
Roller-Skating 170
Roosevelt Island Tramway 153
Rudern 58, 171
Rundfahrten 196, 264, 272
Rundflüge 70
Rundgänge 19, 167, 196, 229, 253
San Remo 175
Savoy Ballroom 192
Schach 58, 171
Schlittschuhlaufen 128, 171
Schomburg Center for Research in Black Culture 194
Schwimmen 57, 272
Schwul und Lesbisch 50
Segal, George 207
Seltzer, Alexander 215
Serra, Richard 145
Seventh Avenue 124
Shakespeare Festival 169
Sheridan Square 207
Sicherheit 66, 70, 81
Skating 57
Skyscraper Museum 64, 238
Snug Harbor Cultural Center 276
Soldiers' and Sailors' Memorial Arch 264
Sons of Israel Kalvarie 221
Sony USA 121
Sony Wonder Technology Lab 64
South Cove 238
South Street Seaport 247
South Street Seaport Museum 64, 248
South Village 203
Southampton 277
Spanish & Portuguese Synagogue 175
Spartipps 71
St. Barbara 222
St. Bartholomew Episcopal Church 151
St. George Hotel 260
St. George Tower 260
St. George's 215
St. John's 207
St. Luke's Place 203
St. Luke-in-the-Fields 207
St. Mark's-in-the-Bowery 214
St. Martin's Episcopal Church 192
St. Patrick's Cathedral 120
St. Paul's Chapel 249
Staten Island 273
Staten Island Ferry 239
Staten Island Ferry Station 241
Statue of Liberty 239
Streit's 216
Strivers' Row 195
Studio Museum 191
Stuyvesant Square Park 140
Stuyvesant Street 215
Sunnyside 277
Suwalki Synagogue 222
Taschendiebe 66
Taxi 23
Telefonieren 70
Temple Emanu-El 153
Tennis 57
The Metronome 141
Theater 51
Theater District 110
Theodore Roosevelt Birthplace Museum 141
Theresa Towers 191
Thomas Hart Benton 124
Tiffany & Co. 121
Tiffany, Louis C. 260
Time Warner Center 174
Times Square 110
Titanic Memorial Tower 247
Tourismusvertretungen 14
TriBeCa 237
TriBeCa Film Institute 237
Tribute WTC Visitor Center (zuvor 9/11 Tribute Center) 64, 233
Trinity Church 244
Trinkgeld 71
Trump International Hotel and Tower 174
Trump Place 181
Trump Tower 121
Trump World Tower 151
Tudor City 148
Turtle Bay Gardens 151
U-Bahn 23
Ukrainian Museum 215
Ukrainian National Home 215
Underground Railroad 260
Union Square 141
United Nations 148
United States Lines-Panama Pacific Link-Building 241
Upper East Side 146
Upper West Side 181
Vanderbilt Whitney, Gertrude 201
Vaux, Calvert 164, 264
Verdi Square 182
Vietnam Veterans Memorial 247
Wagner, Robert F. 239
Waldorf-Astoria Hotel 118
Walentas Building 260
Walking 171
Wall Street 244
Washington Arch 201
Washington Mews 201
Washington Square 200
Water-Taxi 24
Wellness 58, 128
West Point Military Academy 277
West Side Museum Mile 176
Whitney Museum of American Art 64, 154
Willow Street 260
Wolkenkratzer 84
Wolkenkratzer-Museum s. Skyscraper Museum
Woodbury Common Premium Outlet 277
Woolworth Building 249
World Financial Center 233
World Trade Center (WTC) 101, 232
WTC 7 233
Zeitungen 68
Zollbestimmungen 20
1 WTC, s. One World Trade Center
9/11 Tribute Center, s. Tribute WTC Visitor Center
79th Street Boat Basin 181

Abbildungsnachweis

AKG, Berlin: S. 100
Corbis, München: S. 101 (Adair/Reuters); 212 links, 222/223 (Raga); 11 unten links, 255 links, 266/267, Umschlagrückseite (Sulgan); 106/107 (Yamashita)
dpa Picture-Alliance, Frankfurt: S. 95 (KPA/Dalle/Feingersh)
F1 online, Frankfurt a. M.: S. 146 links, 154/155 (Abad/AGE); 104 (Amengual/ AGE); 120 (Grandadam/AGE); 109 links, 119 (Prisma)
Getty Images, München: S. 17 (Block); 278 (Cook & Jenshel); 87, 188 rechts, (Carr); 23 (Chernin); 92 (Michael Ochs Archives); 162 rechts (Stoddard); 9, 85 (Yamashita)
Huber, Garmisch Partenkirchen: S. 108 rechts, 116 (Gräfenhain); 10 unten rechts, 122/123 (Kaos01)
laif, Köln: S. 272 (Artz); 40 (Butzmann); 58/59, 102/103, 129 (Falke); Titelbild, 27, 72/73, 130 links, 136, 143, 198 rechts, 211, 231 links, 248/249 (Heeb); 230 rechts, 245 (Reinicke); 80 (Roemers); 12/13, 34, 48, 172 links, 180, 188 links, 189 links, 197, 224, 261, 254 links, 262/263 (Sasse); 10 unten links, 69, 82, 90/91, 96, 108 links, 111, 131 links, 134/135, 146 rechts, 152, 163 links, 168, 236, 274 (The New York Times/ Redux)
look, München: S. 10 oben links, 130 rechts, 140, 172 rechts, 178/179 (age-fotostock); Umschlagklappe vorn (Engel & Gielen)
Mauritius Images, München: S. 98/99 (Marcia); S. 213 links, 226 (Jochen Tack); S. 201, 198 links (John Warburton-Lee)
Skrentny Werner, Hamburg: S. 8
Xia Tio, New York: S. 10 oben rechts, 11 oben beide, 11 unten rechts, 126/127, 144, 147 links, 156, 162 links, 166, 173 links, 186/187, 199 links, 204, 212 rechts, 218/219, 230 links, 242, 250/251, 254 rechts, 270/271

Kartografie

DuMont Reisekartografie, Fürstenfeldbruck

Umschlagfotos

Titelbild: Auf der Fähre nach Staten Island
Umschlagklappe vorn: Das Woolworthgebäude in Manhattan

Hinweis: Autor und Verlag haben alle Informationen mit größtmöglicher Sorgfalt geprüft. Gleichwohl sind Fehler nicht vollständig auszuschließen. Alle Angaben erfolgen ohne Gewähr. Bitte schreiben Sie uns! Über Ihre Rückmeldung zum Buch und über Verbesserungsvorschläge freuen sich Autor und Verlag: **DuMont Reiseverlag,** Postfach 3151, 73751 Ostfildern, info@dumontreise.de, www.dumontreise.de

2., aktualisierte Auflage 2011

Grafisches Konzept: Groschwitz/Blachnierek, Hamburg
Printed in China